Dieses Buch ist Ernst-Ludwig Evers († 1995) gewidmet,
Autor des Buches „Dorfkirchen und Gutshäuser im Müritzkreis" 1994.

Herausgeber:
Wegwarte
Foto und Gestaltung
Gerhild Meßner

Vertrieb: Gerhild Meßner, 17192 Speck

Fotografien (2002 – 2004):
Ergänzungen 2008
und Texte: Gerhild Meßner

1. überarbeitete Auflage August 2008

Satz und Druck: Obotritendruck GmbH, Schwerin

Umschlagfotos
vorn: Gutshaus Rumpshagen
hinten: Hörspiel – Kirche Federow

ISBN: 3-933781-67-1

Gutsdörfer
rund um die Müritz

Fotografien und Texte
Gerhild Meßner

Übersicht der Orte von A bis Z

Danke sagen:

möchte ich meinem Mann Ulrich, der nicht nur ein kritischer Berater war sondern auch das schwierige Amt der Textkorrekturen übernommen hatte. Die Idee für die 1. Auflage lieferte Manfred Achtenhagen. Ich habe diese aufgegriffen und erweitert. Wichtig war mir dabei die vollständige Nennung aller Orte mit allen Gutshäusern und Kirchen im Müritzkreis. Große Unterstützung während der gesamten Arbeitszeit von 2 1/2 Jahren erhielt ich von Frau Masurowski und Herrn Mombour (Hohen Wangelin). Oft weitergeholfen haben mir Jürgen Kniesz und Jens Jarchow (Waren).

Folgend möchte ich für die Bereitstellung von Bild- und Textmaterial danken:
Herrn Siegfried Heuer (Penzlin); Frau Wera Bollmann (Groß Gievitz); Frau Gisela Krull (Peckatel); Frau Gerold (Sapshagen); Frau Canel (Sorgenlos); Herrn Michael Mahler (Langwitz); Herrn Heinrich Ross (Retzow); Herrn Dirk v. Langermann (Bollewick); Herrn v. Blücher (Lübeck); Herrn Peter Bucher (Klink); Herrn Pastor Armin Schmersow (Rechlin), Herrn Pastor Jörg Heinrich (Mirow); Herrn Pastor Eckhard Hübener (Rambow); Herrn Pastor Christoph Feldkamp (Massow); Frau Pastorin Angelika Finkenstein (Möllenhagen); Herrn Niclot v. Bülow (Hamburg, für Rogeez); Herrn Thetwig W. v. Oertzen (Hamburg); Herrn Uwe Seidler (Ave); Herrn Alexander (Sembzin); Herrn Jörg Alexander (Wildkuhl); Frau Irma Mischke (Groß Rehberg); Herrn Heinz Pentzlin (Waren); Herrn Klaus Hensel (Möllenhagen); Frau Anna Schulz (Groß Luckow); Frau Waldraud Schröder (Klein Luckow); Frau Rechlin (Lupendorf); Herrn Donst (Strietfeld); Frau Tornow (Krukow); Freih. v. Massenbach (Neuhof; bei Penzlin); Frau Frieda Zielmann (Neu Gaarz, südl. der Müritz); Frau Herrmann u. Herrn Jens (Poppentin); Herrn Jürgen Reupricht (Buchholz); Frau Klitsche (Adamshoffnung); Frau Görlitz (Bütow); Herrn Paul Simon (Friedrichshof); Herrn Friedrich Steuer (Lehsten); Herrn Pastor Ludwig Wegener † im Okt. 2004 (Groß Varchow); Herrn Dr. Wolfgang Köpp; Freih. Wolf-Ulrich u. Freif. Gisela v. Maltzan (Schloß Grubenhagen); Frau Gohlke (Jägerhof); Herrn Horst Meyer (Kieve); Herrn Soltischek (Groß Dratow); Frau Margit Muchin (Klocksin); Herrn Wellert (Passentin); Herrn Zuck (Zislow); Frau Zolldann (Lansen); Herrn Egon Krohn, Frau Anke u. Herrn Siegfried Pfeifer (Rethwisch); Frau Block (Suckow); Herrn Martin Kocik (für Baumgarten), Herrn Sven Grupe (Wendhof), Herrn Dr. Wilfried Bölke (Bocksee); Herrn Hans-Joachim Hagemann (für Sophienhof, Vielist); Herrn Dr. H. D. Niehoff (Bütow); Fam. Müller (Wendorf), Frau Kathrin Grummbach (Röbel); Herrn Petzoldt (Rogeez); Herr Hennings (Röbel); Herr Spahmann (Rumpshagen); Herr Ramsch (Rambow).
Weiterhin das Amt Malchow Land; das Amt Rechlin und das CJD Gotthun, sowie das Amt Seenlandschaft.

Ich danke allen, die mich auf Fehler in der ersten Ausgabe, die sich dort eingeschlichen hatten, aufmerksam gemacht haben. Neben sichtbaren Veränderungen, habe ich alle diese Hinweise berücksichtigt und eingearbeitet.
Ganz besonderer Dank geht dabei an Frau Masurowski und Herrn Mombur (Hohen Wangelin), die mir bei der weiteren Fehlersuche viel von ihrer Zeit schenkten.

Vorwort

Dieses Buch soll als Dokumentation verstanden werden. Die Gutsdörfer mit ihren Nebengütern, mit dehnen immer ein landwirtschaftlicher Betrieb in Verbindung gebracht werden muss, nehmen hier den größten Teil der Beschreibungen ein. Aber auch die Klostergüter und die Herrensitze ohne landwirtschaftlichen Hintergrund sowie die wenigen Bauerndörfer werden hier beschrieben. Vernachlässigt, bis auf wenige Ausnahmen, wurden Guts-Wüstungen. Neben einer knappen Ortsbeschreibung gibt es einen Überblick über die verschiedenen Besitzverhältnisse, die Baugeschichte der Guts- und Herrenhäuser sowie der Kirchen. So ist es außerordentlich interessant, wie die Eigentümer der Güter den Charakter der einzelnen Orte bis heute beeinflusst haben.

Die beiden Weltkriege und die Weltwirtschaftskrise waren auch für die Gutswirtschaften besonders schwere Zeiten. Selbst wenn für eine Insolvenz der anschließende Verkauf z.B. an eine Siedlungsgesellschaft für die Landwirtschaft zunächst eine Lösung war, so litten die Gutshöfe als bauliche Anlagen sehr. Sie zersiedelten zunehmend. Dies nahm nach dem 2. Weltkrieg bedingt durch den Wohnraummangel und die Bodenreform noch stark zu. So war es oft Glück, wenn wenigstens die Gutshäuser kommunale Nutzungen bekamen, während die Wirtschaftsgebäude oft schnell verfielen. Mit den 1970er Jahren setzte der Trennt ein, die Gutshöfe verfallen und schleifen zu lassen (z. B. Hagenow bei Grabehöfe, Wackstow bei Röbel). Diese Nichtachtung historisch gewachsener Strukturen hielt bis Mitte der 1990er Jahre an. So dass gerade in dieser Zeit noch einmal viele Guts- oder Herrenhäuser abgebrochen wurden (z. B. Möllenhagen). Erhaltene Gutskomplexe sind in dieser Gegend selten geworden. Puchow, Blücherhof oder auch Groß Vielen sind solche Ausnahmen und daher unbedingt erhaltenswert.
Im Müritzkreis gab es über 150 Guts-und Pächterhäuser, heute existieren noch 119.
Seit dem Erscheinen der 1. Auflage des Buches 2004 sind inzwischen von den 55 noch nicht restaurierten Guts- und Pächterhäuser 4, darunter Rogeez, Rumpshagen (zum Teil) und Marihn mit viel Sorgfalt und hohem Aufwand in Stand gesetzt worden. Weniger schön ist das lange „Dahinsiechen" einiger Ensemble. Obwohl lange verkauft, tut sich an manchen Häusern nichts, so in Mallin, Vielist – eines „unserer" ältesten Gutsstandorte, Kargow, in Speck, Retzow, Marxhagen und Varchentin.
Die Stallanlagen, häufig viel größer im Umfang als die Gutshäuser, sind meistens nicht zu halten. So sind in den letzten Jahren gerade von ihnen einige verschwunden. Ein positives Beispiel ist Tressow, dort wird die gesamte Gutsanlage restauriert und einer Nutzung zugeführt.

Zu den Gutshöfen mit den vorgelagerten Landarbeiter- und Bauernhäusern gehören auch die Kirchen. Sie sind immer Mittelpunkt der Orte gewesen und fast immer als Patronatskirchen gebaut. Aber auch die Bauern fühlten sich für „ihre Kirche" im Dorf verantwortlich. Im Müritzkreis gibt es zur Zeit 73 Dorfkirchen und 5 Kapellen. Viele unserer Kirchen sind sanierungsbedürftig. Einige von Ihnen konnten in den letzten Jahren jedoch ganz oder zum Teil restauriert werden, darunter Groß Gievitz, Federow, Dammwolde. In Nossentin hält die umfangreiche Sanierung noch an.

Aber auch das unmittelbare Umfeld bis in die Landschaft hinein wurde durch die Gutswirtschaften gestaltet. Dazu gehören Kopfsteinpflasterstraßen, Alleen, Solitärbäume und Parkanlagen, die in manchen Fällen heute sogar das letzte Zeugnis eines Gutes sind. Auch auf diese Gestaltungselemente wird im Text hingewiesen sowie auf ganz besondere Gebäude, z. B. die einzigartigen Feldsteinscheunen in Bollewick und Fincken oder den Teerofen in Sparow.

Leider konnten bei dem Umfang des Buches viele Einzelheiten nicht beschrieben werden. Neben dem Literaturstudium griff ich auf die Recherchen der Ortschronisten und Pastoren zurück. Ihnen allen danke ich für ihre Offenheit und Mitarbeit!

Gerhild Meßner *(September 2008)*

Adamshoffnung und Petersdorf

Beide Orte liegen südwestlich von Malchow, Petersdorf 5 km und Adamshoffnung 7 km entfernt.

Die Ländereien waren zusammen mit Lenz erst in ritterschaftlichem, später herzoglichem Besitz. Adamshoffnung wurde 1757 erstmals erwähnt und gehörte mit zu den 14 Gütern des Adam Ernst v. Flotow. Wahrscheinlich wurde der Ort, damals noch Adamshof genannt, von ihm als Vorwerk gegründet. Von 1790 bis 1795 legte Adam Philipp v. Flotow hier einen Wirtschaftshof an. Eigentlich konnte er nicht auf sehr gute Erträge hoffen, denn die Böden um Adamshoffnung sind sehr arm. Bereits 1833 verkaufte sein Enkel Friedrich v. Flotow das Gut an die großherzogliche Kammer von Mecklenburg-Schwerin. 1834 wurde im benachbarten Petersdorf eine Holzwärterei eingerichtet. Außer dem Holzvogt gab es 3 Büdner. Ludwig Bahlmann betrieb in Adamshoffnung eine Ziegelei, 1899 dann Wilhelm Reeps. Nach dem 1. Weltkrieg wurde Adamshoffnung Landeseigentum und verpachtet. Erbpächter des 312 ha großen Landgutes war 1920 J. L. Weitendorf. Er gab den Hof 1923 an Otto Heinemann. Dieser blieb Pächter bis 1945. Mit der Bodenreform wurden die Ländereien auf 34 Neubauern aufgeteilt.

Es ist möglich, dass das Herrenhaus, zumindest aber die Grundmauern, aus der Zeit um 1750 stammen. Der Keller besitzt alte Gewölbedecken. Das Haupthaus war als ein eingeschossiger, 9-achsiger Backsteinbau errichtet. Es war mit einem Walmdach versehen, in dem kleine Fledermausgaupen saßen. Um 1840 wurde ein langer unterkellerter Flügel über 13 Achsen auf der Südseite angebaut. Damit wurde ein Teil des Wirtschaftshofes und auch der Brunnen integriert. Noch später bekam der südliche Giebel einen Erker. Ab 1945 wohnten Neubauern im Gutshaus. Es kamen immer mehr Anbauten und Eingänge dazu. Später nutzte es die Gemeinde. Hier war die Bürgermeisterei, ein Kulturraum und die Verwaltung sowie die Küche der LPG. Ab 1990 wurde das Haus nach und nach leergezogen und 1996 schließlich verkauft. Nach der Sanierung wohnen in dem ursprünglichen Herrenhaus zwei Familien. Der Haupteingang an der Ostseite wurde versetzt und ein weiterer an der Südseite mit Veranda geschaffen. In dem südlichen Anbau wurden Ferienwohnungen integriert.

Gutshaus in Adamshoffnung

Alt Gaarz und Neu Gaarz südlich der Müritz

Alt Gaarz liegt – typisch für eine slawische Siedlung – gut geschützt zwischen „Wasserarmen" und dadurch einst schlecht zugänglich. Der südliche Teil des Müritzarmes schlängelt sich hier im Westen an den Wiesen von Alt Gaarz entlang. Auf der anderen Seite ist der schmale Landstrich vom Thüren-Tralowsee begrenzt. Gaarz früher auch Gartz, Gardiz, Gartze bedeutet soviel wie kleiner Burgort. Südlich des Dorfes Alt Gaarz ist auf dem „Franzosenberg" ein zerstörter Burgwall nachgewiesen.

1239 wurde schon Nygengartz erwähnt. Dieser Ort lag nahe der heutigen Gaarzer Mühle. Alt Gaarz wurde erstmals 1291 in einer Schenkungsurkunde erwähnt. Wenig später, 1298, verkauften es Otto und Gothmar v. Retzow an die Johanniterkomturei Mirow. Dann ging der Besitz der Komturei in fürstlichen Besitz über. Bewirtschafter im Auftrage des Fürsten waren die sogenannten Schulzen. Sie vererbten dieses Amt. In Gaarz übte es die Familie Engelke (Engel) seit Ende des 16. Jhs. aus.
Vor dem 30jährigen Krieg waren in Gaarz 13 Bauern und 2 Kossaten ansässig. Nach dem Krieg waren es neben dem Schulzen nur noch 2 Bauern. Eine Tochter der Familie Engelke heiratete 1711 Peter Zander (Nachkomme einer alteingesessenen Familie in Gaarz), der das Schulzengericht übernahm. 1648 wurde Gaarz Domäne.
1807 wurden 6 Bauernhöfe gelegt und die Familien nach Quassow, Userin und Fürstensee umgesiedelt. In Gaarz wurde eine fürstliche Meierei eingerichtet und verpachtet. Das Umsiedeln hatte Folgen, denn 1809 brannte nach einem gelegten Feuer fast das ganze Dorf nieder. 1812 gab Gottfried Zander das Freischulzengericht gegen eine Entschädigung auf.
1813 ging dann das Schulzengericht auf den Pächter über, der 2 km nördlich von Gaarz einen Gutshof 1809 gebaut hatte. Damit entstand das heutige **Neu Gaarz**. 1832 erhielt Anton Siemßen (Feldberg) den Pachthof von 984 ha. 1874 folgte sein Schwiegersohn L. Wendland (Broda). Danach hatte ein Hermann Voss den Pachthof. In den 1930er Jahren wurden Alt und Neu Gaarz aufgesiedelt.

Das Pächterhaus war ein eingeschossiges Fachwerkhaus auf einem Feldsteinsockel über 8 Fensterachsen. Die Giebel waren Nord-Süd ausgerichtet. An der Vorderseite besaß es einen 2-achsigen Mittelgiebel, der die Eingangssituation betonte. Im Norden schloss sich eine Glasveranda an, die um 1950 abgebaut wurde. Ein Walmdach schloss das Haus nach oben ab. Nachdem das Haus einige Zeit leer stand, wurde es 1978/79 abgerissen. Heute erinnern neben der verschwiegenen engen Lindenallee noch große Stallungen an den einst großen Gutshof. Ursprünglich waren es 4 große und 2 kleine Ställe. Heute wird von den übrig geblieben 4 alten Ställen nur noch einer genutzt. Die anderen stehen leer und zerfallen. Reste eines Parks mit 2 großen Birnbäumen sind ebenfalls vorhanden.

Kirche in Alt Gaarz

Es wird angenommen, dass Gaarz der älteste Kirchenort der südlichen Müritzregion ist. Schon um 1230 soll hier eine Kirche gestanden haben. Bis 1541 ist sie die Mutterkirche von Vietzen, Retzow und Kotzow. Im 30jährigen Krieg wurde sie zerstört und der Ort wurde mit der Mirower Komturei Domäne. 1651 gehörten kirchlich zu Gaarz Vietzen und Krümmel. 1740 wurde der Wiederaufbau der Kirche veranlasst. Es war eine Fachwerkkirche mit Turm, in dem zwei Glocken hingen. Sie hatte einen Chor und einen Kanzelaltar. Aber schon 1809 brannte sie samt dem ganzen Dorf nieder. Deshalb war Alt Gaarz bis zum Neuaufbau 1854 nach Vietzen eingepfarrt.
Diese Kirche ist die einzige von Buttel (Baumeister in Neustrelitz) erbaute im Müritzkreis. Sie ist ein rechteckiger Fachwerkbau mit eingezogenem Chor. Der quadratische Turm ist zu einem Drittel vorgebaut. Die Verkleidung aus Querbrettern hat sie erst nach 1925 erhalten.
Im Innern finden wir eine flache Balkendecke. Die Wände sind glatt verputzt, so dass vom Fachwerk nichts zu sehen ist. Auffallend ist die Schlichtheit von Kanzel, Altar und Gestühl. Die Orgel ist seit dem 2. Weltkrieg außer Betrieb. Bemerkenswert ist, dass das gesamte Inventar von 1855 noch vorhanden ist. Dazu zählen auch ein kupfernes Taufbecken mit Marmorfuß, ein Kelch mit Patene, zwei Leuchter und eine Kanne.

Die Glocke wurde 1854 von Schumann (Demmin) gefertigt und trägt die Inschrift: „Aufwärts der Sinn, zum Ewigen hin. – Ich heiße Luise, mich schenkte Georg."

Alt Gaarz besitzt noch als einziges Dorf im Müritzkreis eine unbefestigte Straße. Flankiert wird diese von einer wunderbaren alten Kastanienallee.

Die Mühle wurde 1805 gebaut. Noch um 1960 war diese Jahreszahl auf dem „Wetterhahn" zu lesen. Müller war Ludwig Wilh. Schulz und seine Erben bis 1852. Danach folgte Ernst Leo, später die Familie Maas und ab 1958 die Familie Enders. 1971 baute die VdgB-BHG Bernau die Mühle zum „Ferienobjekt" um. Bis 1993 wurde sie vermietet. Heute wird sie privat genutzt.

Alt Rehse

„Schloss" in Alt Rehse

Alt Rehse liegt ganz am östlichen Rand des Müritzkreises am Westufer des Tollensesees. Der alte slawische Name „Reze (Resze)" bedeutet so viel wie Seedorf. Er kann aber auch von dem Wort reka = Fluss abgeleitet sein.

Das Dorf gehörte mit zu den ersten Besitzungen des Klosters Broda, und blieb es gemeinsam mit Neu Rehse bis zur Auflösung des Klosters im 16. Jh. Schon zu Zeiten des Klosters hatten die v. Maltzahn (Penzlin) Besitz im Dorf, den sie beständig ausbauten. Die meiste Zeit jedoch war dieser verpfändet: Im 16. Jh. an Jakob Zartwitz und Jochim Arenstorff, im 17. Jh. an B. Schmieterlow, die Stadtkämmerei Penzlin, Ch. Peccatel, H. Blankenburg, Jochim und Jakob v. Vieregge, dann an Fried. v. Arenstorff, Bürgermeister Krauthof (Güstrow), Major Gregorius, Ch. Wagner und J. Barnekow, im 18. Jh. an v. Winterfeld und v. Engel. 1765 konnte Alt Rehse von Joseph Ch. H. v. Maltzan (Penzlin) wieder zurück gewonnen werden. Ab 1768 wohnte er sogar dort, weil er von hier aus die Bewirtschaftung der vielen Maltzanschen Güter besser realisieren konnte. Erwähnenswert ist, dass sein Sohn, Ferdinand v. Maltzahn schon 1816 auf den Gütern der Familie die Leibeigenschaft aufhob. 1849 verkauften die v. Maltzan das Gut an J.K.H. Wendland(t). In der Folge wechselten die Besitzer wieder häufig: 1856 Johann Strahsen, 1857 C. O. Ferd. Mercker und Sohn Hermann, 1892 August Beese.
1897 war Ludwig Baron v. Hauff, ein Verwandter des Dichters Wilhelm Hauff, Besitzer des 507 ha großen, von ihm umgewandelten Allodialgutes. Er ließ an exponierter Stelle im Park 1898 das sog. „Schloss Lichtenstein" errichten, das dem Familiensitz in Südwestdeutschland nachgebaut war. 1921 brannte es bei Sanierungsarbeiten ab und wurde 1923 im nüchternen Stil dieser Zeit wieder aufgebaut. Vom „Schloss" konnte man damals noch über den Tollensesee schauen. Hauff ließ viele Bäume anpflanzen, die heute diesen Blick nicht mehr zulassen.
Nach dem Tod Ludwigs v. Hauff wurde das Gut verpachtet. Drei Pächter wechselten in kurzer Zeit. Das währenddessen in Konkurs geratene Gut sollte an eine Siedlungsgesellschaft verkauft werden. Dazu kam es aber nicht, denn die Reichsärzteführung meldete Kaufinteresse an und übernahm es 1935. Das fern der Straßen und versteckt in dünn besiedelter Umgebung liegende Dorf war wie

geschaffen, um hier die Reichsärzteführerschule zu etablieren. Ziel war es, hier in mecklenburgischer Idylle für die Reichsärzte ein Musterdorf entstehen zu lassen. Auffallend sind die ohne Zweifel schönen, schilfgedeckten Häuser, an deren Eingängen die neue Zeitrechnung des Dritten Reiches sichtbar gemacht wurde. Im „Schloss" wurde der deutschen Ärzteschaft die „Erhaltung des artgleichen und gesunden Bestandes des deutschen Volkes" gelehrt, die die Euthanasie beinhaltete. Die SS-Führung besuchte Alt Rehse regelmäßig.
1945 sollte das „Schloss" im Park gesprengt werden. Der Befehl wurde jedoch widerrufen und 1948 wurde auf Initiative der Volkssolidarität unter Leitung von Prof. Maxim Zetkin eine Heimstatt für Kriegswaisen eingerichtet. Das „Schloss" war zu dieser Zeit Schule. 1952 wurde das Kinderdorf aufgelöst. Die NVA übernahm das Areal und nutzte es fortan für Schulungen, Übungen und zum Erholen. In dieser Zeit wurden in die Hänge am Ende des Parks Bunkerstollen getrieben.
1990 beanspruchte die Kassenärztliche Vereinigung Mecklenburg-Vorpommerns die Rechtsnachfolge über die Grundstücke für sich. 2003 verzichtete dann die Kassenärztliche Bundesvereinigung auf eine Rückübertragung. Das Parkensemble gehört der Bundesrepublik Deutschland und soll verkauft werden.
Mit Sicherheit ließ Joseph Ch. H. v. Maltzan den noch heute erkennbaren Gutshof in Alt Rehse errichten. Er wohnte in einem Fachwerkhaus auf einem Feldsteinfundament mit Rohrdach. Dieses wurde 1856 von Johann Strahsen gründlich renoviert. Zwei Treppenstufen mit der Jahreszahl 1856 erinnern daran. 1862 ließ Carl O. Ferdinand Mercker das

Gutshaus Alt Rehse

Kirche in Alt Rehse

ehemaliges Pfarrhaus in Alt Rehse

Haus völlig neu aufbauen. Es ist ein zweigeschossiger, 11-achsiger Putzbau. Auf beiden Seiten dominierten 3-achsige Mittelrisalite, die mit jeweils 4 Türmen verziert waren. Auch die Giebel waren mit Türmen geschmückt und gaben dem Haus ein imposantes Aussehen. Von dieser Pracht ist nicht viel geblieben. Es wurde zur DDR-Zeiten völlig verbaut und gehört heute der Gemeinde. Oben sind nach wie vor Wohnungen. Im unteren Bereich richtete die Gemeinde Ausstellungsräume ein.
Bemerkenswert ist ein gut erhaltener alter Speicher gegenüber. Die schilfgedeckten Häuser im Ort, alle bis auf den Rehser Krug und das Pfarrhaus in den 1930er Jahren gebaut, sind sehr schön restauriert worden. Eine Kopfsteinpflasterstraße und die gepflegte alte Lindenallee runden das harmonische Bild ab.

Alt Rehse war Mutterkirche von den Orten Krukow und Mallin.
Aus der Kirchengeschichte von Alt Rehse ist bekannt, dass die Sakralbauten häufig desolat waren und wahrscheinlich nur notdürftig repariert wurden. In einem Protokoll von 1661 ist Folgendes festgehalten: „Die Kirche unterm steinerm Dache, ... der Turm ist vom Winde oben heruntergeschlagen, welcher das Dach unten getroffen und auf drey Gebindt ein Loch darein gemacht, auch ist ein Endt Mauerwerck an der Kirchen abgeborsten, in dem Untergebäud des Turms sind drey Glocken, davon die mittelste geborsten." 1716 wird berichtet, dass die Kirche in Alt Rehse völlig wüst liegt und dass deshalb der neue Pastor in Krukow in sein Amt eingewiesen wurde.
Die jetzige Kirche ist ein neugotischer Bau aus den Jahren 1889–1893. Er wurde aus Feldsteinen und Ziegeln erbaut. Chor und der Turm, der einen Pyramidenhelm trägt, sind aus dem gleichen Material.
Die Innenausstattung stammt aus jener Zeit. Die einst umfangreiche Vasa sacra ist Ende des 2. Weltkrieges entwendet worden.
Die Glocken sind aus der alten Kirchen übernommen. Eine stammt aus dem 16. Jh., die andere aus Eisenguss aus dem Jahre 1791 und wurde von Joseph v. Maltzahn gestiftet.
Anfang der 1990er Jahre wurde die unter Schutz gestellte Friedhofsmauer saniert. Schön anzusehen ist auch der ganz und gar von Efeu bedeckte Ostgiebel der Kirche.

Alt Schönau und Neu Schönau

Durch Alt Schönau, das etwa 7 km nordöstlich von Waren liegt, führt die Straße Richtung Malchin. Neu Schönau wiederum liegt ca. 2 km nordwestlich von Alt Schönau. Geschichtlich sind beide Orte eng miteinander verbunden und aus Waldrodungen entstanden. Das ursprüngliche Dorf lag an der Nordseite des Kirchbergs. Bis 1880 standen hier noch Häuser. Alt Schönau hieß erst Schonowe, Schoenen und dann Groß Schönau.

Urkundliche Ersterwähnung findet Alt Schönau 1230. Schönau wurde außerdem bei der werleschen Landesteilung 1316 genannt, weil es mit Gievitz zum Parchim-Malchowschen Teil gelegt wurde. Seit 1404 waren die Schönow unbestrittene Besitzer von Schönau. Sie erhielten das Dorf von den Fürsten Klaus und Christoph v. Werle als Lehn. Außerdem hatten hier gleichzeitig Rechte die v. Flotow auf Stuer, Pfandbesitzer des Landes Malchow. Sie verpfändeten 1488 ihren Besitz an Nicolaus Hahn (Basedow), der mit Anna v. Flotow vermählt war. Die Schönow verloren das Gut 1607, nachdem sie es schon Jahre vorher an Ventz v. Blücher verpfänden mussten und hatten nur noch Anteile hier. Nach dem 30jährigen Krieg wechselten die Besitzer häufig. Anteile bekam 1659 erst Kurt Behr, dann verkauften 1667 die v. Blücher ihren Besitz an H. Friedrich v. Lehsten (Wardow), der nach dem Aussterben der Familie Schönow 1671 auch alle anderen Anteile nach und nach erwerben konnte. Dann folgte 1684 J. Hinrich v. Erlenkamp, der den Besitz allodifizieren ließ. Er war es auch, der hier neben den Orten Vielist und Klein Vielen, eine Glashütte errichten ließ. Von 1726 an war Alt Schönau in den Händen der Familie v. Voss (Groß Gievitz). Auch sie investierten 1765 in eine Glashütte. Ihr Standort war das heutige Carlsruh, nahe Klein Gievitz. Im Jahr 1899 ging Alt Schönau an Ferdinand Meisenburg und im Jahr darauf an Friedrich Kolz. Nur wenig später übernahm der Husarenoffizier Alfred Wegener (Hamburg) das Gut. Er starb sehr jung und es erwarb der Hamburger Makler Pätz. 1912 übernahm es der Landwirt Ernst Piek und bewirtschaftet es bis 1945. Danach wurde es aufgesiedelt, um 15 Jahre später als LPG-Eigentum wieder zusammengeschlossen zu werden.

Neu Schönau wurde als Vorwerk von Alt Schönau gegründet. Es ist aus Klein Schönau um 1790 nach Legung der dortigen Bauern entstanden. Das Verwalterhaus ist älter als das Gutshaus, das erst Ende des 19. Jhs. gebaut

Gutshaus in Neu Schönau

wurde. Die Gutsanlage mit zwei restaurierten Ställen und den Landarbeiterhäusern ist heute noch in ihrer klassischen Form vorhanden und daher etwas Besonderes. 1926 wurde das Gut für kurze Zeit von dem Schwager Pieks, R. Hoge, verwaltet, aber schon 1927 von dessen Vater, Georg Hoge, an den Rittmeister a. D. Manfred van der Horst (aus Westfalen) verkauft, der es bis zum 2. Weltkrieg besaß.

Das Gutshaus, massiv aus Backstein gebaut, steht zweigeschossig auf einem Feldsteinfundament. Eine zweiseitige Freitreppe führt zum Eingang hinauf. Betont werden die Fronten durch jeweils einfache, aber unterschiedliche Mittelrisalite. Das Dach schließt das Gebäude flach nach oben hin ab. 1926 wurde das Gutshaus umgebaut und durch einen Wintergarten nach Osten erweitert. Seit dem Flüchtlingsstrom 1945 wurde es immer als Wohnraum genutzt. Mit der Bodenreform wurde das Haus in zwei Teile aufgeteilt. Ein Teil davon blieb privat, der andere ging in Genossenschaftseigentum über und wurde später von der Gemeinde verwaltet.

1990 konnten durch eine Privatinitiative und mit Hilfe eines Käufers beide Teile erworben werden. Seitdem ist das Gutshaus in mühevoller Kleinarbeit restauriert worden. Heute wohnen die Initiatoren selbst dort und konnten das Gutshaus zu einem Seminarzentrum entwickeln.

Das Gutshaus **Alt Schönau**, ein überputztes Fachwerkgebäude, war ursprünglich eingeschossig gegen Ende des 18. Jhs. errichtet worden. Es wurde 1918/19 umgebaut. Dabei entstand das jetzige zweigeschossige Haus mit ausgebautem Mansardendach. Im Norden besitzt es einen Mittelrisalit, dessen Abschluss das Ziffernblatt eines Uhrwerks schmückt.

1945 ist auch dieses Haus erst von Flüchtlingen bewohnt gewesen. Doch schon bald wurde es als Kindergarten, Gaststätte, Friseursalon, Bibliothek, Post, Bauernstube, vom Arzt und der Gemeinde genutzt. 1987 konnte es neu eingedeckt werden. Dadurch sind größere Schäden am Bauwerk verhindert worden. Nach 1990 stand es zunächst leer, bis es von 2002 bis 2003 restauriert wurde. Heute wird es privat von drei Familien genutzt. Die Stallungen sind auch noch in einem guten Zustand. Sogar das recht primitive Uhrwerk ist noch erhalten. Es soll samt Ziffernblatt restauriert werden.

Zu dem Gut Alt Schönau gehörte die ehemalige nördlich gelegene Meierei Johannshof.

Die Kirche von Alt Schönau, im 14. Jh. erbaut, liegt romantisch auf einem Hügel abseits vom heutigen Dorf. Sie war vom 13. Jh. an Tochterkirche von der zu Falkenhagen. Das Patronat hatte das Stift Broda. Als nach dem 30jährigen Krieg die Kirche von Falkenhagen verwüstet war und hier keine Menschen mehr

Gutshaus in Alt Schönau

Kirche in Alt Schönau

lebten, verschwand der Ort für fast 300 Jahre von der Landkarte. Zu dieser Zeit wurde die Alt Schönauer Kapelle Filialkirche von Gievitz. Als Baujahr der frühgotischen Feldsteinkapelle steht das Jahr 1310 fest. Sie ist aber verfallen gewesen und wieder aufgebaut worden. Die Ansätze zu den beiden Gewölben, die den Innenraum ursprünglich überspannt hatten, sind noch erkennbar. Später wurden sie durch eine flache Balken- und Bretterdecke ersetzt.

Am Portal auf der Südseite, an den beiden Fensterschlitzen der Ostwand und an den Fenstern der Langseiten werden Wandungen und Leibungen durch das Abwechseln von Rundstäben und Birnstäben oder dem Abfassen von Viertelrundstäben belebt. Diese Art von Verzierungen sind typisch für den Übergang der Frühgotik zur Hochgotik. Die größeren Fenster sind außerdem mit einem gedrückten Spitzbogen versehen. Bemerkenswert sind die Spitzgiebel mit ihrem reichen Blendwerk an der West- und Ostseite. Das beim Gewölbeeinsturz in Mitleidenschaft gezogene Feldsteinmauerwerk wurde später durch Ziegel ergänzt. Die Kanzel ist wahrscheinlich um 1700 gefertigt worden. Bemerkenswert ist ein spätgotischer Schnitzschrein mit vielen verschiedenen heiligen Figuren. Der Pastorenstuhl stammt aus der zweiten Hälfte des 18. Jhs. Erwähnenswert ist auch ein Taufengel aus dem 18. Jh.

Die Kirche besitzt außerdem eine ganze Reihe gestifteter Kelche, die gesamte Vasa sacra ist aus dem 19. Jh. Zwei Zinnleuchter stammen aus dem 18. Jh. An der Nordwand befinden sich zwei Zinnschilde der Familie v. Voss.

Das Harmonium mit einem Orgelprospekt ist nicht mehr bespielbar.

Von den ursprünglich zwei Glocken ist nur noch die 1852 von C. Illies (Waren) gegossene erhalten, die in einem Glockenstuhl nahe des Westgiebels untergebracht ist.

Alt Schwerin und Jürgenshof

Das Straßendorf Alt Schwerin liegt an der Bundesstraße 192 zwischen dem Plauer und dem Drewitzer See und hat zu beiden Gewässern einen direkten Zugang.
Den Namen Schwerin findet man öfter. So heißt die Landeshauptstadt, aber auch Halbinseln im Krakower See und in der Müritz tragen diesen Namen. Dieser geht zurück auf das altpolnische zver (wildes Tier) oder zverin (Wildgehege, Tiergarten, Pferdegestüt). Früher schrieb sich Alt Schwerin „Zverin". Zu Alt Schwerin gehören die Meierei Mönchsbusch, die schon in der 2. Hälfte des 18. Jh. existierte, Ortkrug und das abseits gelegene Vorwerk auf dem Werder gleichen Namens.

1330 gelangte die Familie v. Gamm in den Besitz des Ortes. Es war ein Hauptgut dieser Familie. Anfang des 18. Jhs. ließ sich die Familie v. Wangelin im Dorf nieder. Ab 1791 folgte ein außerordentlich rascher Besitzerwechsel. Innerhalb des folgenden Jahrhunderts sind 10 Eigentümer bekannt: Ernst v. Flotow, Theodosius v. Levetzow, Graf Lüttichau, Heinrich v. Sierstorff, Ernst v. Raven, Ludwig Schultze, Ernst Mierendorf, Friedrich Greffratz und erst Josua, später Magnus Klockmann. 1899 erwarb der Berliner Großkaufmann Johannes Schlutius das 3.889 ha große Lehngut. Seine Ländereien beliefen sich damit auf insgesamt 8.200 ha. Er ließ die gesamten Besitzungen in ein Allod umwandeln. Bis 1945 blieben diese Ländereien im Besitz der Familie. Das Mausoleum der Familie, das 1906 (?) die Frau von Johannes Schlutius bauen ließ, ist eines der bedeutendsten spätwilhelminischen Grabbauten. Die Ruine befindet sich nahe der B192 im NSG Brantensee.

Nur noch Reste der mittelalterlichen Wallgrabenanlage des einstigen Ritterhofes, die die alte Burg Schwerin schützte, sind noch erkennbar. Der Wall wurde zwischen 1850 und 1860 eingeebnet.

Das heutige Herrenhaus ließ sich 1733 der Generalleutnant Christian Friedrich v. Wangelin im Stil des norddeutschen Barock errichten. Der schlichte Backsteinbau auf einem Souterrain, ist eingeschossig und besitzt elf Achsen. Ein Mansardengeschoss schließt sich an. Der dreiachsige Mittelrisalit an der Hofseite ist mit einem Dreiecksgiebel versehen. Eine Freitreppe führt ins Hauptgeschoss hinauf.

Gutshaus in Alt Schwerin

Auf der Gartenseite wurde ein Altan mit Terrasse angefügt. Von einer einfachen Treppe gelangt man in den Park zu Platanen, Blutbuchen, Schwarzkiefern, Eichen und Rhododendren.
Die Eingangstür mit Oberlicht soll noch aus der Erbauungszeit stammen. Innen gibt es eine zweiläufige Treppe nach oben. Hier hängt auch das Familienwappen der v. Wangelin.
Am Eingang zum ehemaligen Gutshof steht zwischen zwei Stützpfeilern ein aus Vollrathsruhe hierher versetztes schmiedeeisernes Gittertor. Es ist eine sehenswerte Handwerksarbeit aus der zweiten Hälfte des 19. Jhs. im Stil des Rokoko. 1893 erhielt diese außergewöhnliche Arbeit der Schmiedekunst auf der Weltausstellung in Chicago einen Sonderpreis.
1945 diente das Gutshaus zunächst der Roten Armee als Lazarett. Später wurde es Feierabend- und Altenpflegeheim. Zwischen 1997 und 2001 fanden umfangreiche Restaurierungen statt. Heute ist es immer noch ein Seniorenpflegeheim.
Die Gutsanlage ist in ihrem Umfang noch gut erhalten, obwohl ein Teil der Stallanlagen heute umgebaut sind. Erwähnenswert ist ein alter Schafstall und ein Speicher. Am nördlichen Rand existiert noch die alte Brennerei. Vor dem Gutshof flankiert ein prächtiges Verwalterhaus die schöne Kopfsteinpflasterstraße mit den alten Linden.

Das Patronat über die Kirche hatte seit 1330 erst die Familie v. Gamm bevor es zwischen den jeweiligen Grundherren und dem Kloster Malchow wechselte. Zuletzt haftete es am Besitz von Alt Schwerin und Sparow.
Ungeklärt bleibt die Kirchenbauzeit. Die Angaben dazu reichen vom 13. bis zum 15. Jh. Als Geistliche sind u. a. 1370 Pleban L. Elers und sein Vikar A. Fabe überliefert.
Während des 30jährigen Krieges drohte die Kirche zu zerfallen. Erst nach 1700 war sie wieder funktionsfähig und wurde sogar im Jahr 1732 durch einen Fachwerkturm ergänzt. Wohl gleichzeitig setzte man das Kirchenschiff und das Dach tiefer und veränderte die gotischen Spitzbogenfenster. Mitte des 18. Jhs. entstanden an der Ost- und Nordseite Grabkapellen als Ruhestätten von derer v. Wangelin, die zwischen 1745 und 1758 verstarben.

1866 wurde der alte und baufällige Turm durch einen massiven Turm mit verschiefertem Spitzhelm ersetzt. Das Untergeschoss besteht aus Feldsteinen. Der Glockenturm wurde mit kleinformatigen Ziegeln aufgemauert. Er enthält eine Glocke aus Bronze, mit folgender Inschrift – ins Hochdeutsche übersetzt: „Im Jahre 1584 hat mich David Vowtech, Parchim, in Gottes Namen gegossen, Gottes Wort zu hören sei ein Jeden unverdrossen."

Den lichten Innenraum überspannt eine von sechs Holzständern getragene Balkendecke. Die Schildbögen deuten auf eine geplante, aber nicht ausgeführte zweijochige Einwölbung hin. Nach 1950 erfolgte eine Umgestaltung des Innern. Der Kanzelaltar wurde entfernt, ein Kruzifix aufgestellt und die Winterkirche eingerichtet. Das einst mit Wappen bemalte, achteckige hölzerne Taufbecken aus dem Jahre 1699, wurde von H. Schulz aus Plau restauriert. Nach einem Inventarisierungsvermerk aus dem Jahre 1811 wurden etliche Kleinkunstwerke 1806 eine Beute plündernder Soldaten. Beachtung verdienen die an den Wänden aufgerichteten Grabplatten für J. C. Freiherr v. Wendhausen († 1724), dessen dritte Frau M. E. V. Wendhausen, geb. v. Wangelin († 1757) und U. W. Schrutt († 1747). Die Nordgruft birgt die wappengeschmückten Sandsteinsarkophage des C. F. v. Wangelin († 1755) und seiner Frau A. v. Heespen († 1758).

Bis 1945 besaß die Kirche eine Lütkemüller – Orgel. 1995 erhielt die Gemeinde die Friese – Orgel aus der gesperrten Dorfkirche in Boitin (Landkreis Güstrow).

Unbedingt erwähnenswert sind weiterhin:

1. das Freigelände des Agrarhistorischen Museums mit seinem großen Bestand an älteren Landmaschinen und der Windmühle
2. die alte Dorfschule (Umbau 1848) mit dem Inventar einer einzügigen Dorfschule um 1910
3. die einstigen Schnitterkasernen mit ihren Innenhöfen (Backhäuser und Küchengärten)
4. In der Nähe (ca. 1km westlich) befand sich im Ort Glashütte der letzte Glashüttenstandort Mecklenburgs (1847–1901).

Jürgenshof befindet sich gegenüber von Alt Schwerin am anderen Ende des Tauchowsees auf einer Landzunge. Der Ort ist ein alter Siedlungsstandort.
Jürgenshof war zuerst ein Vorwerk von Alt Schwerin, bevor es sich um 1850 zu einem eigenständigen Gut entwickelte. Es gehörte wie Alt Schwerin zum ritterschaftlichen Amt Plau und erlebte genauso wie Alt Schwerin (ab 1791) einen raschen Besitzerwechsel. Wahrscheinlich war Jürgenshof auch zeitweise verpachtet. Zur Zeit der Familie Klockmann in Alt Schwerin gehörte das 344 ha große Lehngut Albert Klockmann. Es wurde 1899 zusammen mit Alt Schwerin an den Berliner Johannes Schlutius verkauft. Anfang des 20. Jhs. verpachtete seine Witwe Jürgenshof an Hermann Salchow. Jürgenshof wurde aufgesiedelt. 1924–28 entstanden 10 Erbpachthöfe.

Das Gutshaus wurde, nachdem die Flüchtlinge herausgezogen waren, zuerst als Kinderferienlager und später als Lehrlingswohnheim genutzt. Die Lage ist malerisch. Auf einer Anhöhe gelegen geht der Blick hinunter in den Obstgarten, der in einen Park übergeht. Nur noch wenige Bäume, darunter eine alte ausgehöhlte Eiche, sind erhalten. Vor dem Pächterhaus stehen 3 Linden.
Das einstöckige, siebenachsige Haus besitzt auf beiden Längsseiten dreiachsige Giebel. Bei einem späteren Anbau wurde das gesamte Haus und sein Sockelbereich verputzt und die Eingangssituation verändert. Seit Sommer 2004 wird das Haus saniert.

Altes und neues Gutshaus in Jürgenshof

Alt Falkenhagen und Neu Falkenhagen

Beide Orte liegen nur 2 km bzw. 5 km nördlich von Waren.
Früher hat es einen Ort Valkenhagen nördlich des Tiefwarensees gegeben. Er wurde 1268 erstmals erwähnt, als der dort ansässige Pleban Conrad als Zeuge genannt wurde. Die Bedeutung des Namens „valken" soll auf das Wort walken (gerben) zurückgehen und deshalb wird hier auch eine frühere Walkmühle vermutet. 1331 wurde Valkenhagen nochmals genannt, als Fürst Johann II. v. Werle mit Bischof Johann v. Schwerin für das Kloster Broda die Kirchen in Valkenhagen mit der Filia Schönau und Federow mit der Filia Kargow und Schloen gegen die Warener Kirche tauschte. Valkenhagen hatte eine Kirche, die 1760 noch als Ruine dastand. Heute sind nur noch Mauerreste vorhanden. 1427 kaufte die Stadt Waren von dem Ritter Klaus Kamin den inzwischen schon wüsten Ort Falkenhagen. Dort gab es zu dieser Zeit eine „Sempff" Mühle, die im 18. Jh. einging.

Alt Falkenhagen ist aus einem Glashüttenstandort hervorgegangen. 1715 schloss Ulrich Hans v. Restorf mit der Stadt Waren einen langfristigen Vertrag zur Anlage und Betreibung einer Glashütte ab. Nach dem Tod v. Restorfs übernahm 1720 Joachim Friedr. Gundlach das Unternehmen. Die Glashütte arbeitete von 1722 bis 1730. Schon ab 1724 führte Gundlach nebenher eine Meierei. Ab 1744 wurde der Ort nur noch als Meierei verpachtet. 1753 übernahm Ernst Ch. Krüger, der Verwalter auf den Erlenkampschen Gütern Grabowhöfe und Sommersdorf gewesen war und eine Tochter der Gundlachs geheiratet hatte, das Pachtgut. Weitere Pächter waren dann 1768 Schulz, 1774 Frantz, 1786 Hennings, 1795 wieder ein Schulz, 1802 Frau Fischer, 1803 Grimm, 1809 Pagel, 1812 Lorentz, 1820 Frau Hagemeister, 1821 Petermann, 1824 Greve, 1825 Rode, 1856 Lemcke (Groß Dratow), 1868 Eggert, 1876 wieder ein Hagemeister und ab 1903 Severin. Erst 1873 erhielt die Meierei Falkenhagen den Namen Alt Falkenhagen.

Pächterhaus in Alt Falkenhagen

Das Pächterhaus ist ein einfaches zweigeschossiges Haus aus Backstein über 13 Achsen. Das Dach ist nicht ausgebaut. Dafür befindet sich eine schmale Fensterreihe direkt darunter. Wahrscheinlich waren dort die einfachen Zim-

Pächterhaus in Neu Falkenhagen

mer der Dienstwirtschaft untergebracht. Von den 5 Ställen stehen heute noch zwei.

Neu Falkenhagen wurde als ein Stadtgut gegründet. Der Ort steht erhöht und von dem Pächterhaus auf dem Berg muß es, bevor die Linden vor dem Haus groß wurden, einen herrlichen Blick in das Tal vom Tiefwarensee gegeben haben.
Pächter waren lange Zeit dieselben wie in Alt Falkenhagen, später wurden beide Güter getrennt bewirtschaftet. Von 1900 bis 1912 war Seer Pächter, 1917 Schulze und 1943 Hans Krüger.
Das Pächterhaus wurde 1873 gebaut. Es ist ein zweigeschossiges Backsteingebäude über 7 Fensterachsen. An den Längsseiten dominiert ein zweiteiliger Mittelrisalit. Darunter befand sich ein überdachter Fachwerkvorbau. In den 1970er Jahren wurde dieser abgerissen und durch einen Massivbau ersetzt.

Einen Gutspark gibt es nicht mehr. Dieser wurde schon nach 1945 in Kleingärten aufgeteilt. Das Gebäude diente immer als Wohnraum. Aber auch die Schule und ein Jugendraum waren hier. Seit 2004 wird es von privater Hand saniert.

Erhalten geblieben sind Stallungen, die aber zum Teil verfallen. Auffallend ist das Lindenrondell vor dem Gutshaus, auf dem ein Gedenkstein steht.

Ankershagen und Friedrichsfelde mit Bornhof

Südlich der B 192, zwischen Waren und Penzlin, liegt nördlich vom Quellgebiet der Havel Ankershagen. Der Ortsname wird auf die Gründerfamilie v. Anker (Anckere) zurückgeführt, die im 13. Jh. aus dem Lauenburgischen hierher kam, den Wald roden ließ und den Boden urbar machte. Südlich von dem Ort befindet sich das Havelquellgebiet.

Die Urkunde (Nr. 377) aus dem angeblichen Jahr 1230 ist eine von vielen derartigen Fälschungen. Zu diesem Zeitpunkt sollte Ankershagen schon dem Kloster Broda zugehörig gewesen sein. Richtig ist, dass die Familie v. Anckere noch 1365 hier wohnte, wenn sie auch nicht alleiniger Besitzer war. Auch die Johanniter-Komturei Mirow besaß seit 1273 Anteile. Außerdem wurden 1328 bereits mehrere Bauernhöfe erwähnt. Über diese erhielten die Familien Gelder, Stalbom und v. Holstein nacheinander Besitzungen im Ort. Die v. Holstein gewannen an Einfluss und ab 1435 wurden sie als alleinige Besitzer des Rittergutes erwähnt.
Henning v. Holstein, der 1546 starb, ist nicht nur der Stammvater aller späteren Holsteins in Mecklenburg, sondern ging als Raubritter Henning „Bradenkierl" in die Geschichte ein.

Nach dem 30jährigen Krieg verfiel das Vermögen der Familie v. Holstein und es wurde in kurzer Folge an Joh. Hauswedel, K. Putzar, J. Mörder, J. Sturtz, Melchor v. Kossebade, Joh. Heinr. v. Erlenkamp, Klemens v. Wangelin und Philipp Brandt verpfändet. 1743 wurde es an den Hauptmann Henning L. v. Oertzen (Blumenow) verkauft. 1829 besaß es Freiherr v. Jasmund. 1831 kam das Gut an den Glashüttenmeister Ulrich Friedr. H. Strecker. Dieser hatte in Klockow von 1806 bis 1831 eine Glashütte betrieben, konnte sich dadurch das Gut Ankershagen kaufen und richtete auch hier eine Glashütte (bis 1838) ein. 1854 folgte Ludwig Voss, dann 1875 Ernst Winkelmann, 1889 Andreas Graf v. Bernstorff und 1897 der Fabrikbesitzer Oskar Wolff. Vor Ausbruch des 2. Weltkrieges besaß Regierungsrat Paul Klotz das Gut.

Im Mittelalter gab es in Ankershagen zwei Burgen. Morastige Wiesen boten ihnen einen natürlichen Schutz. Eine stand direkt am Mühlenbach und ist heute gänzlich verschwunden. Die Zweite stand hinter dem Gutshaus, im heutigen Park. Dort ist eine große Burgruine zu finden. Ein mit Bäumen und Büschen bewachsener hoher Wall mit 50 m Länge und 8 m Brei-

Gutshaus in Ankershagen

te. sicherte sie einst nach Westen. Im Osten fällt der Wall steil ab. Hier erinnern zwei bis drei Meter hohe Mauerreste aus Feld- und Ziegelsteinen und die Ruine eines viereckigen Turmes an die längst vergangene Burganlage aus dem 15. Jh.

In der Mitte des 16. Jhs. ließ die Familie v. Holstein das Gutshaus im Renaissancestil westlich der alten Burg errichten. Der winklig angelegte zweigeschossige Putzbau macht heute einen schlichten Eindruck. Im 18. Jh. wurde der nordöstliche kurze Flügel, der mit einem Mansarddach versehen ist, angebaut. Diverse Veränderungen und der Bau des Treppenturmes wurden nach 1900 vorgenommen. Das gewölbte Kellergeschoss besitzt fast zwei Meter dicke Wände. An der Gartenfront ist eine Terrakottaplatte mit dem Bildnismedaillon eines bärtigen Mannes mit Barett zu finden, das einen der Herren v. Holstein darstellen soll. Geschaffen wurde es in der zweiten Hälfte des 16. Jhs. von Statius v. Düren (Lübeck).

Im Mai 1945 quartierte sich auf dem Gutshof die Rote Armee ein. Nachfolgend wurde hier die Polytechnische Oberschule „Heinrich Schliemann" eingerichtet, die bis 1998 bestand. Ein moderner Anbau stammt aus dieser Zeit. Heute ist es in den Händen des Blaukreuz Groß Vielen e. V. und soll ab 2004 für deren Arbeit umgebaut werden.

Erwähnenswert ist eine alte Fachwerkscheune gegenüber dem Gutshaus.

Die Ankershagener Kirche ist eine der bedeutendsten älteren Sakralbauten Mecklenburgs. Sie wurde 1266 vom Bischof v. Havelberg geweiht und war damals Tochterkirche von dem Kirchdorf Friedrichsfelde. Nach dem Eingehen jener Kirche bekam sie größere Bedeutung. Denn damals sollen außer dem Pfarrer noch drei Kaplane im Dorf gewohnt haben.

Der rechteckige Feldsteinbau im spätromanischen Stil mit eingezogenem quadratischen Turm wurde im Verlauf der vielen hundert Jahre mehrfach verändert und umgebaut. Der älteste und am besten erhaltene Teil ist der Chor mit seinen Schlitzfenstern, dem steilen Kuppelgewölbe und der Freskenmalerei an den Wänden. Im 14. Jh. wurde die flache Holzdecke im Schiff durch ein gotisches Kreuzgewölbe ersetzt und am Ende des 15. Jhs. das Langhaus zu einer zweischiffigen Halle mit Kreuzrippengewölbe auf quadratischen Pfeilern umgebaut. Ungewöhnlich ist, dass seitdem der östliche Pfeiler unmittelbar vor dem Triumphbogen steht und der Turmanbau aus dieser Zeit das frühgotische Westportal verdeckt. Das Obergeschoss des Turms wurde im 18. Jh. als achteckiger Fachwerkaufsatz mit geschwungener Haube erneuert.

Beachtenswert ist der achtseitige Taufbehälter aus dem Jahre 1618. Außerdem sind Leuchter und Abendmalsgeschirr aus dem 17. und 18. Jh. und eine Lütkemüllerorgel von 1874 vorhanden. 1992 fanden im Inneren umfangreiche Restaurierungsarbeiten statt.

Die Kirche ist in den Sommermonaten geöffnet.

Weit über die mecklenburgischen Grenzen hinaus bekannt geworden ist das Dorf Ankershagen durch den Troja-Entdecker Heinrich Schlie-

Gutshaus in Friedrichsfelde

mann, der hier seine Kindheit verlebte und dessen Vater von 1822 bis 1834 Pfarrer der Kirche war. Auf dem Friedhof befindet sich ein bescheiden wirkendes Grab mit einem gusseisernen Kreuz, das an die Mutter H. Schliemanns erinnert. Das ehemalige Pfarrhaus ist Museum geworden.
Zu erwähnen ist der idyllische Landweg von Ankershagen nach Pieverstorf. Dort steht eine 1,5 km lange Allee mit den selten gewordenen Ulmen.

Friedrichsfelde grenzt direkt an Ankershagen. Der Ort soll eine Kirche besessen haben.1829 war hier eine Meierei, die dem Freiherrn v. Jasmund gehörte. Aber bereits 1830 kaufte Ulrich Strecker (Klockow, ab 1838 auch Ankershagen) den Grund und Boden. 1850 trennte er Friedrichsfelde von Ankershagen ab und baute es als selbständiges Gut für seinen Sohn Albert E. Th. auf. Dieser übernahm es 1861 und verkaufte 1880 an Eugen v. Haeften. 1899 gehörten beide Orte dem Direktor Georg Eduard de Grain. 1921 waren sie im Besitz von Regierungsrat Paul Klotz. Außerdem gab es 3 freie Bauern. 1937 übernahm es Dr. H. Heinke.

Etwas von der Straße zurückgesetzt überrascht ein schönes Gutsensemble. Rechts und links stehen die ehemaligen Stallungen, die teilweise zu Wohnzwecken umgebaut wurden.

Das Gutshaus, um 1850 gebaut, ist ein zweigeschossiger schlichter Putzbau über 11 Achsen und mit einem Mittelrisalit über drei Achsen auf einem Feldsteinfundament. Erwähnenswert ist eine Deckenmalerei im Flurbereich. Hinter dem Gutshaus geht ein weitläufiger Park in die Landschaft über.
Nach den 2. Weltkrieg wohnten zunächst Flüchtlinge hier. Später wurden neben einer Poststelle Wohnungen eingerichtet. Das Gutshaus blieb im Besitz der Gemeinde und wurde zwischen 1998 und 2002 saniert. Jetzt beherbergt es neben einer Informationsstelle über die Region sowie den Nationalpark eine Live-Übertragung aus einem Storchennest und ein gemütliches Cafe.
Das Verwalterhaus in **Bornhof** wurde nach 1945 zunächst als Verwaltungsgebäude und später als Wohnung genutzt. Heute ist es in privaten Händen und wurde 2003 saniert.

Ave

Gutshaus in Ave

Ave liegt nahe der B 192, 5 km westlich von Penzlin. Es ist ursprünglich eine slawische Siedlung.

1501 wurde Ave von den Herzögen Magnus und Balthasar v. Mecklenburg an Bernd Maltzan (Penzlin) verliehen. Da dieser schon viele Güter besaß, hatte er den Ort wahrscheinlich verpachtet. Im 30jährigen Krieg wurde Ave von ständig durchziehenden Truppen völlig zerstört. Auch die Kapelle lag nach dem 30jährigen Krieg wüst und wurde nicht wieder aufgebaut.
Im Jahre 1704 wurden in Ave wieder zwei Höfe erwähnt. Einer gehörte Asmus Ludewig v. Manteuffel, den anderen besaßen die v. Holstein (Ankershagen). Beide Höfe waren verpachtet, die Pächter hießen Engel und Liobs. 1751 war Bernhard Richter alleiniger Eigentümer. Er konnte eine Hälfte von der Familie v. Arenstorff kaufen und die andere von Hans Cunov v. Holstein pachten. Inzwischen hatten sich in Ave wieder mehrere Gewerke angesiedelt. Es gab einen Krüger, zwei Wollweber, einen Schneider und einen Schäfer und später auch eine Mühle. 1790 besaß David v. Müller das Gut und 1794 sein Erbe J. D. v. Müller. 1829 folgten die Gebrüder Rose und 1857/1864 Joh. Carl. Aug. Rose. 1866 übernahm die Familie Lemcke die fruchtbare Feldmark und 1899 gehörte sie Otto Lemcke. Seine Familie gab das Gut 1926 an Herrn Beyling ab. Dieser bewirtschaftete das Gut bis 1945.

Das Gutshaus wurde um 1830 wahrscheinlich von der Familie Rose gebaut. Auf der Gartenseite befinden sich am Aufgang zwei Wappen. Deutlich ist auf der rechten Seite das Wappen der Familie v. Müller zu sehen, ein halber Mühlstein und ein ihm zugewandter Löwe. Es ist anzunehmen, das die Familie Rose durch Heirat (v. Müller) Ave übernahm.
Das Gebäude ist ein zweigeschossiger, verputzter Bau auf einem Souterrain über 11 Achsen. Da es ein sehr altes Kellergewölbe besitzt, ist es wahrscheinlich auf einem älteren Gutshaus aufgebaut worden. Auf der Nordseite wurde es 1923 um 3 Achsen für das Personal erweitert und auf der Südseite verziert ein ebenfalls nachträglich angebauter Erker die Giebelseite. Dreiteilige Risalite schmücken die Hof- sowie die Gartenseite. Auf der Westseite sind im Wappen ein Bienenkorb mit 6 Bienen zu sehen. Bemerkenswert sind auf der Ostseite Tierreliefs von Auerhahn, Eisvogel, Fasan, Graureiher, Ente und Hahn. Ein ausgebautes Mansardendach schließt das Haus nach oben hin ab.
Das Gutshaus war zu DDR-Zeiten als Wohnraum, Kino und Konsum genutzt worden. Seit 1990 wurde es nach und nach leergezogen. Es übernahm die Wohngemeinschaft „Weggefährten Ave", eine Einrichtung des Diakonischen Zentrums Serrahn e. V. Jetzt wohnen und arbeiten dort bis zu 10 Menschen im betreuten Wohnen.
Vom alten Gutshof sind noch drei Backsteinställe erhalten. Sie werden genutzt. In einem befindet sich eine Tischlerei.

Baumgarten

Der Ort liegt 9 km nördlich von Waren, direkt an der B 108 nach Teterow. In alten Urkunden wird es Bomgarden genannt.

Die Ersterwähnung im Jahre 1338 verdankt Baumgarten dem Fürsten Nicolai v. Werle. In dieser Urkunde legte er die Abgaben aus dem Ort fest. 1342 verkaufte der Ritter Johann v. Gherden (Sietow) Baumgarten an das Kloster Dobbertin, tauschte es aber im gleichen Jahr noch wieder zurück. Um 1460 wurde es als ungenutzt („Dorf und Feld liegen wüst") beschrieben. 1465 verkaufte Claus Voss (Lindenberg) die Ländereien an Lüdeke III. Hahn. Christoph Hahn ließ zum Anfang des 16. Jhs. die gesamte Feldmark roden und verpachtete sie an 7 Bauern. 1755 kam noch eine Bauernstelle dazu. Baumgarten war an Baron v. Erlenkamp (Vielist) verpfändet worden. 1746 hieß der Verwalter von Grabowhöfe und Baumgarten Carl Valentin Sodemann. 1785 kaufte der Landmarschall Friedrich II. v. Hahn Baumgarten in die Familie zurück. Seine Familie besaß das 245 ha große Lehngut noch 1897. 1910 war der regierende Fürst Georg zu Schaumburg-Lippe Besitzer von Baumgarten. 1921 hieß der Pächter Jesse. In den 1930er Jahren kaufte die Reichsumsiedlungsgesellschaft auch dieses Gut auf, um Bauern aus der Lüneburger Heide einen Ausgleich zu geben (s.a. Sommerstorf und Louisenfeld). Besitzer des Restgutes war bis 1945 Georg Mauritz.

1945 wurde das Gut enteignet und seit Juni 1946 als Volkseigenes Gut (VEG) geführt. Es diente der Versorgung des Krankenhauses in Waren und hatte damit eine besondere Stellung in der Region. 1949 wurde es in einen örtlichen Landwirtschaftsbetrieb (ÖLB) umgewandelt. Viele der ehemals Lüneburger Bauern sind zu dieser Zeit zurück in ihre alte Heimat gegangen. Mit der Bildung der LPG Typ III wurde Baumgarten in die LPG Panschenhagen eingegliedert. Hauptbetrieb wurde Baumgarten.

Gutshaus in Baumgarten

Das Gutshaus wurde wahrscheinlich zwischen 1830 und 1850 gebaut. Es ist eingeschossig aus Backstein über 12 Fensterachsen auf einem Souterrain gemauert und besitzt an den Längsseiten je einen zweiachsigen Mittelrisalit. Diese

Schmiede in Baumgarten

sind mit gelben und roten Backsteinen sowie Türmchen verziert. Gelbe und rote Backsteine sind als Schmuckelemente auch an allen Fensterstürzen verwendet worden. Die Kellerräume sind mit Tonnengewölben ausgestattet. Ein ausgebautes Spitzdach schließt das Gebäude nach oben ab. Es diente immer Wohnzwecken. Während der Kriegszeit waren in den Kellern polnische und französische Zwangsarbeiter untergebracht. In den 1980er Jahren wurde es leergezogen und sollte 1989, obwohl es noch von guter Substanz war, abgerissen werden.
Seit 2002 wird das Gebäude saniert. Dabei hat es an der Westseite eine unterkellerte Terrasse bekommen. Die Eingangssituation wurde mit einer hölzernen Überdachung wieder hergestellt. Heute führen nur noch zwei der vier kurzen Kastanienreihen zum Gutshaus. Die zwei Mittleren wurden nach 1945 entfernt. Neu ist das Rondell vor dem Gutshaus. Die zwei großen Ställe, die die Alleen flankierten wurden Ende der 1980er und 2002 abgerissen.
Bemerkenswert ist die schöne, mit Schlehen gesäumte Kopfsteinpflasterstraße nach Panschenhagen.
Erwähnenswert ist außerdem die alte Baumgartener Schmiede.

Below und Grabow

Die Orte liegen etwa 18 km südöstlich von Röbel dicht beieinander an der Autobahn Rostock-Berlin und an der Grenze zum Land Brandenburg. Es sind Siedlungen am Rande der Wittstocker Heide und besitzen slawische Namen. Auch hier gibt es Zeugnisse für eine Besiedelung seit der Steinzeit. Beide Orte waren immer eng miteinander verbunden. In einem stand die Kirche in dem anderen war das Gut. Dieses existierte in Below bis 1810 allein. Die wenigen Häuser sind in den Jahren danach entstanden.

Grabow wurde 1773 eigenständiges Bauerndorf und ist als Rundling gebaut. Leider wurde der Teich zum Löschwasserteich verunstaltet.

Mitte des 14. Jhs. waren beide Orte durch die v. Flotow belehnt. Durch Heirat war Grabow 1516 an die v. Rohr gekommen. Im 30jährigen Krieg mussten diese in Konkurs gehen und Hans Holstein kaufte Grabow. Dieser hatte es dann bis 1689, als es die v. Knuth erwarben.

Below gehörte 1399 den Prignitz (Fincken), die sich auch Grambow nannten. Sie verpfändeten den Ort 1464 an die Stadt Wittstock. Es kam aber nicht zum Verkauf und die Prignitz bauten Below aus. Bis 1590 konnten sie Below halten, dann mussten sie es verpfänden, erwarben es aber wieder zurück. 1613 wurde es erneut verpfändet, zuerst an David v. Pahlen, dann 1614 an Vicke Ludwig v. Lepel. Dieser konnte 1620 den halben Ort, zusammen mit noch drei weiteren erwerben. Den Prignitzern ging es finanziell schlecht. Otto v. Prignitz musste 1630 seine Ländereien weiter verkaufen. So kam die andere Hälfte von Below mit den Orten Grabow und Buchholz an die Quitzow. 1632 wurde Otto v. Prignitz selber Pächter von Below. 1689 kam dann das völlige Aus für die Familie.

Below kam zusammen mit **Grabow** an die Familie v. Knuth (Ludorf). Eggert Ch. v. Knuth bemühte sich aus beiden Gütern ein Allod zu machen, was ihm auch gelang. 1720 wurden sie an den Amtmann v. Seitz verpachtet, der in der Nähe eine Glashütte errichtete. Er war mit einer v. Gundlach verheiratet, die die Güter später erwarb. In dieser Zeit wurde das heutige Gutshaus gebaut.

Zwischen 1748 und 1773 kam es immer wieder zu Streitigkeiten zwischen der Familie Seitz und den Bauern aus Grabow, die letztendlich gerichtlich in Schwerin ausgetragen

Gutshaus in Below

wurden. Infolgedessen verkaufte die Familie v. Seitz das Gut Grabow samt der Jagd an 16 Bauern. Seitdem war Grabow eine Allodialbauernschaft. Noch 1939 gab es die 16 Höfe, dazu drei Erbgrundstücke und 11 Häuslerein.
Below wurde zunächst, da die Erben noch unmündig waren, verpachtet und dann 1784 an Daenicke verkauft. Pächter waren Viehstaedt und Düssler. Durch Heirat kam das Gut an die Familie Rudeloff die es bis 1861 besaß. Ch. Bernhard Drenkhahn bewirtschaftete das Gut danach. Obwohl er viel Wald abholzen ließ, ging er schon 1868 in Konkurs. Das sehr heruntergekommene Gut übernahm 1870 Otto Carl Wickede, nachdem es der Arzt Dr. Gaettens zwischendurch besaß. Wickede ließ den Park und den Garten anlegen. Er starb früh. Vormund seiner Kinder war bis 1886 v. Flotow (Altenhof). In den Folgejahren wurde der Wald wieder aufgeforstet. Hans v. Wickede mußte aus Gesundheitsgründen 1908 das 618 ha große Allodialgut an Emil Glantz (Groß Kelle) verkaufen. Nach seinem Tod ging das Gut 1938 an Fritz v. Risselmann.

Das Gutshaus war zunächst ein bescheidener Fachwerkbau mit schilfgedecktem Dach. Die Eingangstür war mittig. Erst viel später wurde der Bau um eine Etage erhöht und um 1760 der nordwestliche Teil mit zwei Fenstern angebaut. In dieser Zeit wurde es auch mit Ziegeln eingedeckt. Seitdem liegt der Eingang zum Gutshaus asymmetrisch. 1863 ließ der damalige Eigentümer Drenkhahn einen Turm mit Schindeln und vergoldetem Kreuz auf das Hausdach setzen, der aber bald wieder beseitigt wurde. Am Nordwestgiebel ließ er außerdem einen einstöckigen Saal anbauen, der als Kapelle genutzt wurde. Zu Beginn des 20. Jhs. wurde die Rückseite des Fachwerkgebäudes zum Park hin mit Ziegelmauerwerk ersetzt.
Nach dem 2. Weltkrieg durchlebte es 40 Jahre DDR-Geschichte, war Wohnunterkunft, Einkaufsstätte und Station der Gemeindeschwester.
Nach der Wende war das bauhistorisch wertvolle Gebäude sehr heruntergekommen. Es wurde 1991 an Privatleute verkauft, die es mit Unterstützung der Denkmalpflege und Fördermitteln großartig restaurierten.
Auch der stark verwilderte Park wurde 1992 ausgelichtet und wieder nutzbar. Leider wurde der Baumbestand durch einen Flächenbrand im Dürresommer 1992 beschädigt. Viele der alten Laubbäume mussten gefällt werden.

Der Vorgängerbau der heutigen Kirche in Grabow war aus Fachwerk. Mit der Zeit baufällig geworden, schlug 1896 der Blitz ein und zertrümmerte Turm und die Turmuhr.
Die jetzige Kirche wurde 1899 erbaut. Es ist ein rechteckiger Backsteinbau mit einem ebenfalls rechteckigen, eingezogenen Westturm. Der Chorschluss ist aus einem Achteck und besitzt drei Rundfenster.
Innen befindet sich eine schlichte Holzdecke, 1905 erhielt die Kirche eine Orgel. Die Vasa sacra stammt aus der Erbauungszeit.
Weil sich die Belower mit den Grabowern nicht über die Friedhofsbenutzung einigen konnten, wurde 1904 für Below ein neuer kleiner Friedhof in einer jungen Schonung angelegt.

In der Nähe befindet sich in aller Abgeschiedenheit des Belower Waldes eine Gedenkstätte für die Opfer des Nationalsozialismus. 1945 mußten hier im Wald von Below hunderte Häftlinge ohne Nahrung überdauern. Sie schälten die Bäume. Noch heute sind diese „Spuren" zu sehen. In jährlichen Gedenkveranstaltungen wird ihrer Qualen gedacht.

Bocksee und Klockow

ehemaliges Verwalterhaus in Bocksee um 1940

Beide Orte sind von viel Wald umgeben und zwischen Waren und Penzlin abseits der B 192 tief im Landesinnern zu finden. Da sie im Sandergebiet liegen, sind ihre Böden sehr mager.

Um 1730 bewirtschaftete die Ländereien Baron Le Fort (Möllenhagen). 1794 besaß das zum Amt Neustadt gehörende Gut Rethwisch mit den Vorwerken Bocksee und Klockow Herr v. Altrock. Bocksee gehörte bis 1852 zu Rethwisch. Danach wurden beide Orte von Groß Dratow aus mit bewirtschaftet. So war 1864 Carl Enoch F. Lemcke und 1899 sein Sohn, Rittmeister d. L. Enoch Lemcke, Besitzer des 940 ha großen Lehngutes Bocksee. Es gab hier eine Dampfsägerei. Die Familie hatte die Güter, die als Vorwerke betrieben wurden, bis zur Enteignung 1945. Mit der Bodenreform erhielten Neubauern Land. Auf den armen Sandböden konnten sie aber nicht ertragreich wirtschaften und gaben nacheinander auf. So wurde bereits 1956 das VEG Saatzucht Bocksee mit Sitz in Bornhof gegründet. Dieser Betrieb formte das Gesicht von Bocksee entscheidend und nachhaltig. Hatte Bocksee vor 1945 noch 29 Einwohner, so waren es 1990 über 400.
Da 1956 im Verwalterhaus von Bocksee noch gewohnt wurde, zog die VEG-Verwaltung zunächst in das Verwalterhaus Bornhof. In Bocksee entstanden nach und nach Wohnhäuser, später auch Wohnblöcke. So konnte bis 1965 das ehemalige Verwalterhaus in Bocksee leer gezogen werden und die Verwaltung des Saatzuchtbetriebes hier einziehen. Saniert wurde das Gebäude in den 1970er Jahren. Dabei erhielt es einen hellgrünen Anstrich. Der Dachraum wurde für die VEG-Verwaltung ausgebaut. In den unteren Räumen befand sich die KAP Verwaltung und ein Gemeindeschwesterzimmer. Nach 1990 stand es leer und wurde 1995 abgerissen.
Es war ein einfacher, zweigeschossiger Steinbau, der im oberen Bereich in Fachwerk ausgeführt war. Noch vor 1945 war es verputzt worden. Das flache Pultdach war mit Dachpappe gedeckt.

Auch in **Klockow** hat es bis 1945 ein Inspektorhaus gegeben. Es stand parallel zu den noch vorhandenen aber jetzt als Wohnhaus ausgebauten Stallungen und wurde mit dem Einmarsch der Sowjetischen Armee in Brand gesteckt. Heute erinnert nur noch eine Pumpe an den einstigen Wirtschaftshof. Von 1806 bis 1831 bewirtschaftete die Familie Strecker abseits vom Ort eine Glashütte, bevor er nach Ankershagen ging. Sogar eine Kapelle hat es in Klockow auf einer kleinen Anhöhe nahe dem Dorf gegeben. Erwähnenswert ist die zum Teil gut erhaltene Kopfsteinpflasterstraße von Groß Dratow nach Klockow, die von Carl Enoch F. Lemcke nach 1852 angelegt wurde.

Boek

Gutshaus in Boeck

Etwa 15 km nordwestlich von Mirow liegt am südöstlichen Ufer der Müritz das Dorf Boek am Eingang zum Müritz-Nationalpark. Einst bildete dieser Ort die Nordwestgrenze des Landes Turne mit der Komturei Mirow. Boek, früher auch Boche, später Böke geschrieben, heißt soviel wie Buche.

Schon im 13. Jh. saßen die Ritter v. Havelberg im Dorf. Hier war ihr Hauptgut. Urkundlich wurde 1273 Johannes v. Havelberg als Stammvater der Familie und Besitzer von Boek erwähnt, als Nicolaus v. Werle ihm versicherte, dass der Ort durch das Anlegen eines Kanals von der Müritz keinen Schaden nehmen wird. Die v. Havelberg spielten in der Geschichte der Müritzgewässer durch den Bau von Mühlen und Kanälen eine wichtige Rolle. Sie mussten 1276 den Mirower Johanniterrittern nach langen Prozessen die wichtige Boeker Mühle, die 3 km südwestlich vom Dorf entfernt liegt, überlassen. Mit einer beträchtlichen Summe Geldes wurden sie auch für den Kanal bei Boek zum Ablassen des Müritzwassers abgefunden. Bis ins 14. Jh. hatten die v. Havelberg Besitz und Rechte im Dorf, außer ihnen aber auch noch die Familie v. Retzow, die dem Kloster Neuenkamp die Gerichtsbarkeit über die Boeker Mühle 1301 verkaufte. Außerdem erhielt die Familie Brüsehaver Anteile im Ort. Diese gestatteten dem Kloster, die Mühle weiter abwärts zu verlegen.

Im Laufe der Zeit gelangte die damals mächtige Familie der v. Holstein (Ankershagen) in den Besitz von Boek. Der klösterliche Besitz verschwand mit der Reformation.

Nach Ende des 30jährigen Krieges waren die Besitzverhältnisse im Dorf verworren. Etlichen Familien gehörten Hufe im Ort. So auch Joachim v. Maltzan (Grubenhagen) 1645, Joachim Kriegow 1651, Henning v. Heydebreck (Zahren) 1651, Heinrich Stegemann 1678, später Jürgen Oldenburg (auch Zahren) und Friedr. Sittmann 1700. 1710 traten die Erben der Familie Sittmann und Jürgen Oldenburg ihre Rechte an Dietrich v. Plessen (Torgelow) ab. 1720 erwarb auch noch Otto Ch. v. Ribbeck Anteile von den v. Schuckmann, die durch Heirat (Sittmann) in den Besitz gekommen waren. Diesem Wirrnis machte Jakob Ernst v. Holstein mit einem Reluitionsprozess ein Ende. Er gewann diesen 1746 und erkann-

te nur die Anteile Oldenburgs (Federow) an. Das wiedergewonnene Gut verkaufte er noch im selben Jahr an Ernst Friedr. v. Raven (Vielist). Nach vielen weiteren Wechseln (1780 Baron v. Schorlemer, 1797 Ulrich Otto v. Dewitz, 1805 Karl Wilh. Friedr. David v. Pentz und 1836 Adolf Friedr. Karl v. Oertzen) ging das 2.627 ha große Allodialgut 1842 in das Eigentum des Klosterhauptmanns Karl Peter Baron Le Fort über. Sein Enkel, Rittmeister Stephan Freiherr v. Le Fort, war 1920 in den Kapp-Putsch verstrickt. Er zog vor die Stadt Waren und verewigte sich durch einen Kanoneneinschlag am Neuen Rathaus. Dabei kamen fünf Warener Bürger ums Leben.
Sommerbesuch war dort eine Verwandte, die Schriftstellerin Gertrud v. Le Fort. Sie wird heute durch eine Ausstellung im Gutshaus geehrt.
1935 verkaufte Stephan Baron Le Fort das Gut an den Reichsverband der Deutschen Luftfahrtindustrie. Der Ort wurde von der Erprobungsstelle Rechlin genutzt. 1934–1945 war Dr. Oskar Jaques gleichzeitig Verwalter und Bürgermeister des Gutes.
Boek hatte 2 Glashütten (Amalienhof 1767–1791 und Boeker Hütte 1834–1853) und eine Windmühle (1873, noch 1939). Pächter auf den Vorwerken waren: Boeker Schlamm – Johannes Levith (1921–1927), Amalienhof – Wagenknecht (1924), außerdem gab es zwei Hofbesitzer auf dem Faulen Ort und der Boeker Hütte.
Die Bolter Wassermühle nahe der Boeker Windmühle, diente auch als Schleuse des Havelkanals und hatte ein Sägewerk.

1837 gehörten zum Gutshof neben dem Gutshaus: ein Holländerhaus, ein Wirtschaftsgebäude, zehn Ställe, zehn Katen und ein Jägerhaus. Das Gutshaus entstand als zweigeschossiger, mit 13 Achsen und einem Mittelrisalit versehener Putzbau um die Mitte des 19. Jhs. Das Gebäude diente zunächst nach dem 2. Weltkrieg als Unterkunft für Flüchtlinge. Noch bis 1993 wurde hier gewohnt. Später konnte im linken Flügel eine Gaststätte eingerichtet werden. Auf der anderen Seite lädt neben der Nationalparkinformation eine Ausstellung zu ländlichen Gewerken zum Besuch ein. Auch eine Zinnminiaturenwerkstatt hat hier ihre Räumlichkeiten. Auf der Südseite umgibt ein waldartiger, weil vernachlässigter Park das Gutshaus. Auffallend ist eine besonders schöne Trauerbuche.

Die Kirche gehörte nach der Reformation als Filia zu Federow. Seit 1815 wurde sie als Materkirche mit der zu Rechlin verbunden. Das Patronat haftete seit dem 16. Jh. am Besitz des Gutes. Von 1917 bis 1992, während der Vakanz, wurde die Kirche mal von Vipperow,

Bolter Wassermühle

Schwarz und Mirow und seit 1992 nun von Rechlin mitbetreut.
Die heutige Kirche in Boek ist bereits der dritte Kirchenbau. Die erste hatte, wie viele Kirchen im 30jährigen Krieg, stark gelitten. 1758 wurde ein neuer Sakralbau errichtet und stand westlich vom Gutshaus. Doch leider wurde er bei einem Brand 1846, bei dem das ganze Dorf zerstört wurde, vernichtet.
An einer neuen Stelle entstand 1847 als rechteckiger neogotischer Backsteinbau die heutige Kirche. Sie besitzt einen polygonalen Chorschluss. Im Westen ist ein Turm vorgesetzt, der einen abgewalmten Spitzhelm trägt und eine Turmuhr mit Schlagwerk besitzt, das aber nicht mehr funktioniert.
Die Innenausstattung stammt aus der Erbaungszeit. Die Kanzel steht hinter dem freistehenden Altar. Die Vasa sacra stammt ebenfalls aus dieser Zeit.
Im Jahre 1853 wurde von dem Orgelbauer Wilhelm Sauer eine Orgel eingebaut. Seit 1972 war sie nicht mehr bespielbar. Dank einer Spende wurde die Orgel 2003 komplett restauriert und nach 150 Jahren erneut eingeweiht. Auch der Innenraum der Kirche konnte in diesem Jahr überholt werden. Eine Drainage um die Kirche herum konnte schon zuvor gelegt werden. Die Eingangstreppe und der Weg zur Kirche sind ebenfalls saniert.
Die beiden Glocken waren 1847 von Carl Illies in Waren gegossen und vom Kirchenpatron, Baron Le Fort, gestiftet worden. Heute ist nur noch die kleinere von beiden Glocke vorhanden.
Die Kirche ist in der Sommerzeit geöffnet.

Erwähnenswert ist eine Freiluftausstellung alter landwirtschaftlicher Maschinen.

Bollewick mit Nätebow und Spitzkuhn

Kirche in Nätebow

Vor den Toren der Stadt Röbel, nur 2 km südwestlich davon, liegt Bollewick mit dem früher selbstständigen, ursprünglich slawischen Ort „Nedebuh". Heute ist Nätebow Ortsteil von Bollewick. Der Ort Bollewick lag ursprünglich weiter westlich, direkt am Wackstower See. Hier wurde 1331 Boldeweke und 1403 Bollewiken erwähnt. Schon zu Beginn des 30jährigen Kriegs lag es wüst. 1733 gab es an der gleichen Stelle den Hof Bollewick. 1786 wurde er von Ludwig Ch. v. Langermann an die Stelle des heutigen Bollewick verlegt. Später wurden auch Bauern von Nätebow nach Bollewick umgesiedelt.

Erstmals wurde **Nätebow** 1261 erwähnt, als es um die Festsetzung der Feldmark von Röbel ging. 1305 bezog ein Röbeler Bürger Einkünfte aus dem Dorf. 1331 ließ der Ritter Konrad Büne, ein Vasall des Fürsten v. Werle, die Kirche gründen und erbauen. Ein halbes Jh. später hatten auch die v. Rostke und Freiberg Besitz und Rechte in Nätebow, im 15. und 16. Jh. die Familien v. Wardenberg und Prignitz und im 17. Jh. die v. Arenstorff, v. Grambow mit ihrer Nebenlinie Prignitz und Schmiede. 1682 wurde der brandenburgische Rittmeister Christoph v. Langermann (Schwiegersohn der Familie Schmiede) Eigentümer des Gutes. 1702 konnte er alle anderen Anteile im Ort erwerben. Seine Nachfahren hatten mit den Dörfern Bollewick, Carlshof, Dambeck, Karchow, Erlenkamp und Spitzkuhn neben Nätebow eine ansehnliche Begüterung von 3.300 ha. Durch Heirat kam der Besitz nach dem 1. Weltkrieg an Alexander v. Bredow. Mit der Weltwirtschaftskrise musste seine Familie Bollewick mit Nätebow und Spitzkuhn an eine Siedlungsgesellschaft abgeben. 1932 wurden die Orte an 80 Siedler aufgeteilt.

1331 wurde bereits eine Dorfkirche genannt, die drei Altäre besaß. Die Altäre waren der Heiligen Jungfrau Maria, der heiligen Katharina und den Aposteln Matthaeus und Andreas gewidmet.
Die Kirche ist aus Backstein, in der Zeit des Übergangs vom romanischen zum gotischen Baustil, errichtet. Während des 30jährigen Krieges waren der Turm und das Dach zerstört worden und sie konnte nicht benutzt werden. Christoph v. Langermann ließ die Kirche 1682, als er die umliegenden Güter übernommen hatte, wieder aufbauen. Dabei wurde sie nicht

Scheune in Bollewick

nur saniert, sondern auch stark verändert. An den Außenwänden sind noch romanische Details erkennbar. Von den einstigen Portalen ist nur noch das auf der Südseite in Benutzung. Im Westen wurde ein Turm angebaut. Der obere Teil ist um 1790 durch Brand zerstört und mit Backsteinen wieder aufgemauert worden. 1903 hatte Friedr. v. Langermann und Erlenkamp den neuen stattlichen Turm bauen lassen. Die südliche Vorhalle wurde schon im 15. Jh. angebaut.
Innen ist die Kirche mit zwei gotischen Kreuzgewölben überspannt. An allen Innenwänden sind Rundbogennischen, die bis auf den Fußboden reichen. In der Ostwand fällt ein größeres gotisches Fenster auf, in dem noch die Formen von Schlitzfenstern erkennbar sind.
Von der Innenausstattung ist der doppelflüglige Schnitzaltar, eine solide künstlerische Arbeit aus dem Jahre 1522 bemerkenswert. An der Nordwand befindet sich die Kanzel, mit gedrehten Säulen und Masken aus der Zeit um 1600. Eine Sakramentsnische stammt aus der Erbauungszeit (1331). Die Patronatsloge ist aus dem 17. Jh. Erwähnenswert ist ein silbervergoldeter gotischer Kelch. Auf jedem Feld seines Fußes sind Marterwerkzeuge Christi eingearbeitet. Aus dem 18. Jh. stammen eine ebenfalls silbervergoldete Patene sowie eine Messingschale.
1918 und 1922 wurde in die Kirche eingebrochen und u. a. das Taufbecken gestohlen. 1932 konnte die Kirche renoviert werden. Das Gestühl wurde zum Teil erneuert und die Kanzel wurde an ihren jetzigen Platz versetzt. 1970/80 wurde die Schiefereindeckung des Turmes ausgebessert und ein Teil des zu schwer gewordenen Storchennestes abgetragen.
1991/92 sind dann die Giebel saniert und das Dach neu eingedeckt worden.
Im Turm hängen zwei Bronzeglocken von 1950, gegossen von Schilling in Apolda.

Als Bollewick 1786 vom Wackstower See an seine heutige Stelle verlegt wurde, hatte es damals nur 18 Einwohner.
1881 wurde in Bollewick die heute größte Feldsteinscheune Deutschlands gebaut. Es entstand der Gutshof Bollewick. Das Gutshaus, das in den 1920er Jahren abgerissen wurde, stand an der Ostseite der Scheune. Es war ein einfacher, eingeschossiger Fachwerkbau mit einem Mittelrisalit und stammte aus der 2. Hälfte des 18. Jhs. Zu dieser Zeit besaß Bollewick auch eine Ziegelei.
In der Scheune finden heute über 20 verschiedene Gewerke vom Bauernladen bis zur Kerzenmanufaktur ihren Platz. Regelmäßig werden Märkte organisiert, die von kulturellen Angeboten begleitet werden.

Gutshaus in Spitzkuhn

Spitzkuhn liegt 2 km südlich von Bollewick. Es wurde bereits 1273 erwähnt.

Im 18. Jh. war es für lange Zeit der Hauptwohnsitz der Familie v. Langermann. Dem Gutshaus sieht man auf den ersten Blick sein Alter nicht an. 1733 ließ hier Georg Albrecht v. Langermann ein einfaches, eingeschossiges Wohnhaus über 7 Achsen in Fachwerk errichten. Ebenfalls aus Fachwerk war das Torhaus mit Glocke in der Einfahrt zum Gutshof. Von hier wurde zur Arbeit, zur Pause und zum Feierabend geläutet. Das Torhaus wurde 1970 abgerissen. Heute existieren vom Gutshof noch zwei große Stallungen, die landwirtschaftlich genutzt werden.

ehemaliges Torhaus in Spitzkuhn um 1920

Buchholz

14 km südlich von Röbel, am untersten Zipfel des Müritzarmes, liegt Buchholz, früher auch Bocholte, Buchholte, Bokholte und später Buchhol(t)z geschrieben.

Das Dorf wurde 1273 erstmals urkundlich erwähnt, als Fürst Nikolaus v. Werle dem Nonnenkloster in Röbel 13 Hufen, davon 2 in „Bocholte", verliehen hatte. Bernhard v. Werle verkaufte dann 1349 an den Röbeler Nikolaus v. Güstrow 6 Hufen. Wenig später gehörte das Dorf zum Leibgedinge der Fürstin Elisabeth v. Werle. 1362 wurde Buchholz neben Sembzin aus diesem Leibgedinge der Fürstin herausgelöst. Aus diesem Grunde wurde der Ort 1455 von Herzog Heinrich an seinen Vasallen Bernard v. Rohr verliehen. Dieser Familie blieb das Gut bis 1629 erhalten. Dann ging es in Konkurs und gelangte in die Hände von Hans v. Holstein. In der schweren Zeit des 30jährigen Krieges gab es zahlreiche Verpfändungen. Für kurze Zeit hatten die v. Quitzow (Below), Koch, Schroeder, v. Kamptz und v. Konow Anteile im Dorf. Schließlich gelang es der Familie v. Knuth 1689 alle Anteile im Ort zu kaufen. Aber schon 1732 besaßen es die v. Ferber (Melz) und 1762 die v. Raven (Boek).

Da Buchholz nach dem 30jährigen Krieg fast entvölkert war, siedelten sich hier freie Bauern aus Sachsen und Brandenburg an. Sie brachten Viehzeug und ihre Hauswirtschaft mit. Auch bauten sie ihre Häuser im Stil ihrer Heimat auf. Allein der Grund und Boden gehörte ihnen nicht. Jahrelange Prozesse folgten mit der Gutsherrschaft, bis endlich1764 – und das ist selten in Mecklenburg – der Kammerherr v. Raven das Dorf als Allodialgut an die damals 22 „freien Bauersleut" verkaufen musste. Seitdem wurden ununterbrochen 26 Bauern als Besitzer der ca. 1.500 ha genannt. Buchholz war eines der wenigen ritterschaftlichen Bauerndörfer in Mecklenburg. Für den tüchtigen Sinn der Bauern spricht, dass sie 1777 selbst eine „Kommunalordnung für das Gut Buchholz" aufstellten. Es wurde sogar an die Dorfarmenpflege gedacht. Erst 1861 gab die Regierung des Landes dann eine Dorf-

Kirche in Buchholz

ehemalige Wassermühle in Buchholz, 2002

ordnung und ein Statut über die Erbfolge heraus.
Anfang des 20. Jhs. gab es eine Dresch- und eine Kuhweidegenossenschaft.
Erst mit der Zwangskollektivierung um 1960 veränderte sich das bäuerliche Leben. Im Gegensatz zu vielen anderen Dörfern wurde Buchholz zu DDR-Zeiten nicht verbaut. Es ist heute noch schön anzusehen, auch der durch die Siedler mitgebrachte brandenburgische Baustil ist erkennbar. Gut erhalten ist auch die alte Lindenallee entlang der Kopfsteinpflasterstraße.
Erwähnenswert ist der Gasthof „Zu den drei Linden". Eines der ersten Skatturniere in Mecklenburg fand hier statt. Er war auch mit dem Dorf Filmkulisse für den umstrittenen DDR-Streifen „Daniel Druskat" und den Dokumentarfilm „Unter Bauern". In der Müritzbucht legte der legendäre Dampfer „Fontane" an. Ein Nachbau fährt seit 2006 über die Müritz.
Die südlich des Dorfes gelegene Wassermühle wurde 2002 abgerissen.

Die Kirche in Buchholz ist ein frühgotischer, rechteckiger Backsteinbau auf einem Granitsockel aus der 1. Hälfte des 14. Jhs. Zu jener Zeit wurde der Backstein als Baumaterial bekannter. Sowohl auf der Nord- als auch auf der Südseite befindet sich ein charakteristisches spitzbogiges Portal. Alle Fenster sind gleichmäßig im Spitzbogen geschlossen. An der Nordseite des Langhauses verdeckt eine Vorhalle das frühgotische Portal. Der blendengeschmückte Ostgiebel besitzt an seinem Fuß eine Reihe plastischer Köpfe.
Der quadratische Westturm ist in seinem Untergeschoss an drei Seiten durch breite Spitzbögen laubenartig geöffnet. So entstand ein offener Durchgang von Nord nach Süd, der auffallend und einzigartig für eine Kirche im Müritzkreis und auch nicht typisch für Mecklenburg ist.
Der massive Backsteinturm ist am Obergeschoss verbrettert und trägt seit dem Brand 1814 einen geschwungenen Helm mit achteckiger Spitze aus Schiefer. Als Bauzeitpunkt für den Turm wird das 17./18. Jh. angenommen.
Innen ist die Kirche mit einer flachen Decke geschlossen. Der Altaraufsatz mit Schranken wurde um 1600 gefertigt. In den kasettenartigen, mit Ornamenten verzierten Renaissancefeldern befinden sich geschnitzte Figuren, die die Kreuzigungsgruppe und die vier Evangelisten darstellen. Der dunkle Altar muss einst farbig gewesen sein. Die Wandmalereien mit biblischen Motiven entwarf in den 1930er Jahren die Berliner Restauratorin Cohnert. Die hiesigen Bauerntöchter saßen ihr dafür Modell.
Buchholz besitzt eine gute Ausstattung der Vasa sacra. Erwähnenswert sind vier zinnerne Leuchter aus dem 17. und 18. Jh. Im Turm hingen zwei Glocken, beide von C. Illies (Waren) 1855 und 1867 gegossen. Heute ist nur noch die Letztere vorhanden.

Buschhof

Gutshaus in Buschhof

Buschhof, früher auch „Dasselbusch" genannt, liegt am südlichsten Zipfel des Müritzkreises, ca. 22 km von Röbel und 9 km von Mirow entfernt.

Erst in der zweiten Hälfte des 17. Jhs. wird Dasselbusch erstmals als Meierei erwähnt. Auch im Atlas von Bertram Ch. Hoinckhusen (um 1700) ist der Ort, als Hof zum Amt Mirow gehörend, eingetragen. In den Unterlagen zur Regulierung der Landesgrenze zwischen Mecklenburg-Strelitz und Mecklenburg-Schwerin von 1755–1809 wird der Name Buschhof und Dasselbusch abwechselnd für den selben Ort genannt. Außerdem wurde eine Majorin v. Bernern dort erwähnt. 1794 gehörte die Meierei Buschhof zur herzoglichen Kammer Mecklenburg-Strelitz, Pächter war der Amtmann Christian Wilh. Kettner.

1810 wurde in einem Schreiben bekannt gegeben, dass der Mühlenzwang der Meiereien Buschhof und Kotzow von der Mühle Mirow zur Mühle Neu-Gaarz verlegt wird. 1816 wurden dort auch eine Brennerei und eine Schule genannt, die auch noch 1945 erwähnt wurden. Im gleichen Jahr konnte Christian Wilh. Kettner den Hof erbpachten. So blieb Buschhof über vier Generationen bis 1907 in der Bewirtschaftung der Familie Kettner. Das nach Mecklenburg-Strelitz gehörende Landgut übernahm 1908 Dr. O. Simmerling (Trollenhagen). 1911 gehörte das 481 ha große Gut zum Domanialamt Mirow und wurde von dem Pächter Ernst v. Pentz bewirtschaftet. 1920 folgte Adolf Schliemann als Pächter, der auch das Bürgermeisteramt inne hatte. Buschhof gehörte seit 1921 zum Amt Strelitz. Die Einwohnerzahl blieb die 150 Jahre lang nahezu konstant bei ca. 120. 1945 bekamen mit der Bodenreform 47 Neusiedler Land. Die Einwohnerzahl hatte sich verdoppelt.

Das Gutshaus liegt direkt an der Straße und wurde wahrscheinlich vor dem 1. Weltkrieg gebaut. Es ist ein eingeschossiges, verputztes Haus über 11 Achsen. Zur Hofseite schmückt ein Mittelrisalit das Gebäude. Das Walmdach ist ausgebaut und besitzt 5 Gaupen. Auf der Hofseite spenden 4 Linden Schatten. Es diente bis vor Kurzem immer Wohnzwecken. Außerdem ist dort über viele Jahre bis heute eine kleine Verkaufsstelle integriert. 2002 verkaufte die Gemeinde das unter Denkmalschutz stehende Gebäude.

1895 wurde am 1. April die Eisenbahnstrecke Mirow-Buschhof und wenig später die Strecke Buschhof-Wittstock eröffnet. Fünf Jahre zuvor war die Friedr. Wilh. Eisenbahn Neustrelitz-Wesenberg-Mirow eingeweiht worden. 1911 kam eine Feldbahn von Krümmel über das Vorwerk Troja bis zum Bahnhof Buschhof dazu.

Bütow

Gutshaus in Bütow

Etwa 10 km südwestlich von Röbel liegt das Dorf Bütow, einst eine slawische Siedlung, die im 13. Jh. noch Butecowe geschrieben wurde.

Im Jahre 1273 erwarb das Nonnenkloster Röbel drei Hufen in Bütow. Weiter wurde erwähnt, dass 1366 Vicke Bune 11,5 Hufen an Heinrich Knuth verpfänden musste. Später wurde die Familie Grambow-Prignitz im Dorf sesshaft. Die Prignitzer bewirtschaften die Begüterung bis 1620, dann ging sie an Vicko Ludwig v. Lepel über. Wie viele Familien ging sie nach dem 30jährigen Krieg 1650 in Konkurs. Lebten einmal 16 Bauern und vier Kossaten hier, so waren es nach dem Krieg nur noch drei Kossaten. Gut 20 Jahre später, um 1670 kamen die v. Pritzbuer in den Besitz von Bütow, nachdem sie schon die Güter Fincken und Dammwolde erworben hatten und an Rittmeister Hartwig Ernst v. Bülow eine Abfindung für Bütow zahlten. Aber schon 1720 erwarb der Kammerjunker Julius Ludwig v. Pederstorff Dorfanteile von den v. Pritzbuer und 1760 folgte ein Zweig der Familie v. Blücher. Sie behielten das mit dem Nachbargut Fincken und Knüppeldamm 2.627 ha große Allodialgut bis 1911. In diesem Jahr kaufte der junge Unternehmer Wilhelm Petersen das Gut Bütow mit 750 ha Ackerfläche von Konstantin v. Blücher. Im Dorf gab es zu dieser Zeit noch 5 Erbpächter. Eine Ziegelei existierte neben einer Schmiede. Um 1920 ergänzte Petersen seine Wirtschaft mit einer Getreidemühle und Brotfabrik direkt vor Ort. Ohne Zwischenhändler belieferte er Berlin mit Brot. Dazu ließ er Gleise bis in die Fabrik legen. Diese hochmoderne Anlage wurde jedoch sabotiert. 1928 gab Petersen auf. Der weithin sichtbare Speicher der Brotfabrik blieb bis heute Wahrzeichen des Gutes. Anfang 1929 übernahm Rudolph Karstadt aus der bekannten Kaufhaus-Dynastie das Landgut Bütow. Trotz der Wirtschaftskrise konnte er bis 1931 die Fabrik weiterführen. 1938 verkaufte Karstadt das Gut an Fritz Karow.

Nach dem 2. Weltkrieg versorgte das Gut bis 1948 die Sowjetarmee. Danach wurde es zu einem wichtigen Zucht- und Vermehrungsbetrieb der DDR für Speisekartoffeln, dem Saatzuchtbetrieb VEG Bütow.

1991 verpachtete die Treuhandgesellschaft den Betrieb an Dr. Karl-Heinz Niehoff. Er griff die Tradition der Kartoffelzüchtung und Getreidesaatvermehrung auf. Die alten Speicher und Getreidesilos werden immer noch genutzt.

Das Gutshaus wurde von der Familie v. Blücher in der zweiten Hälfte des 18. Jhs. errichtet und diente ihnen wahrscheinlich als Hauptwohnsitz bevor dies Fincken um 1800 wurde. Es ist ein eingeschossiger Fachwerkbau auf einem Feld-

Kirche in Bütow

steinfundament, der teilweise unterkellert ist. Der Gewölbekeller kann noch älter sein, da eine zugemauerte Tür heute mitten unter dem Haus endet, die ursprünglich einmal nach draußen führte. Der symmetrische Bau hatte an beiden Giebeln Erker aus Fachwerk. Der Eingang wurde durch einen Frontgiebel, ebenfalls aus Fachwerk, hervorgehoben. Das einfache Spitzdach war ausgebaut. 1912/14 ließ Wilhelm Petersen Änderungen am Gutshaus vornehmen, ganz im Sinne des damaligen Jugenstils. Er verlagerte nicht nur den Eingang sondern ersetzte den östlichen Erker durch den Anbau eines Seitenflügels.

Das Gut besaß umfangreiche Stallungen und Scheunen. Erwähnenswert ist eine nicht mehr vorhandene Scheune nördlich des Gutshauses, die eine Turmuhr im Giebel besaß. Dort existierte auch eine Schmiede. Erhalten geblieben sind neben den zwei großen Feldsteinställen, die das Gutshaus flankieren auch der weithin sichtbare Speicher, der ehemaligen Brotfabrik. Das Gutshaus diente bis 1990 dem Saatzuchtbetrieb VEG Bütow als Büro-, Eß- und Versammlungsraum. Heute ist es Wohnhaus der Familie Niehoff.

Bütow hatte bereits Anfang des 14. Jhs. eine Dorfkirche. Von ihr ist jedoch nur der massige, quadratische Westturm aus Feldsteinen übriggeblieben. Er ist mit einem niedrigen Pyramidendach abgedeckt auf dem heute ein Storchennest thront. Im 16. Jh. entstand das rechteckige Schiff aus Backsteinen. Ende des 17. Jhs. wurden die Ost- und Nordwand in Fachwerkbauweise hochgezogen. Der Haupteingang befand sich im Turm. Er wurde bei Umbauarbeiten an die Südseite verlegt. Von hier aus rahmte ursprünglich eine Lindenallee den Weg zum Gutshaus ein.

Von der Innenausstattung ist der Altaraufsatz erwähnenswert, der aus einem Renaissancegehäuse mit einzelnen Figuren besteht, die einem gotischen Triptychon entstammen. Die Rückseite trug zwei Tafeln. Eine Inschrift gibt an, dass H. Valentin Vitzenhusen, Administrator der Güter Knüppeldamm und Fincken 1734 den Altar renovieren und bemalen ließ. Aus jener Zeit stammen auch das Gestühl und die Westempore. Die zweite Tafel ist heute sichtbar im Innenraum der Kirche. Auf ihr werden alle Pastoren, die zwischen 1548 und 1748 hier predigten, aufgeführt.

Die Orgel wurde 1908 von Marcus Runge gebaut. Sie ist durch starken Holzwurmbefall nicht mehr bespielbar.

Im Turm hingen 2 Glocken. Die ältere wurde 1708 und die andere 1750 (C.D. Heintze) gegossen. Heute ist nur noch die kleinere Glocke von 1750 vorhanden.

Zwischen 1996 und 2000 konnte das gesamte Kirchengemäuer restauriert werden. Gleichzeitig wurde der alte Eingang auf der Westseite wiederhergestellt.

Cramon

Der kleine Ort liegt 2 km südlich von Wangelin im Nordwesten des Müritzkreises. Zwei Seen umgeben Cramon, in der Nähe entspringt die Nebel.

Erstmalig wurde der Name Cramon 1230 mit dem Besitzer der Gemarkung Hermann Cramon erwähnt. Der Ort war der Stammsitz der Familie. Cramon als Ortschaft wurde erst 1347 genannt. Damals besaß Henrico Hagen den Hof Kraaz und das Gut in Cramon. Zwischen 1613 und 1618 erwarb die Familie v. Quitzow beide Güter. Nächste Eigentümer waren erst die Familie v. Linstow und dann v. Raven. Auch das Kloster Malchow hatte im 17. Jh. schon Anteile in beiden Orten erworben. 1719 erwarb das Kloster Kraaz vollständig durch Tausch in Jabel. Die Klosteranteile in Cramon waren im 18. Jh. an den Pächter in Hohen Wangelin verpachtet gewesen. 1803 war dann das Kloster Malchow alleiniger Eigentümer von Cramon und Kraaz, Cramon wurde ein Klostergut. Pächter waren 1842 Carl Stoll, 1856 F. Lemcke und 1860 J. Paetow. 1864 bewirtschaftete Friedr. Junghans das Gut. Außerdem gab es zu dieser Zeit noch 8 Erbpächter. 1885 und 1899 steht im Staatskalender als Pächter des 1.432 ha großen Gutes „Oekonomierath" Friedr. Wilh. Junghans. Er baute eine mit Dampfkraft betriebene Stärkefabrik, die es 1920 noch gab. Außerdem gab es in Cramon einen Forsthof und eine Holzwärterei in Kraaz. Nach 1920 war Rudolf Pohl Pächter. Cramon wurde dann 1928 zur Domäne und weiterhin verpachtet. Pächterin des Resthofes von 458 ha war nun Anna Pohl. Danach übernahm der Sohn Udo Pohl die Bewirtschaftung bis 1945. Sein Hof war inzwischen auf 245 ha geschrumpft. Nach 1945 bekamen 16 Neubauern Land. Später wurde auf der Gemarkung Cramon der Hauptbetrieb der Rindermast Hohen Wangelin errichtet.

Das Gutshaus war wahrscheinlich nach 1860 von der Familie Junghans erbaut worden. Es war ein eingeschossiger, massiver Steinbau über 9 Achsen mit einem beidseitigen Mittelrisalit über 2 Achsen. Das einfache Satteldach hatte 4 Schleppgaupen. 1978 wurde das Gutshaus abgerissen, obwohl es sich in einem recht guten Zustand befand. Es erinnert nur noch eine Anhöhe an das Gebäude.
Der Gutshof besaß mehrere große Ställe und Scheunen. Heute stehen nur noch drei dieser Bauten. Zwei flankieren die heutige Straße nach Hohen Wangelin, die 1970 gebaut wurde und den ehemaligen Gutshof schneidet. Ein Stall wurde als Wohnhaus umgebaut. Der ehemalige Gutshof wird heute als Pferdesportplatz genutzt.

ehemaliges Gutshaus in Cramon, um 1970

Dambeck und Karchow

8 km westlich von Röbel liegt nahe der Autobahnauffahrt Röbel der Ort Dambeck. Das Dorf war einst eine slawische Siedlung. Der Ortsname könnte von dabu = Eiche stammen.

Die urkundliche Ersterwähnung des Ortes „Dambek" reicht in das Jahr 1261 zurück. In jenem Dokument wurde bestätigt, dass das Dorf damals zur Diözese Havelberg und zum Archidiakonat von Röbel gehörte.
In der ersten Hälfte des 14. Jhs. war Otto v. Roggentin, ein Knappe des Fürsten von Werle, in Dambeck sesshaft. Wie in damaliger Zeit üblich, hatten aber auch noch andere Vasallen Lehen im Dorf. Unter anderen waren seit dem 15. Jh. auch die v. Freiberg im Ort vertreten, die gleichzeitig in Karchow begütert waren. Während des 30jährigen Krieges jedoch musste die Familie 1642 Konkurs anmelden. Dambeck kam in die Hände der Adelsfamilie v. der Lühe auf Schulenberg. 1653 erhielt Vollrath v. der Lühe den landesherrlichen Lehnbrief. Sie blieben bis 1743 Besitzer im Dorf, mussten den Hof jedoch zwischendurch für 20 Jahre an den Oberst K. Christoph v. Langermann (Nätebow, Bollewick und Spitzkuhn) verpfänden. 1743 kaufte Hauptmann Georg Friedrich v. Bassewitz (Klocksin) das Lehngut. Bis 1791 blieb es im Besitz dieser Familie. Nachdem ein Jahr lang Kammerrat Otto Konrad v. Hahn das Gut besessen hatte, ging das 911 ha große Allodialgut mit Karchow (676 ha) an Ludwig Christoph v. Langermann u. Erlenkamp (Bollewick) über. Die männlichen Erben fielen im 1. Weltkrieg, so kam der Besitz durch Heirat in die Hände von Alexander v. Bredow. Die Familie bewirtschaftete die Güter bis 1945. Nach dem Krieg wurde Dambeck ein volkseigenes Gut.

Das alte Dambeck, 1 km nördlich dem heutigen gelegen, verfiel immer mehr. Heute ist dort nur noch die Kirchenruine zu sehen.

Das Gutshaus ließ Caspar Ch. v. Langermann 1794 als eingeschossigen Putzbau über 13 Achsen auf einem Souterrain errichten. Die Eingangshalle an der Hofseite ist mit einem Dreieckgiebel verziert. Das Mansardendach ist nicht ausgebaut. Das Gutshaus wurde Hauptwohnsitz der Familie. In mehreren Phasen wurde es fertiggestellt und im Inneren wurde es öfter umgebaut. Hinter dem Haus schließt sich ein kleiner verwilderter Park mit altem Baumbestand an. Wäre er gepflegt, müsste man von hier aus den Dambecker See sehen können.
Nach dem Krieg wohnten zunächst Flüchtlinge hier. Dambeck wurde als volkseigenes Gut (VEG). 1975 mit dem Gut Bütow zusammengelegt.
Das Gutshaus gehörte der Gemeinde und wurde ab 1953 als Wohnheim für Lehrlinge genutzt. Später zog die Verwaltung des VEGs und der Kindergarten hier ein. Nach 1990 wurde es verkauft. Seit 2003 steht es erneut leer und die Gemeinde sucht einen Käufer.
Der Gutshof ist noch gut erkennbar. 1853 brannten drei Gebäude auf der linken Hofseite ab. 1867 wurde hier eine Kartoffelbrennerei aufgebaut. 1871 brannten wieder zwei große Scheunen ab. Heute existieren noch zwei große Scheunen, die genutzt werden. Ein Teil der Stallungen sind als Wohnungen ausgebaut.

Am Nordostufer des Dambecker Sees steht versteckt hinter Bäumen die Kirchruine des einstigen Dambecks. Außer den Ostgiebeln von Chor und Langhaus stehen nur noch Teile der Kirchmauer. Diese Mauerreste gehören der wahrscheinlich ältesten Feldsteinkirche in Südmecklenburg. Sie stammt aus den Anfängen der Christianisierung und wurde um 1180 als spätromanische Wehrkirche mit Schilfeindeckung gebaut. Zu dieser Zeit existierten in der Gegend noch keine Brennöfen für Ziegel. Bemerkenswert ist deshalb, dass sie vollständig aus behauenen Feldsteinen errichtet wurde, so auch die Außenmauern und die Rundbögen der Fenster- und Türöffnungen. Die Granitquader sind exakt gehauen und geschichtet worden und weisen gerade bei den Bögen auf eine ehemals große Portalkunst hin.
Innen waren die Wände mit kleineren Steinen in Kalkmörtel verputzt. Auch das Bodenpflaster und das Gewölbe über dem Chorraum und der Sakristei waren so beschaffen.
Nach dem 30jährigen Krieg (1649) war das Kirchendach des Schiffes sowie der neben der Kirche stehende Holzturm eingefallen. Das Dach des schilfgedeckten Chorraums wurde jedoch noch bis 1863 immer wieder ausgebessert und der Ort für den Gottesdienst von den benachbarten Minzowern genutzt.

Gutshaus in Dambeck

Dann war die Kirche viele Jahre verlassen, bis 1918 der Kirchhof neu geweiht und als Gedächtnisstätte für die im 1. Weltkrieg Gefallenen eingerichtet wurde. 1954 verursachte dort ein Blitzschlag die völlige Zerstörung.

Erwähnenswert ist die alte Burgstelle, eine wallartige Erhöhung am Dambecker See.

Die Geschichte von **Karchow**, das 2 km südöstlich von Dambeck am Karchower See liegt, ist eng mit dessen Geschichte verbunden.

Im 14. Jh. besaßen die Pritzbuer ganz Karchow. Aber schon ab dem 15. Jh. hatten beide Orte immer die gleichen Besitzer. Die v. Freibergs

Kirchruine von Dambeck

ehemalige Kirche von Karchow um 1975

ehemaliges Gutshaus in Wackstow

unterhielten hier in der ersten Hälfte des 16. Jhs. eine Wedem. Karchow war damals ein relativ großer Ort mit 15 Bauern und 5 Kossaten.

Nach dem 30jährigen Krieg, als die Kirche Dambecks fast zerstört war, ließen H. Andreas v. Freiberg und A. Andreas v. der Lühe 1688 eine Kirche in Karchow errichten.

Es war ein schlichter, vierseitiger Fachwerkbau ohne Turm und Vorhallen. Im Innern schloss eine flache Decke den Raum. 1983 wurde die Kirche abgetragen, nachdem sie wegen Baufälligkeit schon 1972 gesperrt worden und durch einen Sturm fast zusammengefallen war.

Die Inneneinrichtung, darunter ein alter mit Bleiverglasung verzierter Beichtstuhl und ein wunderbar geschnitzter Altaraufsatz von 1692 befindet sich heute nach Restauration 1974 in der Kirche von Kamps.

Auf dem Friedhof steht der 1989 umgesetzte und 2001 restaurierte Glockenstuhl mit der gestifteten Glocke der v. der Lühe und v. Freiberg aus dem Jahre 1670. Von der Familie v. Langermann befinden sich auf dem Friedhof 13, zum Teil überwachsene Grabdenkmale.

1992 wurden die Kirchhofsmauern in Dambeck und Karchow saniert.

Etwas ganz Besonderes ist der gut erhaltene frühdeutsche Turmhügel am Ostrand des Dorfes, ein ehemaliger Rittersitz aus dem 13. bis 15. Jh. Er ist noch vollständig von einem Graben umgeben.

Erwähnt werden muss ebenfalls das in der Nähe gelegene, aber untergegangene Gut **Wackstow**. Dieses wurde 1298 erstmals genannt und war bis 1908 ein selbständig wirtschaftendes Gut, dessen Besitzer häufig wechselten. In diesem Jahr erwarb die 284 ha große Begüterung Baron Friedrich v. Langermann auf Dambeck. Wachstow wurde Vorwerk. Der letzte Besitzer hieß Dirk v. Bredow bevor das Gut 1945 enteignet wurde.

Seit 1946 war es zu Dambeck gehörig Landesgut, danach wurde es vom VEG Dambeck und später von der LPG Pflanzenproduktion Dambeck mit bewirtschaftet. Heute gehören die Flächen Zum Betrieb Niehoff in Bütow. Das Gutshaus, in dem viele Jahre Landarbeitsfamilien wohnten wurde 1974 leer gezogen und abgerissen.

Dammwolde

Am südwestlichen Rand des Müritzkreises, 17 km südlich von Malchow liegt Dammwolde. Wie der Ortsname verrät, ist die Siedlung eine deutsche Gründung, ebenso wie das benachbarte Fincken, dass später immer eng mit Dammwolde verbunden war.

Aus einer Urkunde aus dem Jahre 1332 geht hervor, dass die Stadt Freyenstein Anrechte an dem Dorf „Danwolde" besaß. Aber ab dem 15. Jh. lag der Besitz von Dammwolde und Fincken immer in gleichen Händen. Um 1400 bekam die Familie Grambow-Priegnitz Anrechte im Dorf. 1620 folgten die v. Lepel (Lopel) und 1652 als Lepelscher Gläubiger Johann Sibrand v. Secheln. Nach dessen Tod

ehemaliges Gutshaus in Dammwolde um 1935

1662 war die Generalmajorin v. Vieregge Besitzerin. Die Pritzbuer (Röbel), die ab 1679 immer mehr an Einfluss gewannen, konnten die Besitzungen 1692 in ein Allodialgut umwandeln. 1722 kam es mit den „gelegten Bauern" zu Auseinandersetzungen und der Gutsherr verkaufte 1725 den Besitz an den Kammerjunker J. Ludwig von Pederstorff. 1760 folgte die Familie v. Blücher. Sie trennten 1766 Fincken von Dammwolde mit Jaebetz und verkauften Letztgenannte an die Familie v. Flotow (Kogel). Aber schon 1797 ging das Gut an den Kammerrat Otto v. Hahn über. Dann folgten ab 1815 die Familien Düss(ß)ler, Pogge (ab 1851 und ab 1869) und zwischendurch Schmidt (von 1856 bis 1869). 1899 gehörte das 658 ha große Allodialgut Karl Pogge. Es gab außerdem 6 Erbpächter. 1904 übernahm das Gut Jul. Heinrich Zimmermann. Bei Ausbruch des 2. Weltkrieges war Konrad Jürges Eigentümer des Gutes.

Eine schöne alte Lindenallee führt zum ehemaligen Standort des Gutshauses. Es lag abseits des Dorfes an der alten Straße in Richtung Massow und hatte eine eigene Wasserversorgung. Nach der Enteignung 1945 war es Quartier für Flüchtlinge. Der Wasserturm war von den Russen angezündet worden. Jetzt musste jeder Tropfen Wasser herangefahren oder getragen werden. Später wurden Wohnungen ausgebaut und das Gemeindebüro eingerichtet. 1984 wurde es vollständig abgerissen.

Bis 1708 befanden sich die Hauptkirche und der Pfarrsitz in Fincken. In Dammwolde gab es seit dem Mittelalter nur eine Filialkapelle. In jenem Jahr wurde nach einem Vergleich die Pfarre und Küsterei nach Dammwolde verlegt.

Kirche in Dammwolde

Später wurde Massow die vagierende Mutterkirche.
Nach dem 30jährigem Krieg war die Bevölkerung von Dammwolde (nur noch 5 Personen) und Fincken (0 Personen) fast ausgestorben. Es gab kein kirchliches Leben mehr. Die Kirche war „gantz niedergefallen vnd das Holz mit Gras bewachsen". Erst 1661 gibt es wieder einen Pfarrer.
Die jetzige kleine Dorfkirche ist ein rechteckiger Fachwerkbau mit einem hölzernen Westturm, der mit einer zwiebelähnlich geschwungenen Haube geschlossen ist. Erbaut wurde sie 1679, wie eine Jahreszahl auf einem Deckenbalken dokumentiert.

Im Innern ist die Kirche mit einer flachen Bretterdecke überspannt, die mit einer wertvollen Blumen- und Blätterbemalung verziert ist. Die Fenster sind Ende der 1960iger Jahre in neugotische Formen verändert. Erwähnenswert sind die figürlichen Glasmalerein von 1671 und 1694.
Der Altar und sein Aufsatz stammen aus dem Jahre 1736. Das Altarbild ist jünger und wurde vermutlich von Fräulein Düssler (Jaebetz) gemalt. Es zeigt den Heiland mit Maria und Martha. Der Predigerstuhl und die Kanzel stammen aus der Erbauungszeit. Die Jahreszahl 1736 an der Kanzel gilt für die spätere Bemalung.
Die Westempore wurde im 18. Jh. angefertigt. Im Turm befindet sich eine kleine Glocke. Die lapidare Inschrift lautet: „Gußstahl 1878".
Seit dem Jahr 2001 wurde die Kirche restauriert. So konnte 2002 das Dach erneuert und das Fachwerk saniert werden. 2003 wurde die Decke stabilisiert und die wunderbare Deckenmalerei gesichert. Bis 2006 wurde die gesamte Kirche restauriert.
Dammwolde besitzt ein schönes Pfarrhaus, das leider leer steht und verfällt. Auf dem Pfarrgrundstück steht eine große Blutbuche.

Darze

Der Ort liegt im Westen des Müritzkreises zwischen Stuer und Fincken, 1 km südlich der B 198. Wenig südlich entspringt die Elde, die in einem weiten Bogen über die Müritz, den Kölpinsee und den Plauer See fast einen Kreis beschreibt. Die Gegend um Darze hält einige geschichtliche Zeugnisse bereit. So ist der Turmhügel östlich vom Ort bemerkenswert. Hier hat im Mittelalter auf einem künstlich errichteten Hügel ein Wehrturm gestanden. Die Wehrtürme waren aus Stein, manche aber auch nur aus Fachwerk errichtet. Sie gehörten den ritterschaftlichen Vasallen. Deshalb finden sie sich oft in der Nähe späterer Gutsanlagen. Auf der nordwestlichen Seite von Darze befindet sich eine Landwehr. Das ist eine mit Feldsteinen aufgeschichtete Böschung, die im Mittelalter der Verteidigung diente.

Darze ist ein alter Besitz der Familie v. Flotow. Der Ort erscheint öfter bei der Aufzählung der Güter dieser Familie. Mit Sicherheit ließen die v. Flotow auch die Verteidigungsanlagen bauen. Es gab im 15. Jh. vier Linien der Familie. Darze gehörte zum Besitz der Altenhöfer-Stuerschen Linie. Durch den 30jährigen Krieg wurden auch die v. Flotow dezimiert. So kam es, dass 1628 Andreas v. Flotow zu den Stuerschen Gütern auch noch die der Woldzegartener und Kogeler Linie erbte. 1736, zur Zeit des Adam Ernst v. Flotow, gehörte Darze immer noch zum Besitz. Diesen übernahm 1794 Adam Philipp M. v. Flotow, der ihn aber seinem Sohn Georg Dietr. mit Walow und Woldzegarten gab. In der ersten Hälfte des 19. Jhs. kauften die v. Blücher (Fincken) Darze und den Nachbarort Käselin und bewirtschafteten beide Orte selbst. Spätestens Anfang des 20. Jhs. wurde Darze, wie schon vorher Käselin, Vorwerk. Nach dem ersten Weltkrieg wurde Darze verpachtet. 1921 hieß der Pächter E. Beland. 1932 ging die Familie v. Blücher (Fincken) in Konkurs. Darze konnte aber behalten werden und wurde Wohnort eines Blücherschen Sohnes. Später wurde auch Darze aufgesiedelt.

Das Gutshaus ist ein einfacher, eingeschossiger Fachwerkbau über 9 Achsen auf einem Feldsteinfundament. Es wurde spätestens Anfang des 19. Jhs. und wahrscheinlich als Inspektorhaus errichtet. Nach Osten sind in das Dach 3 Gaupen gebaut. Die Westseite des Hauses ist verputzt. Ein schöner Ostgarten schließt sich im Süden an das Haus an, der in einen Park übergeht. Es ist bewohnt.

Gutshaus in Darze

Deven

Etwa 15 km nordöstlich von Waren liegt abseits der Straße nach Stavenhagen das Dorf Deven.

Der kleine Ort wurde 1373 urkundlich erwähnt, als Rambold Szanewitz in „Diven" Pfarrer war. Um diese Zeit hatte die Familie Kargow in und um Deven Rechte. In der ersten Hälfte des 15. Jhs. traten sie einen Teil des Besitzes an Lüdeke Hahn II. auf Basedow ab. Als 1469 die Linie der Kargow ausstarb, wurde Lüdeke Hahn III. auch mit dem Besitzrest belehnt, der aus sechs Hufen und zwei Katen im Dorf bestand. Die Witwe des Kargow wurde mit einem Leibgedinge abgefunden. Außerdem hatten die Familien Smort, v. Kosboth, Stute und Brüsewitz neben Hufen noch Höfe im Ort. Von den ersten beiden konnte Nikolaus Hahn zwischen 1472 und 1475 die Anteile erwerben. Die Brüsewitz hatten ihre Besitzungen 1456 an die Familie Stute abgegeben. 1500 verkaufte Henning Stute 5 Höfe an Nicolaus Hahn (Basedow). Als aber 1572 die Familie ausstarb, wurde Jürgen Below (Kargow) vom Herzog Johann Albrecht mit deren Anteilen belehnt. Der Hahnsche Besitz wiederum wurde bis 1633 an Eckhardt v. Kamptz (Plasten) veräußert. Dessen Nachkomme Ch. Ernst verkaufte 1764 seine Anteile an den Kammerjunker Heinrich Otto v. Below, der damit alleiniger Besitzer von Deven wurde. 1837 kam das Gut in Besitz von Advokat A. Karl Ludwig Voss. 1879 war Bernhard Söllner Eigentümer von Deven, bis 1886 Graf Adolf Grote (Varchentin, Groß Varchow) das Gut übernahm. Seine Familie war auch 1938 noch im Besitz des 505 ha großen Allodialgutes. Nach dem 2. Weltkrieg wurde der Boden Neubauern zugeteilt, die aber bereits um 1960 ihren Besitz in die LPG einbringen mussten.

Wasserturm

Das Gutshaus, um 1820 gebaut, ist ein einfacher, zweigeschossiger, klassizistischer Putzbau über 11 Achsen. Den dreiachsigen Mittelrisalit schmückt das Wappen der Familie v. Grote. Eine kleine Treppe und ein Altan, die 1863 angefügt wurden, prägen den Eingangsbereich. Im hinteren Bereich wurde zu dieser Zeit auch die Terasse angebaut. Ein Walmdach schließt es nach oben hin ab.
Das Gutshaus zog 1945 das Los der meisten ländlichen Herrensitze: Enteignung der Besitzer, Unterkunft für die Flüchtlinge aus dem Osten, bis hin zur Entwicklung zum dörflichen Zentrum. Hier war auch der Sitz der LPG Pflanzenproduktion. Im Keller des Herrenhauses war zeitweilig eine Gaststätte untergebracht, später die Betriebsküche der LPG.
1988 wurde die Fassade des Bauwerkes erneuert. Zwischen 1998 und 2003 konnte das Gebäude grundlegend saniert werden und wird heute privat genutzt.
Von den einstigen großen Stallungen ist noch einer erhalten. Ein wenig abseits steht ein alter Wasserturm. Der kleine aber schöne Gutspark südlich des Hauses wurde um 2000 saniert.

Im 14. Jh. und später war Deven ein eigenes Kirchdorf bevor es eine Filiale von Varchentin wurde. Die Kirche ist ein kleiner, rechteckiger Feldsteinbau mit steilem Satteldach. Die Giebel aus Backstein sind mit Blenden verziert. Als Bauzeit wird das 14. Jh. angenommen. Die Kirche hat Ähnlichkeit mit denen in Federow, Kargow und Alt Schönau, die etwa zur gleichen Zeit errichtet wurden. Im 17. Jh. wurde eine Gruft angebaut, die heute als Abstellraum dient.
Der Innenraum der Kirche ist mit einer flachen Bretterdecke geschlossen. Der Kanzelaltar ist

Gutshaus in Deven

im Barockstil ausgeführt. Acht Schnitzfiguren wurden von einem älteren Altar verwendet und sind sehr sehenswert. Die Altarschranken sind mit der ehemaligen Patronatsloge und dem Pastorenstuhl verbunden. Die Empore zeigt das Belowsche Familienwappen. 1992 wurde die Kirche restauriert.

Im Glockenstuhl hängt heute nur noch eine Glocke, früher waren es zwei. Eine davon wurde 1841 von C. Illies in Waren gegossen. Die Heutige ist in den 1980er Jahren aus Bayern gestiftet worden. Der Glockenstuhl stammt aus Lindenberg (Vorpommern) und wurde ausgebessert.

Kirche in Deven

Eldenburg

Der Ort, früher auch Ellenborg geschrieben, liegt direkt auf dem schmalen Landstrich, der die Binnenmüritz vom Kölpinsee trennt und an deren verbindenden Gewässer, die Reeck (früher Reke). Heute wird dieses Stück der Elde auch Elde-Kanal genannt. Bis zur Stadt Waren sind es 2 km.

Diese Landenge wird in der Geschichte schon früh erwähnt. Hier (an der Raxa) soll Kaiser Otto I. die Slawen 955 durch einen Scheinangriff getäuscht und in einer Schlacht nördlich von Malchow bei Sparow besiegt haben.
Die „Eldenbrügge" wird 1290 in einer Aufzeichnung erwähnt. Damals gab es Aalwehre in der Elde, die dem Kloster Broda gehörten. Gefischt werden durfte nur jede zehnte Nacht. Eldenburg gehörte zu den Besitzungen der Hahns. 1375 verkauften sie diese in Eldenburg an die Stadt Waren.

Die „Eldenburg" – wahrscheinlich nur eine einfache Befestigung um die Brücke zu schützen und Zoll zu erheben – lag an der Mündung der Reeck in den Kölpinsee an einer Fuhrt (siehe Karte). Der Zeitpunkt des Baues ist nicht genau bekannt. Aber da die Überquerung der Reeck ein strategisch wichtiger Punkt war, geschah dies bestimmt bald nach einem Ausbau der Brücke gegen 1300. Als die Stadt Waren 1375 das Land übernahm, war sie jedenfalls schon vorhanden. 1623 war die Befestigung noch bewohnt und in der Balsleben-Karte von 1726 ist sie noch eingetragen und gehörte zu Waren. Bekannt ist, dass es im 30jährigen Krieg in der „Burg" gebrannt hat. Die Ruinen wurden erst 1794/1798 bei der Elderegulierung beseitigt.

1684 musste die Stadt auf herzoglichen Druck hin die „Burg" an die Barone v. Erlenkamp verkaufen. Diese bauten hier 1687 eine Pulvermühle. Die Mühle wurde letzmalig in der Balsleben-Karte von 1726 erwähnt. Ob sie noch in Betrieb war, bleibt ungewiss. Auch eine Glashütte bauten die v. Erlenkamp an der Reeck. Diese stand direkt an der Elde auf der Warener Seite. Auch eine Glasladestation soll hier gewesen sein. Die v. Erlenkamp hatten auf ihren umliegenden Gütern fast immer auch Glashütten.

Vor 1790 war Eldenburg eine Pertinenz von Vielist und gehörte dem Rittmeister v. Meyenn. 1790 kamen die Ländereien der Eldenburg mit Friedr. v. Hahn wieder in den Besitz der Familie Hahn. Das 108 ha große Allodialgut ging zur Pacht an die Witwe Ferdinands v. Hahn, Louise Joh. Hedwig, später v. Voss (Grabowhöfe) über. 1833 verkaufte Rittmeister v. Meyenn (Vielist) den Besitz an die „Aktien-Societät zur Schiffbarmachung der Elde". Die Stadt Waren konnte im selben Jahr das Land wieder zurückgewinnen.

Aber schon 1884 verkaufte sie es abermals, diesmal an den Gutsbesitzer L. Kähler (Klink). Anfang des 20. Jhs. übernahm die Familie v. Schnitzler mit Klink auch Eldenburg. 1937 gehörte das Gut I. v. Schnitzler. Es wurde, da es über 100 ha groß war, 1945 enteignet. Als nach der Müritzabsenkung die Chausseestraße 1848/49 an anderer Stelle neu gebaut wurde, wurde das alte Zollstellenhaus aus Fachwerk abgebaut und auf der Ziegelei Müritzhof wieder aufgebaut.

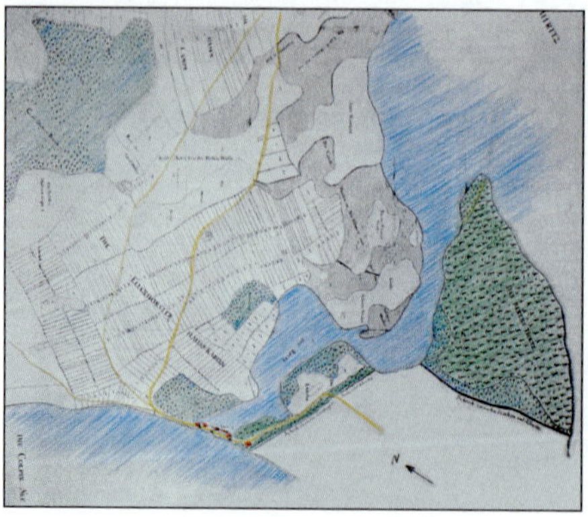

Ausschnitt aus Balsleben-Karte von 1726

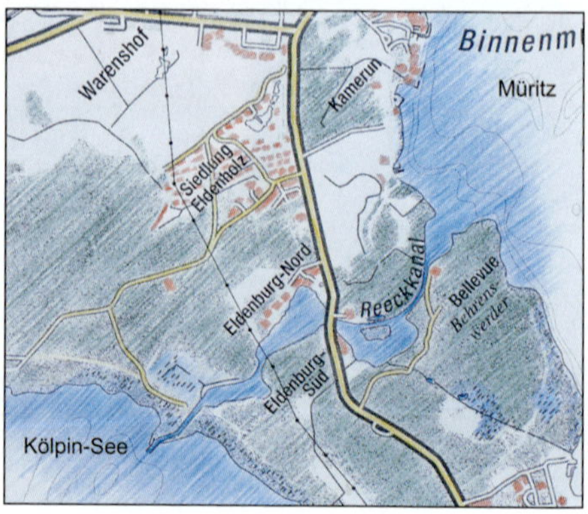

Ausschnitt aus Maiwaldkarte – Studio-Verlag

Federow und Schwarzenhof

Gutshaus in Federow

Am Eingang des Müritz-Nationalparks liegt etwa 7 km südöstlich von Waren das Dorf Federow, früher auch Vederowe geschrieben. Der Ortsname ist slawisch und könnte von vedru = heiter, froh oder von dem polnischen wiodro = schönes Wetter abgeleitet sein.

Von einer Urkundenfälschung abgesehen, wurde das Dorf erstmals 1289 in einem Dokument erwähnt. Bischof Hermann von Schwerin verlieh seinem Domkapitel die Zehnten im Lande Warne (Waren), wozu auch Federow gehörte. 1292 schenkte Fürst Nikolaus v. Werle der Stadt Waren den „Warenschen Wohld". Als Grenzfeldmark ist „villa Vederowe" genannt. 1330 kam ein Knappe Klaus Federow im Dorf vor. 1406 belehnten die Fürsten Klaus und Christoph v. Werle den Marschall Klaus Tamme mit Federow und 1455 verliehen die Fürsten Heinrich v. Stargard und Heinrich v. Mecklenburg ihre Anteile und das höchste Gericht an Hennecke v. Holstein (Ankershagen). Dieser erwarb 1463 auch noch Grundbesitz von dem Domherren Johann Stendal (Güstrow) und Berend Wichmann (Rostock), den beide in Federow hatten. Außer ihm hatte noch die Familie Tamme Besitzungen in Federow, die 1471 zur Hälfte (Brautschatz) und 1513 ganz an Joachim v. Kamptz gingen. Ende des 17. Jhs. kamen die v. Oldenburg im Dorf zu Anteilen, nachdem sie den Besitz des Rittmeisters Sibrandt v. Secheln erworben hatten. 1696 konnte Jürgen Oldenburg Kaufverträge mit Joachim Friedrich v. Holstein und Oberstleutnant Christian Ulrich v. Kamptz abschließen und war 1701 schließlich alleiniger Besitzer von ganz Federow. Die Familie besaß das Gut bis 1767. Dann übernahm es Kammerherr Georg Ludwig v. Oertzen. 1820 war der Amtmann Enoch Samuel Lembke sein Rechtsnachfolger und 1863 erwarb der Landrat Friedr. Nikolaus Rudolf v. Maltzan die Begüterung. Sein zehnter und jüngster Sohn Hermann Friedr. Joachim hatte viele Projekte im Kopf, als er sein Erbe Federow antrat. Er beendete 1864 den Bau der Korn- und Kartoffelbrennerei. Später kaufte er von der Stadt Waren Wiesen zum Torfstechen. Um den Torf auch per Kahn auf dem Wasserweg über den Havelkanal nach Berlin vermarkten zu können, versuchte er sich am Bau eines Kanals vom Rederangsee zur Müritz. Da die Ausschachtungen aber immer wieder versandeten, verschlang das Projekt

sanierte Federower Kirche

riesige Summen und wurde nie zum Abschluss gebracht. Als schließlich 1876 das gesamte Vermögen seiner Frau aufgebraucht war und sein Schwiegervater weitere Zahlungen verweigerte, musste er Federow verkauften. Seine Ehe war ebenfalls zerbrochen. Der Stadt Waren blieb er jedoch verbunden. Trotz mancher Schwierigkeiten begründete er dort das naturhistorische Museum (Maltzaneum), das heutige Müritz-Museum. 1875 erwarb der Bankier Fiebig (Berlin) Federow. Aber bereits 1878 wurde das Gut zwangsversteigert. 1880 ging Federow an den Advokaten Wilhelm Heinrich Friedrich Krull. 1884 übernahm das Großherzogliche Ministerium des Innern das Gut und nutzte es als Nebenstelle des Landarbeitshauses Güstrow bis 1919. Nur kurz kam es danach in die Hände von Hauptmann Hesselbach (Oberlausitz). 1926 war Dr. Kurt Herrmann Besitzer von Federow. Ihm gehörten einschließlich der Flächen umliegender Dörfer 5.679 ha.

Das Gutshaus stammt aus dem 19. Jh. Es ist ein zweigeschossiger, verputzter Backsteinbau über neun Achsen. Ein Mittelrisalit, darunter ein vorgebauter Balkon, schmücken den Eingangsbereich, der sich zu ebener Erde befindet. Auf der Südseite ließ 1926 Dr. Herrmann das Gutshaus um eine Achse erweitern. Nach Südosten springt außerdem ein Erker hervor. Der Balkon zum Hofsee hin entstand ebenfalls in dieser Zeit.

1945 diente das Gutshaus Flüchtlingen als Bleibe. Danach wurde es bis 1999 für Wohnzwecke genutzt. Ein kleiner Laden befand sich auf der Südseite.

1999 wurde es verkauft und restauriert. Seit Sommer 2001 wird es als Hotel betrieben.

Ein weitläufiger Park schließt sich im Osten an das Gutshaus an. Die Eingangssituation wird verschönt durch ein ehemaliges Torhaus. Erwähnenswert ist die Brennerei aus dem 19. Jh. Sie diente bis 1990 Lager- und Wohnzwecken.

Vor 1330 war die Federower Kirche Mutterkirche von Kargow gewesen. Damals wurden die Kirchenrechte vom Kloster Broda ausgeübt. In der 2. Hälfte des 16. Jhs. war die Federower Kirche dann Mater von den Kirchen Speck und Boek. Das Patronat übte der jeweilige Gutsbesitzer aus.

ehemaliges Verwalterhaus in Schwarzenhof um 1935

Die Kirche ist ein kleiner, rechteckiger Feldsteinbau aus dem Ende des 13. Jhs. Das ursprüngliche und jetzt zugesetzte Portal auf der Südseite besitzt ein flaches Kapitell. Die Bogenlaibung gleicht einem gestelzten Spitzbogen. Bei Arbeiten im 19. Jh. wurde der östliche Blendengiebel verunziert. Die südliche Vorhalle mit den beiden hohen offenen Spitzbogenarkaden wurde um 1900 angefügt.

Innen ist die Kirche mit einer flachen Bretterdecke geschlossen. Zum Inventar gehörte das von Baltazar Wunne, 1604–1617 Pastor in Federow, gemalte Bild „Die Abnahme Jesus Christus vom Kreuz". Heute hängt das Bild in der Marienkirche in Waren, weil die Federower Kirche zu feucht ist.

Verschiedene Kelche gehörten zur Ausstattung der Vasa Sacra, darunter ein silbervergoldeter Kelch und eine Abendmahlskanne von Hermann v. Maltzan (1871) sowie zwei zinnerne Kelche und Leuchter.

Im Glockenstuhl befanden sich zwei Glocken. Die größere wurde 1887 von Edmund Albrecht in Wismar umgegossen, die kleinere stammte aus dem Jahre 1494. Diese Glocke war mit etlichen Figuren verziert. Beide wurden zur Zeit des 1. Weltkrieges eingeschmolzen. 1921 bekam die Kirchgemeinde eine neue Bronzeglocke. 2000 wurde der Glockenstuhl restauriert und 2005/2006 die Kirche selbst. Seit dem wird sie in den Sommermonaten als Hörspielkirche genutzt.

Schwarzenhof, 2 km südlich von Federow gelegen, war eine ehemalige Meierei und wurde 1790 als Vorwerk zu Federow angelegt. Beide Orte blieben vorläufig in einer Hand. Hier ließ das Landarbeiterhaus Güstrow Ende des 19. Jhs. Wohnungen für junge Frauen mit unehelichen Kindern bauen. Es waren winzige Zimmer mit einer zentralen Küche. Die Frauen mussten auf dem Gut arbeiten, während ihre Kinder in einem Kindergarten in Schwarzenhof untergebracht waren.

Etwa zu dieser Zeit ist auch ein prächtiges Verwalterhaus im Ort gebaut worden. Es war genauso wie das Gutshaus in Federow als zweigeschossiger verputzter Ziegelbau errichtet worden und besaß sieben Achsen. Auf einem einfachen Vorbau war ein Balkon, darüber im Walmdach eine große Gaupe, die den Eingangsbereich hervorhob.

1919 kaufte es Hauptmann Hesselbach. Etwas später wurde Alexander v. Mitzsch-Reichenbach als Besitzer erwähnt. Verwalter war sein Bruder Albert. Danach erwarb es Dr. Kurt Herrmann.

Das Haus brannte 1945 durch Brandstiftung ab. Zwischen 1970 und 1989 sollte Schwarzenhof als „Staatsjagddorf" ausgebaut werden. Neue Häuser entstanden.

Fincken

Etwa 12 km westlich von Röbel in der Nähe der Autobahn Berlin-Rostock liegt das Dorf Fincken.

Der Ort wurde namentlich im Templiner Landfriedensvertrag von 1310 zwischen den Fürstenbrüdern Johann und Nikolaus v. Werle und den Markgrafen Waldemar und Johann v. Brandenburg erwähnt. Dem Vertrag zufolge sollten „ton Vinken" die Garanten des Vertrages zweimal im Jahr zur Besprechung der gegenseitigen Interessen zusammenkommen. Die Besitzer wurden erst 1399 urkundlich erwähnt. Es waren die v. Grambow, ein altes Adelsgeschlecht, das sich den Beinamen „de Pyggenytzen", später Priegnitz zulegte. Fincken besaßen die Priegnitz bis in den 30jährigen Krieg hinein. Nach dem Aussterben dieser Adelsfamilie 1620 folgten die v. Lepel, v. Secheln, v. Vieregge, Pritzbuer, um 1720 v. Pederstorff und schließlich noch vor 1800 die v. Blücher als Eigentümer der Begüterung. Der Finckener Zweig der Blücher wurde 1815 in den Grafenstand erhoben. Zusammen mit dem nachbarlichen Bütow und Knüppeldamm war der Blüchersche Besitz 2.627 ha groß. 1932 ging die Familie in Konkurs. Das Finckener Gutshaus wurde versiegelt und ein Sohn der v. Blücher ging nach Darze (Vorwerk). Die Feldmark von Fincken mit Knüppeldamm wurde aufgesiedelt. So entstanden in beiden Dörfern 79 Neubauernhöfe und 8 Erbgrundstücke. In Knüppeldamm gab es eine Brennerei, die heute noch produziert.

Brennerei in Knüppeldamm

Der einstige Herrensitz in Fincken wurde 1801 als zweigeschossiger Putzbau mit dreizehn zu sechs Achsen in unmittelbarer Nähe zum Finckener See errichtet. Der Mittelrisalit ist an

Gutshaus in Fincken

der Hoffront mit einem Dreieckgiebel gekrönt und besitzt einen halbrunden Altan mit Freitreppe. Auf der Parkseite entstand zwischen 1850/60 ein saalartiger Anbau im englischen Tudorstil. Flankiert wird das Gutshaus von ehemaligen Gesindehäusern, die heute noch teilweise bewohnt und einmal als Schule genutzt worden waren.

Nach der Aufsiedelung der Feldmark war das Herrenhaus Beamtenruhesitz. Vier Pensionärsfamilien verlebten hier in ländlicher Abgeschiedenheit ihren Lebensabend.

1945 begann auch für dieses Gutshaus eine turbulente Zeit. Es war Zwischenstation für viele Flüchtlinge. Der bauliche Zustand des Gutshauses verschlechterte sich zusehens. Das änderte sich erst, als 1972 ein Baubetrieb aus Halle das Gebäude erwarb. In den folgenden Jahren wurde eine umfassende Sanierung vorgenommen. Die Außenfassade wurde in Zusammenarbeit mit dem Institut für Denkmalpflege restauriert. Der Betrieb nutzte das Haus dann als Ferienheim mit insgesamt 150 Betten.

1993/94 wurde das Haupthaus mit seinen 63 Zimmern vom oben genannten Baubetrieb renoviert und umgebaut. Es sollte eigentlich ein Hotel werden. Geplant war außerdem für den um 1850 errichteten Anbau der Umbau zum Restaurant. Im Park entstanden drei Gästehäuser. Wegen Mangel an Gästen schloss der Hallenser Betrieb 1997 das Hotel. Seitdem steht es zum Verkauf.

Zeitweise waren die Kirchen in Fincken, Dammwolde und Massow miteinander verbunden. Fincken war Mutterkirche von Dammwolde bis 1708 der Pfarrsitz dorthin verlegt wurde.

Die jetzige Kirche ist ein Backsteinbau aus dem 18. Jh. (errichtet 1735 oder 1744). Das rechteckige Gebäude ist verputzt. Auf dem Dachfirst ist ein hölzernes Türmchen als Dachreiter aufgesetzt. Darin befindet sich eine kleine Glocke mit dem Namen Maria und einem Gießerzeichen.

Seit 1990 ist die Kirche an die politische Gemeinde verpachtet. Diese hat inzwischen Fenster, Dach und im Inneren die Decke, sowie den Fußboden sanieren lassen.

Bemerkenswert ist der Kanzelaltar im Barockstil. Der Säulenaufbau zeigt Schnitzfiguren der Evangelisten. Auf dem Schalldeckel wurden 1990 weitere Figuren gefunden. Diese und das Taufbecken befinden sich jetzt in der Massower Kirche. Die Taufschale hingegen ist in Fincken geblieben.

Wenige Schritte von der Kirche entfernt steht eine Gruftkapelle, die die Familie v. Blücher in der ersten Hälfte des 19. Jhs. errichten ließ. Heute stehen die Zinksärge im Keller der Kapelle. Der Raum oberhalb wird als Andachtsraum genutzt.

Reste, des einstigen mittelgroßen englischen Landschaftsparks, sind erhalten.

Unbedingt sehenswert ist in Fincken die einzige Rundscheune in Mecklenburg-Vorpommern. Sie stammt aus dem 18. Jh. und befindet sich in unmittelbarer Nähe des Gutshauses. 2002/2003 wurde sie restauriert und das Umfeld gestaltet. 2004 soll sie Gemeindezentrum von Fincken werden.

Das 2 km nördlich gelegene Käselin, einst eine Schäferei, war ein Vorwerk von Finken und besaß einen Wirtschaftshof.

Göhren-Lebbin

Gutshaus in Göhren-Lebbin

Nur wenige Kilometer östlich von Malchow, abseits der Bundesstraße B 192, liegt Göhren-Lebbin. Ursprünglich hieß der Ort Lebbin, dann Blücher. Hier stand das 1842 erbaute erste „Schloss Blücher". Auf Antrag der Grafen Blücher (Fincken) erhielt Lebbin 1841 den Namen dieser alten mecklenburgischen Adelsfamilie und behielt ihn bis 1911. Das Nachbardorf Göhren, früher Gorne und älter als Lebbin, heißt heute Untergöhren. Gorne bedeutet soviel wie am Berge und Lebbin wurde vielleicht von lebed = Schwan abgeleitet. Die Orte am Kölpinsee sind mit dem Ansteigen des Wasserspiegels ins Inland „gewandert". So findet sich nördlich von Lebbin, am Weg zum Kölpin ein gut erhaltener Burgwall. Ein zweiter Burgwall aus dem 8. bis 9. Jh. u. Z. befindet sich östlich von Göhren-Lebbin, nahe Wendhof. Er hat einen Durchmesser von 60 m, eine Höhe von 2 m und ist mit Eichen bewachsen.

Urkundlich wird Göhren erstmalig 1296 erwähnt. Hermannus v. Sparowe kaufte in dieser Urkunde zwei Güter vom Bischoff G. zu Schwerin. Lebbin war schon 1293 genannt worden. Göhren war dann im 14. und 15. Jh. in Besitz der Familie v. Gehrden.
Bis nach dem 30jährigen Krieg war Lebbin in Besitz der Familie v. Below. Warum es nicht weiter vererbt wurde ist nicht bekannt. Der Oberst v. Gamm, der Göhren besaß, übernahm das völlig heruntergekommene Gut und wurde 1691 mit beiden belehnt. Später kam das Gut durch Heirat an die Familie v. Grape. Von dessen Erben kaufte es Ludwig v. Blücher 1822. Sein Sohn Ludwig II. ließ 1842 außerhalb der Ortschaft ein mächtiges Haus aus Fachwerk bauen, ließ den Ort Lebbin in Blücher umbenennen und ließ einen 7,6 ha großen Landschaftspark Richtung Fleesensee anlegen.

Das Gutshaus hatte vier Türme, war zweigeschossig und hatte im Gegensatz zum heutigen kein ausgebautes Mansardendach. 1871 kaufte Freiherr v. Thiele-Winkler (aus Oberschlesien) das 1.334 ha große, dem Amt Plau zugehörige Lehngut mit dem Gutshaus Blücher für seinen Sohn Walter. Schon 1909

erbte es Raban v. Thiele-Winkler. Er ließ 1914/1915 an Stelle des alten, 1912 ausgebrannten Gutshauses, ein prächtiges Haus bauen, dessen Türme schon von weitem erkennbar sind. Die Berliner Architekten Paulus und Liloe sollten einen billigen, aber repräsentativen Bau in barocken Formen unter Verwendung noch brauchbarer Teile des alten Gebäudes schaffen. Dazu zählten außer dem Kellergeschoss auch die Umfassungsmauern sowie die Fundamente der beiden Türme an der Ostseite. Im Ergebnis entstand ein zwar schlichtes, aber doch gewaltiges Herrenhaus.
Es wurde ein zweigeschossiger Putzbau mit ausgebautem Mansarddach, das zwei Reihen von Gaupen zieren. An den Längsseiten befinden sich drei mittlere Achsen, die als dreigeschossige, pilastergegliederte Risalite ausgebildet und durch geschwungene Giebel abgeschlossen sind. Vor dem Haupteingang befindet sich außer der großen Freitreppe ein breiter Vorbau, der einstmals einen Windfang und Garderoberäume enthielt. Dem Wunsch des Bauherrn nach Repräsentation folgend, entstand im Innern eine etwa 170 m² große Halle, die auch als Festsaal genutzt werden sollte und in die zweite Etage reicht. Eine 360° gewendelte, hölzerne Treppe zum ersten Obergeschoss wurde seitlich zur Halle eingefügt. Im Keller war eine seinerzeit moderne Heizungsanlage installiert. Die 65 m² große Küche lag direkt unter dem Speisesaal.

Schloß und Gut wurden 1926 zunächst an W. Boddin verpachtet und 1934 an einen Freund der Familie, an Major Barfurth verkauft. Er mußte das Gut an eine Siedlungsgesellschaft abgeben, die 29 bäuerliche Betriebe einrichtete. Während des 2. Weltkrieges wurden 2/3 des Schlosses als Schule genutzt.
Nach dem Krieg diente es nach Plünderungen als Lazarett für die Roten Armee. Danach wurde es erst als Wohnraum von vielen Flüchtlingen und dann kommunal genutzt (Gemeindebüro, Arztpraxis, Kindergarten, Konsum und Gaststätte).
1973 übernahm der Kohlehandel Berlin das Gutshaus und begann mit notwendigen Sanierungsmaßnahmen. Von 1981 bis 1985 wurden mit Hilfe der Denkmalpflege Schwerin umfangreiche Rekonstruktionsarbeiten durchgeführt. Ab 1986 war es dann Ferienheim des Volkseigenen Kombinats „Sero".
Nach 1990 wurde das Haus als „Hotel Schloss Blücher" aus- und umgebaut. Seit 2000 ist das ehemalige Gutshaus, betrieben von der Hotelkette SAS Radison Mittelpunkt eines großen Ferienkomplexes mit Dorfhotel, Robinsonclub, Golf- und Reitplatz.

Gotthun

Gotthun liegt 5 km nördlich von Röbel nahe dem Müritzufer und hat seinen Namen vermutlich einem Erstsiedler zu verdanken.

Erstmalig wurde der Ort 1359 urkundlich erwähnt. Der Fürst Werle bestätigte in dieser Urkunde die Schenkung von 6 Hufen in Gotthun des Priesters Iwan Kriwitz an einen Herrn Karland. 3 Hufen bewirtschafteten damals außerdem Tideke Rigeman und Lemmeke Stademan (Scademan). 1515 war der Ort ein Lehn der v. Freiberg und vorübergehend auch der v. Hahn (1471 und 1487). Zwischen 1593 und 1619 gab es mindestens zwei Pfarrbauern und Hans und Achim v. Freiberg (Karchow/Dambeck) tauschten sich in dieser Zeit Land in Gotthun ein.

Im 30jährigen Krieg fanden 1640 starke Gefechte auf den Altstädter Feldern vor Röbel zwischen den Schweden und Brandenburgern statt. Es starben 200 Menschen. Von den 16 Bauern gab es nach dem Krieg nur noch einen in Gotthun. Johann v. Freiberg war Besitzer der Ländereien, auch noch 1662. Wann der Besitz an den Domherrn v. Blücher verkauft wurde, ist nicht bekannt, 1794 wurde er hier erwähnt. 1843 wurden eine Ziegelei (Ziegeleisoll) und eine Kalkbrennerei genannt. 1899 bewirtschaftete Konstantin v. Blücher das 979 ha große Lehngut, 1931 übernahm es Franz Braun. Der deutsche Reichsarbeitsdienst pflasterte 1934/35 die Dorfstraße. Oft kamen Wehrmachtsoffiziere aus Rechlin zur Jagd hierher. Am Backofen war eine Flakabwehr, die bei Einsätzen vom Flugplatz Rechlin ablenken sollte. Auf dem Hof arbeiteten russische Kriegsgefangene. Franz Braun, der von 1935 bis 1945 auch Bürgermeister war, flüchtete zum Ende des 2. Weltkrieges gen Westen. Mit der Bodenreform erhielten 64 Neubauern und 4 Handwerker Land. 46 von ihnen waren Umsiedler.

Das Gutshaus wurde 1826 erbaut. Es liegt erhöht und ist ein verputzter, einstöckiger Bau über 11 Achsen mit einem Souterrain. Der dreiachsige Mittelrisalit ist zweigeschossig. Eine Freitreppe führt in den ehemaligen Gutshof zu einem Rondell.

Nach 1945 wohnten Umsiedler aus Ostpreußen, Pommern und Schlesien hier. Bemerkenswert ist, dass 1948/49 neun Wohnhäuser in Lehmstampfbauweise mit Schilfdach für die Umsiedler gebaut wurden. Weitere 31 Wohnhäuser mit einem kleinem Stall entstanden nach und nach. Das Gutshaus wurde bis 1951

Gutshaus in Gotthun

Windmühle bei Gotthun

leergezogen. Diverse kommunale Einrichtungen folgten nach. Im Keller war für die LPG eine Essenausgabe.
Seit Juni 1994 wurde das Gutshaus vom christlichen Jugenddorfwerk (CJD e. V.) genutzt. Hier erhalten Menschen eine Berufsausbildungshilfe. Von 2002–2003 wurde das Haus außen restauriert und das Umfeld aufwendig neu gestaltet.
Auffallend ist die lange Lindenallee zum Gutsdorf.

Für 1342 bis 1810 wurde nahe Gotthun eine Wassermühle, die Schamper Mühle, erwähnt. Sie war vom Dobbertiner Kloster 1351 neu erbaut worden. 1810 kaufte Baron v. Bülow dem Kloster die Mühle zwecks Stilllegung und Landgewinnung ab. Es wurde noch im selben Jahr eine neue Wassermühle errichtet. 1834 kaufte diese Friedr. Höppner, die inzwischen durch einen Blitzschlag zerstört worden war. Er ließ eine Windmühle bauen, die noch 1958 in Besitz der Familie Hans Höppner war und ab 1958 nach einem Flügelbruch mit einem Diesel- und später mit einem Elektromotor weiter betrieben wurde. 1965 wurde sie unter Denkmalschutz gestellt und gehörte der Gemeinde. 2001 wurde sie verkauft. Zwischen 2002 und 2004 konnte sie restauriert und mit zwei Ferienwohnungen versehen werden. 2005 sollen auch die noch fehlenden Windflügel montiert werden.

Grabenitz

Stallgebäude in Grabenitz

Grabenitz liegt am Südende des Kölpinsees, unweit von Klink. Der ursprüngliche Ort, lag dichter am Kölpinsee auf einer halbinselartigen Fläche und wurde im 14. Jh. aufgegeben. Die Schreibweise war sehr unterschiedlich: Grabenisze, Grabenitze. Abgeleitet ist dies wohl vom slawischen Wort grab = Weißbuche.

Die frühesten Erwähnungen von Grabenitz sind von 1333 und 1347. Damals besaßen die Pritzbuer (Poppentin, Groß Kelle) die Ländereien um Grabenitz. Sie verkauften einige Anteile an das Kloster Malchow. 1481 wurden die Grabenitzer Pritzbuer wieder genannt, als Hans und Andreas Pritzbuer den Hahns (Basedow) Panschenhagen verpfändeten. 1527 verkaufte dann Martin Pritzbuer (Grabenitz) Anteile in Panschenhagen an die Familie Hahn (Basedow). Der Hof Grabenitz, ehemaliges Stammgut der Pritzbuer, wurde 1788 an heutiger Stelle neu gegründet. Ende des 18. Jhs. gehörte das Gut dem Oberforstmeister v. Lücken. Nach 1860 waren die Gebrüder v. Lücken Eigentümer. Grabenitz erwarb 1897 A. v. Schnitzler (mit Klink). Aber schon 1899 hatte es Friedrich Glantz, wahrscheinlich ein Sohn von Emil Glantz (Groß Kelle), bewirtschaftet. Das 1.039 ha große Lehngut war bis Anfang der 1920er Jahre in den Händen dieser Familie. 1923 und 1937 wurde Prof. Dr. A. Hasenkamp als Besitzer genannt.

Grabenitz wurde wohl immer als Nebengut geführt. Das Guts- oder auch Inspektorhaus war ein kleines, eingeschossiges Fachwerkgebäude über 7 Achsen auf einem Feldsteinfundament. Die Giebel waren in Backstein aufgemauert. Im oberen Teil diente es immer Wohnzwecken. Der untere Teil wurde nach dem 2. Weltkrieg zum kulturellen Zentrum der Gemeinde. Weiter gehörten zum Gutshof 2 Stallgebäude, ein Wirtschafthaus und ein Speicher. Nach 1990 verkaufte die Gemeinde das Grundstück an eine Treuhandgesellschaft. Wirtschafts- und Gutshaus standen eng beisammen. Beide Gebäude wurden 1998 abgerissen. An ihrer Stelle stehen heute zwei Einfamilienhäuser. Ein davor liegender Stall wurde ebenfalls zum Wohnhaus umgebaut. Das Dorfbild prägt heute noch der verbliebene alte Stall.
Eine Kastanienallee führt zum Kölpinsee. Erwähnenswert sind mehrere Großsteingräber in Richtung Wendhof.

Grabowhöfe und Sommerstorf

Etwa 10 km nordwestlich von Waren liegen an der 1886 erbauten Eisenbahnlinie Waren-Rostock die Dörfer Grabowhöfe und Sommerstorf dicht beieinander. Früher führte hier die alte Post- und Frachtstraße nach Norden entlang. Beide Orte standen immer in enger Beziehung zueinander. Es hat nie einen selbstständigen Besitz in Sommerstorf, früher auch „Summirstorpe" genannt, gegeben. Hier lebten Bauern.

Der Ortsname Grabowhöfe ist slawischen Ursprungs. Bis 1750 hieß der Ort Grabow.

Der Ort wurde schon zur Bronzezeit bewohnt. Etliche Großsteingräber am Rande des Dorfes weisen darauf hin. Im Mittelalter war hier einer der wenigen Maktflecken.

Die urkundliche Ersterwähnung von Grabowhöfe reicht in das Jahr 1338 zurück. In einem Brief erwähnt Fürst Nicolaus v. Werle den Ort Grabow mit 27 Hufen.

Sommerstorf wird urkundlich schon 1289 genannt als der Bischof Hermann v. Schwerin dem Domkapitel Zehnten im Lande Waren verlieh.

1344 belehnte Fürst Johann v. Werle Andreas Flotow (Stuer) u. a. mit dem Dorf Grabow. Im 15. Jh. waren beide Dörfer in Besitz der v. Wangelin. 1646 starb Hieronymus Wangelin. Da er nur zwei Töchter hatte, übernahmen die Schwiegersöhne Ritter Bonow und W. Warnstädt die Besitzungen. Gegen Bonow prozessierten einige Bauern aus Sommerstorf wegen ihrer Höfe oder Anteilen daran. 1685 erwarb Baron v. Erlenkamp und die v. Bülow Anrechte. 1700 wurde der Bülowsche Anteil an K. Friedr. v. Koppelow verkauft. 1762 war es Kriegsrat v. Meyenn (Vielist), der den Erlenkampschen Anteil übernahm. Dieser ließ etliche Bauern von Vielist nach Sommerstorf und Grabehöfe legen. Nach zwei abermaligen Verkäufen erwarb 1790 Friedr. II. v. Hahn (Basedow) Grabowhöfe mit Sommerstorf. Er ließ das Gut für den älteren seiner beiden Söhne, Ferdinand, ausbauen und außerdem auf allen seinen Gütern Schulen einrichten. 1811 kam die Witwe Louise Joh. Hedwig Hahn durch ihren Mann Ferdinand an die Begüterung. Sie heiratete den Major Carl v. Voss und pachtete das Gut. 1832 bekam sie es von ihrem Sohn Friedr. Wilhelm überschrieben. In den Händen der Familie Hahn blieben die Dörfer mit ihren insgesamt 1.829 ha großen Allodialgütern bis zum 1. Weltkrieg.

Gutshaus in Grabowhöfe

1921 gehörte das Gut dem Fürst zu Schaumburg-Lippe. Verwalter war ein H. Haack.
Mit dem Ausbau der Bahnstrecke Waren-Rostock 1886, die direkt Grabowhöfe berührt, erlangte der Ort vor Sommerstorf mehr Bedeutung.
Grabowhöfe hatte nicht nur eine Schmiede, sondern auch eine Dampfmolkerei. Mitte der 1930er Jahre wurde das Gut in 48 Neubauernhöfe und 5 Erbgrundstücke durch die Reichsumsiedlungsgesellschaft Berlin aufgeteilt. Etliche Siedler kamen aus Ostfriesland, der Lüneburger Heide oder vom Darß, wo in den 1930er Jahren Truppenübungsplätze entstanden. Es blieb in Grabowhöfe ein Restgut, dessen Besitzer bis 1945 Otto Müller war.

Die Gutsanlage samt der von 2 Ställen flankierten Zufahrt ist bis heute erhalten. Der linke Stall ist in einem sehr desolaten Zustand. Der rechte wurde zum Wohnhaus ausgebaut. Das Gutshaus wird ebenfals bewohnt.
Es ist ein zweigeschossiger, unverputzter Fachwerkbau über 10 Achsen. Ein einfaches Walmdach schließt es nach oben hin ab.
Zunächst war auch dieses Gutshaus mit Flüchtlingen überfüllt. Danach waren hier der Rat der Gemeinde, der Dorfklub, die Bibliothek und die Arztpraxis mit untergebracht.
Bislang wurde das Gebäude nicht saniert. Es gehört der Gemeinde und steht zum Verkauf.
Auf dem Vorplatz steht ein eingewachsenes Monument mit einer Taube auf einer blauen Kugel. 2004 war die Taube verschwunden.
Sehr schön ist die mit alten Linden bestandene Kopfsteinpflasterstraße von Grabehöfe nach Baumgarten. Ein großer Teil der Linden wurde nachgepflanzt.

Sommerstorf hatte bis zum 30jährigen Krieg eine eigene Pfarrstelle. Danach wurde sie nicht wieder besetzt und die Kirche wurde Filia zu Vielist.
Schon von weitem zieht die Kirche in Sommerstorf mit der Kirchhofsmauer und dem Portal den Blick auf sich. Die solide, rechteckige Backsteinkirche aus der Zeit um 1300 steht auf einem Feldsteinfundament. Der eingezogene und quergestellte Westturm, der dem ursprünglichen Westportal voran steht, sowie die südliche Vorhalle entstanden am Anfang des 15. Jhs. Die Sakristei wurde abgebrochen. Am Ostgiebel dominiert zwischen Rundbogenelementen und „Deutschen Bändern" ein fast sechs Meter hohes lateinisches Mauerkreuz. Die kleinen Spitzbogenfenster sind mit gestuften Gewänden angelegt. Die in den Ringmauern ausgesparten Backsteine, sogenannte Rüstlöcher, dienten den Handwerkern zum Anbringen ihrer Steck- und Stangenrüstungen. 1990 wurde das Dach des Langhauses neu gedeckt, später folgten die Dächer der Südhalle und des Turmes.
Das zweijochige, kreuzrippengewölbte Kirchenschiff ist mit einer dreiseitigen Empore geschlossen. Ende des 18. Jhs. entstand der Kanzelaltar. An ihm befinden sich 10 spätgotische Apostelfiguren, Reste der 13 Figuren eines um 1500 gefertigten Schnitzaltars. Die barocken Ölgemälde zeigen an der Predella das letzte Abendmahl und die Handwaschung des Pilatus. Über der Kanzel ist der Garten Gethsemane dargestellt. Die Angabe „20 October 1810" könnte eine später erfolgte Restaurierung bedeuten. Aus der Kirchenbauzeit stammen der Altarblock und die große Sakramentsnische. Der Opferstock wird in das 17. Jh. datiert. Ein gut spielbares Harmonium der Firma Storyt Clark (USA) ersetzt die fehlende Orgel.

Kirche in Sommerstorf

Von dem ursprünglichen Dreiergeläut blieb die 1893 von C. Oberg (Wismar) gegossene Bronzeglocke erhalten.
Erwähnenswert ist, dass der Dichter Johann Heinrich Voß hier getauft wurde. Er wurde 1751 in Sommerstorf geboren und starb 1826 in Heidelberg.

2 km nördlich hat sich der heute bekannter Reiterhof „Alter Landsitz" etabliert.

Groß Dratow und Klein Dratow

ehemaliges Gutshaus in Groß Dratow um 1935

Zwischen 11 und 13 km östlich von Waren liegen abseits der B 192 hintereinander beide Orte. Der Ortsname könnte von drati = schinden abgeleitet sein. Groß Dratow hatte, wie die Orte Groß Plasten und Groß Gievitz, einmal die Bezeichnung „Deutsch" vor dem Namen. Lange Zeit wurde angenommen, dass es sich um deutsche Siedlungsdörfer dicht neben den wendischen handelte. Ursprünglich aber saßen hier die Wenden, die mit der Germanisierung des Landes verdrängt wurden. Sie bauten dann in der Nähe neue Siedlungen, so wie Klein Dratow (früher „Wendisch Dratow"). Oft errichteten die deutschen Siedler auf slawischen Kultplätzen zum Zeichen der Macht ihre Kirchen.

Urkundlich wurde Groß Dratow erstmals 1284 erwähnt. In jenem Dokument bestätigte Bischof Hermann von Schwerin die im Schweriner Dom vom Domherrn Erpo gestiftete Vikarei. Diese durfte u. a. aus den Dörfern „Deutsch Plasten" und „Deutsch Dratow" die Zehnten erheben.
Es wird vermutet, dass der Knappe Nikolaus Dratow, der 1365 als Zeuge benannt wurde, im Ort ansässig war. 1378 wurde ein Hermann Camptze im Dorf erwähnt. Die Camptze (Kamptz) nahmen hier ihren Stammsitz und besaßen über 400 Jahre lang Dratow. Von 1718 bis 1728 und ab 1751 ließen sie hier Glashütten arbeiten. 1792 wurde das 1.011 ha große Gut mit den Nebengut Bocksee und dem Waldgut Klockow an den Amtmann Enoch Samuel H. Lemcke (Lembke) verkauft. Dessen Erben besaßen die Güter bis 1945. Ende des 19. Jhs. wurde in Groß Dratow eine Spiritusbrennerei errichtet. Ab 1919 war Georg Lemcke Eigentümer des Gutes und ab 1931 gleichzeitig Bürgermeister.

Zur Zeit des 1. Weltkrieges war der alte Herrensitz derart baufällig, dass 1916 ein neues Gutshaus hinter dem Vorgängerbau errichtet wurde. Seitlich davon waren ein Kuh-, ein Schaf-, ein Schweine- und zwei Pferdeställe. Zwei große Scheunen, eine Brennerei und eine Schreinerei schlossen sich an. Zwischen dem Gut und dem sogenannten Herrenfriedhof lag ein schöner Park mit drei kleinen Teichen. Am Herrenhaus befanden sich zwei Gewächshäuser und ein Weinhaus. Es gab eine Lorenbahn vom Gutshof bis nach Schwastorf, um die Zuckerrüben auf dem Schienenweg bis nach

Kirche in Groß Dratow

Stavenhagen (Zuckerfabrik) und die Milch nach Waren zu bringen.
Das Gutshaus fiel am 5. Mai 1945 einer Brandstiftung zum Opfer. Angeblich waren im Gebäude große Mengen Rohleder eingelagert gewesen, die der Roten Armee nicht in die Hände fallen sollten.

Herrenfriedhof

Die alte Lindenallee zum ehemaligen Gutshof gibt es noch, auch eine von den zwei Linden vor dem ehemaligen Gutshaus. An dieser Stelle wurde nach 1945 ein Stall gebaut. Die restlichen Anlagen wurden erst von der LPG, nach 1990 wieder privat genutzt. Heute ist vom Gutshof nur die Kopfsteinpflasterstraße, eine schöne alte Backsteinscheune und ein Rest der Gutshofeinfriedung erhalten geblieben. Der Herrenfriedhof ist verwildert und die Mauern sind desolat. Nur die Lindenallee dorthin lässt die einstige Schönheit erahnen.
Der ehemalige Gutshof wird heute von einem Landwirtschaftsbetrieb genutzt.

Dominierend im Dorfbild ist die erhöht stehende Kirche. Sie ist ein rechteckiger Feldsteinbau aus dem 13. Jh. Anfang des 18. Jhs. wurde sie im Osten um einen ebenso großen Anbau aus Fachwerk erweitert, der bei Sanierungsarbeiten 1908 wieder abgerissen wurde. Dafür wurde das Kirchenschiff nach Osten verlängert und eine fünfseitige Apsis angebaut. Bei den Ausschachtungsarbeiten der Fundamente konnte festgestellt werden, dass auch die ursprüngliche romanische Kirche einen solchen Chorabschluss hatte. Wahrscheinlich war dieser und das Langschiff im 30jährigen Krieg zerstört worden. Der im Westen vorgesetzte schmalere Feldsteinturm erhielt zur gleichen Zeit ein neues Obergeschoss und wurde als Vorhalle umgebaut. Den Abschluss bildet ein vierseitiger Pyramidenhelm. Die Lichtöffnungen der Kirche sind paarweise als Rundbogenfenster angeordnet. In die Südwand ist außen eine Trogmühle eingelassen.
Im Innern ist die Kirche mit einer flachen Balken- und Bretterdecke geschlossen. Die Innenausstattung wurde ebenfalls 1908 einheitlich in neuromanischen Formen erneuert. Erwäh-

nenswert ist eine „Handwerkerbank". Am Chor hängen zinnerne Allianzwappen der Familien v. Langermann, v. Schuckmann und v. Kamptz. Vor dem Altar liegen drei Grabsteine derer von Kamptz, die 1781 und 1789 verstarben. Die Vasa Sacra ist jung und besteht aus etlichen gestifteten Leuchtern und Schalen.
Erwähnung finden muss ein mit Beschlag versehener Opferstock aus dem Ende des 13. Jhs. Ursprünglich hatte die Kirche drei Glocken. Heute ist nur noch eine vorhanden. Sie wurde 1680 von Hans Vos aus Lüneburg gegossen. Auf dem Friedhof steht eine Grabkapelle.

„Hochzeitsschmiede"

Im Ort ist die alte Schmiede im Kern erhalten. Sie ist phantasievoll bemalt und wird als „Hochzeitsschmiede" mit Pension und Restaurant geführt. Erwähnenswert ist auch die 1 km nördlich gelegene Wassermühle, ein Backsteingebäude an der Peene, die immer zu Groß Dratow gehörte.

Klein Dratow liegt 2 km östlich von Groß Dratow. In der Nähe soll es eine Burgstelle gegeben haben. Auch eine Kapelle ist für den Ort nachgewiesen. Es kann sein, dass bis zum 30jährigen Krieg hier Bauern ansässig waren. Auf alle Fälle war es später ein eigenständiges Gut. 1794 gehörte es dem Kammerherrn v. der Lanken. Von ihm konnte L. Lemcke (Groß Dratow) das kleine Gut erwerben. 1848 hieß der Besitzer Richter und danach mindestens seit 1864 Alfred Carl Joh. J. v. Behr. Noch 1899 war er Besitzer des 467 ha großen Allodialgutes. 1912 kam das Gut nach Klein Plasten an den Rittmeister Ewald v. Hammacher. Spätestens seit 1921 gehörte es Paul Klotz (Ankershagen), der damit seinen Besitz erheblich vergrößerte. Er ließ Klein Dratow verwalten. Letzter Besitzer vor dem 2. Weltkrieg war Albrecht Koppel.
Das Gutshaus stand am Anfang des Dorfes Richtung Groß Dratow. Es war ein zweigeschossiger Putzbau über 9 Achsen. Mit dem Bau der neuen Straße in den 1970er Jahren musste es weichen. Noch heute führt ein Stück Kopfsteinpflasterstraße mit alten Kastanien davon weg. An der Stelle des Gutshauses befindet sich heute eine Buswendeschleife. Die letzten Stallungen sind 2004 abgerissen worden.

ehemaliges Gutshaus in Klein Dratow um 1945

Groß Flotow und Klein Flotow

Gutshaus in Groß Flotow

9 km nordwestlich von Penzlin liegt Flotow, früher auch Vlotow geschrieben. Der Name könnte vom slawischen Wort bloto = Sumpf abgeleitet sein. Aber es ist auch bekannt, dass die Ritterfamilie v. Flotow diesen Flecken Land nach dem Kreuzzug 1160 vom Sachsenherzog Heinrich der Löwe erhalten hatte.

Urkundlich wurde das Dorf erstmals 1418 erwähnt. Zu dieser Zeit wohnte dort die ritterschaftliche Familie v. Voß. Sie hatten auch das Patronat über die Kirche. Flotow gehört zu den wenigen Dörfern, die jahrhundertelang über alle Krisenzeiten hinweg im Eigentum einer Familie blieben. Das lag wohl auch an den sehr guten Böden um Flotow herum, die eine stabile Bewirtschaftung ermöglichten. Noch 1908 war das mit Klein Flotow zusammengehörige, insgesamt 1.244 ha große Lehngut im Besitz des Max Graf v. Voß. Über 900 ha davon waren fruchtbares Ackerland. Ende des 19. Jhs. bewirtschaftete die Familie dann das Gut nicht mehr selbst, 1870 übernahm es der Pächter Fleischmann. 1923 wurde Graf v. Bölzig Eigentümer und 1928 kaufte die Familie v. Oertzen das Gut. Letzter Eigentümer vor Ausbruch des 2. Weltkrieges war Henning v. Oertzen.

Das Gutshaus ließ Familie Fleischmann um 1870 bauen. Es ist ein einfaches, zweigeschossiges, verputztes Gebäude mit 10 Achsen und einem Mittelrisalit. An der Westseite wurde später ein Vorbau angesetzt. Von 1945 bis 1982 wurde es als Wohnraum genutzt. Danach waren kommunale Einrichtungen bis 1992 im Haus. Die jetzige Pächterfamilie wohnt in der benachbarten LPG-Baracke. 2003 wurde der gesamte Hof von einem Nachfahren der Familie v. Oertzen zurückgekauft.

Speicher in Groß Flotow

Von der heute noch geschlossenen Gutsanlage sind ein großer Speicher, Pferdestallungen und die Umfassungsmauer mit dem Eingangstor vorhanden. Ebenfalls ist ein Rest der Kopfsteinpflasterstraße im Hof und vor dem Dorf erhalten geblieben. Das Dorf selbst wird von viele alten Häusern geprägt.

Die Kirche gehörte zur Diözese Havelberg. 1541 gab es einen gemeinsamen Pastor Groß Flotow/Luplow. Nach dem 30jährigen Krieg wurde Groß Flotow 1651 mit der Kirche in Groß Lukow verbunden.1701 hatte das Dorf wieder seinen eigenen Prediger. Doch schon 1713 übernahm wieder ein Lukower Pastor die Kirche in Flotow.

1894 wurde die jetzige Kirche aus den Resten des frühgotischen Vorgängerbaues aus dem 13. Jh., der durch einen Blitz zerstört wurde, errichtet. Am Südportal, an den Fensterlaibungen und Wandungen sind die Steine der einstigen Kirche deutlich erkennbar. Der Chor ist

rechteckig eingezogen. Etwas Besonderes ist der an der blendengeschmückten Westseite vom Erdboden aufgebaute turmähnliche Dachreiter. Die Innenausstattung ist neugotisch und stammt aus der Erbauungszeit.

Von den ehemals von Albrecht (Wismar) gegossenen zwei Glocken ist nur noch eine vorhanden.

Klein Flotow geht mit dem ehemaligen Klein Varchow ineinander über. Seit Mitte der 1990er Jahre sind die beiden Orte zu Klein Flotow zusammengefasst.

Klein Varchow entstand 1686 durch das Anlegen einer Glashütte durch die Familie Gundlach. Es gehörte danach bis 1755 zur Groß Varchow. In diesem Jahr konnte Joachim Ernst v. Kamptz (Groß Dratow) den alten Familienbesitz zurückerwerben. 1794 war es dann im den Besitz der Familie v. Voss (Groß Flotow). Von diesem Zeitpunkt an waren die Besitzer immer die gleichen wie in Groß Flotow.

Das Gutshaus im neoklassizistischen Stil war ein zweigeschossiger, über acht Achsen verputzter Backsteinbau auf einem Souterrain aus Feldsteinen. Es wurde erst Anfang des 20 Jhs. gebaut. Auf der Hofseite dominierte ein zweiachsiger Mittelrisalit. Ein Walmdach mit kleinen Gaupen schloss das Gebäude nach oben hin ab. An einer Seite, dem Gutshaus untergeordnet, befand sich über Eck ein verputzter, zweigeschossiger Fachwerkbau dem ein Turm vorgesetzt worden war. Dieses Ensemble war wahrscheinlich älter.

Da das Gutshaus sehr abgelegen war, wurde es nach 1945 nicht kommunal genutzt. Bis Mitte der 1970er Jahre wohnten hier noch Leute, dann wurde es abgerissen.

Heute finden sich nur noch Mauerreste in dem verwilderten Park.

ehemaliges Gutshaus in Klein Flotow um 1915

Groß Gievitz mit Klein Gievitz und Minenhof

Etwa 11 km nordnordöstlich von Waren liegt am Nordufer des Torgelower Sees in anmutiger Lage Groß Gievitz. Der Ortsname Gievitz ist slawischen Ursprungs und könnte soviel wie Seedorf bedeuten. Groß Gievitz entspricht Deutsch Gievitz. In Klein Gievitz wohnten wahrscheinlich die Wenden. Später war hier eine Meierei. Wir finden die alten Schreibweisen Gywertze, Giveritz und Givertz. Nahe Gievitz entspringt die Peene.

Gievitz war ein Gut der Familie v. der Osten, bis im 13. Jh. die Familie Voß in Gievitz an Einfluss gewann. Diese Vasallen der Fürsten v. Werle waren schon lange vorher im Raum Demmin und am Kummerower See ansässig.
1332 belehnte Johann III. v. Werle beide Familien mit den Dörfern Klein und Groß Gievitz. Nach dem Tod Gottschalks v. der Osten erhielt Vicko Voß (=Voss) das alleinige Lehnsrecht über beide Siedlungen.
Im 14. und 15. Jh. gehörte Gievitz zum Land Malchow, das die Familie Flotow auf Stuer 1354 als Pfandbesitz bekam. Sie übten auch die Lehnsherrlichkeit aus. So verpfändeten 1488 zwei Vettern der v. Flotow die Gievitzer Besitzungen an ihren Schwager Nicolaus Hahn (Basedow), obwohl Wedige Voß Eigentümer war. Außerdem gehörten 1489 5 Hufen Joachim Lepel. Nach Nicolaus Hahns Tod kommt es 1512 zum Prozess zwischen den v. Flotow und den hahnschen Erben, der bis 1568 andauerte.1519 verkaufte Wedige Voß seine Gievitzer Anteile an Joachim Hahn. Die Begüterung zerstückelte aber immer mehr, denn 1574 verpfändeten die v. Flotow einen Anteil an Joachim Krause (Varchentin) für 20 Jahre, später an Joh. v. Barner und 1602 einen anderen Teil an Jürgen Kossboth (Torgelow).
Anfang des 16. Jhs. hatten auch die v. Flotow nachweislich Begüterungen in Gievitz. 1606 waren nur die v. Flotow und Hahn Eigentümer im Dorf. Aber nach und nach verpfändeten die Hahns zunächst an die v. Voß und verkauften ihnen schließlich 1616 ihre Anteile. Der Familie v. Voß gelang es nach dem 30jährigen Krieg auch die Anteile der v. Flotow, die erst an die Krauses dann an Joh. v. Barner verpfändet gewesen waren, zu erwerben und waren damit alleinige Eigentümer des Lehngutes. 1701 wurde nach einigem Hin und Her Ernst Ch. v. Voß mit den Gütern Klein und Groß Gievitz belehnt. Im 18. Jh. war das Gut von verschiedenen Verwaltern bewirtschaftet worden. Die Herren v. Voß hatten häufig politische Verpflichtungen oder waren in preußischen Diensten. So auch Ernst Joh. v. Voß, der Groß Gievitz wegen seiner Ämter in Berlin ebenfalls verwalten lassen mußte. Er hatte seine

Kirche in Groß Gievitz

Gutshaus in Groß Gievitz

Cousine Sophie W. Ch. Marie v. Pannewitz, die schon seit ihren 14. Lebensjahr Hof- und Staatsdame am Könighaus in Berlin und unglücklich in den verheirateten Prinzen v. Preußen verliebt war, geheiratet. Groß Gievitz war von 1751 bis 1793 Sommersitz dieser Familie. Sophie Marie, die spätere Oberhofmeisterin v. Voß wurde durch ihre enge Verbindung in das Könighaus und ihren dortigen Einfluß bekannt. Ab 1793 betreute sie mit fast 65 Jahren für die kommenden 20 Jahre die Familie von Louise (Prinzessin von Mecklenburg-Strelitz) und Friedrich Wilhelm III. Ihr Enkel, August Ernst v. Voß übernahm 1800 Groß Gieviez, das zu dieser Zeiz an Held verpachtet gewesen war. Der Sohn Felix v. Voß zog 60-jährig, 1861 nach Groß Gievitz. 1929 verkaufte Felix (II.) v. Voß das Gut an Rittmeister Kothe. Dieser musste es aber schon 1935 an die Siedlungsgesellschaft „Nordsiedlung" in Berlin abgeben. Groß Gievitz wurde in 26 Neubauernhöfe parzelliert.

Mit dem Bau des Gutshauses wurde zwischen 1720 und 1738 begonnen. Erst Anfang des 19. Jhs. wurde der zweigeschossige Putzbau durch Graf A. Ernst Voß vollendet. Er ließ einen Seitenflügel mit Turm auf der Westseite anbauen, in den ein runder mittelalterlicher Feldsteinturm eingezogen wurde. Das Gutshaus war nach 1945 zunächst Auffanglager für die Flüchtlinge. Später hielt die Schule hier Einzug bis zur Fertigstellung des neuen Schulgebäudes.
2001 wurde mit den umfangreichen Restaurierungsarbeiten am Gutshaus und seinem Umfeld begonnen. Schön anzusehen ist die von Kastanien gesäumte Zufahrt über die Peene. Vom ehemaligen Gutskomplex steht nur noch der 1750 errichtete Marstall, ein langgestreckter Putzbau mit Schweifgiebeln. Bei Umbauten in der Mitte des 19. Jhs. wurde er mit Schmuckelementen der englischen Tudorgotik versehen. Die LPG nutzte das Gebäude bis in die 1980er Jahre hinein gleichfalls als Pferdestall. 2003 wurde er restauriert. Die ihm gegenüber stehende Orangerie war schon 1974 abgerissen worden.
Außerdem sehenswert ist der ehemalige Gutspark mit ca. 30 unterschiedlichen Gehölzen, der in den Jahren 1996–1998 saniert wurde.

Die Kirche von Gievitz wirkt sehr massiv und einfach. Aber hinter den Mauern verbirgt sich ein besonderer Bau. Errichtet wurde sie aus Feldsteinen samt Sakristei in der ersten Hälfte des 13. Jhs. Sie besitzt ein rechteckiges Schiff von zwei Jochen mit leicht eingezogenem, quadratischem Chor. Der später angesetzte Westturm verstärkt den massiven Eindruck des Baus noch. Sein Untergeschoss war ursprünglich dem Langhaus als drittes Joch zugeordnet und ebenfalls kreuzgratgewölbt. Zwischen 1662 und 1682 war das Turmgewölbe jedoch eingestürzt und nur mit flacher Decke aufgebaut worden. 1770 war eine neue Turmuhr angeschafft worden. Das obere Drittel des Turms wurde 1802 nach einem weiteren Einsturz (durch einen Sturm 1793 verursacht) mit Backsteinen wieder aufgebaut. Oben im Turm ist noch das Tretrad einer Aufzugsanlage erhalten. Der Turmabschluss hat die Form eines Zeltdaches.

Aus Backstein sind ebenfalls die Blendgiebel des Tores, die Gewände der Fenster sowie das reich profilierte und mit farbig glasierten Steinen verzierte Südportal. Sie weisen auf westfälische Einflüsse hin.

Im Inneren wirkt die Kirche viel kleiner als vermutet. Einlass bekommt man durch das mit Sträuchern zugewachsene Südportal. Die Groß Gievitzer Kirche ist bekannt geworden durch ihre alten Wandmalerein.1964 begannen dazu umfangreiche Restaurierungsarbeiten. Für eine große Überraschung sorgte dann eine freigelegte besonders wertvolle Malerei. Diese spätmittelalterliche Ausmalung an den Gewölben von Chor und Langhaus sind um 1300 entstanden, die ältesten können wohl noch in das 13. Jh. hinein reichen. Neben figürlichen und geometrischen Darstellungen ist auch der Kampf zweier Ungeheuer zu bewundern. Die Ausmalung war um 1700 und 1857/58 übermalt und dem jeweiligen Zeitgeschmack angepasst worden. Restauriert wurde ebenfalls die Ausstattung der Kirche in selten schlichtem Barock. Sehenswert sind weiterhin ein Granittaufstein aus dem 13. Jh., vier Brüstungsteile aus der ersten Hälfte des 17. Jhs. und das Kruzifix aus dem 16. Jh. Interessant ist ferner, dass sich ein Tafelbild aus dieser Dorfkirche „Maria unter dem Apfelbaume" aus der Werkstatt Lucas Cranachs des Älteren, 1526 datiert und sich seit 1999 in der Ausstellung im Güstrower Schloss befindet.

1858 baute die Firma Lütkemüller aus Wittstock eine neue Orgel. Dazu wurde die Empore erweitert. Die Zinnpfeifen sind noch original. Zwei der drei Glocken fielen Kriegszwecken zum Opfer. Die älteste, von 1395 (!) und 30 Zentner schwer, ist erhalten.
Die aus dem 13. Jh. stammende Sakristei war auch als Grablege genutzt und zerfiel, nachdem in der 2. Hälfte des 18. Jhs. eine Begräbniskapelle an der Nordseite der Kirche angebaut wurde. Aber schon um 1930 wurde diese wieder abgebrochen. Die Reste der alten Sakristei wurden endgültig 2004 abgetragen.
Weiterhin zu erwähnen ist die Begräbniskapelle der Familie Voß. Errichtet wurde sie in den Jahren 1827–1831 nach einer Zeichnung von K. Friedrich Schinkel. 1951 wurde sie der Gemeinde überlassen und dient als Friedhofskapelle.
Gegenüber der Kirche steht das im Jahre 1752 erbaute Pfarrhaus.

Klein Gievitz war vor dem 30jährigen Krieg ein eigenständiges Bauerndorf. Nach dem großen Krieg wurde es als Meierei geführt. Klein Gievitz wurde zunächst von den v. Voss selbst verwaltet. Später wurde Klein Gievitz als Pachthof ausgebaut und bis 1945 so geführt. Letzter Pächter zwischen 1935 und 1945 war Bülow. Besitzerin in dieser Zeit war die Gräfin Esther v. Voß.
Das Pächterhaus, ein Steinbau mit einem Mittelrisalit war nach 1805 gebaut worden. Es diente verschiedenen Familien als Wohnort. Ende der 1980er Jahre stand es leer und wurde Mitte der 90iger mit samt seinen Reststallungen abgerissen. Das aus Backstein gebaute eingeschossige Haus über 9 Achsen hatte auf der Westseite einen ebenso großen Querbau. Walmdächer schlossen diese ab.
Das heutige Haus an gleicher Stelle ist völlig neu.

Minenhof das früher Minnenfeld hieß, war ein Vorwerk von Groß Gievitz. 1780 wollte es Ernst Johann v. Voss vom Hauptgut abspalten und verkaufen. Es kam nicht dazu. Minenhof wurde verpachtet und auch von der Aufsiedlung 1935 verschont. Es wurde von der Besitzerin Gräfin Esther v. Voß an Peters verpachtet. So blieb es als Restgut bis 1945 in den Händen der Familie v. Voss.
Das heutige Pächterhaus wurde 1900 gebaut. Es ist ein eingeschossiges Backsteingebäude mit einem Mittelrisalit. Die noch vorhandenen Stallungen sind aus der gleichen Zeit.

Groß Kelle

neu gebautes Gutshaus in Groß Kelle

Groß Kelle liegt ca. 8 km nordwestlich dem Röbeler Stadtforst, eingebettet in die sanften Hügel der Endmoräne. Die Besiedlung des Landstrichs geht weit zurück. Auch hier wurden Funde aus der Eisen- und Bronzezeit gemacht. Früher gab es nur den Ort Kelle. Der Name deutet im slawischen sowie im altpolnischen auf ein sumpfiges Gelände hin. Grabfunde beweisen eine noch frührere, germanische Besiedlung.

Erstmals wurde Kelle 1230 erwähnt. Besitzer war die Familie v. Pritzbuer. 1285 waren Vater und Sohn v. Pritzbuer als Zeugen beim Erwerb einiger Äcker durch die Klosterbrüder der St.-Marien-Kirche zu Röbel urkundlich genannt. Die Familie besaß in der zweiten Hälfte des 14. Jhs. auch die Dörfer Kargow, Grabenitz und Poppentin. 1624 gehörte ihnen immer noch Kelle. Anteile muss aber schon 1584 die Familie v. Marin (auch, Morin) besessen haben. Andreas v. Marin wurde in diesem Jahr von David I. Hahn erschlagen. Es kam 1589 zu einem Vergleich mit seinen Brüdern Levin (Marihn) und Henning (Krümmel) Marin.
Aber schon 1625 muss der Familie Marin (Gneve), der auch Ludorf und Zierzow gehörte, Kelle ganz besessen haben. Die Familie ging in Konkurs und 1632 musste der Letzte der Familie, Henning Marin, Kelle als Pfand an Joachim Breen herausgeben. Henning Marin starb verarmt im Pestjahr 1638 in Röbel. Das Gut fiel zurück an den Landesherrn. Kelle, später Klein Kelle genannt, lag jedoch nach dem 30jährigen Krieg wüst und der Ort war unbewohnt. Der Landesherr vergab das Land 1686 erneut als Lehn an den Hauptmann v. Vieregge. Das heutige Groß Kelle wurde aufgebaut. Doch schon 1693 verpfändete es dieser an Hartwig v. Flotow (Stuer). 1700 löste es v. Vieregge wieder ein, um es an Andreas v. Pritzbuer (Lansen) zu verkaufen. So kam das alte Pritzbuer Stammlehn wieder zurück zur Familie.
1735 wurde in Kelle der Pächter Dähn (Vielist) und ab 1749 der Strelitzer Stallmeister v. Altrock erwähnt. Dieser konnte auch die Meierei Klein Kelle und einen Anteil an der Mühle am Keller Bach erwerben. August v. Bülow erwarb 1797 Kelle und tauschte 1808 die von Major v. Flotow 1798 ersteigerte Mühle. 1868 ging der wichtige Mühlenstandort zusammen mit Kelle, jetzt Groß und Klein Kelle, zurück an die Familie v. Flotow. Diese verkaufte 1883 die

Speicher in Groß Kelle

gesamten Besitzungen von 670 ha an die Familie Glantz (Zierzow, Below). Die Mühle war zu dieser Zeit noch in Betrieb. Das Gut blieb bis 1945 in den Händen der Familie Glantz.

Das alte Gutshaus war wahrscheinlich schon Ende des 18. Jhs. auf der „alten Hofstelle" errichtet worden, einem ehemaligen Meierhof. Es war ein eingeschossiger verputzter Fachwerkbau über 15 Achsen mit einem Mittel- und zwei Seitenrisaliten und hatte einen Gewölbekeller. Das Walmdach war ausgebaut.
Das etwa 600 ha große Gut wurde nach 1945 nicht aufgesiedelt, sondern ein volkseigenes Gut (VEG). Neben der Verwaltung fanden der Kindergarten eine Verkaufsstelle und die Betriebsküche des VEG im Gutshaus Platz. Mit der Zeit wurde es baulich stark verändert. So kamen die alten Fenster heraus, das Dach wurde mit Wellasbest eingedeckt und die Wände grau verputzt.
1992 verkaufte die Treuhand das Gut an Bernd v. Heydebreck. Das Gutshaus war zu desolat und konnte nicht saniert werden. Die Familie ließ nach altem Vorbild 1994/95 auf den erhaltenen Gewölbekellern ein neues Gutshaus aufbauen. Es war damit wahrscheinlich der erste Gutshausbau in Mecklenburg nach dem 2. Weltkrieg. Der Speicher und die alte Schrotmühle konnten erhalten werden und bilden mit dem Herrenhaus ein klassisches Gutsensemble.
Die Heydebrecks waren schon im 14. Jh. im mecklenburgischen Urkundenbuch verzeichnet. So auch 1383, als der Ritter Bernd v. Heydebreck seinen Besitz in Poppenhagen an das Kloster Dargun oder 1685, als der Hauptmann Henning v. Heydebreck das Gut Zahren an den Baron v. Erlenkamp verkaufte. Später hatte diese Familie ihre Güter in Pommern.
Heute betreibt die Familie in Groß Kelle neben einem modernen Landwirtschaftsbetrieb auch einen Reiterhof.
Hinter dem Gutshaus ist ein schöner Landschaftspark erwähnenswert.

Groß Lukow und Klein Lukow

Beide Orte liegen 6 km nordwestlich von Penzlin. Obwohl sie eng aneinander gewachsen sind, haben sie seit dem 18. Jh. unterschiedliche Besitzer gehabt. Sie teilten sich mit dem benachbarten Puchow das Schicksal, ständigem Besitzerwechsel ausgeliefert gewesen zu sein.

Groß Lukow soll bereits 1230 dem Kloster Broda gehört haben. Es tauchten mehrere, mit dem Kloster Broda in Verbindung stehende Urkundenfälschungen auf. Erst die Urkunde vom 30. Juli 1304 dürfte die erste echte sein. An dem Tage verlieh Fürst Nikolaus II. v. Werle dem Kloster für „erlittene Kriegsschäden" das Patronat über die Kirche in Groß Lukow und die Tochterkirche in Marihn sowie drei Hufen aus Klein Lukow. Aber auch die Gebrüder Wokenstedt besaßen 1319 Rechte in Groß Lukow. Ab 1384 war die ritterschaftliche Familie v. Holstein (Ankershagen) in Groß Lukow sesshaft. In der Folgezeit entwickelte sich das Dorf zu einem der Hauptgüter im Lande Penzlin. Abgesehen von Verpfändungen von Anteilen und Einkünften des Dorfes im 17. und 18. Jh. an die v. Voss, v. Restorff, v. Bülow, v. Peterswald, Bekendorf und v. Langermann sowie einem zeitweiligen Verkauf an die v. Warnstedt 1730, blieb das Dorf bis 1802 in den Händen der Familie v. Holstein. Danach wechselten die Eigentümer im 19. Jh. ständig (v. der Lanken, H. Ernst v. Blücher, Franz Döhn, A. Balck, 1863 an Gustav Carl Heinr. Lucas v. Oertzen, Karl v. Sittmann, K. Friedrich, später Wilhelm Gudewill). 1904 übernahm es Hermann Hoehne und 1912 Kuno Meckelburg. Dieser ging 1924 in Konkurs und letzter Besitzer des 488 ha großen Allodialgutes war vor Ausbruch des 2. Weltkrieges Fliegerhauptmann Gottfried Schnettger.

ehemaliges Gutshaus in Groß Luckow um 1940

Das Gutshaus von Groß Lukow gibt es nicht mehr.
Heute steht nur noch das Verwalterhaus am Rande des Ortes. Es ist ein eingeschossiger Putzbau über 12 Fensterachsen. Der Mittelrisalit besitzt allein 4 Fensterachsen. Ein Walmdach

schließt es ab. Auf der Rückseite ist es sehr verbaut. Es wird von zwei Parteien als Wohnhaus genutzt.
Der Rest der Kopfsteinpflasterstraße, der von Kastanien flankiert auf das Verwalterhaus zugeht und von der heutige Straße zerschnitten

wird, verrät den einst großen Hof. Dahinter befinden sich Reste des Gutsparks. An der Stelle, wo das Gutshaus einmal stand, wurde Anfang der 1990er Jahre in der Form des Grundrisses eine Weißbuchenhecke gepflanzt. Sie soll an das 1978 abgerissene Gebäude erinnern.

Die Kirche in Groß Lukow gehörte wie Marihn zur Diöcese Havelberg. Erwähnt wurde diese Zugehörigkeit schon 1375. Während des 30jährigen Krieges wurde die Kirche baufällig. Die jetzige Dorfkirche ist ein neugotischer, rechteckiger Backsteinbau aus dem Jahre 1866. Der quadratische Westturm ist älter als die Kirche selbst und stammt von einem mittelalterlichen Vorgängerbau, der wahrscheinlich im 14. oder 15. Jh. errichtet worden ist. Sein Pyramidenhelm lässt die Kirche gedrungen erscheinen. 1936 bekam sie eine Kirchturmuhr. Um 1960 wurde die Kirche umfassend restauriert.
Das Kircheninnere stellt einen ungeteilten Raum dar. Die einheitliche Ausstattung ist neogotisch. Nur der Schrein des Schnitzaltars ist aus der Zeit um 1500. Er wurde aus dem Vorgängerbau übernommen und zeigt die Kreuzigung Christi und vier Heilige. Die Altarflügel mit Brandmalerei sind aus dem Jahre 1960.

Im Turm hingen einmal drei Glocken. Die zwei großen wurden 1850 von C. Illies (Waren) gegossen. Sie mussten zusammen mit den Orgelpfeifen 1917 abgeliefert werden. Heute hängt noch eine Glocke im Turm.

Klein Lukow gehörte bis in das 18. Jh. hinein zu Groß Lukow. Die Familie Holstein trennte die Güter. 1751 gehörte Klein Lukow mit der Meierei Carlstein Hauptmann Hans Cuno v. Holstein, Groß Lukow dagegen Leutnant Franz Heinrich v. Holstein. Klein Lukow , nur halb so groß wie Groß Lukow, entwickelte sich zu einem eigenständigen Gut und hatte vor dem 2. Weltkrieg fast doppelt so viele Einwohner wie Groß Lukow. 1794 war Eigentümer L. H. Schulz, 1864 dann Carl Friedr. W. G. G. v. Wickede. 1899 übernahm es Rudolf Ernst Schröder, der 1904 geadelt wurde und dessen Familie das 577 ha große Lehngut bis 1945 besaß. Außerdem waren 2 Erbpächter ansässig.

Gutsanlage Klein Lukow

Das Gutshaus wurde in der zweiten Hälfte des 19. Jhs. gebaut. Es war ein üppiger Bau, der an allen vier Seiten Risalite besaß. Eine Lindenallee führte an einem Teich und einer Reitbahn auf das Gutshaus zu. Nach Norden erstreckte sich ein kleiner Baumbestand, der als Rondell angelegt war. Nach Osten öffnete sich ein Landschaftspark mit Teichen, der in die abwechslungsreiche Endmoränenlandschaft der Umgebung übergeht. Es wird erzählt, dass das Gutshaus 1945 von polnischen Tagelöhnern in Brand gesteckt wurde. Heute verraten nur noch riesige Stallungen von dem einst florierendem Gut.

1651 und 1730 wurde für Klein Lukow noch eine Kapelle erwähnt, die wohl wenig genutzt wurde. Sie war eine Filia von Groß Lukow.

Groß Plasten

Östlich von Waren liegen im Dreieck der B 192 nach Penzlin und der Abzweigung nach Stavenhagen die Dörfer Groß und Klein Plasten. Groß Plasten ist zweifelsfrei jünger als Klein Plasten und eine deutsche Gründung. Eine Urkunde von 1284 belegt die Ersterwähnung des Ortes.

in den Besitz von Groß Plasten, 1800 dann Leutnant v. Saldern und 1850 der Amtshauptmann Friedr. Heinr. Christian v. Michael (Ihlenfeld), dessen Familie das Herrenhauses umbauen ließ. Ihnen ist auch der Bau der Kirche, der Schule und ein Großteil der Wohnhäuser im Ort zu verdanken.

Kirche in Groß Plasten

Um 1550 wurde Berend v. Plasten als Eigentümer genannt. Dieser wurde 1551 von Levin v. Kamptz aus Klein Plasten und Ulrich Strahlendorf aus Schloen überfallen. Zwei seiner Kinder wurden dabei getötet. Erst 1560 wurde das Urteil (vogelfrei und aller Güter verlustig) wegen Landfriedensbruch gegen Levin v. Kamptz ausgesprochen und weitere 20 Jahre später für wirksam erklärt. 1582 starb Berend Plasten und mit ihm seine Familie aus. Joachim I. Hahn hatte alte Anteile im Ort. So kam der Besitz an die Familie Hahn. Sie verpfändeten ihn 1585 zunächst an Joachim Kossebade (Torgelow) und 1606 an Richard v. Kamptz (Dratow).

Für 1704 ist als Verwalter ein Michel Dabbert genannt und 1751 Leutnant Henning v. der Öhe. 1790 kam der Regierungsrat v. Normann

Das Gutshaus, dessen Hauptgebäude im Stil des Neobarock aus der Zeit um 1790 stammt, ist ein eingeschossiger Putzbau mit 13 Fensterachsen und Mittelrisalit. Das abgewalmte Mansarddach wurde ausgebaut. Anfang des 20. Jhs. wurde ein umfangreicher Anbau errichtet. Dieser überragt das alte Haus um ein Stockwerk und ist mit dessen Südgiebel verbunden. Die Breitseite ist dem See zugewandt. Dem eigentlichem Risalit, der sich bis in das Dach fortsetzt, ist ein Säulenaltan vorgelagert. Über eine großzügige Terrasse und eine zweiarmige Treppe kann man zum Seegelände heruntersteigen.

Zum Ende des 2. Weltkrieges wurde das Gebäude zunächst Lazarett der Roten Armee, dann Flüchtlingsunterkunft. Über 100 Perso-

Gutshaus in Groß Plasten

nen fanden hier eine Bleibe. Bereits 1951 wurde das Gutshaus Landwirtschaftsschule. Ab 1957 war es dann landwirtschaftliche Fachschule. Auch die Arztstation und die Bibliothek waren hier untergebracht.

Ab September 1991 stand das Bauwerk leer. 1994 verkaufte es die Gemeinde und das desolate aber komplett erhaltende Ensemble wurde saniert. Seit 1995 wird das prächtige Gutshaus als Hotel und Restaurant genutzt. 2003 erfolgte noch ein Umbau und das Kutscherhaus wurde restauriert.

Von der Terrasse öffnet sich ein wunderbarer Blick über den See hinaus in die freie Landschaft. Der weitläufige Park war verwildert und wurde nach 1994 schrittweise saniert.

Die Kirche in Groß Plasten gehörte zum Kirchspiel Schloen. Es gab in Groß Plasten mindestens seit dem 16. Jh. eine Kirche. Nach dem 30jährigen Krieg verfiel diese aber, so dass sie Ende des 19. Jhs. gar nicht mehr genutzt werden konnte.

Friedr. v. Michael erbat beim Großherzog Mecklenburg-Strelitz den Bau einer neuen Kirche. Diese wurde 1901 im neobarocken Stil errichtet.

Erwähnenswert ist das Gestühl aus Vollholz-Eiche und der wunderbare Keramik-Mosaikfußboden. Der Kronleuchter stammt aus der Basedower Kirche und ist hier seit 1988.

Die große Stahlglocke wurde 1900 gegossen.

Groß Rehberg

Der Ort liegt malerisch in den südlichen Ausläufern der Mecklenburgischen Schweiz im Einzugsgebiet der Westpeene.

Im 15. Jh. gehörten Groß und Klein Rehberg der Familie v. Linstow (Lütgendorf). 1426 verkaufte Claus v. Linstow beide Orte an das Kloster Malchow. Seit dem werden sie als Pachthöfe betrieben. Auch Bauern war hier noch ansässig. 1864 hieß der Pächter F. Krote und 1899 wurden die 474 ha Pachtland von F. Meinhausen bewirtschaftet. Es gab damals eine Wassermühle, Schmiede und Schule. Um 1924 wurde der Besitz des Klosters enteignet und Domäne des Freistaates Mecklenburg-Schwerin.

In Groß Rehberg stand bis 1976 die Ruine von dem einstigen Pächterhaus, bevor es gänzlich eingeebnet wurde. Es stand in Nord-Südausrichtung in Flucht des hinteren Stalls und war ein eingeschossiges, verputztes Gebäude über 7 Achsen. Die Eingangssituation wurde durch eine Brüstung hervorgehoben. Zwei Fledermausgaupen schmückten das Walmdach, der Dachraum war ausgebaut. Durch einen schmalen Gang gelangte man in das nördlich gelegene Inspektorhaus. Auch zum dahinter liegenden Stall war ein langer schmaler Gang. Vor dem Gutshaus sorgte eine mächtige Linde für Schatten und hinter dem Haus schloss sich ein Obstgarten an.

Stallungen in Groß Rehberg

Nach 1945 wurde der rechte Teil weiter bewohnt, links zog der Kindergarten ein. Neben 3 Ställen aus Feldsteinen hatte das Pachtgut auch einen riesigen Speicher. Heute stehen nur noch zwei Ställe, die von einem landwirtschaftlichen Betrieb genutzt werden. Vom alten Schafstall steht noch eine Feldsteinwand. Dort geht heute die Straße entlang, die früher westlich um den Gutshof herum führte.

In Klein Rehberg war die Schule. Das alte Gebäude steht noch, ist aber durch seine Sanierung nach 1990 nicht leicht zu erkennen. Nahe dem Weg von Klocksin nach Klein Rehberg befinden sich mehrere sehenswerte Hügelgräber.

Groß Varchow

Am Nordostrand des Müritzkreises liegt ca. 20 km von Waren entfernt Varchow, früher auch Verchowe genannt. Auch dieser Ort ist ist slawischen Ursprungs und könnte aus dem altslawischen Wortstamm vruhu = Gipfel abgeleitet sein.

Varchow ist ein sehr geschichtsträchtiges Dorf. Hier gab es im Mittelalter eine Burg, auf der die mit der einst mächtigen Familie v. Holstein stammverwandte Ritterfamilie der Kruse (auch Krause, später auch auf Varchentin, Kraase und Bredenfelde) saß. Nach einer Urkunde vom 13. Juli 1326 gründeten vier Mitglieder dieser Familie in Lehsten eine Kapelle. Sie wurde Filialkirche von Varchow, das bereits eine Pfarre besaß. 1420 ist dann aber auch Henning v. Kamptz, wahrscheinlich durch Heirat, Besitzer von vier Bauernhöfen und acht Hufen in Varchow.
Mit Ende des 30jährigen Krieges lebten in Varchow keine Bauern mehr. Die Kruses mussten ihren Besitz ständig verpfänden. 1685 wurde in der Nähe von Varchow eine Glashütte durch Hans Jürgen Gundlach errichtet, die aber 1695 wieder abgebaut werden musste. 1696/1702 verkauften die v. Kamptz ihren Besitz an Dietrich Otto v. Winterfeld, der auf die Hohe Jagd verzichten musste. Er hatte 1700 auch Anteile von den Kruses erworben. Doch bereits 1755 konnte Joachim Ernst v. Kamptz einen Teil des alten Familienbesitzes zurückkaufen und baute damit in Klein Varchow einen Gutshof auf, den es heute nicht mehr gibt.
Der andere Teil, das Gut Groß Varchow, ging 1756 in das Eigentum der Familie v. Klinggräff über. 1803 erwarb es K. David Zimmermann. Von ihm kaufte es 1821 der Ratsherr Martin Jenisch (Hamburg), der es wiederum 1828 an den Bankier Gottlieb Jenisch (Hamburg), der ab 1836 auch Varchentin besaß, verkaufte. Seine Tochter erbte beide Dörfer. Ihr Mann, Graf Grote, ließ das Nebengut Varchow mit seinen 800 ha ausbauen. Neben dem Gutshof wurde das heruntergekommene Dorf saniert, Tagelöhnerkaten, die Schule sowie das Försterhaus gebaut. Es waren Pächter in Groß Varchow eingesetzt, der Letzte war bis 1945 Max v. Blücher (Teschow).
1885 wurde die Mecklenburgische Südbahn eröffnet. Von Groß Varchow wurde deshalb später von Max v. Blücher eine Feldlorenbahn über Lehsten nach Möllenhagen gebaut.

Der Gutshof wurde als Vorwerk zwischen 1863 und 1898 ausgebaut. Er besaß drei Scheunen sowie fünf große und vier kleine Ställe.
Das Verwalterhaus war ein eingeschossiger und über 13 Achsen langer Putzbau. Der einzige dreiachsige Mittelrisalit ragte hoch aus dem Dach auf und war der Eingangshalle mit Oberetage aufgesetzt. Das Walmdach war zum Teil ausgebaut und mit vielen kleinen Gaupen versehen.
Heute steht nur noch eine Scheune aus dem Jahre 1896. Die Kopfsteinpflasterstraße führt an ihr vorbei und endet an der Stelle, wo einst das Gutshaus gestanden hat. Auch einige der großen Bäume haben die Zeit überstanden. Der angrenzende Teich ist zugewachsen. Das Gutshaus wurde erst 1999 von der Treuhand abgetragen, mit ihm die gesamte, aber einsturzgefährdete Gutsanlage.

Wie Varchentin so gehörte auch Varchow und Lehsten zur Schweriner Diöcese.
Varchow war die Mutterkirche von Lehsten.

Die Kirche ist ein frühgotischer Backsteinbau auf einem Granitfundament. Sie besitzt einen dreiseitigen Chorschluss, der aus einem Achteck gebildet ist. Im Westen ist ein massiver quadratischer Turm angebaut. Die zweiteiligen Fenster besitzen noch die alten Laibungen. Unter dem Dachsims läuft ein Fries von dunkelgrün glasierten Ziegeln.

ehemaliges Gutshaus in Groß Varchow um 1920

Bei sehr umfangreichen Instandsetzungsarbeiten um 1860 erhielt das Grundgeschoss des Turmes eine neue Wölbung und wurde mit einem neuen Taufstein als Taufkapelle eingeweiht. Nur das Taufbecken aus Messing ist alt. Auf seinem Boden sind Adam und Eva unterm Baum dargestellt. Die Turmuhr wurde später repariert. Sie funktioniert aber heute nicht mehr.
Der Innenraum wurde um 1860 mit einer neuen flachen Holzdecke überzogen. Auch die gesamte Innenausstattung stammt aus dieser Zeit. Mehrere Bildnisse zeigen Pastoren dieser Kirche zwischen 1677 und 1775. Verschiedene Kelche und Patenen aus dem 18. und 19. Jh. sind vorhanden. Die Fenster wurden 1950 repariert.
Gottlieb Jenisch schenkte der Kirche eine Sauer-Orgel. Sie wurde 1949 restauriert, ist aber heute nicht mehr bespielbar.
In einem Anbau werden sieben Figuren aus dem gotischen Triptychon aufbewahrt.
Im Turm hängen drei Glocken. Zwei sind aus Gusseisen und relativ neu (um 1965) Die dritte ist alt und wurde 1568 von den Kruses gestiftet.

Klein Varchow – Die Ortsbezeichnung gibt es seit Mitte der 1990er Jahre nicht mehr. Die Orte Klein Flotow und Klein Varchow gingen ineinander über, heute gibt es nur noch Klein Flotow als Ortsbezeichnung.
Über viele Jahrhunderte hinweg wurde das kleine, nur 185 ha große Gut, das zum Amt Neustadt gehörte, selbständig bewirtschaftet. Bis zum 30jährigen Krieg war der Besitzer oft derselbe wie in Groß Varchow. Um 1700 betrieb ein Herr v. Osten hier eine Glashütte. Nach ihm betrieb die Familie Gundlach die Glashütte weiter. 1755 konnte Joachim Ernst v. Kamptz den alten Familienbesitz zurückerwerben. Die Besitzer wechselten danach häufig. 1767 wurde ein Major Schläger genannt. Er hatte es von Anna Hedwig Hahn (verw. Geusau) geschenkt bekommen. Nach ihrem Tode 1786 gab es deswegen Streit. 1794 wurde als Besitzer Dr. Erdmann erwähnt und 1899 gehörte es Alexander Kind. Die letzten Besitzer des Allodialgutes waren die Familien Bothe und vor Ausbruch des 2. Weltkrieges Familie Töppelmann.
Das Gutshaus im neoklassizistischen Stil war ein zweigeschossiger, mit acht Achsen verputzter Backsteinbau über einem Souterrain aus Feldsteinen. Es wurde erst Anfang des 20 Jhs. gebaut. Auf der Hofseite dominierte ein zweiachsiger Mittelrisalit. Ein Walmdach mit kleinen Gaupen schloss das Gebäude nach oben hin ab. An einer Seite, dem Gutshaus untergeordnet, befand sich über Eck ein verputzter zweigeschossiger Fachwerkbau dem ein Turm vorgesetzt worden war. Dieses Ensemble war wahrscheinlich älter.
Da das Gut sehr abgelegen war, wurde es nach 1945 nicht kommunal genutzt. Bis Mitte der 1970er Jahre war es noch bewohnt, wurde dann durch Vandalismus zerstört und schließlich abgerissen. Das Storchenpaar, das bis zuletzt dort brütete, wird es vermisst haben.

Groß Vielen

5 km südwestlich von Penzlin liegt Groß Vielen. Diese einst slawische Siedlung schrieb sich vom 12. bis 14. Jh. Vilim, Vilin, Magnum Vilem und Groten Vylim. Abgeleitet könnte der Ortsname vom altslawischen Wortstamm velu = groß sein.

Die erste Erwähnung fällt mit der Bestätigung der Schenkungsurkunde von 1182 durch den Pommernherzog Bogislav zusammen. Bereits 1170 hatte sein Bruder Kasimir urkundlich versprochen, die Siedlung Vielen nach seinem Tode an das Kloster Broda abzutreten. 1272 wurden vom Fürsten v. Werle die Ritter Bernhard und Heinrich v. Peccatel sowie der Ritter v. Raven mit dem zur werlischen Vogtei Penzlin gehörende Dorf Groß Vielen belehnt. 1342 hatte der Knappe Heinrich v. Wokenstedt einen Hof im Dorf. Zehn Jahre später besaßen die Brüder Heine und Johann v. Holstein durch Hebungen hier 6 Höfe. Beide Familien hatten ihre Rittersitze in Groß Vielen. Auch die Bardenfleth hatten hier Anteile. 1519 konnte Henning v. Holstein („Henning Bradenkierl" auf Ankershagen) diese Anteile neben Zahren und Dambeck (Dannenbeck) sein Eigen nennen. 1565 erstach Henning v. Holstein (Enkel von o.g. Henning) einen Peccateler Vetter. Nach damals üblichem Recht und Brauch konnte der Mörder seine Tat durch eine Geldbuße sühnen. Oft wurde Rache genommen. So auch hier, denn vier Jahre später wurde der Täter auf dem Landtag zu Güstrow von seinem Halbbruder Philipp erschlagen. Wieder wurde mit einer Geldbuße auch diesem Mord „Recht" gegeben. Ende des 30jährigen Krieges musste Groß Vielen verpfändet werden, zuerst 1646 an den Rostocker Bürgermeister Jochim Klinge, dann 1652 an Ch. Altwig v. Kamptz. Schließlich konnte 1703 Joachim Fried. v. Holstein (Ankershagen) durch den Verzicht auf die „Hohe Jagd" in den alleinigen Besitz des Dorfes kommen. Er verpfändete Groß Vielen aber bald wieder, erst an Adrian v. Hahn, 1716 an Johann Friedr. Gamm, 1720 an Oberstallmeister v. Finke und 1736 an Adolf Friedrich v. Langermann. 1717 ließ Friedr. v. Holstein eine Glashütte errichten. Vor 1768 kam Groß Vielen mit Ankershagen an die durch Verwandtschaft mit den v. Holstein verbundene Familie v. Oertzen (Zahren), die den Ort bis 1844 behielt. Fast jährlich wechselten dann die Besitzer: 1843 Heinrich Lichtwald, 1845 Otto Berlin, 1846 Ferdinand Buchard, 1865 Oberhofmeister Rudolf v. der Lühe und dessen Erben, 1883 Georg Eugen Seip und 1886 F. Adolf Bernh. Wenck. Dessen Familie war bis 1945 Eigentümer des 698 ha großen Allodialgutes. Mit dem Einmarsch der Roten Armee nahm sich die Familie das Leben.
Nach der Enteignung fanden zunächst Flüchtlinge eine Bleibe im Herrenhaus. Da sich Groß

Gutshaus in Groß Vielen

Kirche in Groß Vielen

Vielen zu einem volkseigenen Gut (VEG) mit Lehrlingsausbildung entwickelte, war das Gutshaus zeitweilig auch Internat. Mitte der 1950er Jahre etablierte sich dort die Gemeindeverwaltung und ab 1973 wurde das Haus dann ausschließlich für Verwaltungszwecke genutzt.

Das Gutshaus wurde um1905 an Stelle seines Vorgängers gebaut. Das Gut besteht u. a. aus sechs großen Backsteinställen, die heute vom Landgestüt Redefin genutzt werden. Bemerkenswert ist das zum Gutshaus führende bereits 1740 erbaute Torhaus mit anschließender Kopfsteinpflasterstraße, die mit japanischen Kirschen gesäumt ist. 1882 wurde das Torhaus renoviert. Das Gutshaus ist ein schlichter, zweistöckiger Putzbau über 11 Achsen auf einem Souterrain. Zur Hofseite dominiert ein leicht vorgezogener, wappengeschmückter Mittelrisalit, der oben geschwungen abschließt. Eine Freitreppe führt auf ein Rondell. Das Walmdach ist nicht ausgebaut. Im Süden fällt ein angebauter Erker auf.

Vom Gutspark ist nur der Teich übrig geblieben, der 2003 saniert wurde.

Für 1310/1330 wurde ein Pleban in Groß Vielen erwähnt. Weiter ist aus dieser Zeit nichts bekannt. Damals hatte auch Klein Vielen eine Kirche, die unter dem Patronat Peccatels stand. Die Groß Vielener war 1707 in einem schlechten Zustand, obwohl das Dach und die Wände ausgebessert worden waren. Der Fußboden war wellig und schlecht, weil hier die adligen Verstorbenen bestattet lagen. 1693 bekam die Kirche einen neuen Glockenturm, in der 2 kleine Glocken hingen. Diese waren 1783 von J. C. Meyer umgeschmolzen worden. Es gibt sie nicht mehr.
Die jetzige Kirche in Groß Vielen entstand 1774 als rechteckiger Fachwerkbau mit dreiseitigem Ostschluss aus einem Achteck. Im Westen befindet sich ein kleiner Turm. Vorhallen sind im Westen und Süden angebaut.
Der Innenraum besitzt einen Kanzelaltar, Gestühl und eine Westempore aus der Erbauungszeit. Oberhalb des Patronatsgestühls sind vier Oertzensche Sargwappen zu finden. 1788 wurde eine Orgel erwähnt.
1991 begannen Sanierungsarbeiten am denkmalgeschützten Bauwerk. Es erhielt innen einen neuen Putz. Das Dach wurde erneuert und auch der Dachreiter sowie die Fassade wurden saniert.
Im Glockenturm hängt eine Glocke aus dem 15. Jh. Die von C. Illies (Waren) um 1860 gegossene Glocke gibt es nicht mehr.
Auf der Nordseite steht eine Grabkapelle. Sie ist ein verputzter Bau mit einem Fachwerkgiebel, an dem das Wappen der Familie v. Oertzen aufgesetzt ist. Der Friedhof ist mit schönen Linden umstanden.

Grüssow

Gutshaus in Grüssow

4 km südlich von Malchow liegt Grüssow. Auch dieses Dorf war vor langer Zeit einmal eine slawische Siedlung. Der Ortsname könnte von grusa = Birnbaum abgeleitet sein.

Eine Urkunde von 1255 dokumentiert die Weihe der Kirche, die fortan auch für die Dörfer Walow und Zislow zuständig war. Bischof Rudolf von Schwerin verlieh zu diesem Anlass der Kirche eine Hufe in Grüssow. 1351/52 schenkte dann Fürst Nikolaus v. Werle dem Kloster Malchow die Kirche in Grüssow. Schon vorher bekam das Kloster zwei Hufen im Dorf vom Fürsten Johann v. Werle verliehen.

Außer dem Fürstenhaus hatten noch andere Eigentum in Grüssow. 1294 war ein Ritter Johann v. Grüssow genannt, der dem Pfarrer Heinrich für seine Kirche die Einkünfte von zwei Hufen schenkte. Diese Familie war schon länger im Dorf ansässig, denn 1304 wurde beurkundet, dass Johannes de Grüssow die Mühle des Dorfes, die im Mittelalter ein äußerst wertvoller Besitz war, von seinem Vater und der vom Großvater geerbt habe. Später war ein L. Elers Inhaber der Mühle. Dieser trat sie 1374 an das Kloster Malchow ab.

Neben der Familie Grüssow besaß der Knappe Johann Rusboge Eigentum im Dorf, denn er schenkte der Pfarre 1325 ein Feld und einen Hopfengarten. In Grüssow musste auch die Familie v. Raven Rechte und Besitz gehabt haben, weil sie 1357 dem Malchower Albrecht Schmidt zahlreiche Grundstücke des Dorfes verkaufte. In dieser Zeit waren auch fünf Brüder v. Speck mit Anteilen in Grüssow begütert. Ihr Vater war Vogt in Malchow. Auch die v. Flotow müssen da schon Anrechte im Dorf gehabt haben, denn sie verpfändeten in den Jahren 1357 bis 1385 Grüssower Grundbesitz. Die Familien v. Grüssow und v. Speck erloschen im 14. bzw. im 15. Jh. Bald darauf gelangten die v. Flotow in den Gesamtbesitz des Ortes. Wie aus dem Lehnverzeichnis von 1587 zu entnehmen ist, besaßen außer dieser Familie nur noch das Kloster Malchow etwas Land sowie die Mühle in Grüssow. Bis 1834 blieb das Dorf zunächst Eigentum der v. Flotow. Dann ging es in den Besitz von Pastor Kollmann über, dessen Nachkommen ihn jedoch 1864 an die v. Flotow zurückgaben.

Um das Jahr 1900 ist das Lehngut Grüssow mit seinen 689 ha Teil des großen, zusammenhängenden Güterkomplexes des Kammerherren August v. Flotow (Kogel).

Wie so viele große mecklenburgische Güter, überstand auch das Gut Grüssow die Weltwirtschaftskrise Anfang der 1930er Jahre nicht und wurde 1932 aufgesiedelt. Vor dem 2. Weltkrieg existierten hier 24 Neubauernhöfe und drei Erbhöfe.

Der einstige Herrensitz der v. Flotow wurde Anfang des 19. Jhs. errichtet. Es ist ein einge-

schossiger Putzbau mit 13 Fensterachsen, der mit einem ausgebauten Walmdach abgeschlossen ist. Der dreiteilige Mittelrisalit auf der Hofseite ist um ein Geschoss erhöht und mit einem Dreieckgiebel bekrönt. Im Laufe der Zeit wurde der Bau mehrfach verändert.
Nach der Aufsiedelung des Gutes war das Haus teilweise ungenutzt, bis es zum Ende des 2. Weltkrieges mit Flüchtlingen überfüllt war. Danach wurde es neben Wohnzwecken kommunal genutzt. 1964 fand eine Renovierung statt.
Heute wird das Haus nur noch in der oberen Etage bewohnt. Das Gutshaus gehört weiterhin der Gemeinde und wird auch als Gemeindehaus genutzt. Es ist inzwischen restauriert worden.

Die Kirche aus Feldsteinen stammt aus der Mitte des 13. Jhs. und ist damit eine der ältesten Kirchen im Müritzkreis. Der quer angebaute rechteckige Westturm aus Feldsteinen mit Backsteindetails stammt aus dem 14. Jh. Wahrscheinlich ließ das Kloster Malchow bei der Übernahme diese Veränderung vornehmen. Auf alle Fälle ist ein Einfluss aus der Altmark erkennbar. Die Kirche war mit Kalkputz überzogen. In der Ostwand sitzen drei gleich große romanische Fensterschlitze. Ebenso gibt es drei Fenster auf der Nordseite, wo sich auch ein Portal befindet. In den Bogenlaibungen der alten Fenster sind Spuren einer alten Bemalung. Die Südwand vom Turm soll während des 30jährigen Krieges eingestürzt sein. 1856 erneuerte man die Giebel in Fachwerk. Eine kleine Steintafel an der Ostseite erinnert daran. Aus dieser Zeit stammen auch Altar, Kanzel und Gestühl.
Beim Umbau des Altars 1847 machte man einen „Fund von hohem Alter und wichtiger Bedeutung für die Kirche". Alles wurde wieder in den Altar vermauert. 1913 wurde der Altar erneut geöffnet, um das Alter und die Beschaffenheit der Gegenstände näher festzustellen und um ein wiederholtes Öffnen des Altars zu vermeiden. Man fand unter dem Altar eine runde Holzkapsel mit einem kleinen Fläschchen, in der für die Aufbewahrung von Reliquien üblichen Form. Der Hals war oben abgesplittert. Der Inhalt wurde nicht untersucht. Ferner befand sich in der Kapsel ein Wachssiegel des Bischofs Konrad Loste von Schwerin (Amtszeit 1482–1503). Dokumente wurden nicht vorgefunden. Holzkapsel, Flasche und Wachssiegel wurden fotografiert, in eine kupferne Dose getan und auf dem Deckel folgende Worte eingraviert:

Inhalt: Eine Holzkapsel, darin ein Fläschchen
mit Reliquien der hlg. Katharina
Ein Wachssiegel d. d. 1482–1503
(geöffnet 1913).

1988/89 wurde erst das Dach und 1990/91 auch das gesamte Interieur saniert. 1992 setzte eine ABM-Brigade die Feldsteinmauer wieder neu auf.

Kirche in Grüssow

Hinrichsberg

Hinrichsberg liegt 2 km südwestlich von Sietow, abseits der Kreisstraße nach Röbel. Beeindruckend sind die „hohen Berge" um Hinrichsberg, die die Eiszeit hier hinterließ. Hinrichsberg hatte einst wohl größere Bedeutung, denn es war Standort einer Wasserburg. Hier führte die alte Heerstraße von Röbel kommend über Roez nach Malchow entlang.

Der Gutshof wurde um 1580 von Hinrich v. Below gegründet. Fortan wurde der Ort Hinrichsberg genannt. Danach war die Familie Powisch, mindestens von 1691–1704, hier ansässig. 1700 ließ Clauß Ch. Powisch eine Meierei einrichten, sie wurde Lütken Kell genannt. Der Verwalter dort hieß Andreas Wulf. Danach besaß Familie v. Altrock (später auf Groß Kelle) Hinrichsberg.
Zur Zeit Powischs gab es eine Auseinandersetzung um den Kirchenacker zwischen Sietow und Hinrichsberg. Der von den Sietowern bestellte Roggen wurde von dem Gutsherrn Powisch einfach abgeerntet und eingefahren. Die Sietower Bauern wehrten sich und nahmen gewaltsam den Roggen zurück. Es kam 1701 zur Klage. Doch die Bauern bekamen kein Recht.

Vor 1764 gehörte zum Gut zeitweilig die Siedlung Alt Kelle. 1765 konnte Ernst Friedr. v. Gundlach (Leizen) das Gut erwerben. 1837 war Ernst v. Gundlach (Mollensdorf) Besitzer des Gutes und 1864 und 1899 gehörte das 381 ha große Lehngut dem Klosterhauptmann Emil Friedr. A. v. Gundlach. 1924 war der Landrat Emil v. Gundlach Besitzer und Bodo v. Gundlach Pächter des Gutes. In den 1930er Jahren ging es in Konkurs. Kurt Schröder wurde nachfolgender Besitzer. Er musste jedoch die Hälfte an eine Siedlungsgesellschaft abgeben. Letzter Pächter des Resthofes vor 1945 war Familie Gerlach. Nach 1945 wurde der Hof ebenfalls aufgesiedelt.

Das Gutshaus wurde Ende des 18. Jhs. gebaut. Es ist ein zweigeschossiger Putzbau auf einem Feldsteinfundament. Einige spätere Anbauten verunzieren das Gebäude.
Bis auf einen Stall sind alle anderen Hofgebäude verschwunden. Ein schöner verwilderter Park zeichnet sich hinter dem Gutshaus ab. Das Umfeld ist durch Kleingärten sehr verbaut. Das Haus wird heute zum Teil noch bewohnt und steht zum Verkauf. Eigentümer ist die Gemeinde Sietow.

Gutshaus in Hinrichsberg

Hinrichshagen und Levenstorf

Gutshaus in Hinrichshagen

Beide Orte liegen nördlich 12 bzw.14 km von Waren. Von Hinrichshagen (früher Hinrikeshagen) ist es über eine wunderbare Nebenstrecke mit vielen Hecken und Blicken über die sanften Hügel der Mecklenburgischen Schweiz nicht weit bis Ulrichshusen. Der Ort ist eine deutsche Rodung und entstand erst mit der Einwanderung von Lokatoren.

Der Ortsname soll auf einen Lokatoren mit Namen Hinrik, wahrscheinlich Voß, zurückzuführen sein. 1311 gründeten die Voß hier eine Kirche. Im 15. Jh. gehörte der Ort den Gan(t)zow (Gramzow, Grantzkow). 1431 wurde dort ein Claus Ganzow erwähnt, ein Schwager der Hahns. 1487 starb die Familie mit Henning v. Gramkow aus. Schon 1483 versprachen die Herzöge Magnus und Balthasar den Ort dem Ritter Nicolaus Hahn. Dieser wurde dann 1487 mit Hinrichshagen belehnt. Seit dieser Zeit wurde es ein Hauptgut der Familie Hahn. Pertinenzen waren die Güter Tressow, Panschenhagen und Baumgarten.
Levenstorf gehörte vor 1518 Wedige Maltzan. Dieser verpfändete es in diesem Jahr auf 35 Jahre an Joachim Hahn (Basedow). Es blieb immer in Hanschem Besitz und war eine Pertinenz von Hinrichshagen.
1543 wurde Hinrichshagen als ungünstig gelegen und vernachlässigt bezeichnet.

In Hinrichshagen stand ab 1311 eine Kapelle, die zum Kirchspiel Schwinkendorf gehörte. Nach dem 30jährigen Krieg war das gesamte Dorf niedergebrannt und es gab keine Einwohner mehr. Der Besitzer Christoph v. Hahn, der das verschuldete Gut 1623 übernommen hatte, wurde 1635 bei einem Überfall der kaiserlichen Truppen erschossen. Seine Frau, Katharina v. Blücher, konnte mit den Kindern nach Dänemark fliehen.
1672 wurde das immer noch verschuldete Gut unter den Gläubigern Hahn Basedow und Seeburg aufgeteilt. Kuno Paris Hahn versuchte seine Vettern auszulösen. 1694 besaß er die Hälfte und nach 1701 das ganze Gut.
1731 wurde Achatz v. Hahn (Basedow) als Besitzer genannt. Pächter war Detlof Ch. Baas. 1783 erwarb es Friedrich II. v. Hahn. Die Familie Hahn ließ im benachbarten Levenstorf eine Glashütte errichten, die bis 1846 betrieben wurde. In Hinrichshagen wurden neben dem Gutshof und einer Mühle auch ein Schmied

Pächterhaus in Levenstorf

und ein Teerschweler erwähnt. Noch 1857 sind der Gutshof und die Mühle vorhanden. Später ließen die Hahns zwei Ziegeleien bauen. 1921 war Walther Graf v. Hahn Besitzer des 1.314 ha großen Lehngutes. Pächter war F. C. Politz. Bis 1945 blieben die v. Hahn Besitzer der Orte Hinrichshagen mit Levenstorf.

Heute besteht der Hof nur noch aus dem Gutshaus und einem Stall.
Das Ende des 18. Jhs. gebaute Gutshaus ist ein einstöckiger Fachwerkbau auf einem Feldsteinfundament, der mit einem gaupengeschmückten Walmdach abschließt. Das Haus ist zum Teil unterkellert. Dieser besitzt starke Mauern und Gewölbedecken. Alles deutet darauf hin, dass er älter ist als das heutige Gutshaus. Nach 1945 war es sehr verbaut, inzwischen aber wieder zurück gebaut und restauriert worden. Das Gutshaus wird privat bewohnt.
Das angebaute Wirtschaftgebäude auf der Südseite beherbergt eine Mühle, deren Relikte heute noch besichtigt werden können. Früher kam das Wasser aus dem Panschenhagen und wurde vor der Mühle angestaut. Eine zweite Wassermühle, die Kielmühle, gab es außerhalb von Hinrichshagen in Richtung Levenstorf. Dort war auch eine Ziegelei, deren Feldsteinmauerreste heute noch zu finden sind.

Nach **Levenstorf** führt eine Kopfsteinpflasterstraße über viele Kilometer durch Wald. Vor dem Pächterhaus selbst gibt eine mächtige Linde Schatten. Das Haus wurde 1884/86 gebaut. Es ist ein einfacher eingeschossiger Backsteinbau über 7 Achsen mit einem zweistöckigem Mittelrisalit auf einem Feldsteinfundament. Im Osten und Süden sind nachträglich errichtete Anbauten vorhanden. Auf einer Seite zieren noch Fensterläden das Haus. Hinter dem Pächterhaus steht ein mächtiger Speicher und eine große verbretterte Scheune, die beide noch genutzt werden.

Speicher in Levenstorf

Der letzte Pächter vor 1945 hieß Hertel. Heute ist es in privaten Händen und ist vermietet. Eine 2004 wurde mit der Sanierung begonnen.

Hohen Wangelin

Am Nordostrand des Naturparks „Nossentiner Schwinzer Heide", am Übergang von der Endmoräne zum Sandergebiet, liegt das Dorf Hohen Wangelin inmitten der Nebelqellseen. Den Namen erhielt der Ort wahrscheinlich von der Familie Wangelin, die in der Umgebung umfangreichen Besitz hatte und hier als Lokatoren wirkte. Zuerst gab es zwei dicht nebeneinander liegende Dörfer, nämlich deutsch- und slawisch- Wangelin (Wangelin Teutonica und Wangelin Slavicalis).

ehem. Pächterhaus in Hohen Wangelin um 1985

Blick auf das Pächterhaus mit ehemaliger Scheune und Pferdestall

Die urkundliche Ersterwähnung des Dorfes fällt in das Jahr 1319. Der stark verschuldete Johann v. Grube (Grubenhagen) stieß einige Ländereien aus Wangelin an Güstrower Kaufleute (Glöde, Krug) ab. 1320 musste er dann Wangelin ganz veräußern. Die Gebrüder Samekow und v. Gamm bekamen hier Rechte. Kaufmann v. Gamm veräußerte 1336 seine Besitzung in Hohen Wangelin dem Kloster Malchow. Im Falle seines vorzeitigen Todes sollte seine Frau dort als Stiftdame aufgenommen werden. Außerdem besaßen die Wangelin, v. Linstow und v. Flotow Hufen im Dorf. Die Klosterbesitzungen vergrößerten sich ständig. Zuletzt wurde 1714 der Kochsche Hof aufgekauft. Damit war das Kloster fast vollständig in den Besitz des Dorfes gelangt. 1799 besaßen nur noch die v. Flotow Anteile hier.

Seit 1832 wurden den 6 ansässigen Bauern die Möglichkeit gegeben, die Gebäude und das Inventar ihres Hofes zu kaufen oder gegen eine jährliche Naturalabgabe den Boden zur erblichen Nutzung zu pachten. 1853 bewirtschaftete den Pachthof J. Paetow und 1899 mit 1.212 ha Wilhelm Beutin. Außerdem gab es 8 Erbpächter, einen Krug, eine Mühle und eine Schmiede. Schulze war in diesem Jahr Herr Borgwardt. Nach 1918 wurde der Hof eine Domäne, die bis 1945 weiter von der Familie Beutin bewirtschaftet wurde.

In den 1970er Jahren wurde Wangelin durch den Aufbau eines großen Rindermastbetriebes zum Siedlungsschwerpunkt.

Das um 1900 gebaute Pächterhaus im Süden des Gutshofes steht auf einem Natursteinsockel und ist ein verputzter Ziegelbau mit Innenfachwerk. Es ist einstöckig und besitzt ein Krüppelwalmdach.

Nach dem 2. Weltkrieg waren dort zunächst Flüchtlinge untergebracht. 1951 wurde Hohen Wangelin Volkseigenes Gut (VEG). Interessant ist, dass einige Neubauern, die durch die Bodenreform Land erhalten hatten, in Dörfer der Umgebung umgesiedelt wurden. Das Pächterhaus diente weiter zu Wohnzwecken und war Sitz der Verwaltung des VEG. Später wurde es Dienstleistungszentrum des Dorfes.

Der Gutskomplex besteht heute noch aus einer fast kompletten rechteckigen Anlage mit restaurierten Ställen und einer Scheunenruine seit 2000. Das Pächterhaus ist heute allerdings schwer als solches zu erkennen. Es wurde 1996 völlig umgebaut. Fünf Ferienwohnungen sind darin untergebracht.

1244 wurde urkundlich ein Geistlicher „Hermanus de Wangelin" genannt. Vermutlich existierte deshalb bereits zu dieser Zeit eine Kirche. Die Jetzige, wohl zweite, stammt aus dem

Kirche in Hohen Wangelin

15. Jh. Auf einem Granitquadersockel wurde der rechteckige, nach Osten dreiseitig geschlossene Backsteinraum und ein wuchtiger, quadratischer Turm auf einem Feldsteinfundament gemauert. Strebepfeiler stabilisieren den Ostanschluss.

Während des 30jährigen Krieges verwüsteten Soldaten 1637 die Kirche und plünderten das Pfarrhaus. 1868/69 erfolgten umfangreiche Renovierungen. Dabei entstanden die Sakristei, der nördliche Treppenturm sowie der Süd- und der Westanbau. 1988 knickte ein Herbststurm die Turmkrone ab.

Ab 1991 fand die Turm- und Glockensanierung, die Neueindeckung des Daches und die Restaurierung des Wetterhahnes von 1841 durch den Kupferschmied Heinz Krautschik (Sophienhof) statt. Für die Nachwelt füllte Pastor Dr. Burchard die Kugel der Turmkrone mit Zeitdokumenten sowie Fotos über das Aussehen des Dorfes anno 1991. Finanzielle Hilfen kamen von der Partnerkirchgemeinde in Fürth-Dambach (Bayern).

Den Innenraum schließen zwei tiefansetzende Kreuzrippengewölbe. Die bleiverglasten bunten Fenster, die selbst bei trübem Wetter leuchten, schuf nach der Inschrift: „F. Hagen, Glaser, 1869". Im gleichen Jahr fertigte Th. Fischer-Poisson für den Altaraufsatz das Gemälde der Kreuzigungsgruppe. Auch das Gestühl, ein Kronleuchter und die beschädigte Lütkemüller-Orgel gehören in das späte 19. Jh. Unter der Orgelempore konnte 2001 ein kleiner Gemeinderaum eingebaut werden.

Anstelle der Orgel wird ein Harmonium der Fabrik Bongardt und Herfurth aus Wiehe gespielt.

Von dem ehemaligen Dreiergeläut goss Meister J. V. Schultz in Rostock die noch vorhandene Große Bronzeglocke „unter Klosterhauptmann C. v. Oertzen und Küchenmeister F. A. Fuhrmann 1769. Gott allein die Ehre".

Jabel und andere Klostergüter

Jabel liegt nordwestlich von Waren in ca. 13 km Entfernung. Jabel könnte abgeleitet werden von dem slawischen jablo = wilder Apfel. Im Umfeld von Jabel sind mehrere Wüstungen nachgewiesen. Keramikfunde belegen das Nebeneinander slawischer und deutscher Siedlungen. Der Ort hatte vom 13. bis 15. Jh. eine recht große Bedeutung. Hier fanden u. a. Treffen der Ritterschaft des Landes Werle statt.

In einer urkundlichen Ersterwähnung 1256 wurde eine Kirche genannt. Die Hälfte des Dorfes gelangte 1376 in den Besitz von Lüdeke Hahn, weil der Fürst Johann VI. bei ihm Kriegsschulden hatte und nicht zahlen konnte. 1410 verkaufte Henneke Hahn seine Hufen an das Kloster Malchow, weil seine Schwestern dort eintraten. Fürst Ch. v. Werle bestätigte 1411 dies als Schenkung und belehnte gleichzeitig die Familie Hahn mit der anderen Hälfte Jabels.

1638 lagen von 23 Bauernhufen 15 infolge des 30jährigen Krieges wüst. Danach bauten sich Bauern eine neue Existenz auf und Jabel wurde zum Bauerndorf im Klosteramt Malchow.

Zwei Hexenverbrennungen sind in Jabel aus den Jahren 1669 und 1671 bekannt.

1841 weilte Fritz Reuter bei seinem Onkel in Jabel, dem Pastor Ernst Reuter. Von hier nahm er u. a. Anregungen für sein unvollendet gebliebenes Werk „Urgeschicht von Meklenborg“ mit. Als 1856 erneut fast das ganze Dorf niederbrannte, setzte sich Fritz Reuter erfolgreich für den Wiederaufbau ein. Durch viele Spenden konnte das Dorf in sechs Jahren wieder aufgebaut werden. 1797 und 1899 gab es in Jabel 16 Erbpächter, die sich 2.251 ha teilten. Im Ort waren eine Mühle und eine Ziegelei.

Jabel blieb bis zur Kollektivierung der Landwirtschaft um 1960 ein Bauerndorf.

Wie ein Leuchtturm ragt die Spitze des Kirchturms aus der Mitte des Dorfes auf, der in der Umgebung mit 43 m der Höchste ist.

Schon um 1200 soll es hier eine Kapelle gegeben haben. Sie wird in Urkunden 1256 erwähnt. Die jetzige Kirche ist 1346 errichtet und durch einen vierzigtägigen Ablass finanziert worden. Als sie dann 1500 wieder einer Reparatur bedurfte, erwirkten E. Brümmer und ihr Sohn aus Waren auf ihrer Rom-Wallfahrt von dortigen Kardinälen einen Ablassbrief „zu Gunsten der Kirche“. Das Gebäude wurde instandgesetzt. 1638 wurde die Kirche stark verwüstet und beraubt. Nach dem 30jährigen Krieg bestahlen durchziehende brandenburgische und kaiserliche Truppen die Kirche erneut. Auch beim großen Jabeler Brand 1856, bei dem außer zwei Bauernhäuser und dem Pfarrhaus das ganze Dorf abbrannte, wurden Kirche und Turm stark beschädigt. Vier Glocken, die zwischen 1402 und 1690 gegossen worden waren, zerschmolzen dabei. Verschont blieb nur die zweijochige, mit Kreuzrippengewölbe geschlossene Sakristei aus Feldsteinen an der Nordseite. Möglicherweise bildet sie auch den Rest des ersten Baus. Zwischen 1861 und 1868 wurde die Kirche wieder aufgebaut. In den verbliebe-

nen Backsteinwänden des Schiffes, das auf einem Granitsockel ruht, legten die Maurer große Fensteröffnungen an, verklinkerten die Wandkronen und zogen einen neuen Ostgiebel hoch. Ebenso ist im unteren Teil die alte Südhalle aufgemauert und durch einen Stufengiebel verkleidet worden. Dem Backstein-

turm, der nach 1505 errichtet wurde, setzte man eine neugotische Glockenhaube auf und stellte den achtseitigen Spitzhelm darauf.
Der Innenraum ist durch eine Holzkassettendecke geschlossen. Die Ausstattung ist aus dem späten 19. Jh. Dazu zählen das von Th. Fischer-Poisson gemalte Altarbild mit der Kreuzigungsgruppe, die Taufe und Kanzel, das Gestühl und die Empore.
Der Einbau der Lütkemüller-Orgel erfolgte wahrscheinlich nach Abschluss der Renovierung 1868.
Die ältesten Stücke sind ein Kruzifix aus dem Ende des 14. Jhs. und der Jabelsche Reiter aus Eichenholz um 1450, der den Heiligen Georg darstellen soll.
Während des 2. Weltkrieges traf eine Granate die Glockenstube des Turmes und durchlöcherte die 1862 von J. Illies gegossene Bronzeglocke. Seitdem sind die Holzjochen leer. Eine Eisenglocke des 19. Jhs. läutete noch nach dem Uhrwerk, das der Fleischermeister Otte 1976 der Kirchgemeinde schenkte und das heute noch ohne Glockenschlag die Zeit anzeigt. Da die Treppe im Turm baufällig ist, kann die Glocke zur Zeit nicht geläutet werden.
Eine weiträumige Mauer umschließt den Friedhof. Neben dem Eingang fällt eine Nische im Granit der Mauer auf. Sie war ursprünglich in der alten Kirche (vor 1346) in der Chorwand eingemauert und diente der Aufbewahrung von Reliquien.
Bemerkenswert ist das dichte Geflecht des Efeus an den Wänden der Jabeler Kirche. Aber noch weitere interessante Bäume gibt es zu bestaunen. Eine davon ist die auf dem Pfarrhof stehende alte Eibe. Obwohl sie sehr dick ist, wird ihr Alter erst auf ca. 250 Jahre geschätzt. Untersuchungen (Uni Greifswald) haben ergeben, dass der Jahreszuwachs ungewöhnlich groß ist. Außerdem stehen hier noch zwei stämmige Winterlinden.
Das 1823/24 erbaute Pfarrhaus wurde 2003 restauriert. In einem Rüstzeitheim können bis zu 16 Jugendliche hier ihre Freizeiten verbringen.
Ebenfalls ehemalige Klostergüter Malchows sind das nahe gelegene Loppin und Damerow. Auch Orte südlich von Malchow gehörten dazu und die Güter Drewitz, Malkwitz und Liepen im Norden des Klosters.

Loppin liegt 4km nördlich von Jabel am Nordende des gleichnamigen Sees und wurde verpachtet. Für 1864 und 1899 teilten sich 5 Erbpächter und eine Holzwärterei 1.213 ha Land. 1921 bewirtschafteten 5 Erbpächter, darunter 3 Havekost zwischen 69 und 75 ha. Mit der Bodenreform wurde das Land neu aufgeteilt.

Damerow ist auf einer Landzunge am Jabelschen See gelegen. 1340 verkauften die v. Rumpshagen ihren gesamten Besitz an das Kloster Malchow. Auch die v. Wangelin hatten Anteile im Ort. 1343 gaben sie diese ebenfalls an das Kloster Malchow. Im 16. und 17. Jh. wirtschafteten 8 Bauern auf den Flächen. Nach dem 30jährigen Krieg gab es noch 4 Bauern hier. Im 19. Jh. teilten sich die 828 ha 8 Erbpächter, 1 Pachtfischer und eine Holzwärterei. Nach 1918 wurden fast alle Klosteranteile in Domänen umgewandelt, so auch Damerow. 1921 hießen die Erbpächter C. Voß, K. Dahnke und P. Lübcke. 1923 gehörten R. König die Ländereien. 1937 bewirtschaftete H. Nölting Damerow.
Seit 1956 befindet sich auf dem Damerower Werder ein Reservat für Wisente.

Drewitz liegt am gleichnamigen See und war nur ein Vorwerk vom Gut Jabel.

Der Ort **Liepen** liegt ganz am nördlichsten Rand des Müritzkreises. Erst spät, um 1860, kam der Ort in die Hand des Klosters Malchow. 1829 gehörte Liepen noch Herrn Graf v. Blumenthal. 1864 und 1899 teilten sich die 748 ha und die Pachtfischerei 10 Erbpächter. 1921 wurde der größte Hof mit 121 ha von Werner Niehusen betrieben. 90 ha bewirtschaftete Fritz Ridder. Die anderen 6 Erbpächter besaßen zwischen 43 und 60 ha.
Heute sind in Liepen noch relativ unverbauten Pachthöfe mit ihren Stallungen schön an zu sehen.

Malkwitz liegt recht verwunschen im Süden vom Malkwitzer See. Das frühere Malkwitz lag direkt am See. 1864 hieß der Pächter des Klosterguts Adolf Odebrecht. 1899 bewirtschaftete sein Sohn Eduard die 725 ha. Neben einer Industrieschule, war hier eine Holzwärterei. Nach dem 1. Weltkrieg übernahm nach Auflösung der Klostergüter Eduard Odebrecht das Gut. Es wurde wenig später in eine staatliche Domäne umgewandelt. Zu DDR – Zeiten wurde das Pächterhaus zum Ferienobjekt der Bergungsreederei Rostock umgebaut. Heute steht hier ein völlig neu gebautes Wohnhaus.

Jaebetz

Gutshaus in Jaebetz

Das Gut ist das Jüngste im Müritzkreis und liegt direkt an der Grenze zum Land Brandenburg. Er wurde erst 1761 als Vorwerk aus der Feldmark Dammwolde von der Familie v. Blücher gegründet. Jaebetz kommt aus dem Hebräischen und heißt soviel wie Kummer und Sorgen. Den Namen bekam der Ort wahrscheinlich, weil er unter schwierigen Bedingungen aufgebaut wurde.
Nach den Blüchers muss das Gut die Familie Flotow (1766) besessen haben und danach 1767 die Familie Hahn, die gleichzeitig mit Dammwolde begütert war. 1797 war Kammerherr v. Hahn Eigentümer.
Am Torhaus des Gutshauses ist heute noch ein Hahnenrelief zu sehen, das Familienzeichen der v. Hahn. Es kann aber auch von den späteren Besitzern, der Familie v. Kehrhahn stammen.
Die Familie v. Hahn hat wahrscheinlich Jaebetz als selbständiges Gut verkauft. Der erste eigenständige Besitzer wanderte nach Brasilien aus. Dann folgte die Familie v. Düssler, gleichzeitig auch Besitzer von Dammwolde. Danach wechselten die Besitzer genauso häufig wie in Dammwolde. 1899 gehörte das 636 ha große Allodialgut mit Mühle und Meierei Marienhof Heinrich v. Bülow. 1906 war August Pogge Besitzer und 1921 übernahm es die Familie Kehrhahn. 1931 war die Familie so stark verschuldet, dass sie Ländereien an die Siedlungsgesellschaft abgeben mussten. Jaebetz wurde aufgesiedelt. Die jungen Bauern waren sehr motiviert und die kleinen Wirtschaften liefen gut. Auf dem Restgut blieb Frau Kehrhahn, die den Verwalter Neuß geheiratet hatte. 1945 wurden sie enteignet. Neuß wurde von der Roten Armee hingerichtet. Mit der Bodenreform wurde Jaebetz weiter aufgeteilt. Später gehörte es zur LPG Altenhof.
Der Mittelteil des Gutshauses, ein Fachwerkgebäude über 15 Achsen, ist der Ursprüngliche und muss 1761 mit der Gründung des Vorwerks erbaut worden sein. Auf der Südseite fällt ein dreiteiliger Mittelgiebel über dem Eingang mit breiter Treppe auf. Das Haus ist vollständig unterkellert und besitzt ein ausgebautes Walmdach. Auf der Nordseite gelangt man von einer ebenfalls ausladenden Treppe in den ehemaligen Park. Später wurde am Haus immer wieder angebaut und umgebaut. So wurde auch der Ostgiebel nachträglich verstärkt. Mit der Aufsiedelung 1931 wurden in dem zweigeschossigen Fachwerkhaus Wohnungen eingerichtet. Nach 1945 wurde der Nordteil Schule, später bis 1980 Gaststätte und dann wie alles Übrige Wohnraum. Das Gutshaus steht seit 2002 leer und wurde 2007 verkauft. Die eingeschossigen Stallungen rechts und links, die ebenfalls zu Wohnungen ausgebaut wurden, sind bewohnt.
Am Gutshaus befindet sich ein Waldstück, das sicher einmal Park gewesen ist. Im äußersten Zipfel ließ Familie Kehrhahn einen kleinen Friedhof einrichten. Er wurde um 2000 erneuert. Bis dahin säumt eine ca. 80 Jahre alte Roteichenallee den verwunschenen Friedhofsweg.

Jägerhof

Pächterhaus in Jägerhof

Der Ort liegt 5 km nördlich von Waren.

Erstmalig wurde Jägerhof 1787 genannt, als an der Grenze zu Schönau ein Holzwärterhaus gebaut wurde. Die dortigen Jäger pachteten von der Stadt Waren Land und bebauten es. Später beschloss die Stadt, dort einen Pachthof zu etablieren. 1842 war Koenig (Alt Schönau) dort Pächter. 1863 pachtete den Hof der Justitiar Heydmann, 1875/76 v. Oertzen, 1879 Kähler (Klink), 1892 Rugesten, 1897 Werniger, 1907 Christmann und 1925 Lierow.

Das Pächterhaus wurde 1891 gebaut. Es ist ein Fachwerkbau über 8 Achsen auf einem Feldsteinfundament und ist unterkellert. Auf der Rückseite wurde es mit Putz versehen, der aber teilweise schon wieder abgefallen ist. Eigentümer ist heute die Wohnungsbaugesellschaft Waren mbH (WOGEWA). Es steht zum Verkauf.

Kambs

Etwa 8 km südlich von Röbel liegt Kambs. Das Dorf war einstmals eine slawische Siedlung und der Ortsname könnte von kapa = Flussinsel abgeleitet sein. Der Ort wurde Kamptze und Kampitz später auch Camps geschrieben. Es ist ungewöhnlich, dass die Dorfstraße am Ort vorbeiführt. Früher ging zwar die alte Poststraße ins Brandenburgische durch den Ort, wurde aber bei einer Erneuerung als „Umgehungsstraße" verlegt.

Die Ersterwähnung von Kambs ist ein bestätigter Patronatstausch von 1320. Demzufolge bekamen die Fürsten Johann II. und III. v. Werle das Patronat der Probstei der Neustadt Röbel und gaben dem Bischof Heinrich von Havelberg das Patronat der Kirche von Kambs.
Um diese Zeit herum, wahrscheinlich aber schon im 13. Jh. waren die Werlschen Vasallen v. Ketelho(d)t hier ansässig. Urkundlich sind sie aber erst seit 1350 verbürgt.
Ab dem 15. Jh. hatten die v. Moltke, v. Maltzan, und im 16. Jh. auch die v. Gamm Anrechte im Dorf. In Kambs gab es -was für Süd-Mecklenburg typisch war- einen Lehnschulzen, der auch das Schulzengericht abhielt. 1586 wurde für dieses Amt Kaspar Holm und später sein Sohn Jochim benannt.
Durch Erbgang oder Kauf erhielten im 17. Jh. die v. Rohr, v. Knuth und Reichknecht größere oder kleinere Anteile im Ort. Nach wie vor gehörte jedoch den von Ketelhodts der Hauptteil der Feldmark. 1715 gehörten dem Kammerpräsidenten D. J. v. Plessen (Torgelow) Anteile. Diese fielen 1790 an Adolf A. Wilhelm v. Flotow, der seinen Sitz in Wildkuhl hatte. Doch bereits zwei Jahre später wurde Kambs mit seinen 569 ha eine herzogliche Domäne mit samt dem Kirchenpatronat.
Bis zum Ende des 2. Weltkrieges blieb Kambs eine staatliche Domäne, die verpachtet wurde. 1864 hieß der Pächter D. A. Carl Lübcke. Von 1880 an waren es die Neckel (Wildkuhl) über drei Generationen. Letzte Pächterin zu Beginn des Krieges war die Witwe Gertrud Neckel. Dorfschulze zu jener Zeit war A. Oesterreich. Außer der Domäne gab es im Dorf noch vier Erbhöfe, vier Büdnereien sowie vier Häuslereien. Außerdem gab es neben einer Schmiede und einer Windmühle auch eine Kartoffeltrocknungsfabrik.

Das ehemalige Gutshaus (Pächterhaus) wurde 1796 erbaut und 1900/01 renoviert. Es ist ein zweigeschossiger Fachwerkbau über elf Achsen und einem dreiachsigen Frontispiz. Es hat einen

Gutshaus in Kambs

1915 errichteten Fachwerkflügel. Der andere ist noch später hinzugekommen. Zur Gartenseite war eine „blaue Veranda" ebenfalls aus Fachwerk angebaut. Das Krüppelwalmdach ist ausgebaut. Dort waren bis 1994 Wohnungen eingerichtet. Das Erdgeschoss hatte bis zu dieser Zeit kommunalen Zwecken gedient. Ein 1888 gebauter Holzstall diente als Handwerkerstube, Waschküche und Plättstube. Außerdem hatte der Hof einen Schweinestall (1894), einen Pferdestall (1904/05), einen Kutschstall und einen Fohlenstall (1910). Außerdem gehörten zum Gut eine Getreide- (1818) und eine Feldscheune (1908). Ein Geräteschuppen war 1921 gebaut worden. Bis auf das Wohnhaus und einen Speicher steht heute davon nichts mehr. Insgesamt ist das Gutshaus und sein Umfeld (aus dem Park wurden Kleingärten) sehr verbaut worden, steht leer und wurde 2003 verkauft. Bereits 1999 wurde es von der Denkmalliste des Kreises gestrichen.

Die Kirche, gebaut in der 2. Hälfte des 13. Jhs., ist ein rechteckiger Feldsteinbau mit exakt behauenen Ecken und einem romanischen Portal auf der Südseite. Nur der östliche Giebel der Kirche ist vom Dachansatz mit Backsteinen aufgemauert. Der quer gestellte, rechteckige Westturm besitzt ein Satteldach, aus dem ein hölzerner Dachreiter (restauriert im 19. Jh.) herausragt und stammt aus der 1. Hälfte des 14. Jhs. Nur wenig jünger ist die südliche Vorhalle mit einem Staffelgiebel.
Der untere Turmraum, der über die ganze Breite des Langhauses geht, dient zur Vergrößerung des Kirchenschiffs. Ein verhältnismäßig breiter und hoher Spitzbogen schafft dazu die Verbindung.
Der Innenraum ist mit einer flachen Balken- und Bretterdecke überspannt. Die Lichtöffnungen sind schlicht viereckig und haben ihre Ursprünglichkeit verloren.
In einem Visitationsprotokoll nach Ende des 30jährigen Krieges hieß es, dass die Kirche bis auf das Mauerwerk eingefallen sei. So finden wir kaum Altes im Inneren. Von einem bei Lisch erwähnten Triptychon des aus dem 16. Jh. stammenden Altars sind die erhaltenen Figuren nach Schwerin in das damals Großherzogliche Museum gebracht worden. Dafür bekam die Kirche 1974 den Altaraufsatz aus der Karchower Kirche. Der Rahmen ist aus der Zeit der Spätrenaissance mit einem gotischen Triptychon in Farben und Vergoldung. Das Mittel-

stück zeigt die Kreuzigungsgruppe mit vielen Figuren und in den Seitenflügeln befinden sich acht Heiligenfiguren.
Die Kanzel aus dem Jahre 1669 ist nicht mehr vorhanden. An ihre Stelle kam 1972 die Kanzel aus Karchow hierher. An ihr sind die Namen der Stifterin und der Patronen zu lesen: „A. Maria v. der Lühe (1692) und H. Andreas v. Freiberg und A. Andreas v. der Lühe". (Dambeck)
Ein alter Beichtstuhl (auch aus Karchow) schmückt die Kirche. Dieser ist bleiverglast und über den Türen mit Bibelsprüchen verziert. Mitgekommen ist auch eine Tür zur Loge der Pastorenfamilie mit der Aufschrift: „sedes uxoris pastoris".
Ursprünglich gab es drei Glocken, heute hängen im Turm zwei . Eine schuf 1708 Ernst Siedenbaum (Rostock), Stifter: Pastor C. Simon und Frau. Eine Zweite aus Gussstahl wurde erst nach 1945 durch das Bemühen von Gertrud Neckel angeschafft. Beide wurden zuletzt elektrisch geläutet. Zur Zeit ist der Turm eingerüstet und wird restauriert.
Die Grabstelle Neckel ist erhalten. Ein Feldstein für Hans Neckel steht unter Denkmalschutz.
Neben der Kirche steht nicht nur das schöne alte Pfarrhaus, sondern auch schöne Bauernhäuser.

Kargow, Ober- und Unterdorf

Etwa 7 km östlich von Waren, an der Eisenbahnlinie Berlin-Rostock, liegt der Ort Kargow. Der Name dieser einst slawischen Siedlung könnte von „Karga = Habicht" abgeleitet sein. Zahlreiche Kleinfunde aus der Steinzeit und verstreute Hügelgräber weisen auf eine frühe Besiedelung hin. Wie so häufig, finden wir zwei

Gutshaus in Kargow Oberdorf

Orte, hier Kargow-Unterdorf und Kargow-Oberdorf, die dicht beieinander liegen. Der ältere, Kargow-Unterdorf war mit seiner Feldsteinkirche ein Bauerndorf. Kargow-Oberdorf ist erst nach der deutschen Besiedlung entstanden. Dort wurde später das Gut aufgebaut. Zu Kargow gehörte auch die Meierei Charlottenhof, 2 km östlich vom Ort gelegen.

Erstmals urkundlich erwähnt wurde Kargow 1289.
Die Besitzer von Kargow-Oberdorf wechselten häufig. Nach 1300 saßen die Pritzbuer und später die Kastorf hier. Nach dem Aussterben der Familie Kastorf wurde das Lehn 1547 von den Herzögen neu an Klaus Below vergeben. Er trat es 1561 an seine Söhne ab.
Die Wirren des 30jährigen Krieges machten auch diesen beiden Dörfern zu schaffen. In Kargow-Unterdorf, wo es einmal 13 Bauern gab, durften die zerstörten Bauernstellen nicht wieder aufgebaut werden. Diese fielen an den Gutsbesitzer in Oberdorf. Im Krieg war das Gut in Konkurs gegangen und schon 1633 erwarb es Sigismund August v. Thomstorf. 1688 wurde Kargow an den Freiherrn Ernst Ferdinand v. Erlenkamp verkauft. 1741 kam Johann Friedr. v. Schuckmann in den Besitz des Gutes. 1790 ging das Gut an seinen Enkel Carl Friedrich. Dessen Nachkommen veräußerten den Hof 1839 an L. Nicolai. Nachfolger wurde 1866 C. J. Neumann. Sein Sohn August Neumann (Lapitz) ersteigerte das Gut zusammen mit Charlottenhof 1880 aus der Konkursmasse. 1894 hatte die Stadt Waren noch Anteile in Kargow. Max Neumann war noch in den 1930er Jahren Eigentümer des 1.421 ha großen Lehngutes. Nach dem 1. Weltkrieg wurden für die vielen Saisonkräfte (50–80 Leute) Schnitterkasernen gebaut. Außerdem gab es drei Erbhöfe im Dorf.

Das heutige Gutshaus ist nach 1866 errichtet worden. Der Vorgängerbau fiel zuvor einem Brand zum Opfer.
Es ist ein verputzter Ziegelbau mit 15 Achsen über dem Souterrain. Zur Hofseite besitzt das Gebäude einen dreiachsigen Mittelrisalit mit einem wappengeschmückten Dreieckgiebel

Brennerei

sowie einem ebenfalls dreiachsigen Vorbau, zu dem eine Treppe führt. An der Fassade ist gut das Wappen der Familie Neumann mit drei stilisierten Ähren zu erkennen.

Wie fast überall wurde das Gutshaus nach dem 2. Weltkrieg zunächst als Wohnunterkunft für Flüchtlinge genutzt. Später diente es kommunalen Zwecken. Seit 1990 steht es leer. 2002 wurde es privat ersteigert. Saniert ist es bislang noch nicht.

Gegenüber dem Gutshaus steht eine 1888-1907 errichtete Brennerei. Zu DDR-Zeiten war hier die Arztpraxis untergebracht. Heute wird sie privat bewohnt.

Ein Stück Kopfsteinpflasterstraße ist in Höhe Brennerei und Gutshaus erhalten geblieben. 2004 wurde ein weiteres Stück zwischen dem Anger und dem Gutshaus gelegt.

Vor 1330 waren die Kirchen in Kargow und Federow dem Kloster Broda zugehörig. Seit 1331 gehörte die Kirche als Filia zu Federow.

Die Dorfkirche in Kargow-Unterdorf ist ein frühgotischer Feldsteinbau in Form eines länglichen Vierecks, der am Ende des 13. Jhs. erbaut wurde. Die Laibungen der drei spätromanischen Schlitzfenster in der Ostwand und der Stufenportale in der West- sowie Nordwand bestehen aus Backstein. In den Wandungen dieser Portale wechseln rechtwinklige Kanten und Rundstäbe ab. Die je zwei Fenster der beiden Langseiten in Lanzettform mit wuchtiger Mittelstütze sind mit einer Blende überfangen. Im Süden befindet sich ein kleiner Feldsteinanbau mit einem Traufgesims aus Backstein. Die Kirche besaß einmal einen nachträglich angebauten Turm.

Bei Restaurierungsarbeiten im Jahre 1909 wurden die Feldsteingiebel erneuert und die Zweifenstergruppen der Längsseiten verändert.

Zwei frühgotische Portale führen ins Innere, davon wird aber nur das Nordportal genutzt. Eine flache Bretterdecke überspannt den Innenraum. Die Wandbemalungen sind in großen Teilen gut erhalten. Auffallend ist die Glasmalerei im Chor wahrscheinlich von 1909. Dargestellt

sind Moses, der Prophet Jesaja und Christus. Der Altarschrein mit den Figuren von Christus, Petrus und Paulus ist neugotisch und dreiteilig. Bemerkenswert ist der Herrenstuhl mit dem Schuckmann-Linstowschen Allianzwappen. Daneben steht ein gusseiserner Ofen. Die zinnernen Leuchter sind von C. Illies (Waren 1823). Das Messingbecken wurde 1708 von Daniel und Steffen Kog gestiftet.

Die kleine Orgel von 1914 wurde 2003 restauriert und lässt sich bespielen.

Auf dem Kirchhof befindet sich ein frei stehender Glockenstuhl. Die Glocke trägt folgende Inschrift: „Gott lob ich – Die Lebenden ruf ich – Die Toten bewein ich – Leopold Nicolai Kirchenpatron – mich goss C. Illies Waren 1841“.

Kieve

14 km südlich von Röbel an der Elde liegt die einst slawische Siedlung Kieve. Vielleicht kann der Name von kyj = Knüppel, Keule abgeleitet werden. In einigen Unterlagen findet man die Schreibweise „Kiue".

Während der kurzen Zeit der Zugehörigkeit des südlichen Mecklenburgs zu Brandenburg wurde Kieve 1311 von Markgraf Waldemar an das am Rhein gelegenen Zisterzienserkloster Altenkamp verschenkt. Das rheinische Kloster betrieb bereits achtzig Jahre davor den in der Nachbarschaft von Kieve errichteten Wirtschaftsbetrieb Kotzenhof, später Mönchshof (Geschenk des Fürsten Nikolaus v. Rostock). Durch die unsicheren Verhältnisse im 15. Jh. und der weiten Entfernung des Klosters zu seinem Besitz, trat es 1436 diesen an die Stadt Wittstock ab. Obwohl bereits 1445 Kieve mit Mönchshof an die mecklenburgischen Herzöge ging, folgte ein 400 Jahre dauernder Streit zwischen Wittstock und den Herzögen. Er konnte erst 1841 beigelegt werden und verbrauchte Unmengen von Papier.
In Kieve unterhielt die Kirche einen Pfarrhof. Die 14 Erbpächter mussten die „Zehnten" beim Pastor abliefern. Der Pastorenhof hieß „Zehntgehöft" und eine riesige Scheune hinter dem Pastorenhaus die „Zehntscheune" (nicht mehr vorhanden). Noch bis 1945 wurde der Hof von der Kirche betrieben.
Kieve selbst ist heute ein wunderschönes Dorf mit erhaltenen Strukturen. Erwähnenswert ist ein altes Haus mit Wohn-und Stallteil aus dem 17. Jh. Es steht auf dem Pfarrgrundstück südlich der Kirche.

Schon in ältester Zeit waren die Kirchen von Kieve, Wredenhagen und Zepkow zu einer Parochie vereinigt. Zunächst bildeten Kieve und Wredenhagen Mutterkirchen und Zepkow war eine Filialkirche. Im 17. Jh. änderte sich das. Nur noch Wredenhagen fungierte als Mutterkirche und Kieve wurde Filialkirche, denn letztere war

Kirche in Kieve

Pfarrhaus in Kieve

im 30jährigen Krieg bis auf die Feldsteinfundamente niedergebrannt und der Pastor wohnte in Wredenhagen. Diesen Krieg überlebten nur 5 Dorfbewohner. 1661 waren dann aber doch schon wieder 9 Gehöfte von 6 Bauern und 3 Kossaten bewirtschaftet.

Die Kirche in Kieve wurde im 18. Jh. dann wieder Mutterkirche.

Ursprünglich war sie ein frühgotischer, aus Feld- und Backstein ausgeführter Bau aus dem Ende des 13. Jhs. Nach dem 30jährigen Krieg wurde sie dann wieder auf den heute noch sichtbaren alten Fundamenten aufgebaut. Im 18. Jh. erneuerte man den Fachwerkgiebel im Osten und den hölzernen Glockenstuhl in Form eines angebauten Turmes im Westen. Der Westgiebel wurde im 19. Jh. in Backstein saniert. 1990 wurden die Dächer von Turm und Kirchenschiff umgedeckt.

Der ungeteilte Innenraum der Kirche ist mit einer flachen Bretterdecke überspannt. Der Altaraufsatz im Barockstil stammt aus dem Jahre 1682. Oben befindet sich eine Kruzifixgruppe, darunter als Mittelstück ein Gemälde der Auferstehung und an der Predella die Abendmahlsszene. Links und rechts vom Altar sind zwei kleine Bilder, das rechte zeigt den Stifter, Schneidergesell H. Leussow.

Ursprünglich gab es drei Kirchenglocken, zwei größere und eine kleine. Eine wurde von J. C. Haack aus Rostock 1860 umgegossen. Die Kleine ist ebenfalls von ihm gefertigt worden. Die heute noch existierende Bronzeglocke wurde von Haack schon 1837 umgegossen. Von 1960 sind zwei Eisenglocken. Gegossen wurden sie von Schilling und Lattermann.

Kirch Grubenhagen und Schloß Grubenhagen

Beide Orte liegen dicht beieinander im Nordwesten des Müritzkreises. Die zweite Silbe im Namen verrät, dass es sich um ein Dorf handelt, dessen Besiedlung durch Waldrodung der Deutschen erfolgte. In früher Zeit gab es nur den einen Ort Grubenhagen mit Burg und Kirche. Erst 1667 wurde ein Kirchhagen genannt und noch später im 19. Jh. Kirch Grubenhagen.
Eine wichtige Rolle in der Gegend spielte der Ort ab 1546, als sich hier durch eine Moltzansche Verfügung Handwerker jeder Art niederlassen durften. Das war auf Grund des Zunftgesetzes damals nur in den Städten erlaubt. So wurden dann hier bis 1866 jährlich drei Märkte abgehalten.

In der ersten Urkunde von 1243 wurde ein Ritter v. Grube, Vasall des Fürsten v. Werle genannt. Das Geschlecht starb aber bald aus und wurde durch das der v. Moltzan (Maltzan, Maltzahn) abgelöst. 1364 ist Ritter Ulrich v. Moltzan als Besitzer der Burg beurkundet. 1447 ging Grubenhagen zur Hälfte als Pfand an den Schwager von Claus v. Maltzan, Arndt Hobe. 1716/1717 entstand großer Schaden an der Burg Grubenhagen. Später wurde deshalb das Vollratsruher Gutshaus gebaut.
1815 starb der Zweig der Moltzahns aus, als der kinderlose, erst 32jährige Erblandmarschall Cord Jasper Ferdinand v. Moltzahn (Rothenmoor) im Duell von seinem Schwager v. Dannenberg getötet wurde. Die Linien der anderen Geschlechter v. Maltzahn und v. Maltzan konnten ihre Erbrechte auf die Grubenhagener Begüterung nicht hinreichend nachweisen. 1818 kam es deshalb zu einem Erbvergleich. Erst 1822 willigte der Großherzog Friedrich Franz I. in eine Verlosung ein. Kirch Grubenhagen ging mit Vollrathsruhe und Hallalit an Ferdinand v. Maltzan, Penzlin und Grubenhagen mit Klein Luckow erhielten die vier Söhne des Kammerrates Karl Gustav v. Maltzahn.
Kirch Grubenhagen wurde aber schon 1828 an die Familie Heise verkauft. 1852 erwarb es der Landschaftsdirektor Freiherr Karl v. Maltzahn wieder zurück. Aber bereits 1877 musste das, zusammen mit Vollratsruhe, Hallalit und Steinhagen 1.220 ha große Lehngut an den Freiherrn v. Tiele-Winckler verkauft werden. Die Familie behielt es bis in das 20. Jh. hinein. 1921 war ein Berling Pächter.

Gutshaus in Schloß Grubenhagen

Grubenhagen hingegen blieb immer in der Familie v. Maltzahn. 1846 erbte August Wilhelm durch Tausch mit seinem Bruder Ludwig das Gut. Da sein einziger Sohn an Lungenentzündung starb, übergab er das Gut 1908 an seinen Vetter Wilhelm v. Maltzan (Moltzow). Letzter Eigentümer 1945 war Bernd v. Maltzan, Freiherr zu Wartenberg und Penzlin.

Die Burg, von der Reste des Bergfrieds noch existieren, war von Grund auf mit Steinen gemauert und wurde im 30jährigen Krieg und 1716/1717 stark beschädigt. Bis 1750 wurde aber trotzdem dort noch gewohnt.

In dieser Zeit wurde das Gutshaus in Vollrathsruhe als Familiensitz gebaut und blieb es bis zum Erbvergleich 1822. Durch diese Neuaufteilung des Besitzes war es nötig, in Grubenhagen ein Herrenhaus auf dem Vorwerk zu errichten. 1840 wurde es dann in unmittelbarer Nähe zur alten Burg unter Verwendung der alten Burgsteine gebaut. Das meiste Material war aber schon vorher für den Bau einer Scheune verwendet worden.

Es entstand ein schlichter, eingeschossiger Putzbau. Im Krüppelwalmdach sind Fledermausgaupen eingearbeitet.

Nach 1945 diente das Herrenhaus Flüchtlingen als Wohnunterkunft. Bis 1994 war es Eigentum der Gemeinde und wurde von mehreren Familien als Wohnung genutzt. In dieser Zeit ist zum Glück wenig vom alten Innenleben verlorengegangen. 1995 konnten es Gisela und Wolf-Ulrich v. Maltzan zurückkaufen und 1998 nach der Sanierung wieder in den ehemaligen Familiensitz einziehen. Die alte Burg ist heute noch als Ruine vorhanden. Von dem alten Landschaftspark ist nicht viel erhalten geblieben. Das Wegesystem und alte Kastanien sind aber noch gut sichtbar.

Neben einer Windmühle, die hier über viele Jahrhunderte existierte, gab es bis in das 20. Jh. hinein, eine Wassermühle. 1927 richtete hier der Müller und Bäcker Rosenow eine Bäckerei ein. Die Windmühle wurde in den 1930er Jahren zu einer Schnitterkaserne umgebaut.

Schon vom Malchiner See aus kann man die wuchtige Kirche erblicken, die auf einem steilen Berg in der zweiten Hälfte des 13. Jhs. entstand. Filial-Kirchen waren die von Groß Lukow und Klocksin. Die Kirche ist als ein rechteckiger Bau aus sauber gequaderten Feldsteinen mit eingezogenem rechteckigen Chor und Kreuzrippengewölbe gebaut und diente auch als Wehrkirche. Etwas später wurde der massige Westturm angebaut, dessen Turmhalle ebenfalls kreuzrippengewölbt ist. Sehr schön zu sehen ist der Übergang vom romanischen zum gotischen Baustil.

Auf Betreiben des Ritters Dietrich v. Moltzan, der seit seinem Studium 1514 in Wittenberg mit Luther und Melanchthon befreundet war, predigten hier ab 1528 schon vor der offiziellen Einführung der Reformation in Mecklenburg evangelische Geistliche.

1861 wurden von Carl v. Maltzahn umfangreiche Restaurierungsarbeiten ausgelöst. Dabei erfolgte der Anbau einer dreiseitig unterkellerten (Leichenkammer) Apsis, die Erneuerung aller Fenster und das Einklinkern des zierlichen Traufgesims. Eine Holzdecke im Schiff wurde außerdem eingebaut.

1990 wurde festgestellt, dass der Dachstuhl die Mauerkronen so weit auseinandergedrückt hatte, dass große Risse entstanden waren. 1999 bis 2002 konnten dann umfangreiche Restaurationsarbeiten, die vom Landesamt für Denkmalpflege und der Deutschen Stiftung Denkmalschutz gefördert wurden, stattfinden. Dabei wurden die Giebel erneuert und das Dach gedeckt, die Außenwände verfugt, der

Kirche in Kirch Grubenhagen

Turm gefestigt sowie der Innenraum instandgesetzt.

Die hoch aufsteigende, schwibbogenartige Holzdecke erweckt wegen ihrer zwei Stützreihen den Eindruck von Dreischiffigkeit. Der Chor und die Turmhalle besitzen noch ihre mittelalterlichen Kreuzrippengewölbe. Eine Empore füllt die gesamte Nordseite aus. Unübersehbar sind die reich verzierten und vergoldeten barocken Epitaphe mit den sechs Tugendsymbolen für A. F. v. Moltzan († 1697) und mit den Heiligenfiguren für V. L. v. Moltzan († 1700). Das von A. Kaselowski gemalte Kreuzigungsbild im Altaraufsatz ist von 1745. Der ehemalige Pastorenstuhl und die Patronatsloge entstanden 1861. Als bedeutendes Schnitzwerk gilt die Kanzel des Rostocker Meisters J. Vieregge von 1707. Zwei figürliche Grabplatten wurden dem Ehepaar U. und B. Maltzan (15. Jh.) und der 1582 verstorbenen K. v. d. Schulenburg gesetzt. Mehrere Pastorenbildnisse zeigen Geistliche, die im 18. und 19. Jh. das Pfarramt führten.

Die unter dem gotischen Turmgewölbe befindliche Lütkemüller-Orgel (1860) ist die zweite Orgel (erste von 1727) in der Kirche und ein Kleinorgeltyp, von dem es nur noch zwei Schwesterninstrumente in Dargun und Wredenhagen gibt.

1961 erhielt die Kirchgemeinde ein Dreiergeläut, das 2004 restauriert wurde.

1999 hat sich ein „Förderverein zur Rettung der Dorfkirche St. Johannis zu Kirch Grubenhagen e.V." gegründet. Die Kirche ist in den Sommermonaten geöffnet.

Der Blick vom Kirchberg ins weite Land ist ein Erlebnis. Man schaut auf den Malchiner See, die Landschaft des Malchiner Beckens, auf Burg Schlitz und auf die Hügel der Mecklenburgischen Schweiz.

Klein Luckow nördlich im Müritzkreis

Dieses Klein-Luckow liegt im äußersten Nordwestzipfel des Müritzkreises, nahe den Orten Vollratsruhe und Grubenhagen. Erstmalig wird Klein Luckow 1417 erwähnt.

Der Ort war zusammen mit den Nachbarorten Großen-Luckow, Bartz, Steinhagen, Zittorf und Schorssow (alle außerhalb des Müritzkreises) ein alter Maltzanscher Besitz und gehörte

oben altes Gutshaus um 1930, unten neues Gutshaus

ursprünglich zu Grubenhagen. Mit dem Vollratsruher Erbvergleich von 1822 kamen die Güter an verschiedene Besitzer der weit verzweigten Maltzanschen Familie. Klein Luckow und Großen-Luckow kaufte 1834/36 Friedrich v. Maltzan (Peckatel). Er hatte schon 1822 einen Teil der Grubenhagener Güter geerbt. Nun besaß er mehr als die Hälfte des ursprünglichen Gesamtbesitzes. 1838 übernahm das Gut der Sohn Otto Julius. Er bewirtschaftete es 10 Jahre lang, dann verpachtete er es. Später versuchte er noch einmal eine eigene Bewirtschaftung. 1880 verkaufte er das 848 ha große Lehn dann doch an Otto v. Müller. Dieser besaß es bis zu seinem Tode 1931. Danach war sein Sohn Kurt Müller Besitzer des Gutes. Außerdem gab es im Ort noch 2 Erbpächter.

In Klein Luckow standen zwei Gutshäuser nebeneinander.
Das 1756 von der Familie v. Maltzan gebaute Gutshaus war ein einfacher, eingeschossiger Fachwerkbau über 9 Achsen mit einem einfachen Satteldach, einer dominierenden Gaupe in Form eines Risalits über dem Eingang und zwei kleineren Gaupen. Es diente nach 1901 als Wirtschaftsgebäude und wurde durch den Bau eines großen Gutshauses ersetzt. Im oberen Teil wurde es immer bewohnt. Dazu hatte es einen separaten Eingang über eine hölzerne Stiege. Es wurde 1976/77 abgerissen. Heute ist nur noch ein Keller vorhanden, der den Fledermäusen ein Quartier ist.
Das neue Gutshaus wurde in den Jahren 1899-1901 von Otto v. Müller gebaut, es stand im rechten Winkel zum alten. Beide Gutshäuser bildeten mit dem Pferdestall einen Gutshof. Das neue Haus war ein zweigeschossiger, verputzter Bau über 9 zu 3 Achsen auf einem Souterrain. Die Eingangssituation war großzügig angelegt. Ein mit Säulen getragener Balkon mit einem kleinen Risalit inklusive Familienwappen dominierte.
Nach 1945 wohnten zunächst Flüchtlinge im Gutshaus. Später wurde es als Bürgermeisteramt, Kindergarten und Grundschule genutzt. Im oberen Bereich wurde bis 1978 gewohnt. Dann wurde das Gutshaus restlos abgerissen. Der Park ist völlig zugewachsen und der Teich nur noch schwer zu finden.

Im idyllisch gelegenem Ort steht eine alte Feldsteinschmiede von 1844. Das angrenzende Gebäude, auch aus Feldsteinen, war ein Wirtschaftsgebäude des alten Gutshofes im 18. Jh.

Klein Plasten

Gutshaus in Klein Plasten

An der B 192 liegt zwischen Waren und Möllenhagen Klein Plasten. Es ist eine ehemals slawische Siedlung und der Name könnte von plost = Hufe abgeleitet sein.

In einer Urkunde des Klosters Broda aus dem Jahre 1284 wurde der Ort erstmals genannt. Bis 1450 gehörte das Dorf der Familie Plasten. Dann übernahm die Familie Voss den Besitz. Doch bereits 1514 musste Wedeke v. Voss Plasten an Hermann v. Kamptz verkaufen. Levin v. Kamptz, der 1550 Landfriedensbruch beging, wurde 1560 bei seiner Verurteilung für vogelfrei und aller seiner Güter verlustig erklärt. 1751 gehörten Ch. Albrecht v. Kamptz neben Klein Plasten noch Groß Plasten, Dratow, Rockow und 1796–1805 auch Sophienhof. Die Familie konnte das Gut bis 1789 halten. 1789 übernahm Hauptmann August v. Blücher das Gut Klein Plasten. Sein Nachkomme Ernst v. Blücher (Adlig Lehsten) verkaufte den Besitz 1852 an den Hofmarschall A. Hermann v. Boddien (Prebberede). 1885 bekam Klein Plasten mit dem Bau der Mecklenburgischen Südbahn einen Bahnhof. 1893 war ein Adolf Friedrich Schmahl Eigentümer, 1894 Max Fleischmann und 1898 gelangte das 652 ha große Gut an die Familie v. Blücher zurück. Ernst v. Blücher ließ dann das Gutshaus in seiner jetzigen Form umbauen.
Vor dem 1. Weltkrieg gehörte das Gut dem Rittmeister Ewald Hammacher (später auch Klein Dratow). In den 1930er Jahren übernahm die Siedlungsgesellschaft „Haus und Hof" die Ländereien. Bis 1938 entstanden 23 Neubauernhöfe und sieben Erbgrundstücke. Nach dem 2. Weltkrieg behielten die Bauern ihre Höfe. Als 1957 der Druck zur Bildung einer LPG wuchs, wehrten sie sich. Aber 1965 wurde die LPG Typ I „Unkel Bräsig" letztlich doch durchgesetzt.

Den Herrensitz ließ 1700 J. Ch. v. Kamptz als eingeschossigen Fachwerkbau mit 11 Fensterachsen errichten. Dem Repräsentationsbedürfnis und dem Trend der Zeit entsprechend wurde er mit den Besitzerwechseln mehrfach verändert. So wurde bei Umbauarbeiten im Jahre 1899 der achtseitige Eckturm angesetzt. Der Mittelrisalit an der Hofseite besitzt unten

Kirche in Klein Plasten

eine von Säulen getragene Vorhalle, die mit Kreuzgewölben versehen ist. Oben ist der Mittelrisalit mit einem Dreieckgiebel, auf dem ein Wappenfeld zu sehen ist, abgeschlossen. Das abgewalmte Mansardendach lässt den ursprünglichen Barockbau noch erkennen.

Ab Ende des 2. Weltkrieges diente das Gutshaus als Wohnunterkunft für Flüchtlinge. 1974 erwarb die Elbewerft Boizenburg den Bau als Erholungseinrichtung für ihre Betriebsangehörigen. Auch Tagungen und Schulungen wurden hier durchgeführt.

In den Jahren 1975/76 führte die Elbewerft eine Restaurierung des Hauses durch.

Seit 1994 nutzt es der Norddeutsche Genossenschaftsverband als Weiterbildungsakademie. 2002 wurde das Haus erneut umfassend restauriert.

Im Restpark am Gutshaus ist eine alte Platane auffallend.

Die kleine Kirche ist ein schlichter Fachwerkbau aus dem Jahre 1731, den die damalige Besitzerin M. Elisabeth v. Kamptz, geb. v. Langermann, errichten ließ. Hinter seinen Mauern verbirgt sich eine Glocke aus dem Jahre 1747.

Im Inneren überzieht eine flache Bretterdecke den Raum. Altar und Kanzel sind miteinander verbunden. Der Kanzelkorb wurde in den 1960er Jahren bei Restaurierungsarbeiten abgenommen und vor die Besucherreihen gestellt. Unter dem Fußboden befindet sich die Gruft der Familie v. Kamptz.

In den Jahren 2001/2002 wurde die Kirche außen restauriert. Bei der geplanten Innensanierung soll auch eine Wandmalerei aufgearbeitet werden.

Auf der östlichen Seite des Friedhofs ließ die Familie Blücher einen eigenen kleinen Friedhof anlegen.

Klink

Wo die Müritz und der Kölpinsee sich ganz nahe kommen und nur 1 1/2 km voneinander getrennt sind, liegt 7 km südwestlich von Waren an der B 192 Klink. Durch die Nähe der Eldeverbindung zwischen beiden Seen und der Eldebrücke hatte das Dorf schon im Mittelalter strategische Bedeutung. Damals befand es sich weiter nördlich nahe des Eldeausflusses. Hier fand z. B. 955 zwischen König Otto I. und dem Obotritenfürsten Stoinef ein Kampf statt, der mit einer blutigen Niederlage der Slawen endete. Zu finden sind die Schreibweisen Clyncken und Klincken.

Klink wurde 1345 als villa Klincken bezeichnet und wahrscheinlich nach einem keilförmigen Flurnamen - Klin = Keil benannt oder von Klinn = Winkel abgeleitet. Im 13. Jh. war Klink im Besitz der Familie Hahn und Pritzbuer (Grabenitz). 1375 wurde der Ort wieder erwähnt. Eckhard IV. Hahn (Klink, Solzow) verkaufte das Gut an die Familie v. Gamm (Werder). 1490 ging das Gut an Lorenz v. Below (Nossentin) über. Nach dem 30jährigen Krieg erwarben 1650 die v. Holstein (Ankershagen) das verwüstete Dorf billig. 1747 war Jakob Ernst v. Holstein gezwungen, neben anderen Gütern auch Klink zu verpfänden. Er konnte sie aber trotzdem nicht halten und musste 1751 Klink an Joh. Friedrich Kähler (Glashüttenmeister) verkaufen, der von 1764–1774 1 km nördlich vom Ort eine Glashütte betrieb. 1891 folgte Eugen Hahn. Walter Reinhold Hermann erwarb 1897 den Besitz, um ihn an seinen Schwiegersohn Borsig abzugeben. Dieser übergab das 646 ha große Allodialgut an seine Tochter, die Arthur Schnitzler geheiratet hatte. So wurde noch im Jahr 1897 Arthur Schnitzler (seit 1914 mit v.) Eigentümer von Klink samt Bellevue (Berendswerder) und dem benachbarten Gut Grabenitz. Die Familie v. Schnitzler behielt beide Güter bis 1945. Pächter war seit Mitte der 1930er Jahre H. v. Bose. Frau v. Schnitzer wohnte weiter dort. Sie wurde 1945 nach Grabenitz ausgewiesen. Bereits im September 1945 begann man in Klink mit der Bodenreform. 31 Landarbeiter und Flüchtlinge erhielten Bauernstellen.

Klink entwickelte sich zu einem Feriendorf. 1974 wurde hier ein großes Ferienhotel des FDGB gebaut.

In Klink gibt es drei auffallende Gebäude. Alle wurden zur gleichen Zeit, zwischen 1897 und 1898 im gleichen Stil errichtet.

„Schloß" Klink

Als erstes fällt das Torhaus an der Straße B 192 auf. Es war später Posthaus. Heute gehört es der Gemeinde und wurde nach 1990 von ihr saniert.

Folgt man der kurzen, schönen Lindenallee, so fällt der Blick bald auf das malerisch am Westufer der Müritz gelegene schlossartige Herrenhaus. Genau an seiner Stelle hatte das einfache Gutshaus der Familie v. Kähler gestanden. Entworfen wurde der Herrschaftssitz von dem Berliner Architekten Hans Grisenbach. 1912 erweiterte es sein Schüler Dinklage um einen Anbau (Ostflügel). Als Vorlage für das Herrenhaus dienten die Loire-Schlösser der französischen Renaissance. Es ist ein zweigeschossiger Putzbau auf Feldsteinen mit steilem Dach (Schiefer) und runden Ecktürmen, Zwerghäusern sowie reichem Dekor. Die Fensterumrahmungen sind aus rotem Sandstein und rotbrauner Terrakotta gearbeitet.

Das Herrenhaus war bis 1946 Komandantur der Roten Armee. Danach zogen 30 Familien mit 103 Umsiedlern ein. Seit 1966 hatten der Rat der Gemeinde, der Kindergarten sowie die Bibliothek darin zeitweilig ihr Domizil. Ab 1971 wurde es als Schulungs- und Erholungsheim genutzt. Während dieser Zeit wurde es mehrfach saniert. Bei den Restaurierungsarbeiten blieben leider vom ursprünglich reichen Interieur nur noch Reste erhalten.

Ab 1990 stand das schlossartige Herrenhaus lange leer. Nach einem zweiten Verkauf 1995 wird es heute als Hotel genutzt.

ehemaliges Wirtschaftsgebäude

Der Dritte Bau ist das einstige Wirtschaftsgebäude. Auch dieses ist mit Türmchen verziert. Es diente auch als Inspektorhaus. In den 1920er Jahren wohnte dort Inspektor Nöhring. Heute ist es Gaststätte.

Diverse Wirtschaftsgebäude hat es ebenfalls gegeben. Sie verschwanden nach und nach in der Nachkriegszeit.

Für diese vielen Gebäude, errichtet in recht kurzer Zeit, wurde am Müritzufer vorüberge-

Torhaus in Klink

Kirche in Klink

hend eine Ziegelei betrieben. Ihre Ruinen waren noch 1935 sichtbar. Später wurde hier das Ferienhotel Klink gebaut.

Kirchlich war Klink seit je her mit Sietow verbunden.
Die Kirche ist in den Jahren von 1736 bis 1742 als rechteckiger Backsteinbau ohne Turm errichtet worden. Der einfache Bau wurde zu einer Zeit errichtet, als die Familie v. Holstein schon finanzielle Schwierigkeiten hatte. Interessant ist, dass der Chor nicht wie üblich östlich sondern westlich angebaut wurde. Dafür wurde die Empore im Osten errichtet. Über dem Südportal befindet sich ein sandsteinernes Allianzwappen derer v. Holstein (Jakob Ernst v. Holstein) und v. Bülow (Elisabeth Sophia v. Bülow) aus dem Jahre 1736. Die Fenster sind einfach und oben mit einem Rundbogen versehen. Später wurde an der Westseite der Kirche von der Gutsherrschaft eine eigenständige Begräbniskappelle angebaut.
Der einschiffige Innenraum ist mit einem flachen Tonnengewölbe überspannt. Altar und Kanzel bilden eine Einheit. Hier befinden sich ebenfalls die Familienwappen der v. Holstein und v. Bülow. Es sind etliche alte, im 18. Jh. gestiftete Kelche und Patenen vorhanden. Auf dem Kirchhof steht ein Glockenstuhl mit einer Glocke, die 1738 von Laurentius Strahlborn aus Lübeck gegossen wurde.
1908 bekam der Münchener Bildhauer Adolf Hildebrand den Aufrag, für die Familie v. Schnitzler ein Mausoleum zu errichten. Es stand südlich des Schlosses direkt an der Müritz. Es war ein richtiger kleiner Tempel mit Mosaikarbeiten und Büsten, u. a. von Gebhard v. Schnitzler. Alles wurde in der Zeit von 1945 bis 1946 zerstört oder entwendet, einschließlich der 3 Zinksärge. Viele Jahre stand es als Ruine da bis es 1985 von der Nationalen Front gesprengt wurde. Heute ist dort nur noch eine Eibengruppe zu finden.
2002 bis 2003 fanden an der Kirche umfangreiche Sanierungsarbeiten statt. Das Dach wurde erneuert und der Chor restauriert.
Erwähnenswert ist der größte Findling des Müritzgebietes. Er liegt am Fuße des Müritzsteilufers südlich von Klink und hat einen Umfang von 13,20 m.

Klocksin

Der Ort liegt direkt an der B 108 auf halber Strecke zwischen Waren und Teterow. Es ist ein mittelalterliches Bauerndorf (früher auch Glocksien geschrieben) das im 30jährigen Krieg völlig zerstört wurde. Danach wurde es ein Gutsdorf und gehörte zum Ritterschaftsamt Lübz.

Zu Anfang des 14. Jhs. gehörte Klocksin wahrscheinlich der Familie v. Wotzenitz und es kamen die v. Linstow (Lütgendorf) 1352 durch Heirat in diesen Besitz. 1517 ist es dann sicher,

dass Achim der Ältere v. Linstow Klocksin besaß. Die v. Linstow bauten nach dem 30jährigen Krieg das fast völlig zerstörte Bauerndorf als Gutsdorf wieder auf. 1692 verpfändete Christoph v. Linstow Klocksin an seinen Schwager Gabriel v. Bassewitz. 1743 gehörte das Gut Georg Friedrich v. Bassewitz (Dambeck). 1782 hatte der Domänenrat Diedrich Frisch Klocksin gekauft. Er wurde 1819 in den Adelsstand erhoben und baute den Ort als Gut aus.

Im Güteradressbuch von 1794 erscheint ein Herr Ernst Heinr. Gustav Frisch. Erwähnenswert ist sein Adoptivsohn Ewald C. Leonhard v. Frisch. Dieser war Autor von etlichen Streitschriften, die die Reform der Mecklenburgischen Agrarverhältnisse zum Inhalt hatten. 1849 traf er Karl Marx in Hamburg und war auch an den Kämpfen um die Durchsetzung der Reichsverfassung beteiligt.

1899 war Leutnant Achim v. Frisch Besitzer des 1.093 ha großen Allodialgutes. Zu dieser Zeit gab es hier eine Ziegelei und Kalkbrennerei. Dazu gehörte auch die Wassermühle bei Neuhof und die Heller Mühle, Neu-Klocksin und Neu Sapshagen. Ab 1910 wurden die Güter verpachtet, zunächst bis 1926 an Heinrich Paetow und dann bis 1945 an Hermann Schmidt und seinen Sohn Johannes. Dieser muss das Gut Klocksin mit Neu Sapshagen erworben haben, denn 1933 verkaufte er Ersteres an die Mecklenburgische Siedlungsgesellschaft. Das Restgut übernahm Dr. Otto Grambow, der es später an Wend Krüger-Crusius verpachtete.

Das spätklassizistische Herrenhaus ist zwischen 1830 und 1850 erbaut worden. Es ist ein zweistöckiges Gebäude mit einem Mittelrisalit, der mit drei Tür- und Fensteröffnungen ausgeführt wurde. An der Westseite hat das Gutshaus einen einstöckigen Anbau.
Heute befindet sich das Ensemble im Besitz der Gemeinde. Seit 1996 bemüht sich der Förderverein „Biologie- und Umweltzentrum Klocksin" dem Gebäude eine Zukunft zu geben. 2002/03 fanden Restaurierungsarbeiten statt.
Eine schöne Kastanienallee führt auf das Gutshaus zu, die das Rondell umschließt und erst an den Auffahrten endet. Auf der Rückseite sind die Reste eines kleinen Parks zu finden.

Ursprünglich gab es in Klocksin eine Kapelle, die aber bereits vor dem 30jährigen Krieg nicht mehr stand. 1786 war geplant sie wieder aufzubauen. Es wurde nichts daraus, weil immer noch die v. Maltzans das Patronatsrecht besaßen. Lange Zeit erinnerte ein Steinhaufen an ihre Existenz. Heute steht dort ein Bauernhaus. Im Laufe der Zeit gab es hier drei Friedhöfe. Einer von ihnen ist heute ein kommunaler Friedhof. Dann gab es noch die ehemalige Gruftanlage der v. Frisch, die 1930 umgebettet worden sind. Nach 1945 entstand ein Soldatenfriedhof zu Ehren der Gefallenen aus der Umgebung.

In der Nähe von Klocksin gibt es Muschelkalkvorkommen. So wurde in Stieten (Wüstung) dieser hochwertige Kalk geworben, in einer Kalkbrennerei verarbeitet und exportiert. Von 1948 bis 1954 war der Kalkofen nochmals in Betrieb.

Kotzow

Gutshaus in Kotzow

Kotzow liegt zwischen Rechlin und Mirow, nur 1 km östlich von Retzow. Der Ort wurde früher Kusowe, später Cotzow geschrieben und ist slawischen Ursprungs.

Schon früh gehörte Kotzow zur Mirower Johanniter-Komthurei und ging in den Besitz der Schweriner Herzöge über. Es liegt direkt an der ehemaligen Landesgrenze zu Mecklenburg-Strelitz. Die Siedlung wurde als Meierei betrieben. Sie war in der ersten Hälfte des 19. Jhs. vom Bauhof in Mirow gepachtet worden. Ab 1841 bewirtschaftete erstmals ein privater Pächter das Land. Es war Ernst v. Randow. Zwischen 1870 und 1901 pachtete dann Hermann Pätzold den 334 ha großen Hof. Spätestens ab 1907 war der nächste Pächter Hermann Voß. Anfang der 1930er Jahre übernahm der Reichsverband der Deutschen Luftwaffe in Rechlin auch Kotzow.

Ursprünglich war Kotzow zum Kirchdorf Rechlin eingemeindet und die Kinder gingen in Retzow zur Schule. Aber ab dem 19. Jh. gehörte Kotzow nun zur Probstei Wesenberg-Mirow, zur Parochie Gaarz und damit zu Vietzen. Nun mussten die Kinder den viel weiteren Schulweg bis nach Vietzen laufen.
Die Kotzower Forst gehört heute dem Freiherrn v. Loe, der diese forstwirtschaftlich aufarbeitet.

Das Pächterhaus ist ein einfacher, eingeschossiger Backsteinbau und stammt aus der zweiten Hälfte des 19. Jhs.

Kraase

Kraase liegt etwa 14 km nordöstlich von Waren abseits der B 192. Kraase (Crase, Craze, Krase) war eine altslawische Siedlung, deren Ortsname auf krasa = Schönheit zurückgeführt wird. Die Lage ist wirklich märchenhaft. Man sagt, Kraase befände sich hinter den sieben Bergen – gemeint sind die „Pferdeberge".

Das Mecklenburgische Urkundenbuch belegt die Ersterwähnung von Kraase für das Jahr 1286. Damals war Kraase der Diöcese Schwerin zugehörig. Nach 1333 bewohnten deutsche Bauern das Dorf. Lehninhaber war die Familie v. Rostke, die außerdem in den Dörfern Schloen und Varchentin begütert war. Nach und nach verloren die v. Rostke ihren Besitz an die Familien v. Kruse, Stoislaf und v. Kamptz. Noch vor dem 30jährigen Krieg besaß auch die Familie v. Ferber (Varchentin) Anteile in Kraase. 1674 gelangte der Pfandbesitz des gesamten Gutes an Dr. jur. v. Ferber. Dieser konnte 1693 das Lehn in ein Allodialgut umwandeln. Doch keine zehn Jahre später wurde es wieder in ein Lehn zurückverwandelt mit der Verpflichtung, auf die hohe Jagd zu verzichten. 1702 und 1714 meldete Christoph v. Rostke Bodenrechte an, jedoch erfolglos. Das Gut blieb bis 1756 in den Händen der Familie v. Ferber. In dieser Zeit ließen diese eine Glashütte (1736–1746) südöstlich von Kraase errichten. Auf der Schmettauschen Karte wird der Ort Klein Kraase genannt.
Die Familie Ferber verpachtete das Gut 1738 an den seit 1721 angestellten Verwalter Peter Langhoff. 1756 ging es dann in den Besitz der Familie v. Klinggräff, 1808 an die Grentzkow und 1845 an die Lemcke (Groß Dratow) über. Von 1899 bis 1921 besaß Otto Lemcke das 815 ha große Lehngut mit den vorzüglichen Ackerböden. Dann übernahm es als Kunkellehn A. L. Koppel (aus Berlin). Letzter Eigentümer des Gutes vor dem 2. Weltkrieg waren ab 1935 die Gebrüder Karl und Franz Warnecke. Mit der Errichtung der Mecklenburgischen Südbahn bekam auch Kraase 1905 einen Bahnhof. Nach 1945 wurde die Bahnlinie als Reparationsleistung in die Sowjetunion geliefert. Erst 1965 wurde für Kraase eine LPG genannt.

Der ursprüngliche Gutshof hatte sich am Westrand von Kraase, neben der kleinen Kirche, befunden. Um 1850 ließ die Familie Lemcke den heutigen Gutshof am anderen Ende des Dorfes anlegen. Für das Herrenhaus wurde ein alter Stall umgebaut. Das reichte wahrscheinlich für den Pächter als Wohnung, denn die Familie Lemcke hatte ihren Wohnsitz in Groß Dratow. Dieses ehemalige Wirtschaftsgebäude besteht (wie alle alten Häuser in Kraase) aus Feldsteinen, die aus praktischen Grün-

ehemaliges Pächterhaus in Kraase

den das vorherrschende Baumaterial in dieser Endmoränenlandschaft waren. Eine Tordurchfahrt wurde Eingang des Pächterhauses. Alle Fensterleibungen sind in Backstein gefasst.
Nach 1945 bekam das Dach im Zuge des Ausbaus Schleppgaupen. Während der Bodenreform wurden nicht nur in den Stallungen, sondern auch im eingeschossigen Pächterhaus Wohnungen ausgebaut. Weiter diente das Pächterhaus auch dem Rat der Gemeinde, als Poststelle und Lebensmittelladen. Seit 2000 werden auf dem Hof von einem Unternehmerpaar Ziegen gehalten. Inzwischen hat sich das „Ziegengut hinter den 7 Bergen" etabliert und bietet seit 2002 eigene Ziegenmilchprodukte auf dem Hof und auf den Märkten der Region an.

Die Kirche, die einst zur Parochie Varchentin gehörte, steht heute etwas abseits des Dorfes an der Straße nach Plasten, gegenüber dem heutigem kleinen Friedhof. Doch das war nicht immer so, früher standen hier einmal viele Häuser. Auch der alte Gutshof war hier. Damals lag auch noch der Friedhof direkt an der Kirche. Er wuchs über die vielen Jahrhunderte in die Höhe, so dass das Feldsteinfundament der Kirche immer mehr verschwand. Deshalb muss man heute beim Betreten der Kirche in sie hinabsteigen.
Die Kirche ist ein kleiner rechteckiger Feldsteinbau aus der ersten Hälfte des 13. Jhs. Die Giebel sind im 18. Jh. erneuert und in Fachwerk ausgeführt worden. In seiner ursprünglichen Form ist das schmale frühgotische Eingangsportal auf der Südseite erhalten geblieben. Dort befindet sich noch eine alte Kornquetsche aus Granit, die einmal als Weihwasserbecken genutzt wurde. Das Portal im Westen ist später angesetzt worden. Südwestlich der Kirche steht ein Glockenstuhl, der 2003 erneuert wurde. Die Bronzeglocke ist aus dem 15. Jh.
Im Innern schließt eine flache Balkendecke den Raum. Sie ist mit Blumenornamenten bemalt. Auch die Fenster sind mit Blütenranken hervorgehoben. Der Predigtstuhl der Kanzel ruht auf einem gemauerten Steinblock. Die Altarschranken stammen aus dem 18. Jh., die Patronatsloge wurde 1752 angefertigt. Den Schalldeckel schmücken Schnitzfiguren aus einem ehemaligen gotischen Triptychon. Der größte Teil dieser Schnitzfiguren steht jedoch in der inneren westlichen Portalnische.
Erwähnenswert sind fünf kleine Epitaphien von C. Dähn sowie von drei Angehörigen der

Familie Langhoff, alle verstorben zwischen 1722 und 1759. Von der Vasa sacra ist ein silbervergoldeter Kelch interessant. 1796 hergestellt besitzt er das dreitürmige Tor von Neubrandenburg und die Initialen CO.
Nach siebenjähriger Restaurierungszeit konnte die Kirche im Herbst 2003 wieder neu geweiht werden.

Krukow

Gutshaus in Krukow

An der B 192 liegt ca. 3 km hinter Penzlin in Richtung Neubrandenburg das Dorf Krukow. Es entstand aus einer ehemals slawischen Siedlung. Der Ortsname wurde gewiss von kruku = Rabe abgeleitet.

Krukow war wie Mallin ein ehemaliges Bauerndorf. Bis ins 17. Jh. hinein waren hier freie Bauern ansässig. Das Dorf zählte aber bereits 1170 mit seinem größten Teil zum Kloster Broda und auch herzogliche Vasallen ließen sich im Ort nieder. Zunächst waren es im 15. Jh. die v. Kargow und v. Maltzan (1479), später die v. Bardenflet. Die Herzöge behielten jedoch das Fischereirecht auf dem Malliner See. Begüterungen und Dorf mussten schließlich an das Adelsgeschlecht v. Maltzan verpfändet werden. Aber auch diese Familie war gezwungen, das Gut weiter zu verpfänden. Erst an Jakob Zartwitz und dann an Hans v. Blankenburg. Für den Verzicht auf die „Hohe Jagd" erhielt 1702 ein Verwandter der Maltzans, Gustav Friedr. v. Walsleben, den Lehnbrief über die Güter Krukow und Lübkow. 1725 wurden sie an Major Ernst Friedrich v. Kosboth veräußert. 1773 erwarb Joseph Ch. H. v. Maltzan die Güter zurück. Sein Enkel Adolf Ferdinand v. Maltzan übernahm 1857 mit 22 Jahren Krukow. Er war ein tüchtiger Landwirt, denn seine Pferdezucht war erfolgreich. Aus dem baulich heruntergewirtschafteten Gut hatte er einen vornehmen Herrensitz geschaffen. Seine Nachfahren hatten das 717 ha große Lehngut bis 1932. Dann ging es in Konkurs. Es wurde von einer Siedlungsgesellschaft in 32 Erbhöfe aufgeteilt und im Gutshaus wurden Wohnungen eingerichtet.

Adolf Ferdinand v. Maltzan ließ das heutige Gutshaus 1865 als zweigeschossigen Putzbau über sechs Achsen mit gotischem Baudekor errichten. An der Vorderfront befindet sich ein dreiachsiger Mittelrisalit, an der Rückseite ein axialer Flügel.
Heute ist die Gemeinde Eigentümer des Gutshauses. 11 Wohnungen gibt es heute noch im Gebäude, außerdem eine Bauernstube und einen Kulturraum. 1998/99 wurde das Gutshaus außen restauriert. Ein geschmiedeter Rabe wacht auf der Wiese davor. 2004 wurde das Gelände um das Gutshaus herum neu gestaltet. Auch die Glocke am alten Wasserturm, die einst den Arbeitstag ein- und ausläutete, wurde restauriert.

Krukow hatte vor der Reformation eine eigenständige Pfarre. Danach war sie Filia von Alt Rehse. Seit dem 14. Jh. hatte Krukow eine Kirche. Noch um 1900 stand ein Teil der alten Kirche, der zuletzt als Schuppen genutzt wurde, und heute nicht mehr vorhanden ist.
Die jetzige Kirche wurde zum Anfang des 19. Jhs. als rechteckiger Feldsteinbau mit einem Ostgiebel im klassizistischen Stil aus Backstein errichtet. Der schmale Westturm ist eingezogen und besitzt einen kleinen Pyramidenhelm. Die Inneneinrichtung stammt aus der Erbauungszeit. Eine flache Holzdecke überspannt den Raum. Zwei von vier Leuchtern stammen aus dem 17. Jh. Das Taufbecken ist von 1856 und vom Goldschmied Lippold (Malchin) gefertigt. Die Glocke im Turm wurde 1865 von C. Illies (Waren) gegossen.

Kirche in Krukow

Krümmel

Etwa 8 km westlich von Mirow liegt Krümmel. Auch dieser Ort ist slawischen Ursprungs. Der Name könnte vom altslawischen Wort krome = draußen, weit, fern abgeleitet sein. Früher wurde er Crummene, Crumemir, später Crumere geschrieben und war Burgstelle.
Die urkundliche Ersterwähnung des Dorfes geht auf den 23. November 1237 zurück, als Fürst Nikolaus v. Rostock die Grenzen und Scheiden des Klosterbezirkes Dobbertin festlegte und auch „Crumemir" benannte. 1274 erneuerten Nikolaus v. Werle und dessen Söhne diese Festlegung und bezeichneten auch die Feldmark von „Crumere" als Grenzverlauf (siehe auch Retzow).
Die märkischen Vasallen v. Kerkberg (auf Gut Kehrberg nahe Pritzwalk, auch Kerberg oder Kehrberg geschrieben) waren schon früh im Dorf sesshaft. 1370 verkaufte Otto Retzow Betcke an v. Kerkberg Besitzungen in Krümmel. Auch 1497 sind die v. Kerkberg als erbgesessene Besitzer von Krümmel erwähnt. Die Familie teilte sich bald in zwei Linien: v. Kerkberg (bei Pritzwalk) und Kerkberg (Krümmel). Anfang des 16. Jhs. bildeten Krümmel, Retzow und Klopzow die Stammgüter dieser Linie, die sich wiederum in den schwarzen Zweig auf Krümmel/Rechlin und den weißen Zweig auf Retzow/Klopzow teilte.
Entweder durch Heirat oder durch Kauf fassten ab 1516 die v. Rohr im Dorf Fuß. 1578 gehörte bereits die halbe Feldmark Martin v. Rohr (Neuhaus), die er 1583 an Levin Marin (Morin) verkaufte. Außerdem besaß Henning v. Kerkberg ein Viertel und seine beiden Brüder je ein Achtel. Ab 1589 hatte Henning Marin Besitzungen im Ort. Ende des 16. Jhs. versuchte sogar Herzog Karl das Gut zu erwerben. In den Jahren 1606 bis 1609 konnte Christoph v. Ahrenstorff ein Viertel der Dorfanteile von den Marins kaufen. Der letzte Kerkbergsche Besitz gelangte durch Heirat seines Vaters Adam Ch. v. Ahrenstorff mit der Witwe Christina A. v. Kerkberg 1707 an Leutnant Otto v. Ahrenstorff, der damit nun ganz Krümmel besaß. 1896 ging das Gut in den Besitz des Fürsten Georg zu Schaumburg-Lippe über.
Das Staatshandbuch von Mecklenburg gibt für 1921 Georg und für 1938 Adolf Fürst zu Schaumburg-Lippe als Eigentümer des 1.860 ha großen Lehngutes einschließlich der Meierei Ichlim und des Kruges Troja an. 1945 wurde Krümmel aufgesiedelt.

Das Gutshaus, ein eingeschossiger Putzbau mit Mittelrisalit und abgewalmtem Satteldach wurde 1825 erbaut. Ein großzügiger Garten schließt sich an.
Nach dem 2. Weltkrieg wurde das Gebäude als Wohnhaus für Flüchtlinge aus dem Osten genutzt. Wohnzwecken diente das Gutshaus auch 2003 noch. Außerdem gab es dort bis 1996 eine Gaststätte. Es gehört der Gemeinde Lärz und

steht zum Verkauf. Von dem ehemaligen Gutshof sind noch einige Stallungen und ein Speicher vorhanden. Erwähnenswert ist die schon lange als Wohnung ausgebaute Schmiede.

Krümmel gehörte 1541 kirchlich bis auf zwei kurze Unterbrechungen zu Alt Gaarz. 1782 bis 1792 bildete sie sogar eine eigene Pfarre. Dann blieb sie bis 1842 bei Lärz und danach von 1872 bis 1902 bei Melz um danach wieder ein eigenes Pfarramt zu werden.
Der Ort hatte eine kleine Kirche, in dessen Wetterfahne die Jahreszahl 1734 eingearbeitet worden war. Sie war ein Fachwerkbau mit einem Turm, der eine achteckige Spitze besaß. Die Kirche hatte einen ungeteilten, rechteckigen Innenraum, der mit einer flachen Bretterdecke abschloß. Auf dem Fensterglas waren die Familienwappen der v. Arenstorff. Die Kirche wurde baufällig und 1908 abgerissen.
Die jetzige kleine Backsteinkirche – wahrscheinlich sogar der dritte Kirchenbau in Krümmel – mit ihren neugotischen und barockisierenden Stilelementen ist 1911 erbaut worden. Innen besitzt sie noch den Kanzelaltar der alten Kirche. Eine Glocke mußte 1917 abgegeben werden. Heute hängt eine kleine Glocke im Turm.

Gutshaus in Krümmel

Kirche in Krümmel

Lansen und Schwarzenhof

Gutshaus in Lansen

12 km nordöstlich von Waren liegen beide Orte, nur durch die Straße von Waren nach Malchin getrennt. Der Ortsname Lansen ist slawischen Ursprungs und könnte von lagu = Hain oder lazinu = Bruch, Sumpf abgeleitet sein. Sumpfiges Gelände gab es hier noch bis 1925. In diesem Jahr wurde die Siedlungsgesellschaft „Hof und Hufe" mit der Entwässerung beauftragt.
Schwarzenhof ist noch relativ jung. Es wurde als Nebengut angelegt.

Lansen wurde erstmalig 1450 in einer Urkunde von Hinrichshagen erwähnt. Nachweislich, bestimmt aber schon früher, besaß ab 1481 die Familie mit Claus Babbezin Gut und Dorf. Im Jahre 1619 vergab Johann v. Babbezin einen Lansener Anteil an Vollrath v. Bassewitz auf Hohen-Luckow. Dieser Besitz ging spätestens 1666 von Abraham v. Bassewitz an Christian v. Bernhard über. 1684 erbte Bernhards Witwe Dorothea v. Wreden Lansen. Sie konnte außerdem einen Babbeziner Anteil erwerben. Der letzte der Familie, A. Friedrich v. Babbezin, trat 1691 das Lehnrecht an Andreas v. Pritzbuer und dessen Brüder Gustav und Joachim ab, nachdem diese schon Anteile von der Familie v. Bernhard und Familie Karnatz erworben hatten. Die v. Pritzbuer bewirtschafteten Lansen bis 1762, dann übernahm es die Familie v. Meyenn und 1793 dessen Schwiegersohn Hauptmann K. Ernst v. Randow. 1797 erwarb Friedrich II. v. Hahn (Basedow) das ca. 1.097 ha große Gut Lansen mit Schwarzenhof. Es wurde weiter verpachtet. Pächter war von 1817–1830 die Familie Peters. Nach dem 1. Weltkrieg hatte der Ökonomierat Otto Never Lansen von 1921 bis 1932 gepachtet. Er war ein guter Pferdezüchter. Die Familie v. Hahn verkaufte das Gut an die Siedlungsgesellschaft „Hof und Hufe". Diese begann, hier insgesamt 36 Bauernhöfe zu schaffen. Die Bauern kamen aus Westfalen, Baden-Württemberg und der Altmark. Den Resthof von 75 ha übernahm Bauer Zimmermann. Er floh 1953 mit seiner Familie nach Westdeutschland.

Das Gutshaus wurde 1788 wahrscheinlich an der gleichen Stelle eines Vorgängerbaus errichtet. Es ist eins der wenigen Gutshäuser aus der Barockzeit, die für Mecklenburg so typisch waren. Die Gebäude dieses Stils wirkten durch das heruntergezogene Mansarden-

dach kleiner und bescheidener als sie es in Wirklichkeit waren. So ist auch das in Lansen ein eingeschossiges Fachwerkgebäude über 11 Achsen mit einem ausgebauten Mansardendach. Es hatte an der Ostseite einen kleinen Vorbau. Im letzten Drittel des 19. Jhs. wurde es renoviert, erweitert (westlicher Anbau) und verpachtet. 1932 wurde Lansen aufgesiedelt und das Haus mit dem Restgut verkauft. Ab 1945 wohnten dort Umsiedler. Nach 1953 wurde das Haus Verwaltungsgebäude der LPG. Auch Lehrlinge wohnten dort. 1987 wurde es leergezogen und baupolizeilich gesperrt. Es sollte abgerissen werden, stand aber zum Glück bereits auf der Denkmalliste. 1991 konnte es an den Alteigentümer zurückgegeben werden, der es 1993 weiter verkaufte. Es wurde restauriert und dient heute als Wohnhaus.
Einen Rest des Gutsparks gibt es noch. Die Zufahrt zum Gut ging einmal direkt an der Kirche vorbei. Der jetzige Weg war eine um 1900 geschaffene alte Lorenbahn für Zuckerrüben. Die 1935/36 gebaute Kopfsteinplasterstraße ist zugewachsen.

Schwarzenhof war als Vorwerk errichtet worden, seitdem immer in Pächterhand und gehörte zu Lansen. Die Pächter hießen Ende des 18. Jh. Randow und in der zweiten Hälfte des 19. Jhs. M. Timm, später Hans Hünike. Erst 1929 erfolgte die Abtrennung von Lansen. In Besitz der Hahns war es aber noch bis 1937. Dann übernahm es bis 1945 die Familie Boddien (Brüsewitz bei Schwerin).

Das Pächterhaus in Schwarzenhof ist ebenfalls ein Fachwerkbau, aber nur 7-achsig mit einfachem Walmdach. Leider war über die vielen Jahrzehnte viel angebaut worden. Ein flacher Anbau links vom Pächterhaus ist heute noch vorhanden. 2003 wurde es versteigert. Der jetzige Besitzer ließ 2004 die Vorderfront restaurieren und viele Anbauten entfernen. Hinter dem Haus ist noch ein Restpark vorhanden.

Erwähnenswert sind die Stallungen im Ort. Sie zeugen von der einst großen Anlage.

Pächterhaus in Schwarzenhof

Kirche in Lansen

Die Lansener Dorfkirche wurde um 1400 errichtet. Sie ist ein gotischer Backsteinbau, der auf einem behauenen Granitsockel ruht und mit Pfeilern bewehrt ist. Der Westgiebel ist blendengeschmückt, an der Ostseite befindet sich ein achteckiger Chor. Im 17. Jh. entstand die kreuzgewölbte Nordostsakristei. Die südliche Vorhalle wurde im 19. Jh. angebaut und gleichzeitig der Westgiebel saniert. Eine flache Holzdecke überspannt den Innenraum. Ursprünglich muss die Kirche einmal eine Wölbung besessen haben, denn die Bogenansätze sind noch erhalten. Wahrscheinlich wurde sie nach dem 30jährigen Krieg nicht wieder original aufgebaut.

Die innere Einrichtung wurde mehrmals erneuert. Der Kanzelkorb aus Eiche ist um 1900 gefertigt und der Altar aus Ziegeln ist noch jünger. Bemerkenswert ist das Christusbild, innen, über dem Eingang der Kirche. Es könnte der Form nach einmal hinter dem Altar gehangen haben. Die im 18. Jh. gestifteten Kelche sind noch vorhanden. Das Taufbecken ist alt und stammt aus einer anderen Kirche. Der Taufengel dazu wird restauriert. Innen rechts am Eingang an der Südseite befindet sich eine als Weihwasserbecken genutzte Trogmühle. Vor der Westseite der Kirche steht noch eine alte Granitfünte. In den 1970er Jahren wurde eine Winterkirche unter der Empore eingebaut. Dazu wurde das Westportal geschlossen.

An der Westseite der Kirche steht ein Glockenstuhl, der 1987 erneuert wurde. In dem alten Glockenstuhl hingen einmal drei Glocken, heute ist nur noch eine vorhanden. Sie besitzt das Hahnsche Wappen und wurde 1865 von Carl Illies (Waren) gegossen.

Lapitz

Lapitz liegt 5 km nördlich von Penzlin in einer abwechslungsreichen Endmoränenlandschaft. Die Siedlung slawischen Ursprungs wurde früher Lapze geschrieben und könnte entweder von lapa = Klaue, Bärlapp oder von lapica = Falle abgeleitet sein. In slawischer Zeit existierte hier eine große Burganlage mit außergewöhnlich starker Besiedelung.

Mittelalterliche Urkunden sind leider bisher nicht bekannt. Erst zum Anfang des 16. Jhs., als die mecklenburgischen Herzöge Heinrich und Albrecht dem Ritter Bernd v. Maltzan in Lapitz das Gut verpfändeten, taucht der Ort auf. Die weitere Geschichte von Lapitz ist durch laufenden Besitzerwechsel gekennzeichnet und hat immer wieder mit ganzen, teilweisen oder Afterverpfändungen zu tun. Manche Namen tauchten auch in Puchow auf, so z. B. Jakob v. Vieregge, Dr. J(W)asmund, v. Maltzan, Joachim und Friedrich v. Quilitz. Nachdem sie 1633 ihre Anrechte an den Güstrower Dom abgegeben hatten, erschienen recht bald neue Besitzernamen. 1656 war Joachim Engel der Pfandherr von Lapitz. Er gab seinen Anteil 1687 an Albrecht v. Krackewitz ab. Pfandanteile besaßen außerdem 1702 Christoph Krauthof, 1705 Oberstleutnant v. Scharfenberg, 1737 bis 1784 Oberstleutnant v. Keyserlingk, 1784 Joseph Ch. H. Maltzan, 1788 bis 1811 Adolf Friedrich v. der Lancken. 1811 kaufte Hofrat Siemerling das Lehngut. 1812 pachtete und zwei Jahre später erwarb die Familie Neumann den Besitz von Lapitz. Nachdem 1927 die Söhne des August jun. Neumann als Erbengemeinschaft Eigentümer des 629 ha großen Lehngutes waren, folgte 1945 die Enteignung. Wolfgang Neumann, der Lapitz bewirtschaftet hatte, war im 2. Weltkrieg gefallen.

Das Gutshaus steht am Rande des Dorfes auf einem Hügel. Von hier aus hat man eine gute Aussicht über die hügelige Landschaft im Norden Penzlins. Das ursprünglich zweigeschossige Gutshaus (heute der östliche Teil) war ohne Keller in Fachwerk schon Ende des 17. Jhs. gebaut worden und hatte später (um 1835) im Westen einen zweigeschossigen und einen eingeschossigen Anbau. 1909 wurde der Mittelbau zum heutigen zentralen Bau umgebaut. Es ist ein zweigeschossiger Putzbau mit mehreren Erkern. Der alte Ostflügel wurde ebenfalls umgebaut und im

Gutshaus in Lapitz

Kirche in Lapitz

Süden der unterkellerte Wirtschaftsflügel angesetzt. Alle drei Teile besitzen Mansardendächer.
Familie Neumann ließ zwischen 1907 und 1914 fast das ganze Dorf sanieren und etliche Häuser neu bauen. 1927 wurde die Kopfsteinpflasterstraße und eine Schmalspurbahn nach Penzlin gebaut. Lapitz war zu dieser Zeit ein bedeutendes Saatvermehrungsgut.
Nach dem 2. Weltkrieg zogen zunächst Soldaten, später Flüchtlinge im Gutshaus ein. Als Anfang der 1950er Jahre die alte Dorfschule ein Opfer der Flammen wurde, fand auch sie noch ihr Domizil im Gutshaus. Später nahm dieses noch mehr kommunale Einrichtungen auf.

Heute gehört es der Gemeinde und sieben Familien wohnen hier. Im unteren Bereich ist neben einer Gaststätte auch ein Jugendclub und der Gemeinderaum integriert.
2001 wurde die Vorderfront des Gebäudes saniert. Vom Gutshaus führt noch die alte Kopfsteinpflasterstraße über den Gutshof an einem schön erhaltenen Stall vorbei hinunter zur Kirche.

1326 wurde in Lapitz eine Filialkirche von Penzlin erwähnt. Sie stand nur bis zum 30jährigen Krieg. Die von Schlie beschriebene Kirche existiert ebenfalls nicht mehr. Dies war ein rechteckiger Fachwerkbau ohne Turm mit flacher Balkendecke aus dem 17. Jh. Auf dem Kirchhof gab es um 1900 einen frei stehenden Glockenstuhl mit zwei Glocken von 1620 und 1908. Heute ist nur noch Letztere vorhanden.
Die jetzige Kirche entstand erst 1914 als rechteckiger Putzbau mit Apsis und ist damit die drittjüngste im Müritzkreis. Familie Neumann ließ sie zum 100-jährigen Jubiläum der Familie in Lapitz von Baurat Schondorff (Neustrelitz) bauen.
Die einheitliche Innenausstattung stammt aus der Erbauungszeit. Dominierend ist das farbige Altarfenster. Das Patronatsgestühl mit Wappen der Familie Neumann ist im Gegensatz zu älteren Kirchen offen. Erhalten sind aber auch ein Schnitzaltar aus dem ersten Viertel des 16. Jhs. und ein Schrein mit der Kreuzigungsszene. Die Flügel mit Heiligen sind getrennt aufgestellt. Etliche Leuchter stammen aus dem 17. Jh. Die Taufschale ist aus Messing und neu.
Die Friedhofsmauer wurde 1994 instand gesetzt und die Grabsteine der Familie Neumann dort integriert.

Lärz

Etwa 6 km nordwestlich von Mirow liegt der Ort Lärz. Der Ortsname kommt aus dem Slawischen und könnte von losi = Elch abgeleitet sein, denn auf Urkunden ist auch der Name Lositz, später Laerz zu finden.

Die urkundliche Ersterwähnung reicht in das Jahr 1237 zurück, als von dem im Lande Turne gelegenen Bauerndorf Lärz Fürst Nikolaus I. v. Werle dem Kloster Dobbertin vierzig Hufen als Kern der sogenannten Sandprobstei schenkte. Das Kloster Krevesee in der Altmark, das gleichfalls Ansprüche stellte, wurde nach einem Schiedsspruch in Jahre 1249 mit Geld abgefunden. Als Zeichen seiner angenommenen Oberlehnsherrlichkeit über die werlischen Lande vergab Markgraf Albrecht dem Kloster Dobbertin das Patronat über die Kirche in Schwarz.

Lärz war eines der wenigen Bauerndörfern der Region. Eigentümer war durchgehend das Kloster Dobbertin. Lärz gehörte zur sog. Hinterprobstei. Bei Streitigkeiten im Jahre 1385 traten sowohl wendische, als auch deutsche Namen auf: Wotenow, Bukghelmast, Bomgarden, Rump und Arnsberg. Die Zehnten aus dem Dorf musste der Bischof von Havelberg eintreiben und an den Konvent abführen.

Nach dem 30jährigen Krieg gab es in Lärz von 26 Bauern noch 14. Das ist viel mehr als in den anderen Dörfern und wohl darauf zurückzuführen, dass Lärz zwischen Seen, Wäldern und schlecht passierbaren Wegen gut versteckt lag. Die Lärzer konnten sich sogar während des Krieges eine neue Kirche bauen.

Es wanderten auch Bauern aus dem Brandenburgischen zu. Ihr Einfluss bei der Anlage des Dorfes durch die typische brandenburgische Hofbauweise ist auch heute noch zu sehen. 1899 waren hier auf 1.299 ha 7 Erbpachtbauern, 22 Lehnbauern, 6 Lehnkossaten, 2 Lehnbüdner, 3 Lehnhäusler, 1 Schmied und 1 Holzvogt angesiedelt. 1921 waren es 8 Erbpachtbauern und 23 Lehnbauern. Die Größe der Höfe betrug zwischen 17 und 103 ha. 1945 wurde ein Teil davon enteignet.

1524 wurde Lärz mit den Filialkirchen in Schwarz und Diemitz erwähnt. Trotz Einwänden des Klosterkonvents fand 1557 die erste evangelische Visitation statt. Im 30jährigen Krieg konnte 1626 eine neue Kirche geweiht werden. 1724 wurde die jetzige Kirche gebaut. Es ist ein rechteckiger Fachwerkbau, dem im Westen ein hölzerner Dachturm aufgesetzt wurde. Es befinden sich auch heute noch zwei Glocken im Turm, beide 1724 von Christian Sigismund Mebert (Neuruppin) gegossen. Sie haben beide Weltkriege in dem abgelegenen Dorf überdauert. Die Größere trägt folgende Inschrift: „Dir Jesu zu Ehren ich Zeichen muss geben, ich rufe zur Kirchen, zum Beten, zur Buss, ich diene den Menschen im Sterben und Leben, wer seelig will werden einstellen sich muss".

Erwähnenswert ist außerdem die hölzerne Decke als Segmentbogentonne. Der Kanzelaltar aus dem Jahre 1739 ist mit Schnitzwerk im Barockstil versehen, er ist ein Geschenk von J. Permin. Daneben befindet sich das lebensgroße Ölbild des Pastors J. Lohmann. Seitlich der Altarschranke steht der Pastoren- und Patronatsstuhl. Der hölzerne Taufbehälter wurde von J. Lohmann gestiftet. Die Kirche ist reich an alten Gegenständen. Sie zeigen auch, dass Lärz weitgehend von Plünderungen in den Kriegszeiten verschont geblieben ist.

Bei Restaurierungsarbeiten in den 1960er Jahren erhielt der Innenraum samt Balken einen neuen Anstrich. Außerdem wurde das Kirchendach erneuert. 2003 war die Orgel ausgebaut und restauriert worden. Zwischen 2004 und 2005 wurde ein Teil der Kirche, darunter der Turm, überholt.

Laschendorf

Pächterhaus in Laschendorf

Laschendorf liegt 2 km östlich von Malchow. Auch dieser Ort lag früher direkt am Fleesensee. 1864 gab es dort noch die Bezeichnung Alt Laschendorf. Westlich des Ortes liegt dicht am Ufer einer Bucht des Malchower Sees ein Burgwall, die „Werleburg". Es wird vermutet, dass hier die alte Burg Malchow während des 11. und 12. Jhs. gelegen hat.

Laschendorf ist ein Pachtgut des Klosters Malchow. 1376 schenkte Fürst Johannes v. Werle den Nonnen Hof und Dorf.
1864 gehörte der Pachthof und die Pachtfischerei F. Engel. Es gab eine Holzwärterei und seit Ende des 18. Jhs. eine Ziegelei. 1899 besaß August Seer den mit Anteilen am Fleesensee 1.009 ha großen Pachthof samt Pachtfischerei. Die Ziegelei bestand ebenfalls noch. 1921 hieß der Pächter Otto Dührkop.

Das Pächterhaus ist ein einfacher, eingeschossiger Ziegelbau mit 9 Fensterachsen. Über dem Eingang besaß das Haus ursprünglich einen Mittelrisalit. Dieser wurde aus dem Dach aufragend in den 1960er Jahren verlängert und mit einem Schleppdach versehen. Das Haus wurde immer zu Wohnzwecken genutzt. Mehrere Parteien wohnen heute noch dort. Es wurde inzwischen von der Gemeinde verkauft. Hinter dem Haus existiert ein kleiner Park mit einer wunderschönen Rotbuche.
Der jetzige Bau hatte sicher einen Vorgänger. 1802 war Laschendorf ein recht großer Hof mit drei großen Stallungen und einer Scheune. Der damalige Pferdestall steht heute noch (links vor dem Pächterhaus). Die Ziegelei bestand 1802 ebenfalls aus mehreren Gebäuden.

Lehsten mit Hoppenbarg

Beide Orte liegen 3 und 5 km nördlich von Möllenhagen. Lehsten ist ursprünglich ein Runddorf (Rundling). Selbst nach Hunderten von Jahren ist diese Form noch erkennbar. Früher hieß der Ort Leistenn, später Leystenn oder auch Leesten.

Hoppenbarg entstand erst nach 1755 und hieß erst Adlig-Lehsten. Seit 1922 gibt es die Bezeichnung Hoppenbarg, plattdeutsch für Hopfenberg. Lehsten war eigentlich dreigeteilt. Zu dem Dorf Lehsten oder Dom-Lehsten und Adlig-Lehsten gehörte auch Lehsten Bauernberg mit 4 Höfen.

Die Ersterwähnung reicht in das Jahr 1326. Aber über die Zeit bis zum 30jährigen Krieg ist nur wenig bekannt. 1501 trat Claus Hahn seinen Besitz an den Landesherrn ab. Während des 30jährigen Krieges gab es hier 10 Bauern und 4 Kossaten. Nach diesem Krieg gab es in Lehsten noch 3 Personen. Bauern bewirtschafteten zunächst das Land weiter. Es war wohl immer noch herzoglicher Besitz. Dafür spricht auch die Erwähnung einer Schulmeisterei 1701, denn ritterschaftliche Gutsdörfer begannen mit dem Schulbetrieb erst um 1780. Die Schule in Lehsten galt als eine der besten in der Region. Sie hatte gut ausgebildete Stadtlehrer. 1759 gab es in Lehsten 6 Bauernhufen.

Durch eine Neuaufteilung vierteilte sich die Lehstener Gemarkung. Aus keinem anderen Ort des Müritzkreises ist eine solche Teilung bekannt. So wurde Lehsten Domanial- und Gutsdorf zugleich. Dazu kam es, indem Bauern gelegt und deren Hufen zu einem Gut auf dem „Hopfenberg" zusammengenommen wurden. Es gehörte zum ritterschaftlichen Amt Neustadt. Andererseits blieb der Domänenteil (477 ha) mit dem 330 ha großen Pachtgut im Nordosten Lehstens beim Amt Stavenhagen. Dazu gehörten auch 4 Erbpachtbauern auf dem „Bauernberg" (auch Neu-Lehsten), der einmal eine Meierei war. Sie hatten zwischen 35 und 37 ha. Außerdem wurden in Lehsten viele Kleinbauern angesiedelt, deren Zahl bis 1900 stetig zunahm. Gab es 1829 noch 22 Büdnereien, so waren es 1900 schon 33. Sie besaßen oft nicht mehr als 1,5 ha.

Pächterhaus in Lehsten

1794 gehörte Baron Le Fort (Möllenhagen) das Rittergut von 799 ha. Auf dem Domanialgut waren 1829 G. Klahn, 1833 Stürmann und 1857 für kurze Zeit Carl O. Ferdinand Mercker (später in Alt Rehse) Pächter. Der Ort hatte zu dieser Zeit eine Mühle.1864 bewirtschaftete das ritterschaftliche Gut Wilhelm Bandelow, kurze Zeit später Ernst v. Blücher (bis 1852 Klein Plasten). Seine Familie besaß das Gut bis in die 1930er Jahre. Danach übernahm es bis 1945 ein Herr v. Strahlendorf. Das Domanialgut pachtete 1900 bis mindestens 1921 Heinr. Glemann, danach Herr Drecoll und zuletzt Herr Pächel. 1937 wurde das Pachtland und auch das Büdnerland aufgesiedelt und an Erbhofbauern vergeben.

ehemaliges Büdnerhaus – heute „Büdnerei Lehsten"

Hier finden zahlreiche Veranstaltungen, organisiert durch den „Verein zur Förderung und Plfege von Kultur, Kunst und Bildung auf dem Lande" statt.
Das Pächterhaus der Domäne Lehsten ist ein eingeschossiges, 9-achsiges Haus mit einem ausgebauten Walmdach. Es wurde aus Ziegelsteinen auf einem Feldsteinfundament gebaut. Ein Anbau auf der Ostseite ist jüngeren Datums. Ende des 2. Weltkrieges war im Gutshaus ein Gefangenenlager eingerichtet. Danach wohnten Flüchtlinge hier. Recht bald wurde das Gebäude bis 1992 Domizil des Kindergartens und Zentrum kultureller Veranstaltungen. Außerdem war hier die LPG-Küche. Im oberen Bereich wurde gewohnt. 2003 verkaufte die Gemeinde das Haus. Zum Gut gehörten 2 Ställe und 2 Wirtschaftsgebäude. Wo einst der Kuhstall stand, ist heute ein Sportplatz. Ein Stall ist noch vorhanden und wird genutzt.
Durch Lehsten führt eine schöne Kopfsteinpflasterstraße, die 1935 gelegt wurde.

Das Gutshaus in **Hoppenbarg** war von Ernst v. Blücher um 1870 errichtet worden. Es war ein eingeschossiges, verputztes Haus mit vielen Verzierungen. Mehrere Türmchen sollten ihm einen schlossartigen Charakter geben. Eine Freitreppe führte zu einem Glasvorbau hinauf. Heute steht an dieser Stelle ein Neubauernhaus. Der mit alten Bäumen bestandene Park ist erhalten, ebenso die Kopfsteinpflasterstraße, die auf das Gutshaus zuführte.
1945 brannte das Herrenhaus samt einigen Nebengebäuden durch Brandstiftung ab. Nach dem Krieg wurde der ehemalige Kutscherstall zum Wohnhaus umgebaut.
Die Familie Blücher ließ in den Hoppenbarger Tannen einen Friedhof anlegen. Ursprünglich war dort einmal ein Kind der Familie v. Blücher beerdigt, später aber umgesetzt worden. Heute sind nur noch die Eingangsmauern erhalten.

Lehsten hatte eine Kirche. Am 13. Juli 1326 gründeten drei Familienmitglieder der Kruse (Krause) aus Varchow diese Kapelle mit Namen St. Nikolas. Sie hatte drei Glocken. Wie so viele, so wurde auch diese Kirche im 30jährigen Krieg zerstört. 1674 stand noch die Ruine. Heute ist nichts mehr von ihr übrig. Eine Glocke soll nach Groß Varchow gekommen sein. Auch der länger erhaltene Friedhof ist eingeebnet und mit Häusern bebaut worden. Nur ein später aufgestellter Glockenstuhl war noch bis 1940 in Betrieb. In ihm hing eine kleine helltönende Glocke, die später als Schulglocke diente, leider einen Riss hatte und im 2. Weltkrieg eingeschmolzen wurde.

Leizen

ehemaliges Gutshaus in Leizen

An der Autobahnabfahrt, 9 km westlich von Röbel liegt der Ort Leizen. Das Dorf ist slawischen Ursprungs und könnte von leska = Haselstrauch abgeleitet sein.

Urkundlich wird Leizen erst 1298 erwähnt. Es ist möglich, dass da die v. Knuth schon im Ort sesshaft waren. Es war jedenfalls Stammgut der Familie v. Knuth. Außerdem hatten die v. Rostke und Freiberg (Dambeck) anfänglich Pfandrechte im Ort. 1722 wurde Gottfried Ernst v. Knuth als Lehnsnachfolger von seiner Mutter Anna Marie Warneke genannt, die in kurzer Zeit dreimal Witwe geworden war.
Erst im Jahr 1753 wurde Leizen an die Familie v. Gundlach verkauft. Sie blieben Eigentümer bis 1928. In diesem Jahr fiel der Grund und Boden an die Familie Gundlach in Rumpshagen.
Die Familie v. Gundlach müssen neben dem Bau des Gutshauses auch die Kastanienallee angelegt haben, die in der mecklenburgischen Vaterlandskunde 1857 beschrieben wurde. Heute sind dies prächtige Bäume. Zu Leizen gehörte die Leizener Krim – 4 Bauernhöfe.
1938 gehörte Günther v. Gundlach das Lehngut. Seinen Wohnsitz hatte er allerdings in Rumpshagen, dem Stammsitz seiner Familie. Bewirtschaftet hat das Gut aber Karl O. v. Gundlach, der gleichzeitig auch Bürgermeister war. Es hat hier eine Schule, Mühle, Ziegelei und Schmiede gegeben.

Wir wissen, dass es vor dem heutigen Gutshaus, dem heutigen „Schlosshotel Leizen", schon einen Vorgängerbau gegeben hat. Dieser war vermutlich 1576 errichtet worden, darauf lässt der Balken, der heute das Portal des Gutshauses in Ludorf schmückt, schließen. Es soll eine dreiteilige Anlage gewesen sein. Vielleicht war es baufällig, der Familie zu klein oder unmodern geworden. Jedenfalls ließ die Familie v. Gundlach 1898 direkt neben dem alten Gutshaus einen zweigeschossigen, quadratischen Putzbau mit 5 zu 5 Fensterachsen und ausgebautem Mansardendach im Gründerzeitstil errichten. Der dann 1900 beim Abriß des alten Gutshauses überflüssig gewordene, schon oben erwähnte eichene Portalbalken wurde den Schulse-Bülows in Ludorf als Erinnerung an das Stammhaus ihrer Vorfahren, den v. Knuths, geschenkt.
Auffallend ist die aus Feldsteinen gebaute, breite Zufahrt zu dem jetzt höher gelegenen Haus.

Nach dem 2. Weltkrieg war das Herrenhaus mit Umsiedlern aus dem Osten belegt. Später zogen diverse Einrichtungen der Gemeinde in das Haus, oben waren Wohnungen.
1996 wurde es umfassend restauriert und als Hotel ausgebaut. Bemerkenswert sind ein wertvoller Kamin von Villeroy&Boch, eine Glaskuppe (Atrium) in der Diele und die für damalige Verhältnisse extravaganten Schiebefenster (die inneren Doppelfenster laufen auf Rollen in die Wände hinein).
Östlich vom Gutshaus ist ein kleiner Park mit einheimischem Baumbestand.

Ende des 13. Jhs. hat es auch in diesem Ort schon eine Kirche gegeben. Leizen war aber nie selbständiges Kirchdorf, es gehörte zum Archidiakonat Röbel. Nach 1649 war es eine Filia von Röbel und Fincken. Später wurde Leizen mit Dambeck und 1723 mit Karchow verbunden. Danach wurde die Kirche wieder von Röbel aus verwaltet. Das Patronat hatte immer die Familie v. Knuth, ab 1753 die Familie v. Gundlach.

Die Kirche selbst ist ein einschiffiger Bau in Gestalt eines länglichen Vierecks aus dem 13. Jh. Sie ist zum größten Teil aus Feldstein gemauert. Nur im westlichen Teil sind Backsteine und Felsen gemischt verwendet worden (wahrscheinlich eine Reparaturarbeit aus der 2. Hälfte des 18. Jhs.). An der Ostwand sind 3 romanische Schlitzfenster eingearbeitet. Die gleiche Anordnung findet sich auf der Chorsüdseite.
Der quadratische, verbretterte Westturm mit seinem auffallend hohen und spitzen, achtseitigen Helm stammt auch aus der 2. Hälfte des 18. Jhs. Das Turmportal weist, geschmückt mit dem Gundlachschen Wappen, eine neuere Gestaltung im Barockstil auf.
Im Inneren ist die Kirche durch eine flache Bretterdecke geschlossen und mit einer Barockmalerei versehen. Von der Ausstattung dürfte der Altar als spätgotisches Triptychon erwähnenswert sein. Um 1500 geschnitzt, zeigt er im Mittelstück die Marienkrönung. Auf den Flügeln zu beiden Seiten sind Heiligenfiguren und fragmentarische Tafelbilder mit neutestamentlichen Szenen zu sehen. Die Kanzel, die Schranken sowie der Pastorenstuhl stammen aus dem 18. Jh. Bemerkenswert sind ein Beichtstuhl (!) und von der Vasa sacra ein Kelch aus dem 16. Jh. Eine Grabplatte mit Wappenrelief der Familie v. Knuth von 1370 steht aufgerichtet an der Wand und ist das älteste bauliche Zeugnis dieser Familie.
Die Kirchenglocken werden seit 1956 elektrisch geläutet. In jenem Jahr bekam die Gemeinde eine umgegossene Glocke. Die zweite kleine Glocke von 1527 wurde 1860 von C. Illies (Waren) umgegossen.
Alte Linden umgeben die Kirche. Im Herbst färbt sich ein altes, riesengroß gewordenes Pfaffenhütchen leuchtend rot.

Lenz

Der Ort liegt auf der schmalen Landzunge der Einmündung der Elde aus dem Petersdorfer See in den Plauer See. Die an den Kliffs vom Ostufer des Plauer Sees abgetragenen Sande wurden von Wind und Wasser vor der Eldemündung abgelagert. Diese Halbinsel wurde Lenz aber auch Lentzik, Liniz oder Lenzke genannt und gehörte dem Landesherrn. Das Wort könnte von glin, lin = Lehm, Ton abgeleitet sein.

Erstmals wurde Lenz 1387 erwähnt. Der Ort hatte im Mittelalter strategische Bedeutung. 1447 brannte Lenz samt seiner Befestigung bei einem Überfall der Märker in das mecklenburgische Land bis Karow vollständig nieder. 1448/49 ließ hier Herzog Heinrich d. J. (Mecklenburg-Schwerin), wahrscheinlich auf Fundamentresten der alten Befestigung, die Burg Lenz erbauen. Nach dem Bau ließen die Raubüberfälle nach. Die Burg mit einem starken viereckigen Turm stand zwischen den beiden Eldearmen, dem nördlichen und dem südlichen Eldeauslauf. Ein Wall und zwei Gräben schützten sie zusätzlich. Auch im 30jährigen Krieg, so 1638/39 und nochmals 1658/59 wurde sie von den Brandenburgern und Schweden heftig umlagert. Zur Zeit des Burgbaues gab es in der Gegend mehrere Ziegelei- und Kalköfen.

Auch vor und im 2. Weltkrieg hatte Lenz militärische Bedeutung. Nördlich von Lenz wurde ein unterirdisches Munitionswerk im Wald gebaut. Vorwiegend weibliche Häftlinge aus dem KZ Retzow mussten hier arbeiten. Ein Teil der damaligen Feldbahn ist heute noch erkennbar. Am Ende des Krieges wurde die Brücke gesprengt und das nebenstehende Kruggehöft brannte ab.

Mit Adamshoffnung und Petersdorf gehörte Lenz zuerst zum Amt Güstrow, später zum Amt Wredenhagen. Es war herzogliches Eigentum. 1864 wurde hier wieder eine Ziegelei erwähnt, die der Erbpächter Carl Grohmann betrieb. 1899 gehörte der 86 ha große Hof Ernst Hartwig. Außerdem war ein Büdner ansässig. Um 1920 mußten 41 ha an eine Mecklenburgische Ansiedlungsgesellschaft verkauft werden. Diese richtete für 2 Büdner und 3 Häusler Wirtschaften ein. 1921 war von dem nun nur noch 45 ha großem Resthof

Pächterhaus in Lenz

Eigangstor mit Segensspruch

Raimund Freiherr v. Gleichenbach- Rußwurm der Besitzer. Letzter Eigentümer vor 1945 war Herr v. Kalkstein. Wegen der geringen Landfläche wurde er nicht enteignet und vererbte das Gut in den 1950er Jahren an Frau Bartz.

Es gab schon früh Ausbaupläne für die Elde. Die ältesten stammen aus dem 16. Jh. Während des 30jährigen Krieges wurde weiter geplant und auch von Herzog Gustav Adolph (Güstrow) in den Jahren 1660 bis 1681. Der Ausbau war aber zu teuer, die Pläne ruhten deshalb bis 1792. 1798 wurde dann endlich mit der Arbeit begonnen. Aber erst 1837 konnten die ersten Schiffe unbehindert fahren. So hatte es 200 Jahre gebraucht, bis die Idee der Schiffbarmachung der Elde umgesetzt wurde. Es war letzlich ein Kanal entstanden, der mitten durch den ehemaligen Hof der Lenzburg ging. Vor dem Ausbau 1831stand links vom südlichen Eldearm auf einer Anhöhe noch das alte Torhaus. Die Pfähle der Brücke von dort zur Burg hin waren 1863 auch noch vorhanden. Auf der rechten Seite waren die Reste der Burg durch den nördlichen Eldearm geschützt. Auch hier war ein hoher Wall.
Heute ist nur noch der trockengelegte Burggraben für ein geübtes Auge erkennbar.

Der Pächterhof steht auf der engsten Stelle zwischen Plauer und Petersdorfer See. Wahrscheinlich wurde er mit der Einrichtung der Ziegelei aufgebaut.
Das Haus ist Ende des 19. Jhs. gebaut worden. Es ist ein eingeschossiger Bau über 9 Achsen auf einem Feldsteinsockel. Der Dachraum ist teilweise ausgebaut. Ein einfaches Satteldach mit Dachpappe schließt es ab. Der Eingang wird durch seine Zweigeschossigkeit, einen Balkon und Holzverzierungen betont. Fensterläden schmücken die Forderfront.
Von den Erben der Familie Bartz wurde das Anwesen als Sommerhaus genutzt. Es ist verkauft und wird seit 2008 restauriert.

Zwei fast zerfallende Scheunen rahmen den zugewachsenden Hof ein. Im Süden schließt sich ein alter Obstgarten an. Interessant ist das Eingangstor mit einem alten Segensspruch.

Lexow

Etwa 7 km südöstlich der Inselstadt Malchow liegt Lexow nördlich vom Großen Kressiner See. Die Dorfgeschichte ist eng verbunden mit beiden Klöstern Malchow und Dobbertin und unterscheidet sich deshalb von der anderer Dörfer.

Die urkundliche Ersterwähnung des Ortes stammt aus dem Jahre 1298. In diesem Dokument ist die Verlegung des Klosters Röbel zum Dorf Malchow durch Bischof Gottfried v. Schwerin festgehalten. Fürst Nikolaus v. Werle gab mit Einwilligung seiner Mutter Sophie und seiner Brüder dem Kloster das Patronat über die Kirchen in Malchow und Lexow. Diese behielten das Patronat auch bis ins 20. Jh. hinein.

Bis 1345 waren die Werlschen Vasallen Hennekinus Budde und Gerhard Pape Besitzer der Klosterhufen im Dorf. Seit dem Eintausch von Roez für Penkun 1668/88 befand sich der Grundbesitz Lexows dann beim Kloster Dobbertin. Dieses Kloster ließ alle seine Ländereien durch einen Sandprobst, eine Art Geschäftsführer, bis in das 17. Jh. hinein verwalten. Lexow gehörte zur Vorderprobstei, Pächter war Friedr. Stüdemann. Aber auch Bauern bewirtschafteten die Ländereien. Zwischen 1660 und 1750 ließ das Klosteramt einige von ihnen in Lexow legen. 1747/48 kam es zum Widerstand der Bauern, der aber niedergeschlagen wurde. Die wenigen Bauern konnten nach 1814 dann ihre Pachtverträge in Erbpachtverträge umwandeln. 1840 gab es in Lexow 7 Kossatenpachthöfe. Sie wurden 1844 an die Ortsrandlage Lexow (heute Lexow – Ausbau) umgesiedelt. 1864 und 1871 hieß der Klosterpächter Vollrath Hamann. Er ließ das Herrenhaus samt den großen Stallungen bauen. Außerdem gab es eine Windmühle. Um 1895 übernahm Gustav Sellschopp und 1916 August Beese den Pachthof. 1918 wurde die Landesregierung Besitzer des klösterlichen Grundbesitzes und Lexow damit eine Domäne, die weiter verpachtet wurde. Bis 1927 war Anna Beese Pächterin. Verwalter des 682 ha großen Gutes war Hans Ehlers. 1938 gab es gleich zwei Pächter, Johannes Hoppe (Lübeck) und Carl Barbenderede (Güstrow). Außerdem existierten im Dorf noch sieben Erbhofstellen. 1942 hieß der Gutsverwalter Struve.

Das schlichte zweietagige, eher schmucklose Pächterhaus wurde 1874 gebaut.

Pächterhaus in Lexow

Kirche in Lexow

Zwischen 1927 und 1945 wohnten 7 Familien im Gutshaus. Nach 1945 diente es weiter als Wohnung. 1968 richtete die Gemeinde im unteren Teil einen Gemeinderaum und eine Gaststätte ein. Oben wurde der Raum für 3 Wohnungen genutzt.
Der heute noch genutzte riesige Gutshof mit 6 alten Wirtschaftsgebäuden erinnert daran, dass hier schon viele Jahrzehnte eine florierende Landwirtschaft betrieben wurde. Ein Teil der Stallungen wurde jedoch zu Wohnungen umgebaut. Andere ehemalige Gutsgebäude werden heute von einem landwirtschaftlichen Betrieb genutzt.
Das Herrenhaus steht seit 1990 leer. Reste einer Lindenallee führen zum Gutshaus.

Die Kirche gehörte zum Kloster Malchow. Sie ist ein kleiner Feldsteinbau mit äußerlich gerundetem, innen jedoch polygonalem Chorschluss. in Folge des 30jährigen Krieges war sie abgebrannt und wurde 1637 wieder aufgebaut. 1887/88 fand eine umfangreiche Sanierung statt. Dabei wurde der Westturm angebaut.
Innen war der kleine Kirchenbau zunächst mit einer flachen Bretterdecke geschlossen, die bei den Arbeiten 1888 mit einer leichten Wölbung versehen wurde. Altar, Taufe und Gestühl stammen aus der 2. Hälfte des 20. Jhs. Die Kanzel dagegen ist Ende des 17. Jhs. gefertigt worden. Allerdings wurde der Fuß bei Restaurierungsarbeiten 1887 ausgewechselt. Unter der Treppe steht ein Taufengel mit ovaler Messingschale von 1726. Daneben gibt es eine ganze Reihe gestiftetes Inventar. Kelche, Patene und Leuchter stammen aus dem 17. und 18. Jh.
Im Turm befindet sich eine kleine Glocke.
Hier steht wohl die kleinste Lütkemüller-Orgel unseres Müritzraumes. Wahrscheinlich war das Instrument erst nachdem die Kirche 1888 umfangreich erneuert worden war, hierher gekommen. 1990 wurde sie restauriert.

Louisenfeld

Louisenfeld befindet sich ca. 15 km nordwestlich von Waren. Der Ort liegt idyllisch in der Endmoränenlandschaft zwischen der B 108 und der Bahnstrecke Waren-Rostock. Louisenfeld selbst ist ein recht junges Dorf. Es wurde in unmittelbarer Nähe zu einem sehr alten Siedlungsplatz aufgebaut. Dieser liegt im Süden des Ortes. Hier finden wir neben einem Hügelgrab (1.500 v. Chr.) auch einen Turmhügel (12.–14. Jh.). 1316 wurde der Ort Starkevitz genannt. Sicher als slawische Siedlung gegründet, wurde er zu dieser Zeit bereits von Deutschen genutzt. Der befestigte Turmhügel und auch das Dorf Starkevitz sind bereits vor dem 30jährigen Krieg wüst gefallen. Heute stehen dort wieder zwei Bauerngehöfte aus den 1930er Jahren.

Louisenfeld ist aus der Meierei Grabowhöfe hervorgegangen, die erst Louisenhof hieß und von der damaligen Pächterin Grabowhöfes und Sommerstorfs Louise Joh. H. v. Voss (Witwe von Ferdinand v. Hahn) 1816 gegründet wurde. Erstmalig wurde der Ort als Louisenfeld 1878 im Staatskalender Mecklenburg-Schwerin genannt. Besitzer war 1899 Max Otto Friedr. W. A. E. v. Graf Hahn (Grabowhöfe) und 1914 dann Prinz Adolf zu Schaumburg-Lippe. Ende der 1930er Jahre wurden Bauern aus der Lohheide (Niedersachsen) nach Mecklenburg umgesiedelt. Das Gut wurde dazu verkleinert. Sechs neue Bauerngehöfte wurden angelegt. Besitzer des Restgutes war Familie Wörmann. Nach 1945 wurde dann das Restgut im Zuge der Bodenreform unter 13 Neubauern aufgeteilt. Ab 1960 fand die staatliche Zwangskollektivierung zur LPG statt.

Das Gutshaus ist ein zweigeschossiger Backsteinbau auf einem Feldsteinfundament von 11 zu 4 Achsen und wurde 1870 wahrscheinlich von Max Otto Friedr. Graf Hahn erbaut. Auf dem 3achsigen Mittelrisalit stehen das Baujahr und die Initiatialen M.H.-E.H.g.b-z.E. des Bauherrn.

Es diente immer Wohnzwecken und ist heute Gemeindeeigentum. Reste der Stallanlagen sind vorhanden. Eine Eschenallee führt auf das Gutshaus zu.

Gutshaus in Louisenfeld

Lübkow

Dieser kleine Ort liegt malerisch eingebettet zwischen Hügeln, Seen und Mooren in der Endmoränenlandschaft knapp 3 km südöstlich von Penzlin. So müssen es auch die slawischen Siedler gesehen haben, denn sie nannten ihren Ort Lubik, altslawisch ljubu = lieb, lieblich. Es gehörte zu den Penzliner Gütern der Maltzans.

Die Ersterwähnung fällt auf das Jahr 1272. Da gehörte das Dorf samt seiner Kirche zur umfangreichen Begüterung der Vogtei Penzlins. Mit dem Kirchenlehn wurde es in jenem Jahr von Fürst Nikolaus v. Werle den Ritterbrüdern Bernhard und Heinrich v. Peccatel und ein Teil auch dem Ritter v. Raven (Corvo) verliehen. Wahrscheinlich blieb es dort bis nach der Reformation.

Erst aus dem Jahre 1538 ist bekannt, dass die v. Maltzan und Barnefleth Besitzungen im Dorf hatten. 1558 besaßen die v. Maltzan ganz Lübkow. Nach 1595 musste Lübkow verpfändet werden. 1610 kaufte Hans v. Blankenburg sein Pfandgut. Bald wurde es wieder verpfändet. 1702 sollte Lübkow mit anderen Penzliner Gütern von dem schlesischen Maltzan Hans Heinrich zurück gekauft werden. Die Kaufsumme reichte nicht, so dass ein Teil der Güter, auch Lübkow, bald wieder verpfändet werden musste, erst an Stedling, später an G. Fried. v. Walsleben und 1716 an E. Fried. v. Kosboth, der die Güter bis 1773 bewirtschaftete. Die alte Penzliner Linie starb mit Bogislaw Maltzan (Mallin) 1775 aus. 1773 kaufte Joseph Ch. H. v. Maltzan (Penzlin) Lübkow zurück. Bis 1795 hatte er auch alle anderen alten Maltzanschen Güter zurück erworben. (Joseph Ch. H. v. Maltzan war auch Mitinitiator des 1770 nahe Hohenzieritz angelegten und damals wie heute größten und damit einmaligen Landschaftsparks im englischen Stil in Deutschland). 1899 und 1921 war Erblandmarschall Johannes v. Maltzahn (Penzlin) alleiniger Besitzer der 959 ha großen Ländereien um Lübkow einschließlich Werder. Pächter von Lübkow war Erich Schmidt. Außerdem bewirtschafteten noch 5 Erbpächter das Land. 1929 gingen die Penzliner Güter in Konkurs. Teilweise kamen sie in den Besitz einer Siedlungsgesellschaft. Von 1936 bis 1945 gehörte das Gut Lübkow Freifrau v. Massenbach. Es wurde mit der Bodenreform aufgesiedelt.

Lübkow hatte nie eine eigene Pfarre und wurde von Penzlin aus betreut. Nach einem Dorfbrand wurde die jetzige Kirche 1827 errichtet. Der kleine Bau mit fast quadratischer Grundfläche steht auf einem Hügel. Der Sockel ist aus Granitsteinen. Weiter oben wurde zu den Feldsteinen in den Wänden auch Ziegel beigemischt, um der damals modernen Zopfgotik zu entsprechen. Im oberen Bereich fanden nur Ziegelsteine Verwendung. Auf der Westseite schaut ein kleiner Holzturm aus dem Dach.

Der Innenraum ist mit einer flachen Bretterdecke geschlossen. Die Vasa sacra stammt zum großen Teil aus dem 18. Jh., die zinnerne Taufschale ist neu.

Ursprünglich hatte die Kirche drei Glocken. Zwei von ihnen waren von der Familie v. Maltzan als Ersatz der vom Feuer zerstörten Glocke

von 1782 gestiftet und von Joh. Ch. Meyer gegossen worden. Heute ist ganz oben in der Turmspitze eine kleine Glocke.

Joseph Ch. H. v. Maltzan, der die meisten alten Maltzanschen Güter zwischen 1764 und 1784 wieder zurück erwerben konnte, ließ sich zwischen Lübkow und Werder unter einer Grabpyramide nahe dem „Butterberg“ bestatten. Diese aus Granit bestehende Pyramide hat die Grundmaßemaße 4x4 m und ist 5,10 m hoch. Es wurden damals 3 Linden, 3 Kastanien und 3 Pappeln angepflanzt. Ein Teil von den Bäumen steht heute noch.

Ludorf

Gutshaus in Ludorf

Der Ort liegt nur 4 km östlich der Stadt Röbel. Nördlich von Ludorf wiederum ragt die Halbinsel „Steinhorn" in die Müritz hinein und stellt mit den gut erkennbaren slawischen Burgwallanlagen den Anfang der sichtbaren Siedlungsgeschichte des Ortes dar. Möglich ist schon, dass dies eine der Hauptwehranlagen der „Morizaner", des um die Müritz herum lebenden slawischen Stammes, war. Ludorf wurde früher Lugdorf oder Ludorpe, was soviel wie „Dorf am Bruche" bedeutet, geschrieben.

Als Erstes wurden die Morin (Marin) 1224 und 1274 mit den Rittern Henning bzw. Heinrich Morin in Schenkungsurkunden des Fürsten Nicolaus v. Werle an die Stadt Röbel erwähnt. Sie hatten auf dem alten slawischen Burgwall (600 m nördlich Ludorfs) eine Burg (Alt Morin) errichtet und konnten mehrere Güter (u. a. Marin) erwerben. Die Familie Morin starb 1659 mit Levin Ludwig v. Marin aus. Die Burg war schon vorher wüst gefallen.
Reste der alten Burg Morin mit dem Burgwall und der ca. 600 Jahre alten Eiche auf dem Burghof sind heute noch vorhanden und sehenswert. Zur Zeit der ersten Morins hatten die Werlischen Herzöge im benachbarten Gneve einen Herrensitz. Bernhard v. Werle schrieb 1341 seiner Frau Elisabeth, geb. Gräfin v. Holstein-Plön, mehrere Orte an der Müritz als Leibgedinge aus. Sie hatte das Schloss in Gneve als Witwensitz auserkoren. 1410 gingen diese Güter an die Hahns über.
Die Tochter von Henning II. Marin, Elisabeth, hatte Jakob Ernst v. Knuth (Priborn, Leizen, später Melz, Karchow) geheiratet und so kam Ludorf an dessen Familie. Gehörten anfänglich nur Teile Ludorfs zur Erbschaft der Knuths, so gelang es dem Sohn, Adam Levin, die restlichen Teile von den Kerkbergs (Verwandte der Marin) und 1616 von den Lepels, sowie Gneve von den Hahns zu kaufen. Er ließ auch, nachdem er 1689 sein Erbe in Ludorf antrat, das jetzige Gutshaus bauen.
Die größte Ausdehnung erreichte das Ludorfer Gut Ende des 18. Jhs. Insgesamt gehörten mehr als 4.000 ha mit den Orten Gneve, Zielow und später auch Solzow dazu. (Zielow wurde 1821 an die dortigen Bauern verkauft). Mit Joseph Ernst v. Knuth starb 1832 die männliche Linie der Familie in Deutschland aus. Seine einzige Tochter Bertha heiratete Wilhelm v. Schulse. Deren Tochter Beate wiederum heiratete in die Familie v. Bülow ein und bis nach 1945 trugen diese den Doppelnamen von Schulse-Bülow.

So war Ludorf 655 Jahre im Besitz einer Familie geblieben. Der Besitz von 3.800 ha war 1851 vom Lehn in ein Allod umgewandelt worden.

Das Gutshaus ließ 1698 Adam Levin v. Knuth im dänischen Klinkerrenaissancestil errichten. Für das Fundament des schlichten, aber massiven Backsteinhauses wurden die großen Granitsteine der alten Burg Morin verwendet. Das zweigeschossige Gutshaus besitzt 15 zu 4 Achsen und ist mit einem Walmdach abgeschlossen. Ein Dreiecksgiebel betont die fünfachsige Mitte der Hoffront. Die Rückseite des Hauses hat seine im letzten Drittel des 19. Jhs. angebaute hölzerne Veranda und Freitreppenanlage 1999 zurückerhalten. Damit ist das Haus in seinem Erscheinungsbild nahezu unverändert geblieben.
Einzigartig in Mecklenburg-Vorpommern sind die großflächigen Deckenmalereien aus der Erbauungszeit in drei Zimmern im Obergeschoss, die bei der Restaurierung entdeckt und wieder hergestellt wurden. Sehenswert auch das Portal: der Holzbalken direkt über der Tür ist älter als das Haus und zierte einst das alte Knuthsche Gutshaus in Leizen. Er wurde beim Abriss des Hauses in Leizen nicht weggeworfen, sondern von der Familie v. Gundlach als Geschenk hierher gebracht. Auf dem Balken steht: „Moritz, Jakob, Joachim Gebroder de Knuth. Anno Domini 1576". Darüber das Knuthsche Wappen, dessen Original heute in der Halle steht. Dort befindet sich auch einer der im späten 19. Jh. angeschafften Portallöwen, der das Bülowsche Wappen trägt.
Im 19. Jh. wurde der barocke Garten zum englischen Landschaftspark umgestaltet. Durch den Park gelangt man, vorbei an zwei aus dem 18. Jh. stammenden Teichen, zu einer Kastanienallee, die nach ca. 600 m an der Müritz endet. Hier stand früher das herrschaftliche Badehaus.
Die heute rings um das Rondell gruppierten Wirtschaftsgebäude entstanden z. T. auf Kellern und Fundamenten älterer Gutsgebäude. So ruht auch das Wirtschaftshaus links vom Gutshaus von 1850 auf einem sehr viel älteren Gewölbekeller. Dort ist heute auch noch die große Gutsglocke zu sehen.
Nach 1945 erlebte der Ludorfer Gutshof das Schicksal vieler Höfe im Lande. Es wurde geplündert und die Inneneinrichtung zerstört.

Wirtschaftsgebäude

Das Gutshaus diente den vielen Flüchtlingen in der großen Wohnungsnot. Äußerlich blieb es unversehrt, denn es ist nicht nur mit seinen 1-1,5 m dicken Mauern sehr robust, sondern es zählte zu den 21 Schlössern und Gutshäusern im Lande, die schon 1946 per Befehl der sowjetischen Militäradministration unter Schutz gestellt wurden (im Müritzgebiet sonst nur noch Ulrichshusen).
Es diente bis 1989 als Wohnraum, dann war es dem Verfall preisgegeben. 1998 kaufte das Ensemble die Familie Achtenhagen. Nach denkmalschutzgerechter, behutsamer Sanierung des Gutshauses eröffneten sie dieses im Jahre 2000 als familiengeführtes Hotel. 2004 konnten die Fenster auf der Westseite mit neuen Läden umrahmt werden.
Das Patronat hatte zuerst die Familie Morin (später die Pritzbuer). Deshalb ist es auch anzunehmen, dass es ein Morin war, der die Kirche bauen ließ. Wipert v. Morin, so sagt dann auch die Überlieferung, hat die Ludorfer Kirche nach dem Vorbild der Kirche vom Heiligen Grabe in Jerusalem nach glücklicher Heimkehr von einer Pilgerreise ins Heilige Land, bauen lassen.
Sie gehörte immer zur Pfarre Röbel, bis auf eine kurze Zeit im 17. Jh. Da war sie zusammen mit Nätebow kombinierte Mutterkirche zu Dambeck. Später, im 18. Jh. war sie Mutterkirche von Vipperow.

Kirche in Ludorf

Einzigartig in der Baugeschichte Mecklenburgs steht dieser kleine Zentralbau auf oktogonem Grundriss und müsste nach oben genannter Geschichte schon im 12. Jh. errichtet worden sein. Orientalische Einflüsse sind zweifellos erkennbar.

Geweiht wurde die Kirche aber erst 1346 durch den Bischof von Havelberg. Deutlich sind romanische Stilformen zu finden. Alles ist ursprünglich und alt, bis auf einen Anbau (Grabgewölbe) im Nordwesten und Verstärkungen im Chor (Backsteine und Feldsteine). An der Nord- und Südseite sind zwei gleiche Abseiten, die aus einem Sechseck konstruiert sind. Die südliche Abseite diente als herrschaftlicher Stuhl, die nördliche als Gruftkapelle. Eine zweiflügelige Eichentür und ein schmiedeeisernes Gitter aus dem Jahre 1736 verschließen sie. Ursprünglich war ein Westturm geplant. Ausgeführt wurde nur sein Untergeschoss mit der flachgedeckten Vorhalle.

Nach dem 30jährigem Krieg war die Kirche zwar äußerlich heil, aber innen geplündert worden, die Gruften geöffnet und die Fenster kaputt. Der Turm war beschädigt und die Glocken hatte noch Henneke Marin verkauft.

Innen überspannt ein vierteiliges Gewölbe den Raum. Im Altaraufsatz ist die Kreuzigung Christi dargestellt und die Kanzel schmücken vier Evangelisten. Der Taufstein aus Marmor stammt aus dem 19. Jh. In der Apsis steht ein kleiner Eucharistie-Schrank. Überall finden sich die zinnerne Allianzwappen der mit der Familie v. Knuth durch Heirat verbundenen Familien. In den nördlichen Fenstern sind kleine Glasmalereien biblischer Szenen, ca. um 1600 entstanden, zu sehen. Diese stammen ursprünglich aus der Kirche von Priborn. Die Vasa sacra aus dem 17.–19. Jh. ist sehr umfangreich und zum größten Teil von der Familie v. Knuth gespendet. Die Orgel ist ein kleines Instrument aus der Werkstatt Hermann Lütkemüllers und wurde 1994 wieder instand gesetzt. Sie wurde im Jahr 1999 restauriert und erklingt zu den in der Kirche stattfindenden Musikveranstaltungen.

Die Glocke war 1709 umgegossen worden und von Adam Levin v. Knuth gestiftet.

Eine sanierte Kopfsteinpflasterstraße führt um die Kirche herum.

Die Ludorfer Kirche ist gemeinsam mit dem nebenan liegendem Gutsmuseum in den Sommermonaten geöffnet. Außerdem werden Führungen durch das Gutshaus zu jeder Jahreszeit angeboten.

Erwähnenswert sind außerdem die in der Feldmark westlich von Ludorf gelegenen drei starke Eichen. Hier stand früher eine Bockwindmühle, die bis 1950 noch mahlte und 1957/58 abgebrochen wurde.

Lupendorf

Der Ort liegt am Nordrand des Müritzkreises auf den Ausläufern der Mecklenburgischen Schweiz. Lupendorf war schon zur Zeit der Fürsten v. Werle eine Pertinenz von Basedow.

Im 12. Jh. besaß die Familie Luch Basedow. 1285 übernahm Nicolaus Hahn zusammen mit anderen Rittern einen Teil der Fürstenschulden und wurde dafür 1287 mit Basedow belehnt, zu dessen Gütern auch Lupendorf zählte. Urkundlich wurde Lupendorf 1287 erstmalig erwähnt, als Fürst Heinrich v. Werle dem Domkapitel zu Güstrow Hebungen aus zwei Hufen in Lupendorf verlieh. Zwei Jahre später verkaufte Nicolaus Hahn noch einen Teil seines Eigentums an das Kloster Dobbertin. Dieses bekam immer mehr Einfluss im Dorf und hielt seit 1307 das höchste Gericht. Lupendorf wurde ein Bauerndorf. Im 30jährigen Krieg wirtschafteten hier 10 Bauern und 4 Kossaten. 1707 gehörte die Hälfte Lupendorfs Wedige Ch. Hahn und 1751 gehörte immer noch ein kleiner Teil der Familie Hahn. Auch die Maltzan (Rothenmoor) hatten hier Anteile. 1816 erwarb der Finanzrat Israel Jacobson den Ort Lupendorf. Er soll der erste jüdische Gutsbesitzer in Mecklenburg gewesen sein und hatte seinen Wohnsitz in Tressow. Seine Erben besaßen die Ländereien bis 1829. Die Grafen Hahn (Basedow) hatten seit je her Besitzungen in Lupendorf. 1839 waren sie alleinige Besitzer des Ortes. Bis zu diesem Zeitpunkt war Lupendorf ein Bauerndorf gewesen. Erst die Hahns gründeten hier einen Gutshof. Dazu waren die 5 Bauern in die Umgebung des Dorfes nach Norden hin umgesiedelt worden. Das Dorf war fortan zweigeteilt. Die Familie Hahn war 1923 immer noch im Besitz des Hofes. Vor 1945 war dieser von Familie Moll gepachtet worden. Aber auch die Bauernhöfe konnten sich bis zum 2. Weltkrieg halten. Nach dem Krieg saß in Lupendorf eine Zeit lang die sowjetische Kommandantur. Später wurde die LPG Pflanzenproduktion Lupendorf gegründet und noch später mit der Tierproduktion Moltzow zusammengelegt.

Das Gutshaus ist ein eingeschossiger Fachwerkbau über 13 Achsen und stammt aus der Gutsgründung 1839. Es besitzt ein Krüppelwalmdach. Auf der Südseite ist ein kleiner Erker angebaut. Ein Park schließt sich im Westen an das Haus an. Früher besaß der Hof neben den Wirtschaftsgebäuden auch ein Eingangstor. Übrig geblieben sind davon nur eine große Backsteinscheune und das Rondell vor dem Gutshaus. Nach dem Krieg war hier zuerst die sowjetische Kommandatur untergebracht. Danach wurde es Gemeindeeigentum und es zogen eine Gaststätte und der Kindergarten ein. Ein großer Raum wird auch heute noch als Versammlungsraum genutzt.

In Lupendorf hat es eine Kapelle gegeben, die 1662 noch erwähnt wurde.

Lütgendorf und Blücherhof

Gutshaus in Blücherhof

17 km nordnordöstlich von Malchow liegt Lütgendorf, das seit altersher auch zum Land Malchow und damit zur Diözese Schwerin gehörte. Das Dorf, das nahe dem Nordwestufer des Tiefsees liegt, besteht nur noch aus drei Häusern und der Kirche. Früher gab es am verlandeten Westufer außerdem den Hof Lütgendorf. Er ist hervorgegangen aus einer frühdeutschen Burganlage, mit der man einen slawischen Burgwall überbaut hatte. Noch 1917 gab es in Lütgendorf außer der Pfarre eine Schule, eine Schmiede und ein Granitwerk.

Die urkundliche Ersterwähnung geht auf das Jahr 1112 zurück, als die v. Linstow ihren damaligen Hauptwohnsitz von Linstow nach Lütgendorf verlagerten. 1171 wurde dann ein Kreuzritter Hinrich v. Linstow erwähnt. Die Linstows heirateten mehrmals in die Familien v. Grube (1231), Wotzenitz (1316, 1352) und Wangelin (nach 1250) ein. Das erklärt auch, warum in dieser Gegend diese Familiennamen häufiger auftauchten. So wird 1303 für Lütgendorf eine Burg erwähnt, die wahrscheinlich die v. Grube erbauen ließen. 1304 verliehen die Wangelin der Kirche acht Hufe von Glans, einer Dorfwüstung in der Nähe des heutigen Blücherhof. Im 14. Jh. musste Lütgendorf für den bischöflichen Hof Naturalleistungen erbringen, denn es war ein Tafelgut des Schweriner Bischofs.

1386 waren die v. Linstow alleinige Besitzer von Lütgendorf. 1530 begleitete Achim der Jüngere, Sohn Chistoph Linstows, den Herzog Heinrich V. zum Reichstag nach Augsburg und lernte dort Martin Luther kennen. Auf dessen Empfehlung kam 1531 der Prediger Jacob Rosenthal nach Lütgendorf. Die Linstows bewirtschafteten Lütgendorf bis zum Aussterben der Familie mit H. Rudolf v. Linstow im Jahre 1752. Durch Heirat seiner Witwe ging das Gut an Kriegsrat v. der Lühe. Durch Konkurs musste er das Lehn 1763 an Bürgermeister Urban Nauert (Malchow) verkaufen. Dieser konnte den Kontrakt nicht erfüllen und Lütgendorf ging 1764 an E. Werner v. Raven (Nossentin). Als dieser auch in Konkurs ging, wurde 1789 Helmut Ludwig v. Blücher sein Nachfolger.

Um diese Zeit fand der ursprünglich verfallende Hof seine Fortsetzung im „Gut Blücherhof". Von den Erben Blüchers kaufte Hauptmann v. Arnim 1793 die Begüterung. 1799 gehörte die Heller Mühle zu seinem Besitz.

1796 war außerdem der Geheimrat Albrecht v. Kamptz (Sophienhof) anteiliger Besitzer und ab 1848 Emanuel v. Hintzenstern. 1876 folgte ein v. Plessen (Reez) und dessen Erben, 1899 Karl Axel v. Maltzahn. Anfang des 20. Jhs. erwarb der Naturforscher Prof. Dr. Alexander König aus Bonn mit Blücherhof und dem Gut Lütgendorf das 947 ha große Allodium. Nach dem Tod von Prof. König im Jahre 1940 lagerte das Naturkundemuseum Berlin hier Sammlungen ein. Seit 1951 wurde das Gutshaus als Ausbildungs- und Erziehungsstätte und dann ab 1961 bis 2003 als Kinderheim genutzt. 2004 wurde das Haus verkauft.

Das Gutshaus war ursprünglich im frühklassizistischen Stil über 13 Achsen erbaut worden und hatte einen 3achsigen Mittelrisalit, der oben mit einem Dreieck abschloss. Als Andenken an Ludwig v. Blücher wurde die Gutsanlage **Blücherhof** genannt.

1904–1908 erfolgte unter Prof. König ein Umbau des Gutshauses und der Wirtschaftsgebäude, die heute immer noch in selten schöner Geschlossenheit einen Hof bilden. Das Gutshaus war verlängert und das Dach samt Risalit neobarock ausgebaut worden. Damalige moderne Elemente des Jugendstils waren mit eingearbeitet. In der Mitte der Vorderfront befindet sich ein fünfseitiger Risalit, der mit einem schmiedeeisernen Portalbaldachin verziert und mit einer Kuppel abgeschlossen ist. Auf der Rückseite des Gebäudes ist vor der mittleren Front ein Altan. Eine Freitreppe führt von dort in den Park. Der wurde 1906 von Georg Kuphalt, Stadtgartendirektor von Riga, unter Einbeziehung vorhandener Bäume umgestaltet und beherbergt dendrologische Raritäten aus verschiedenen Kontinenten. 1971 wurde er unter Schutz gestellt und war 2003 eine Außenstelle der IGA Rostock.

Das Gutshaus wird durch zwei reich verzierte eiserne Tore aus dem Jahre 1908 (aus Vollrathsruhe) vom Gutshof getrennt. Der Gutshof ist mit seinen Stallungen und dem auffallenden Taubenhaus in seiner Gesamtanlage, bis auf den 2004 abgebrannten Schweinestall, vollständig erhalten.

Zwischen 1965 und 1970 fanden Umbauarbeiten statt. Dabei wurde das neobarocke Dach

Kirche in Lütgendorf

Taubenhaus auf dem Blücherhof

wieder zurückgebaut. Die am Südgiebel gelegene Veranda wurde aufgestockt.
Seit 1995 erfolgten nach und nach weitere Sanierungen. Heute wird das Ensemble vielfältig genutzt und bietet neben Ferienwohnungen auch Veranstaltungen des Vereins „Blücherhofer Truhe" und der Musikfestspiele Mecklenburg-Vorpommern Raum.

Die Kirche in Lütgendorf ist ein rechteckiger Feldsteinbau aus dem 13. Jh. ohne Turm. Hoch ansetzende Fenstergruppen und das Spitzbogenportal prägen die Südseite.
Nach dem 30jährigen Krieg lag die Kirche mehrere Jahre wüst. 1667 gaben die v. Flotow (Stuer) ihr Patronatsrecht an die v. Linstow ab. Erst um 1670 wurde mit der Wiederherstellung begonnen und damit die Nutzung wieder aufgenommen. 1775 wurde der östliche Fachwerkgiebel ausgemauert. Im 19. Jh. ist der Westgiebel mit Backsteinen erneuert worden. 1959 wurde das Dach umgedeckt und 1966 die Kirche innen restauriert. Am Vortag eines Posaunenkonzertes 1980 fiel der schwere Westgiebel ein und zerschlug die Orgelempore. Die Schäden wurden 1987 behoben. Dabei wurde das Gebälk verstärkt und das steile Satteldach dank der Hilfe der Partnergemeinde Bad Berneck (Bayern) neu eingedeckt.
Der Glockenstuhl neben der Kirche aus dem Jahre 1819 gehört zu den größten in Mecklenburg. 2003 wurde er originalgetreu wieder aufgebaut. Von dem 1860 gegossenen Dreiergeläut des Warener Glockengießers C. Illies blieb nur eine Glocke mit folgender Inschrift erhalten: „Nur um Frieden zu verkünden, sei dein Schall entsandt, darum habe CONCORDIA dich genannt". Sie soll noch 2004 wieder im Glockenstuhl läutbar sein.

Auf dem Innenraum liegt eine flache Balkendecke. Der gemauerte Altarblock und der Sakramentsschrank stammen aus der frühen Bauphase der Kirche. Der mit barockem Schnitzwerk verzierte Kanzelaltar stammt aus der Zeit um 1775. Aus dieser Zeit ist auch die große, zweigeschossige Patronatsloge, das Gestühl und der Taufengel. 1591 wurde für J. v. Linstow († 1588) das Steinepitaph geschaffen. Die Grabplatte mit dem betenden Ritter ist aus der gleichen Zeit. Das Mariengemälde stammt aus dem 19. Jh.

Auf dem Friedhof steht ein mächtiger, mit Efeu bewachsener Feldahorn.

Mallin

Nur 5 km nordöstlich von Penzlin liegt direkt an der B 192 nach Neubrandenburg Mallin. Es ist eine slawische Siedlung und der Name könnte von malina=Himbeere oder aber von malu=klein abgeleitet sein. Mallin war bis zum Mittelalter ein Bauerndorf.

Anteilig gehörte das Dorf zum Kloster Broda. Aber auch die v. Wokenstedt (Wakenstädt) besaßen im 14. Jh. hier Anteile. Das bestätigt die urkundliche Ersterwähnung aus dem Jahre 1348, in der der Knappe Heinrich Wakenstädt mit Hilfe von acht Hufen eine Vikarei in Penzlin gründete. Klaus v. Giewitz erwarb 1376 zwei Hufen. Vom Kloster Broda erhielten im 15. Jh. die v. Maltzan Dorfanrechte. 1446 besaßen sie dann, bis auf einen Hof (Matthias Kargow), den ganzen Ort. Doch die v. Maltzan konnten in der Folgezeit mehrere Verpfändungen nicht verhindern. So tauchten im 17. Jh. eine ganze Reihe von Namen auf: B. Schmieterlow, J. Ihlefeldt, J. Stüneke, Th. Meyer, H. Dreves und Dr. Krauthof(f) und im 18. Jh. Kupferschmied Richter (Güstrow), Leutnant Kloss, H. Ch. von Dechow, Kunstmann und E. Werner v. Raven. Nach 1750 konnten die v. Maltzan Mallin wieder in ihre Hände bringen. Joseph Ch. H. v. Maltzan erbte das Gut. Er tauschte es 1764 mit seinem Vetter G. H. Bogislav. Aus dem Jahre 1781 sind eigenmächtige Bauernverlegungen von Mallin nach Lübkow bekannt. Bis 1857 blieb das Dorf in Maltzanschem Besitz. In diesem Jahr erwarb A. Ludwig Schröder das Lehngut. Aber schon 1869 verkaufte er es an Karl Ludwig Baron v. Hauff. Er ließ das heutige Gutshaus bauen. Seine Söhne wandelten 1888 das 575 ha große Lehn in ein Allodialgut um. Ab 1938 war Margarete Beckmann geb. Kronberg Eigentümerin.

Mit Beginn der Gründerzeit entstand 1870/71 der pompös wirkende Herrensitz als zweigeschossiger Putzbau mit elf Achsen über einem Souterrain. Die Längsseiten sind durch Mittel- und Seitenrisalite geschmückt. Der Mittelrisalit der Hoffront wird von einem Altan über der Auffahrt sowie zwei polygonalen Ecktürmen flankiert. Das Gutshaus soll schlecht beheizbar und daher ungemütlich gewesen sein.

Nach dem Krieg erfuhr das Haus dasselbe Schicksal wie die meisten Gutshäuser in der ehemaligen DDR. Genutzt wurde es als Dorfgaststätte, Konsum, Kindergarten und auch Wohnungen waren bis 1970 dort. Es fehlte jedoch der Gemeinde das Geld, ein so großes, denkmalgeschütztes Haus zu sichern und zu sanieren. Seit 1989/90 steht es leer.
Heute ist es in einem sehr desolaten Zustand. Alle Bemühungen, das Haus im Sinne der Gemeinde zu verkaufen, waren bisher ergebnislos.
Hinter dem Gutshaus lässt ein verwilderter Park noch die Großzügigkeit des Areals erkennen. Das Gebäude selbst steht erhöht. Früher muss der Blick hinaus in die freie Landschaft sehr schön gewesen sein. Vor dem Gutshaus liegen Karpfenteiche, die 2003 saniert wurden. Einige alte Platanen auf der Südseite des Gutshauses fallen auf.
Bemerkenswert ist das 50 m vor dem Gutshaus gelegene Gutsverwalterhaus (Torhaus) im Fachwerkstil aus der Biedermeierzeit. Es wurde bis 1985 bewohnt. Im Dorf ist weiterhin die alte Schmiede erwähnenswert.

Torhaus

Die Kirche von Mallin war nie eigenständig. Spätestens seit der Reformation ist sie eine Filia von Alt Rehse, so auch noch heute.
Die Dorfkirche ist ein rechteckiger, verputzter Ziegelbau aus dem Jahre 1757. Sie besteht aus einem Raum, der im Osten mit drei Seiten aus einem Achteck geschlossen wurde. Der Turm an der Westseite wächst aus der Dachkonstruktion heraus und besteht aus Fachwerk. Gekrönt ist er mit einer offenen Laterne. In der Wetterfahne ist die Jahreszahl 1757 eingestanzt. Im Innern ist die Kirche mit einer flachen Bretterdecke versehen.

Gutshaus in Mallin

Kanzel und Altar sind verbunden und stammen aus der Erbauungszeit. 1910 bekam die Kirche eine Grüneberg-Orgel. Sie soll restauriert werden.
Von den ursprünglich drei Glocken hängt nur noch eine. Sie wurde 1877 von C. Voss und Sohn in Stettin gegossen. Mit dem Jahr 1991 wurden Sanierungsarbeiten an der Kirche vorgenommen. Der gesamte Putz wurde innen und außen bis 1996 erneuert. Im Herbst 2003 bekam die Kirche einen freundlichen ockernen Anstrich.

Kirche in Mallin

Marienfelde

ehemaliges Gutshaus in Marienfelde

Der Ort liegt 2 km nördlich von Röbel an einem Landzipfel direkt an der Müritz.

Das kleine Landgut von 193 ha ist noch relativ jung. Zwischen 1512 und 1516 verkaufte die Familie Grambow (Wildkuhl) die Feldmark „Lopzow" an die Alt Röbeler Kirche. Dieses Dorf war bereits vor 1512 wüst gefallen. Bekannt ist, dass die Kirche in Röbel hier einen Pfarrerbpachthof besaß, der ab 1850 von Joh. Christian Mohrmann bewirtschaftet wurde. Eine Ziegelei wurde ebenfalls erwähnt. Sie lag südlich vom Gutshof in der Müritzniederung. Auch 1899 war der Hof Eigentum der St. Marienkirche Röbel. Pächterin war zu dieser Zeit Bertha Mohrmann. 1908 erwarb das Gut die Familie Westphal. 1921 war Margarete Westphal Besitzerin und Pächter Fritz Westphal. Die Familie besaß das Gut bis 1945.

Das Gutshaus war ursprünglich nur ein größeres Bauernhaus. Es war um 1850 massiv auf einem Feldsteinfundament erbaut und besaß damals ein Satteldach. Die Familie Westphal ließ es in den 1930er Jahren umbauen. Es wurde auf 9 Achsen erweitert und mit einem ausgebauten Mansardendach versehen, unter dem Ferienwohnungen eingerichtet waren. Die Gäste kamen damals hauptsächlich aus Berlin. Die Familie Glantz aus dem benachbarten Zierzow kam hier im Mai 1945 für einige Tage unter, bis der Landstrich von der Roten Armee Mitte Mai 1945 eingenommen wurde.
1948 wurde das Gut an 19 Siedler aufgeteilt. Das Gutshaus blieb Wohnstätte. Seit 1963 gehörte es der Stadt Röbel und wurde von der Wohnungsgenossenschaft verwaltet. Mehrere innere Umbauten musste das Haus ertragen. Außen wurde es nur notdürftig saniert. Mit dem Verkauf 1997 zogen die letzten Mieter aus. 1999 begann die Restauration und der Ausbau zum Feriengut Marienfelde. 2001 fand dessen Eröffnung statt.
Eine 500 m lange Kastanienallee führt auf das Gutshaus zu. Hinter dem Haus schließt sich ein 2 ha großer Park an, der demnächst saniert werden soll. Früher gab es hier einem angelegten Teich und einen Rosengarten.
Links neben dem Gutshaus steht ein thüringisches Holzhaus. Es wurde Anfang der 1920er Jahre als Fertigteilhaus hierher gebracht und diente der Familie Westphal als Altenteil.

Marihn

Zwischen Möllenhagen und Penzlin liegt nördlich der B 192 Marihn (1306 Maryn, bis 1926 Marin). Der Ort wurde nach seinem damaligen Besitzer, Ritter Marin (Morin) benannt.

Dem Mecklenburgischen Urkundenbuch zufolge wurde das Dorf erstmals 1304 erwähnt und gehörte zum Ritterschaftsamt Neustadt. Eine Hälfte der Ansiedlung gehörte der ritterschaftlichen Familie Marin. 20 Hufe vergab aber Fürst Nikolaus II v. Werle 1306 an seinen Vasallen Johann v. Holstein. Aber erst 1470 erklärten die v. Holstein verbindlich, dass ihnen nur die eine Dorfhälfte gehöre. Ab 1469 hatte Otto Stute ebenfalls einige Besitzungen. Wiederum ein Teil davon gingen 1501 auf Bernd v. Maltzan über. Bis 1508 erwarben auch die v. Blücher von den Stutes Besitzungen im Ort. Die Brüder Henning und Levin Marin (Ludorf und Groß Kelle) verkauften 1588, weil ihnen Marihn zu weit entfernt lag, einen Teil ihrer Begüterung an die Gebrüder v. Kosboth (Torgelow). Über einen weiteren Teil schlossen sie 1589 einen Tauschvertrag mit Christoph v. Kamptz ab. Dieser überließ 1597 den Tauschteil den Gebrüdern v. Holstein (Ankershagen). Später hatten die v. Voss (Groß Flotow) ebenfalls Eigentum in Marihn. Aber der Besitzerwechsel war noch nicht zu Ende. 1616 folgten die Lepel (Ludorf), 1625 dann die v. der Lanken. Anteile hatten außerdem Christoph Hahn 1630, Heinrich v. Bibow (Mollenstorf) 1648 - 1705 zuerst nur die damalige Meierei, denn das Gut wurde erst um 1700 wieder aufgebaut, Christian v. Blücher (Kittendorf) 1721, sowie Georg Ludwig v. Oertzen (durch Heirat mit v. Blücher, Kittendorf). Er verpfändete seinen Besitz um 1730 an Le Fort (Möllenhagen). Zwischen 1754 und 1766 ließ er sieben der neun in Marihn ansässigen Bauern legen. 1786 waren auch die beiden letzten Bauern gelegt. 1804 kaufte Gustav Dietrich v. Oertzen (Federow) von den Brüdern Le Fort das Gut und war damit alleiniger Besitzer des Ortes. Einen Teil veräußerte er aber 1855 an Rose (Ave). 1874 wurde Christian M. T. Reichhoff Nachfolger. Er konnte das Gut mit 762 ha in ein Allodialgut umwandeln. Seit 1895 war Karl v. Rocheid (Pieverstorf) in Besitz von Marihn. Colin v. Rocheid mußte während der Weltwirtschaftskrise 1931 156 ha des Gutes an eine Siedlungsgesellschaft verkaufen. So entstanden ab 1933 neun Erbhofbauernstellen in Marihn. 1935 verkaufte v. Rocheid noch einmal 29 ha Land an die Siedlungsgesellschaft. Die anderen Länderein blieben ihm bis 1945.

restauriertes Gutshaus in Marihn

Kirche in Marihn

Der alte Gutshof aus dem 17. /18. Jh. lag südlich von dem heutigen. 1759 lagen noch beide Höfe samt ihrer Gutshäuser nebeneinander.
Das heutige Gutshaus in Marihn ist ein viergeschossiger, verputzter Backsteinbau mit zwei Türmen aus dem Jahre 1890. 13 rundbogig ausgebildete Fensterachsen schmücken das Gebäude. Der Mittelrisalit zur Dorfseite hin ist durch einen geschwungenen Lünettengiebel abgeschlossen. Erwähnenswert ist das Kellergewölbe. Im Haus sind das Parkett, die Fliesen, der Deckenstuck und seine Täfelung original erhalten.
Das Haus diente nach dem 2. Weltkrieg als Wohnunterkunft. Später wurde es als Landmarkt, Kindergarten und Gemeindebüro genutzt. Das Gutshaus wurde immer zum Teil bewohnt. 2005 konnte es verkauft werden. Es folgte eine umfassende Restaurierung, auch im Außenbereich. Der „Garten von Marihn" ist mit seinen David-Austin-Rosen Außenstandort der Buga Schwerin 2009.
Der kleine Park trennt das Gutshaus vom Dorf. Bis 2001 ist er ausgelichtet und instand gesetzt worden. Schön anzusehen ist auch die Kastanien-Ahorn-Allee mit Kopfsteinpflaster nach Groß Flotow.

Die Kirche war immer eine Filia von Groß Luckow. 1661 wurde noch nichts von der Baufälligkeit der Kirche in Marihn berichtet. Sie hatte den 30jährigen Krieg gut überstanden. Es war eine Fachwerkkirche mit einem Turm, in dem drei Glocken hingen. Sie war auf einer Seite mit Rohr und auf der anderen Seite mit Stein eingedeckt. 1714 wurde, da sie für die Gemeinde nicht mehr reichte, ein Gebinde angebaut. 1725 brannte es in Marihn. Acht der neun Bauern verloren ihren Hof. Die Kirche war ebenfals samt Turm und Glocken nicht zu retten. So bauten die Marihner 1725/28 eine neue Fachwerkkirche. Sie besaß am westlichen Dachende einen schmalen hölzernen Dachreiter. 1732 wurde ein Chor südlich angebaut. Schon 1773 wurde sie als baufällig eingeschätzt. Nach 1900 wurde sie abgerissen und 1904 mit dem Neubau der heutigen Kirche begonnen. Es ist ein neugotischer Backsteinbau mit eingezogenem Rechteckchor. Die Portale besitzen Vorbauten und wieder schmückt ein hölzerner Dachreiter auf der Westseite des Firstes den Bau.
Die Inneneinrichtung stammt aus der Erbauungszeit. Von den Kleinkunstwerken wäre aus dem Taufgeschirr eine Messingschale erwähnenswert, die um 1700 gefertigt worden ist. Auf ihr ist die Verkündung des Engels an die heilige Maria dargestellt.
Die einzige Glocke wurde 1861 von C. Illies in Waren umgegossen.

Marxhagen

Marxhagen (früher Marquardeshagen) ist der Nachbarort von Moltzow und liegt direkt an der B 108 zwischen Waren und Teterow. Der Ortsname verrät ein durch Rodung entstandenes Dorf, das zweifelsfrei als deutsche Siedlung entstanden ist.

Um 1200 ist das Geschlecht der Maltza(h)n in der Gegend von Peene und Tollense sesshaft. Sie kamen aus dem Wendland als Lokatoren hierher. Die Familie schrieb sich sehr verschieden: 1194 Mulsan, 1236 Multzian, 1402 Malczan, später Moltsan, Moltzahn, Moltzan, Maltzahn und Maltzan. Sie verzweigte sich um 1500 und spaltete sich in verschiedene Linien auf. Einige davon starben aus.

Aus dem Jahre 1458 wurde berichtet, dass die Dörfer Pappenhagen und Marquardeshagen wüst lagen. Pappenhagen blieb wüst und Marxhagen entwickelte sich erst 200 Jahre später wieder zu einem Dorf. Es war 1649 an Carl D. Ruth (Ulrichshusen) verpfändet worden und als Vorwerk genutzt. 1687 war Freiherr v. Erlenkamp (Ulrichshusen) Besitzer. Er ließ 1690, in dem seit dem 30jährigen Krieg zugewachsenen Landstrich, einen Glashütte errichten. 1743 wurde dann von dem Besitzer v. Erlenkamp auf Ulrichshusen erneut eine Glashütte in Marxhagen gebaut und die alte wieder in Betrieb genommen. Insgesamt gab es in der Umgebung von Marxhagen bis Rambow vier Glashütten.

Ab 1776 war Marxhagen zusammen mit der Pertinenz Rambow durch Lüdecke von Maltzahn (Ulrichshusen) wieder im Besitz der Familie. 1797 gehörte Marxhagen Jasper Ferdinand v. Maltzahn. Er verpachtete das Gut, zunächst an Michaelsen und ab 1805 an die Brüder Freudenfels, die durch die Bedeutung des Mergelns und die Einrichtung der ersten Kartoffelbrennerei Mecklenburgs bekannt wurden.

Aus einer Verlosung der Grubenhäger Lehnserbschaft 1822 erhielt Graf Alexander v. Maltzahn aus der Linie Wartenberg-Militsch seinen Anteil. Er, der „ein Freund der Künste, Wissenschaft und Musik" gewesen sein soll, erhielt neben Ulrichshusen und Lupendorf auch Marxhagen. Leider konnte er die Zinsen, die auf seinem Erbteil lasteten, nicht bezahlen. Das Gericht leitete deshalb das Konkursver-

Gutshaus in Marxhagen

Stallgebäude in Marxhagen

fahren ein. Alexander v. Maltzahn versuchte es rückgängig zu machen und bot einen Vergleich an. So dehnte sich das Verfahren jahrelang aus, bis schließlich 1841 das 640 ha große Allodialgut mit einem Anteil von Panschenhagen an den Grafen Friedrich v. Hahn (Basedow) veräußert werden musste. Von 1841 bis 1845 besaß es Carl v. Oertzen. Danach gehörte es Franz v. Oldenburg (Vielist). Zu seiner Zeit hatte es eine Ziegelei, Schmiede und Kalkbrennerei. 1882 erwarb Rudolf v. Maltzan, nachdem er Vollrathsruhe an Hubert v. Thiele-Winkler verkaufen musste, Marxhagen für die Familie zurück. 1899 ist Prof. Dr. med. Karl v. Mosengeil Besitzer und 1903 ist es Helene v. Mosengeil mit ihren Geschwistern. Von 1910 bis 1937 gehörte es Paul Eschenburg, der Adelheid v. Maltzan aus Moltzow geheiratet hatte. Letzter Eigentümer des im Ritterschaftsamt Stavenhagen liegenden Gutes vor Ausbruch des 2. Weltkrieges war Ernst Gehrke, der zugleich auch Bürgermeister war.

Das Herrenhaus wurde 1853 von Franz v. Oldenburg auf den Kellern eines Vorgängerbaus errichtet und verrät baulich eine Verwandtschaft zum Moltzower Gutshaus. Dort wie hier steht ein Putzbau über einem Sockelgeschoss aus behauenen Granitfelsen mit Stilformen der englischen Tudorgotik. Auch hier hatte der Baumeister Theodor Friedrich Krüger aus Schwerin gewirkt.

Im Süden schließt sich ein kleiner Park an.

Nach dem 2. Weltkrieg, wurde auch hier enteignet und das Gutshaus in Volkseigentum überführt. Es diente neben Wohnzwecken als Schule und Kindergarten. Seit 1994 wird das riesige Gebäude privat genutzt. Vom einstigen Gutshof sind nur zwei Ställe übriggeblieben.

Die alte Schmiede wurde in das Agrarhistorische Museum nach Alt Schwerin umgesetzt.

Massow

15 km südöstlich von Röbel liegt landschaftlich schön am gleichnamigen See das Dorf Massow. Der Name verrät, dass der Ort einst eine slawische Siedlung war.

1344 gab es ein „Wendisch Marsowe", das zu den Gütern der v. Flotow gehörte. Nordwestlich von dort soll es auch ein „Deutsch Marsowe" bis zum Ende des 16. Jhs. gegeben haben. Einer Urkunde zufolge waren 1367 die v. Below in „wendisch" Massow ansässig.
1502 war Ernst v. Lücken (Lücke, Lucka) als Besitzer eingetragen. Seine Familie hatte es nicht leicht, das Gut für sich zu behaupten, weil im 16. und 17. Jh. auch andere Familien wie die v. Pahlen, v. Weltzien, v. Rohr, v. der Lanken und v. Preen Besitzanteile im Ort erworben hatten. 1593 können die v. Lücken noch drei Bauerngehöfte kaufen, die bislang in landesherrlichem Besitz waren. Sie setzten sich auch weiterhin durch, so dass sie bis Anfang des 20. Jhs. ununterbrochen im Besitz von Massow waren. 1931 wurde der Ort aufgesiedelt. Das Staatshandbuch für Mecklenburg 1938 verzeichnete noch 39 Neubauernhöfe und 9 Erbgrundstücke. Dazu gehörten die Höfe Evchensruh und Kornhorst. Bei Kornhorst, an einem alten Arm der Elde, ist eine Burgstelle nachgewiesen.

Das Gutshaus entstand 1860, nachdem der Vorgängerbau ein Opfer der Flammen wurde. Erkennbar sind die englischen Einflüsse, die im 19. Jh. hierzulande nicht nur das Jagdwesen und die Pferdezucht, sondern auch die Landwirtschaft und die Bauweise der Herrensitze prägten.
Es ist ein einfacher zweistöckiger Putzbau über 13 Achsen. In der Mitte ist eine Eingangshalle vorgebaut, die einen Balkon aufnimmt. An den Außenseiten sind zwei Achsen hervorgehoben. Nach oben schließt ein einfaches flache Dach den Bau ab.
Das Gutshaus ist seit Mitte 1950 Pflegeheim und konnte 2001 saniert werden. Es wurde innen vollständig umgebaut und wird seit dem vom Diakonieverein Güstrow betrieben. Eine zweireihige Kastanienallee geht auf das Haus zu.

Kirche in Massow

Gutshaus in Massow

Die Kirche von Massow war vor 1541 und nach 1844 Materkirche von denen in Dammwolde und Finken. Die Zeit dazwischen war sie einmal Mutterkirche von Kambs und auch mit den Kirchen in Kiewe und Satow verbunden.

Die heutige Dorfkirche steht hoch oben auf einem Berg und ein kleiner Friedhof umgiebt sie. In den Jahren 1842/43 ist sie als Feldsteinbau (!) errichtet worden. Nur die Einfassungen der Portale und Fenster, sowie die Ecken sind aus Backstein. Der rechteckige, schlichte Bau besitzt einen achteckigen Chorschluss. Im Westen ist ein massiver, quadratischer Dachturm aufgesetzt.

Innen stammt nur noch die Empore aus der Erbauungszeit. Die kleine Lütkemüller-Orgel ist von 1870. Allianzwappen der Familien v. Rohr, v. Flotow, v. Lücken, v. Koppelow, Quasten und v. Runstedt zieren die Empore. Alt und interessant ist der Taufbehälter (um 1600). Er besteht aus Sandstein. Auf einer Säule mit achteckigem Sockel ruht ein ebenfalls achteckiges Becken, dessen Seiten unten abgerundet sind. Jede Seite zeigt Reliefdarstellungen mit einzelnen Buchstaben. Zu erkennen sind Luther und Melanchton, Christi Taufe im Jordan, Jesus und Nikodemus sowie zwei Wappen. Ursprünglich stand der Taufbehälter in der Finckener Kirche. Die neue Taufschale fertigte Herr Balehna aus Waren an.

Die zwei Glocken aus Hartguss (Apolda) wurden Ende der 1960er Jahre gegossen. Auf ihnen steht: „Oh Land höre des Herrn Wort" und „Seid fröhlich in Hoffnung".

1980/81 wurde die Kirche saniert, dabei wurde leider die gesamte Inneneinrichtung wie der Kanzelaltar und das Gestühl herausgenommen. Heute stehen rote Stühle dort. Erneuert wurde auch der Fußboden aus Klinker, der kleine gemauerte Altar, ein Lesepult und das Holzkreuz. Die Decke wurde verputzt und tapeziert.

2004 wurde der Turm in einer „Blitzaktion" eingerüstet und saniert, nachdem er einzustürzen drohte.

Gegenüber dem Gutshaus steht die Ruine einer alten Brennerei.

Melz und Karbow

9 km südlich von Röbel liegt der Ort Melz am gleichnamigen See. Der Name könnte vom altslawischen Wortstamm „meli" abgeleitet sein, was soviel wie „Ort der Untiefe" bedeutet.

Schon 1298 wurde ein Heidenreich als Geistlicher in Melz erwähnt, der als Zeuge eine Beurkundung zu bestätigen hatte. Damals muss also Melz schon ein Kirchdorf gewesen sein. Der Ort gehörte 1534 zu den 33 Dörfern, die zum Archidiakonatssprengel des Probstes der Neustadt Röbel zählten. Melz gehörte 1362 zu dem Leibgedinge der Fürstin Elisabeth v. Werle (s.a. Vipperow). 1379 erhielt Arnd Boseke ein erbliches Schulzenlehn. 1410 übernahm der Ritter Nicolaus Hahn (Solzowscher Linie) das Restdorf auch als erbliches Lehen. Über 200 Jahre blieb Melz im Besitz dieser Familie und war ihr Hauptwohnsitz, als andere Güter bereits verpfändet waren.
Der 30jährige Krieg verschonte das Dorf nicht und entvölkerte es nahezu. Von zwanzig Bauern und acht Kossaten blieben nur noch zwei Bauern und ein Kossat übrig. Gegen Ende des langen Krieges kam die Familie v. Knuth (Leizen) durch Heirat zu Besitzungen in Melz.1644 kaufte Jakob Ernst v. Knuth Anteile von den Morins und 1654 den Meierhof Melz. Die Familie vergrößerte ihren Besitz beträchtlich, so dass schließlich 12 Dörfer im Umkreis von Röbel dazu gehörten. Anfang des 18. Jhs. erhielt Melz einen Gutshof. Pächter sind Andreas v. Zepelin (1714) und Gräwe. Aber es gab auch noch freie Bauern bis 1805 im Ort. Melz ging 1732 zusammen mit Karbow an die Herren v. Ferber (Priborn) über. Bei dieser Familie blieb das 1.313 ha große und mit fruchtbarem Ackerland gesegnete Gut bis zum 2. Weltkrieg. Zu Melz gehören die Höfe Augusthof und Friedrichshof.
1945 wurde das Land im Zuge der Bodenreform an 106 Neubauern vergeben.

Das Gutshaus brannte Anfang Mai 1945 durch Brandstiftung ab. Es wurde wahrscheinlich von der Familie v. Ferber nach 1810 gebaut und war ein zweigeschossiger, verputzter Bau über 11 Achsen mit einem Mittelrisalit. Darüber ein aufgesetztes Dreieck zur Hoffront. Flankiert wurde es von zwei Wirtschaftsgebäuden, die im rechten Winkel zum Gutshaus standen. Etwas abseits waren rechts und links weitere Stallungen. Die Fundamente des Westflügels und ein Wirtschaftsgebäude sind noch erhalten. Ein wunderschöner Blick bietet sich von hier über den Melzer See.

Kirche in Melz

In Melz wurde schon 1992 mit der Dorferneuerung begonnen. An der Straße stehen denkmalgeschützte Tagelöhnerkaten, die zum Teil liebevoll restauriert wurden. Die ebenfalls restaurierte alte Schule ist erwähnenswert.
Rund um den Melzer See stehen mehrere alte Eichen, Reste eines ehemaligen Hudewaldes.

Gutshaus Melz um 1935

Melz hatte wahrscheinlich schon am Ende des 13. Jhs. eine Kirche. Sie und ihre Nachfolgerin waren bis nach dem 30jährigen Krieg immer die Mater von Buchholz. Es lebten nach dieser Zeit so wenige Menschen in beiden Orten, dass der Pastor aus Kambs einspringen musste. Ab 1669 ist dann die Kirche in Melz wieder Mutterkirche. 1872 wurde Krümmel mit der Melzer Kirche verbunden.
Die jetzige Kirche entstand 1816, nachdem der Vorgängerbau aus dem Jahre 1552 abgerissen werden musste.
Sie ist ein schlicht verputzter Backsteinbau und besitzt einen eingezogenen quadratischen Westturm, der mit einem Pyramidendach abgeschlossen ist. Im Osten ist ein rechteckiges Mausoleum angebaut. Über dessen Eingangstür liest man von Innen: „Diese Kirche ist dem traurigen Regen und Überschwemmungsjahr 1816 vom derzeitigen Patron der Kirche und Gutsbesitzer zu Melz, Herrn Friedrich August von Ferber, im 63. Jahre seines Wohnsitzes daselbst und dem 83. Jahre seines Alters erbaut worden: Soli deo Gloria".
Der Innenraum der Kirche ist mit einer flachen Decke überspannt.
Der Altaraufsatz ist ein vierflügeliges gotisches Triptychon aus dem Anfang des 16. Jhs. Im Schrein zeigt es die heilige Maria mit dem Christuskind auf einem Halbmond stehend, flankiert von kleineren Heiligenfiguren. Die Flügel sind mit Tafelbildern gestaltet, die 1816 zum Teil erneuert wurden. Die Kanzel, die Patronatslogen und das Gestühl stammen aus der Erbauungszeit. An der Empore zur Rechten der Kanzel befinden sich mehrere gemalte Wappen der Familie v. Ferber aus den Jahren 1750 bis 1881 mit Unterschriften. Im Turm hängen zwei Glocken, eine alte Bronzeglocke und eine Stahlglocke. Auf dem Kirchhof stehen zwei Sandsteinsarkophage der Familie v. Ferber (1750 u. 1752).
Die Melzer Kirche wurde in den 1990er Jahren restauriert.
1970 wurde bei Meliorationsmaßnahmen ein 3.800 Jahre alter Bronzeschatz gefunden, der für Mecklenburg einmalig ist. Er ist im Museum für Ur- und Frühgeschichte in Schwerin zu sehen.
Zu Melz gehören die ehemaligen Meiereien Friedrichshof und Augusthof.

Karbow gehörte schon seit der deutschen Neubesiedelung zu den Melzer Besitzungen und war dann später ein Nebengut von Melz. Karbow wurde 1403 erstmalig erwähnt. Es ist aber viel älter und „karb" bedeutet altpolnisch soviel wie Feuerherd, Rauchloch. Das Dorf besaß noch im 30jährigen Krieg eine Kapelle, die niederbrannte.
1928/29 verkaufte Otto v. Ferber das 492 ha große Gut und einige Waldbestände an die Mecklenburgische Siedlungsgesellschaft. Diese ließ 1936 in Friedrichshof 5 erste Bauerngehöfte errichten. Insgesamt entstanden bis 1944 23 Siedlungshöfe.

Gutshaus um 1970

Das Herrenhaus in Karbow brannte 1877 ab. Es wurde wieder aufgebaut und war einstöckig über 10 Achsen. Ein zweiachsiger Mittelrisalit schmückte die Vorderansicht. Ein Walmdach schloss das Haus ab. Ende der 1970er Jahre wurde es abgerissen.
Erwähnenswert ist der ehemalige Gutspark mit teilweisen fremdländischen Gehölzen. Auch fallen die schönen Eichenalleen um Karbow auf.

Minzow

8 km westlich von Röbel liegt Minzow, das slawischen Ursprungs ist.
An der Minzow-Dambecker Feldscheide in der Nähe des Glienholzes befindet sich ein fast 1 km langer Erdwall, der im Volksmund die Schwedenschanze genannt wird.

Aus alter Zeit ist nur wenig bekannt. Fest steht, dass 1412 die v. Below dort zwölf Hufen besaßen. Beurkundet ist ferner, dass Minzow 1460 vom Herzog Heinrich v. Mecklenburg an die Stadt Röbel verpfändet wurde. Bis 1667 blieb das Dorf Eigentum des Landesherrn. Danach erhielt Andreas Pritzbuer den Ort. Aber bereits 1704 erwarb die herzogliche Lehnkammer das Dorf zurück. Es kam zu einem jahrelangen Prozess der Pritzbuer gegen den Landesherrn, der erst 1756 mit einem Vergleich abgeschlossen werden konnte. Im Ergebnis der Auseinandersetzung erhielten die Pritzbuer einen Ausgleich. Minzow blieb ein Bauerndorf.
Vor dem 30jährigen Krieg zählte das Dorf 24 Bauern und sechs Kossaten samt ihren Familien. Am Ende des Krieges waren nur noch acht Personen am Leben. 1864 gab es in Minzow 5 Erbpächter (samt einem Ziegler), 12 Büdner und 10 Häusler. 1899 waren es dann schon 15 Erbpächter, 12 Büdner und 15 Häusler, außerdem ein Müller und ein Krüger. 1921 waren es ebenfalls 15 Erbpächter. Sie besaßen zwischen 14 und 42 ha Land.

Erst mit dem Bau der Kirche 1863 wurde Minzow ein Kirchdorf. Die Minzower hatten bis dahin den notdürftig mit Schilf gedeckten Chorraum der alten Dambecker Kirche genutzt.
Die jetzige Kirche ist ein rechteckiger, einschiffiger Backsteinbau mit einer Chornische im Osten. Im Westen ist ein Turm angebaut, der mit einem Pyramidenhelm abgeschlossen ist. Die Sakristei befindet sich an der Nordseite.
Der schlichte Innenraum der Kirche ist mit vier schmalen Kreuzgewölben überspannt. Die Inneneinrichtung stammt aus der Erbauungszeit.
Ursprünglich waren es zwei Glocken. Die von der Dambecker Kirche übernommene Glocke musste 1918 abgegeben werden. Im Turm der Minzower Kirche hängt seit 1863 eine kleine Bronzeglocke von 1703. Ihre Herkunft ist nicht bekannt. Sie soll aus der Dambecker Kirche sein.
Im Dorf ist ein behutsam restaurierter alter Bauernkaten auffällig und erwähnenswert. Eine alte Eichenallee führt auf das Dorf zu.

Möllenhagen

Möllenhagen liegt zwischen Waren und Penzlin an der B 192. Der Ort ist (wie alle mit der Endung -hagen) durch Rodungen deutscher Lokatoren entstanden und hieß früher Oldenhagen, Mölenhagen und Mömhagen. Scherbenfunde von Fehlbränden aus dem 14. Jh. östlich des Ortes belegen das Bestehen einer mittelalterlichen Töpferei.

In einer Urkunde des Klosters Broda aus dem Jahre 1365 wird das Kirchdorf Oldenhagen erwähnt, in dem Henning Kastorf als Geistlicher tätig war. Bis auf einige Bauernhöfe war es vom 16. bis 18. Jh. im Besitz der v. Holstein.
Zwar erteilte der Herzog bereits 1696 eine Genehmigung für eine Glashütte, aber erst 1734 produzierte wirklich hier eine Glashütte Glas. Betreiber war die Familie Gundlach.
Die v. Holstein blieben bis 1734 im Besitz des Dorfes, hatten es aber verpachtet. Dann ging das Gut an die Familie Le Fort (Klockow, Bocksee, Marihn, Rethwisch) über, die das Gut selber bewirtschafteten. Zu dieser Zeit gab es auch eine Ziegelei und eine Branntweinbrennerei im Ort. Nach 1831 wechselten die Eigentümer ständig: erst ging es an Paul A. v. Frisch, dann 1834 an Friedr. E. A. v. Gundlach, 1869 an Friedr. L. Karl A. Greffrath und Sohn, 1885 an August Bätke, 1891 an Paul Schultze. 1898 wurde Henning Baron v. Brockdorff Eigentümer des 878 ha großen Allodialgutes. Die Ziegelei war immer noch in Betrieb. 1921 gehörte es Carlos Diederichsen und von 1923 bis 1932 L. Diederichsen. Die Ziegelei wurde 1922 in eine Dampfziegelei umgewandelt. Bis 1937 gehörte das Gut Herrn v. Dewitz und danach Herrmann v. Detten.

Das Gutshaus war nach 1834 vom Rittmeister Friedr. Ernst August v. Gundlach erbaut worden. Es war ein eingeschossiges Backsteingebäude mit Mittelrisalit und ausgebautem Dachraum. Flankiert wurde es von zwei Nebengebäuden, ebenfalls aus Backstein. Das Gutshaus stand in Verlängerung der alten Dorfstraße. Die heutige Lindenallee wurde damals angepflanzt und führte direkt auf das Ensemble zu. Das Gutshaus war u. a. bis 1965 als Schule und bis 1980 noch von kommunalen Einrichtungen (u.a. Bibliothek) genutzt und 1986 schließlich abgerissen worden. Heute

rechter Seitenflügel vom ehemaligen Gutshaus in Möllenhagen

Kirche in Möllenhagen

steht nur noch ein Teil der Nebengebäude. Sie werden bewohnt.
Erwähnenswert ist eine lange Kopfsteinpflasterstraße von Möllenhagen am ehemaligen Gutshaus vorbei nach Groß Flotow.

Mitten in den Stürmen des 30jährigen Krieges ließ Berend Lüdeke v. Holstein 1632 eine Kapelle im Dorf bauen. Sie wurde eine Filia von Ankershagen, dem Stammsitz der Familie v. Holstein. 1704 war sie in einem sehr schlechten Zustand.
Nach 1869 ließ Friedr. K. A. Greffrath die Kirche stark erneuern. So ist von der alten Kapelle nicht viel mehr als das Feldsteinfundament übrig geblieben. Die jetzige Kirche ist ein rechteckiges Backsteingebäude mit Fachwerkgiebeln.
Der Innenraum besitzt eine flache, bemalte Holzdecke. Zu sehen sind vier lächelnde Engel. Diese waren lange Zeit unter einer Putzdecke verborgen gewesen, sind in ihrer Ursprünglichkeit erhalten geblieben und dadurch etwas Besonderes. Bei den Restaurierungsarbeiten 2000 kamen sie zum Vorschein. 2004 konnte die Decke farblich erneuert werden. Das Dach und innen der Fußboden waren schon 1975 saniert worden. Der Kanzelaltar und auch der Pastorenstuhl stammen aus der Erbauungszeit. Die Orgel von 1860 ist nicht mehr bespielbar. Sie soll restauriert werden.
Die Kirche hatte noch Anfang des 19. Jhs. einen Dachreiter (Schlie). Heute steht an der Nordwand ein doppelter Glockenstuhl, in der die 1825 von V. Schulz (Rostock) gegossene große Glocke hängt. Sie hat die Inschrift: „ich ruf zur Kirch – verkündige das Grab – sag an die Noth – und rufe von der Arbeit ab". Eine zweite kleinere Glocke ist aus dem Jahre 1996.

1885 wurde die Mecklenburgische Südbahn, die Eisenbahnlinie Parchim-Waren-Penzlin-Neubrandenburg eröffnet. Möllenhagen bekam einen Bahnhof und die umliegenden Gutsbesitzer bauten eine Feldeisenbahn von hier nach Groß Varchow. 1945 wurde die Bahnlinie von Möllenhagen bis Neubrandenburg als Reparationsleistung abgebaut und in die Sowjetunion geliefert. Heute wird die verbliebene Strecke von Möllenhagen zum Anschluss Kargow noch vom ansässigen Betonwerk genutzt.

Während der Chausseearbeiten 1848 wurde in Möllenhagen ein großer Feldstein als Gedenkstein an die revolutionierenden Landarbeiter aufgestellt.

Mollenstorf

Gutshaus in Mollenstorf

6 km westlich von Penzlin liegt abseits der B 192 Mollenstorf, früher auch Molmerstorp oder Molmesdorff. Der Ortsname leitet sich wohl von Mühlendorf ab und ist eine deutsche Siedlung. Wo die Mühle allerdings gestanden haben mag, ist nicht bekannt.

Die urkundliche Ersterwähnung im Jahre 1335 fällt mit der Ernennung des Priesters Dominus Bolekinus in Mollentorf zusammen. Zu dieser Zeit waren hier die Bardenfleth sesshaft. Sie blieben es, bis diese Familie mit Achim Bardenfleth 1548 ausstarb. Der Besitz fiel an die Herzöge zurück, die eine Hälfte der Begüterung an ihren „Kanzler" Johann v. Lucka und die andere Hälfte an ihren Kammerdiener Jürgen v. Below veräußerten. Während Lucka 1550 seinen Gutsanteil an die v. Holstein (Ankershagen) verkaufte, veräußerte Jürgen v. Below seine Hälfte 1557 an Balthasar Kalden. Nach dessen Tod 1584 wurde L. v. Bibow sein Nachfolger. Es gab damals außerdem fünf freie Bauern im Dorf.

Nach dem 30jährigen Krieg wurde in Mollenstorf ein Heinrich v. Bibow erwähnt. Jürgen v. Bibow gelang es noch vor Ende des 17. Jhs. auch die andere Dorfhälfte (ehemals der v. Holstein – später v. der Lühe, Schulenburg und Fahrenhaupt gehörig) in seinen Besitz, unter Verzicht auf die hohe Jagd, zu bekommen. Das ist deshalb um so kurioser, weil eine Dorfhälfte dem Mecklenburg Schweriner Land und die andere dem Güstrower Land zugeordnet war. Der Mannesstamm der v. Bibow starb aus und Sibilla Hedwig v. Bibow brachte bei ihrer Heirat 1736 mit Albrecht Leopold v. Putlitz das Gut in die Ehe ein. Nach dem Tod ihres Mannes vermählte sie sich 1756 abermals. Ihr zweiter Gatte, Georg Ernst v. Oldenburg, verstarb noch im Hochzeitsjahr. Das 723 ha große Lehngut war bereits 1743 an den Pächter Clas Peters verpfändet gewesen. 1764 wurde es an Justus v. Gundlach verkauft. Noch 1938 war Gottfried v. Gundlach Eigentümer des Lehngutes.

Das Gutshaus ist ein langgestreckter, zweigeschossiger verputzter Bau über 19 Achsen. Es wurde dem Baustil nach zu urteilen um 1900 gebaut. Nach oben schließt ein flaches Pappdach ab. Der einzige Schick sind die drei Risalite. Der Mittelrisalit ist in der zweiten Etage offen und bildet eine Veranda. Eine schlichte Freitreppe führt in den Hof. Nahe dem Gutshaus ist der großzügig angelegte Park erhalten. Nach seiner Sanierung wurde dort ein Kinderspielplatz angelegt. Beachtenswert ist eine riesige Blutbuche.

Zu DDR-Zeiten gehörte der Hof zum VEG Groß Vielen.

Bis 1590 hatte Mollenstorf eine eigene Pfarre besessen. Danach wurde sie eine Tochterkirche von Groß Vielen.

Die Kirche ist ein alter, frühgotischer Rechteckbau aus Backstein mit einem blendengegliedertem Ostgiebel auf einem Feldsteinsockel. Wahrscheinlich am Ende des 17. Jhs. wurde die Giebelhöhe reduziert. Neue Lichtöffnungen wurden eingebrochen, wodurch der Bau an Ursprünglichkeit eingebüßt hat. 1693 bekam die Kirche einen neuen Glockenturm, in dem drei Glocken hingen. 1774 sollte die Kirche wieder einen neuen Turm bekommen. Aber es kam nicht dazu. Der Alte stand wohl noch eine Weile.

Der Innenraum ist von einer hölzernen, gewölbten Bretterdecke überspannt. Das Westportal ist genauso geschlossen, wird jedoch von einem Spitzbogen überfangen. Der Altaraufsatz entstand 1750 in zwei Stockwerken, dessen unterer Teil durch Säulen flankiert wird. In der Predella ist das Gemälde des Abendmahls und im Hauptstock die Kreuzigungsszene zu sehen. Im entfernten Oberstock wurde die Auferstehung und ganz oben das Gottesauge in der Sonne dargestellt. Unten am Altar hängt das Wappen der v. Bibow. Der Pastorenstuhl und die Kanzel samt Schalldeckel stammen ebenfalls aus dieser Zeit. An einer Wand sind Bibowsche und Pentzsche Sargschilder aus Zinn befestigt. Oberhalb des herrschaftlichen Gestühls befinden sich außerdem viele zinnerne Sargwappen der Familie v. Gundlach. Erwähnenswert ist in der inneren Ostwand ein alter Eucharistie-Schrank.

Die Orgel ließ Carl v. Gundlach bauen. Sie stand längere Zeit ungenutzt und wurde 1858 eingeweiht.

Im Norden waren zwei Begräbniskapellen angebaut. Eine wurde nach 1774 von Justus v. Gundlach und eine 1790 von David v. Müller (Ave) in Auftrag gegeben. Heute gibt es sie nicht mehr. Am Südgiebel steht flankiert von zwei Eiben der Grabstein von Gottfried v. Gundlach (1875–1943).

Der Kirchhof wurde erst 1859 mit einer Steinmauer eingefriedet.

1851 wurde ein Glockenstuhl für drei Glocken bei einer Sonnenfinsternis errichtet. Er steht am Westgiebel der Kirche. Heute hängen dort zwei, eine aus dem 14./15. Jh. und eine größere aus dem Jahr 1515. Letztere hat mehrere Einschüsse.

Seit 2004 wird der Dachstuhl der Kirche saniert. In die Kirche kann im Sommer hineingeschaut werden.

Kirche in Mollenstorf

Moltzow

Gutshaus in Moltzow

Moltzow liegt ca. 15 km nordwestlich von Waren an der B 108 nach Teterow. Der Ort ist slawischen Ursprungs. Die Ersterwähnung fiel in das Jahr 1371.

Moltzow besaß einmal eine Kapelle, die eine Filia von Rambow war. Sie existierte noch nach dem 30jährigen Krieg und der Kirchplatz ist auch heute noch zu finden. Wahrscheinlich wurden die Grundmauern der Kapelle als Sockel für ein Landarbeiterhaus genutzt. Auch fanden die Anwohner in den umliegenden Gärten so manche Hinweise auf einen ehemaligen Friedhof. Insgesamt aber ist wenig über die ältere Geschichte Moltzows bekannt. Im 14. Jh. war der Ort eine Pertinenz von Rothenmoor. Fürst Johann v. Werle verpfändete seinen Besitz an Ulrich Maltzan. Neben den Maltzans hatten aber auch noch andere Adelsfamilien Besitzungen hier, so auch die v. Nossentin.

Einen Anteil schenkte Reimar v. Nossentin 1407 dem Dobbertiner Kloster. Einen weiteren Teil (5 Hufen) erwarb 1462 Ludolf III. Hahn. Auch den v. Moltzahn gehörte seit 1462 ein Teil. 1623 verkaufte Ch. Hahn (Hinrichshagen) seinen Anteil an die v. Wangelin (Vielist). Baron v. Erlenkamp übernahm diesen Anteil spätestens 1682.

Im 30jährigen Krieg lagen die Felder brach, die Feldmark verbuschte stark. 1649 wurden die Vorwerke Moltzow und Marxhagen zusammen mit Ulrichhusen an Carl D. Ruth verpfändet. Danach, 1682 war der Ort Pfandbesitz des Baron v. Erlenkamp.

Erst als der Ort ganz an die v. Moltzahn kam, bekam der Ort wieder mehr Bedeutung. 1797 gehörte Moltzow neben Hinrichshagen und Lupendorf den Grubenhagener Moltzahn. Durch den Erbvergleich 1822 kam Moltzow dann mit Ilkensee zu Rambow. Wilhelm v. Maltzan, Freiherr von Wartenberg und Penzlin, achter Sohn des Landrats Friedrich v. Maltzan auf Rothenmoor, übernahm 1850 die Begüterung in Moltzow. Zunächst wohnte der damals 23jährige in dem noch schilfrohrgedeckten Herrensitz im Ort, den 1823 schon einmal seine Eltern bewohnt hatten. Wilhelm verliebte sich in die gerade erst 15jährige Adelheid v. Oertzen (Bad Doberan). Auf die Heirat musste er jedoch noch Jahre warten. Inzwischen ließ er in Moltzow ein neues Herrenhaus vom Landbaumeister Krüger (Schwerin) bauen. 1852 war das Haus fertig. Sein Bruder Fritz hatte sich unterdessen mit der Schwester der Braut verlobt. Mit einer Doppelhochzeit wurde der neue Herrensitz eingeweiht. Moltzow blieb bis 1945 in Maltzanschem Besitz

Das Gutshaus ist ein über einem Sockelgeschoss aus Feldsteinen stattliches zweigeschossiges Backsteingebäude, das in seinen einzelnen Teilen unterschiedlich hoch ist. Stilformen der englischen Tudorgotik sind an den teilweise mit Zinnen bekrönten Eck- und Treppentürmen zu finden.
Wilhelm v. Maltzan ließ nicht nur den Herrensitz errichten, er hat auch sonst viel für die Moltzower Begüterung getan. Den Landarbeitern baute er neue Wohnungen und investierte auch in die Wirtschaftsgebäude. Hinter dem Gutshaus ließ er einen Landschaftspark anlegen. So wurde das einst vernachlässigte Dorf zu einem der schönsten Landsitze Mecklenburgs. Es gab hier außerdem 2 Erbpächter und eine Windmühle mit Schankwirtschaft. Wilhelm v. Maltzan kränkelte Zeit seines Lebens und starb schon 1862 mit 36 Jahren. Aus seiner Ehe gingen vier Kinder hervor. Um den väterlichen Besitz losten die beiden Söhne Wilhelm und Friedrich. Dabei fiel die Begüterung von Moltzow an den älteren Wilhelm (Landrat). Dieser kaufte 1908 außerdem seinem Vetter Kurt das alte Lehngut der Familie, Schloß Grubenhagen, ab. In Moltzow ließ er hinter dem Gutshaus einen kleinen Friedhof anlegen, der aber nach 1945 geschändet wurde.
Das Gut hatte 1933 eine Größe von 1.317 ha. Wegen Verschuldung mussten davon 1934 500 ha nach Klocksin und Dahmen abgegeben werden. Letzter Eigentümer vor Ausbruch des 2. Weltkrieges war Helmut v. Maltzan.
Nach dem Krieg folgten dann Bodenreform und Enteignung. Damals war der heute in Moltzow wohnende Bernd v. Maltzan noch ein Kleinkind, das auf dem Stammsitz der Familie in Schloß Grubenhagen lebte. Während die Mutter mit den beiden älteren Geschwistern in den letzten Apriltagen des Jahres 1945 vor der Sowjetischen Armee flüchtete, blieb er bei seinen Großeltern im Schloss zurück. Sie wurden später des Dorfes verwiesen.

Seit 1995 baut sich nun Bernd v. Maltzan in Moltzow eine neue landwirtschaftliche Existenz auf. Ziel ist es, die Flächen ökologisch zu bewirtschaften. Inzwischen wohnt er mit seiner Familie wieder im Haus seiner Vorfahren. Der einst prächtige Park und das Umfeld der Stallungen wurden saniert. Vom gesamten alten Gutshof ist nur noch der 1892 erbaute Speicher zum Teil erhalten.

Müritzhof

Der Ort ist wirklich nur ein Hof und dieser liegt 8 km südlich von Waren zwischen dem Rederangsee und der Müritz. Auf einer Karte aus dem Jahre 1628 fand sich an der Stelle des heutigen Müritzhofs nur die Bezeichnung „Erlenbrouch", später dann samt Weideland „Hinterfelde" oder auch „Hinnefelde". Erst 1866 bekam die damalige Ziegelei den Namen Müritzhof.

Der Ort entstand zu Beginn des 19. Jhs. 1814 wurde hier von der Stadt eine Fohlenkoppel angelegt. 5 Jahre später konnte sie den Rederangsee von der Familie v. Oertzen (Federow) dazukaufen.

Mit dem Absenken der Müritz in den Jahren 1798 bis 1837 durch die Schiffbarmachung des Elde-Havel-Kanals kam auf der Seeterrasse Ton zum Vorschein.

1839 unternahm der Ziegelmeister Wilhelm Behrens (Alt Falkenhagen) Brandversuche mit diesem Ton. 1848 wurde ernsthaft der Aufbau einer Ziegelei in Müritzhof erwogen. Erneut wurde ein Gutachten, diesmal von dem Ziegler Nicola (Neustrelitz) eingeholt. Da es positiv ausfiel, wurde das Kruggehöft in Eldenburg 1848/49 ab- und hier wieder aufgebaut. Ein kleiner Kanal zur Müritz, der Ziegeleigraben, wurde 1851 angelegt. Zunächst beschäftigte die Stadt Lohnziegler. Aber seit 1854 verpachtete sie den Hof. Erster Pächter war bis 1868 Dreyer. Nach ihm wirtschaftete Friedrich Keese bis 1901. Da der Kanal zur Müritz stark zugeschwemmt war und sich außerdem unter den erschwerten Bedingungen kein Pächter finden ließ, schrieb die Stadt das Anwesen als Gaststätte aus. Daraus wurde aber zunächst nichts. Bislang war die Beweidung der Flächen auch Aufgabe des Pächters gewesen. Die Stadt entkoppelte beide Gewerbe und verkaufte den Abbau des Tons an die Warener Dampfziegeleigenossenschaft. Diese ließ eine Pferdefeldbahn in das Gebiet bauen. 1919 wurde diese an Max Steinborn verkauft, der sie sogleich teuer weiterverkaufte. In dieser Zeit kümmerten sich bis 1911 erst Thoma und dann Baehr um die Beweidung.

1931 wurden die Koppeln zum Naturschutzgebiet erklärt. In den 1930er Jahren diente der Müritzhof als Gaststätte, Wirt war Wilhelm Knubbe. Von 1947 bis 1951 wohnte der Tierfotograf Karl Heinz Moll hier und 1954 gründeten Karl Bartels und Kurt Kretschmann im Müritzhof die erste Naturschutzlehrstätte Deutschlands. Diese wurde später eine Einrichtung der Akademie für Landwirtschaftswissenschaften der DDR als „Zentrale Lehrstätte für Naturschutz". Diese Lehrstätte wurde 1989 in ein neues Gebäude am Stadtrand verlegt.

Seit 1993 hat das Land Mecklenburg-Vorpommern den Müritzhof an die Lebenshilfswerk Waren gGmbH verpachtet, die hier einen Landschaftspflegehof mit einer kleinen Gastronomie betreibt.

Das ehemalige Pächterhaus war so desolat, dass es 1994 abgerissen werden musste. Es wurde nach historischem Vorbild wieder aufgebaut.

Neu Gaarz und Alt Gaarz

Beide Ortsnamen gibt es doppelt im Müritzkreis. Diese beiden Dörfer gehörten ehemals zum ritterschaftlichen Amt Lübz und liegen nördlich von Waren an der alten Güstrower Landstraße, in der Nähe vom Tiefen- oder Krummsee. Alt Gaarz (Garditze, Gartze) bedeutet soviel wie kleine Burg und soll einmal eine Kirche besessen haben.

Die Feldmark war im 18. Jh. mit reichlich Wald bewachsen, so dass hier das Anlegen einer Glashütte 1731 lohnte. Neu Gaarz war einmal ein Gasthof, der Gaarzer Krug. Über einen gepflasterten Damm erreichte man das Dorf Neu Gaarz. Noch heute gibt es Reste der Kastanienallee, die zum Dorf oberhalb des Gutes führte, in denen die Landarbeiterfamilien ihre „Hüsung" hatten. Das Gutshaus selbst liegt in einer Senke. Einst war der Gutskomplex durch eine Mauer vom Dorf getrennt.

Das Gutshaus muss einen Vorgängerbau besessen haben, der um 1800 zu einem einstöckigen Gebäude um- oder neu gebaut worden war. Als Neu Gaarz um 1840 selbständiges Gut wurde, kamen noch zwei Anbauten, darunter ein Gewächshaus, dazu. Es wird angenommen, dass das Gutshaus um 1890 sein jetziges zweites Stockwerk erhalten hat. Ein Großteil der Stallungen ist in den 1960er Jahren mit dem Ausbau der Straße verwunden. Der andere Teil nach 1990 ausgebaut und in den Hotelkomplex „Domäne Neu Gaarz" eingegliedert.

Vor der Freitreppe des Hauses fällt ein mit Stauden bepflanztes Rondell auf. Zu jeder Jahreszeit blühen hier Blumen. Hinter dem Herrenhaus schloss sich ein Park an, von dem aber nur noch ein Rest übrig ist. Zum kleinen See im Osten grenzt ein Obstgarten.

Im 19. und 20. Jh. wechselten die Gutsbesitzer laufend. 1853 besaß es J. Klänhammer, 1899 war das 469 ha große Gut bereits allodifiziert und gehörte Konsul Otto Boas, 1903 dann dessen Erben und 1921 und 1928 war es im Besitz von Fritz Boas. Zu dieser Zeit war eine Kartoffeltrocknungsfabrik hier ansässig. Von 1934 bis 1937 war Heinz Holtfretter der

Gutshaus in Neu Gaarz

Nachfolger. Er hat viele Umbauten und einen Erweiterungsbau im Osten am Gutshaus vornehmen lassen. Aus Geldmangel musste er Neu Gaarz verkaufen. Es ging an den Baron und Baton Fritz v. Lange-Keffenbring (Alt Pestlin).
Im Zuge der Bodenreform wurden 34 Neubauernstellen geschaffen. Das Gutshaus war mit Flüchtlingen belegt. Später wurde hier auch das Gemeindebüro eingerichtet. Als 1960 Neu und Alt Gaarz eine Gemeinde wurden, kam der Sitz der Verwaltung nach Alt Gaarz. Die freigewordenen Räume nutzte später das Müritz-Museum Waren, um dorthin während der Umbauzeit des Museums einiges Inventar (Akten) auszulagern. Ende der 1980er Jahre stand es dann leer.

1991 wurde das heruntergekommene Gebäude verkauft. Bereits im Juni 1992 konnten im Keller die Weingalerie und Räume der Kunstgalerie in Betrieb genommen werden. 1994 war die gesamte Restaurierung abgeschlossen. 2008 ging der Betrieb in Insolvenz und wurde erneut verkauft.

Nur zwei Kilometer entfernt von Neu Gaarz liegt **Alt Gaarz**. Der Ort brannte 1567 völlig ab und wurde als Allodialgut wieder aufgebaut. Die schöne Gutsanlage mit zwei Scheunen wurde erst 1863 errichtet. Flankiert von zwei Torpfeilern führt ein Kopfsteinpflaster zum Gutshaus. Es ist ein Ziegelbau mit einem kleinen Turm an der Ostseite. Ein kleiner Park trennt das Haus vom See.
Im 18. und 19. Jh. wechselte das Gut zusammen mit Neu Gaarz häufig den Besitzer. 1780/81 wurde es sogar versteigert. 1862 erwarb die Familie Greffrath das Gut und behielt es bis 1945. Sie legten um 1870 den 2,5 ha großen Park am Gutshaus an. Im Ort waren eine Windmühle, eine Schmiede, eine Brennerei (1921) und eine Ziegelei (1903).
Nach dem 2. Weltkrieg wohnten im Gutshaus zunächst Flüchtlinge, später wurde es Sitz der Gemeindeverwaltung. Seit den 1980er Jahren war das Gebäude ungenutzt und verfiel stark. Um 1995 wurde es von einem Industrieunternehmen umfassend restauriert und wieder als Verwaltungsgebäude genutzt. 2000 wurde es abermals verkauft. Heute wird es als privates Wohngebäude genutzt.

Gutshaus in Alt Gaarz

Neuhof, Siehdichum und Werder

Gutshaus in Neuhof

Neuhof liegt 2 km östlich von Penzlin. Der Name sagt es: es ist ein neuer Hof und wahrscheinlich im 16. Jh. angelegt.
Das 4 km südöstlich von Penzlin gelegene Siehdichum ist noch jünger. Wahrscheinlich ließ Joseph v. Maltzan den Ort als Vorwerk anlegen, um die Wegezeit zwischen seinen Gütern zu minimieren. So wollte er einen weiteren Hof zwischen Neuhof, Werder und der Stadt Penzlin errichten.
Werder ist ebenfalls ein Vorwerk. Es liegt idyllisch auf der Landzunge östlich am Großen Stadtsee, 2 km südlich von Penzlin. Unweit davon befindet sich ein slawischer Burgwall. Joseph v. Maltzan, der sich gerne in Werder aufhielt, ließ hier den „Englischen Garten" anlegen. Eine Lindenallee führt dorthin. Bis 1946 stand dort ein beliebtes Ausflugslokal.

Werder gehörte wie Neuhof und Siehdichum zu den Stadtgütern Penzlins. Es wurde 1562 bei der Maltzanschen Erbteilung als alter Bardenflethscher Besitz erwähnt. 1558 war Werder zusammen mit den Gütern Krukow, Lübkow und Alt Rehse zum Penzlinschen Besitz gekommen. 1595 erfolgte eine erneute Erbteilung. Ein Teil der Güter wurde an Hans v. Blankenburg verpfändet. 1704 konnte Werder neben Mallin und Teilen Puchows aus der Verpfändung herausgelöst werden. Damit wurde das Lehnsrecht der Maltzans gesichert. Aber Werder musste wenig später wieder verpfändet werden.
1744 versuchte Otto Julius v. Maltzan Werder, Siehdichum und Neuhof erneut einzulösen, was ihm allerdings nicht gelang. Erst 1765 konnten die Güter durch Joseph v. Maltzan zurück gekauft werden. In Neuhof hatten die v. Lanken Anteile gehabt. Joseph v. Maltzan übernahm den Hof von seinem Vetter Bogislaw und überließ ihm dafür Mallin. 1773 siedelte Joseph sogar nach dem geliebten Werder über. Später richtete hier die Familie ihren Sommerwohnsitz ein. 1849 erbte die Stadtgüter Johannes v. Maltzan. 1929 gingen die drei Güter samt Bauhof und der „Neuen Burg" (beide in Penzlin) mit einer Gesamtfläche von 1.564 ha in Konkurs. Die Pensionskasse der Deutschen Eisenbahn übernahm sie und stellte Fritz Cirsovius als Verwalter ein. Die Güter wurden 1936 von Freifrau v. Massenbach gekauft. Ihr Vater hatte ein Gut für seine frisch vermählte Tochter und deren Mann gesucht und war auf den zusammenhängenden Güterkomplex gestoßen. 1941 verkauften sie die „Neue Burg" und den Bauhof an die Stadt Penzlin.

Die anderen drei Güter wurden bis 1945 bewirtschaftet. Mit der Bodenreform wurden sie aufgesiedelt.

Das alte Pächterhaus in **Werder** war ein Fachwerkhaus. Es war klein, aber gemütlich. Eine schöne Kastanienallee führte von dort aus direkt nach Hohenzieritz, denn Joseph v. Maltzan war eng mit der großherzoglichen Familie Mecklenburg-Strelitz befreundet. 1784 wurde das Haus erweitert und umgebaut. Auch eine große Scheune und Stallungen gehörten zum Hof. Südlich vom Gutshof war schon von Otto Julius v. Maltzan ein riesiger Obstgarten angelegt worden. Nördlich, zwischen dem Gut und dem „Englischen Garten", war ein üppiger Rosengarten. Eine Buchenhecke begleitete von dort aus den Weg bis Penzlin.
Heute führt immer noch eine Kastanienallee zum alten Gutsstandort. Die Kastanien sind zum größten Teil ersetzt worden. Den Gutshof gibt es nicht mehr. Das noch existierende alte Haus mit Stallteil dürfte nicht älter als 250 Jahre sein.

Erwähnenswert ist, dass Joseph Ch. H. v. Maltzan, der die meisten alten Maltzanschen Güter zwischen 1764 und 1784 wieder zurück erwerben konnte, sich zwischen Lübkow und Werder unter einer Grabpyramide nahe dem „Butterberg" bestatten ließ. Diese, aus Granit bestehende Pyramide hat einen Grundriss von 4x4 m und ist 5,10 m hoch.

Das Gutshaus in **Neuhof** hat alte Fundamente und diese stammen wahrscheinlich sogar aus dem 16. Jh. Von 1810 bis 1813, während der Bauzeit der „Neuen Burg" in Penzlin, wohnte Ferdinand v. Maltzan mit seiner Familie hier.
Das alte Kellergewölbe wurde 1998 restauriert. Vor 1936 war das Haus eingeschossig und hatte ein mit Biberschwänzen eingedecktes Walmdach. Das ausgebaute Dachgeschoss hatte Fledermausgaupen. 1936/37 ließ Freifrau v. Massenbach das Haus umbauen. Das Haus wurde nun zweigeschossig. 1945 wurden die Innenräume in Folge der hohen Zahl von Flüchtlingen unterteilt. In den oberen Räumen wurde auch noch gewohnt, als unten das Kulturzentrum der LPG Einzug hielt.
Seit 1992 bewirtschaftet Dr. H. Freiherr v. Massenbach wieder die alten Ländereien seiner Familie mit 1.474 ha. 1996 konnte er das Gutshaus von der Stadt Penzlin kaufen. Eine schöne Zufahrt mit Kastanien und Linden führt dorthin. Die Familie ließ das Gutshaus umbauen. Nun schmückt ein ausgebautes Mansardendach das Gebäude und die Mieter wohnen in restaurierten Wohnungen. Erwähnenswert ist die alte Kopfsteinpflasterstraße, die auf Neuhof zuführt.

Der Gutshof in **Siehdichum** hatte ursprünglich eine große Scheune und je einem Rinder-, Schweine- und Pferdestall.
Das Gutshaus war ein eingeschossiges Fachwerkhaus über 9 Achsen. Es hatte ein ausgebautes Satteldach aus Biberschwänzen und betont wurde es durch einen Mittelrisalit. Später bekam es einen seitlichen Anbau.
Nach der Aufsiedlung des Gutes blieben auch im Gutshaus Umsiedler wohnen. Die LPG hatte in einem der unteren Räume eine Bauernstube für Betriebsfeste eingerichtet. In den 1980er Jahren verfiel das Haus immer mehr. Das Dach war undicht geworden. So wurde es abgerissen und die Steine für den Neubau von Einfamilienhäusern genutzt.
Heute sind noch ein Stall und Reste des Parks vorhanden.

Nossentin, Nossentiner Hütte und Silz

Gutshaus in Nossentin

Das Dorf liegt am Nordende des Fleesensees, ca. 9 km nordöstlich von Malchow. Nossentin soll von einem slawischen Personennamen abgeleitet worden sein. Wiederum verlieh es dem im Norden angrenzenden Heidegebiet seinen Namen.
Nahe dem Ort befinden sich die Reste eines ergiebigen Kreidelagers. Im 19. Jh. wurden ein Kalkofen und eine Ziegelei betrieben. Später wurde der Kalk bis in die fünfziger Jahre des 20. Jhs. hinein industriell abgebaut.

Die erste urkundliche Erwähnung fällt in das Jahr 1317, als die damaligen Besitzer zusammen mit dem Kloster Malchow den Bau einer Kapelle durchsetzten.
Nossentin besaß während der Kolonisierung und bis zum 30jährigen Krieg große Bedeutung. Ansässig waren die Familien Dessin, Nossentin, Kressin und Rodenbeck (14. Jh.), Kosegard, Metzeke und später v. Below, v. Flotow, Röggelin und v. Wangelin. Letztere erwarben 1624 ganz Nossentin. Doch schon 1696 verloren sie ihren Besitz. Den erwarb E. Ch. v. Knuth und ging dann 1702 auf die verschwägerte Familie Pritzbuer über. Joachim v. Pritzbuer verkaufte Teile des Gutes an E. Ch. v. Holle. 1747 kaufte E. Friedr. v. Raven das Gut mit den Meiereien Sparow, Silz und Sanz, bis es 1789 vom regierenden Herzog erworben wurde. So ging Nossentin 1803 an die Großherzogliche Kammer über und war von da an Domäne. 1853 hieß der Erbpächter Friedr. H. Behm. Von 1877 bis 1899 war Karl Springborn Pächter des 434 ha großen Gutes. 1921 schrumpfte es auf 313 ha zusammen. Es wird ein Erbpächter erwähnt. Ansässig waren eine Kalkbrennerei und eine Dampfziegelei. 1928 gehörten 222 ha der mecklenburgischen Landgesellschaft. Sie ließ neue Bauernhöfe bauen.

Es ist nicht unwahrscheinlich, dass es in der Nossentiner Gegend eine Burganlage gegeben hat. Reste wurden bislang aber nicht gefunden.
Das Gutshaus um 1800 gebaut hatte Seitengänge, die zu den Seitenflügeln führte. Es wurde zwischen 1897 und 1904 in die heute vorzufindende Gestalt umgebaut. Heute präsentiert sich ein zweigeschossiger Ziegelbau auf einem Feldsteinfundament mit Krüppelwalmdach. Das Erdgeschoss der Vorderseite

besteht aus neun Fensterachsen, das Obergeschoss dafür nur aus acht.
Das Gebäude wird als Wohnung genutzt.

1317 haben die in Nossentin ansässigen Familien Dessin, Nossentin und Kressin unter dem Protektorat des Klosters Malchow den Bau einer Kapelle durchgesetzt. Bischof Hermann v. Schwerin vollzog die Weihung. Als 1638 der Nossentiner Pastor verstarb und die Pfarre wenig später abbrannte, wurde die Kirche von 1651 bis 1901 von Alt-Schwerin mitgeführt. Dann war sie wieder selbstständiger Pfarrort. Heute ist sie mit der Malchower Gemeinde verbunden.
Die alte Kapelle war im 30jährigen Krieg geplündert worden und wüst gefallen. Bevor die neue Kirche gebaut wurde, fanden Gottesdienste in einem Seitenflügel des Herrenhauses statt.
Zwischen 1808 und 1815 entstand am südlichen Gutsparkrand der jetzige rechteckige Saalbau. Das Walmdach ist mit Biberschwänzen eingedeckt und in der Firstmitte mit einem verschindelten Dachreiter versehen. 1836/45 und 1866 wurde die Innenausstattung ergänzt sowie eine Überholung der Kirche vorgenommen. Der Backsteinbau besitzt innen ein verputztes Fachwerk, das unter dem Putz langsam verrottete. Die Kirchenwände rissen und die Deckenbalken faulten. 1995 fand der letzte Gottesdienst statt. Seit 2003 wird die Kirche innen und außen grundlegend saniert.

Den Innenraum überspannt ein verputztes Holztonnengewölbe. Das gesamte Inventar, wie Altaraufsatz, Kanzel und das Gestühl stammen aus der Erbauungszeit. Die Orgel schuf die Rostocker Orgelbauanstalt Schwarz.

Von den zwei ursprünglichen Glocken in dem doppelten hölzernen Glockenstuhl neben der Kirche ist nur noch die kleinere, ältere vorhanden (1750). Sie wurde unter dem Patronat von E. Friedr. v. Raven von Ch. D. Heintze (Berlin) gegossen und läutet nun in dem 2004 restaurierten Glockenstuhl.

Bauernhaus in Nossentiner Hütte

Der Ort **Nossentiner Hütte** entstand 1751 mitten im Nossentiner Heidegebiet mit dem Anlegen zweier Glashütten nördlich der Orte Sparow und Nossentin. 1826 wohnten dort 17 Büdner und 15 Häusler, 1899 waren es schon 22 Büdner und 55 Häusler. Es gab einen Teerofen. 1936 lebten in Nossentiner Hütte neben einem Erbhofbauer, 22 Büdner und 66 Häusler. Der Ort hat sich seit dem nicht mehr verkleinert.

Der Nachbarort **Silz**, erstmalig 1353 erwähnt, war immer eine Pertinenz von Nossentin und verpachtet. Vor dem 30jährigen Krieg gab es 6 Bauerngehöfte dort. Danach war es fast eingegangen. 1789 kam der Ort in Landesherrschaft. Bauern wurden wieder angesiedelt. So gab es 1894 hier 6 Erbpächter, 15 Büdner und 21 Häusler.

1806 kam es in der Nähe von Nossentin zwischen einer sich auf dem Rückzug befindenden, unter dem Befehl von York stehende preußischen Nachhut und den Franzosen unter der Führung von Marschall Soult zu einem Gefecht. 1856 wurde aus diesem Anlass vom Großherzog F. Franz II. das Blücherdenkmal kurz vor Nossentin enthüllt. Nach 1945 war es immer mehr dem Zerfall preisgegeben. Der trauernde preußische Adler, der auf einem Granitsockel ruhte, war abhanden gekommen. Heute ist es wieder zu bewundern, nachdem der Adler nachgebildet und 2000 neu enthüllt wurde.

Panschenhagen

Gutshaus in Panschenhagen

Panschenhagen, früher auch Pantschenhagen geschrieben, liegt nördlich in ca. 10 km Entfernung von Waren, abseits der B 108. Das heutige Panschenhagen ist aus einer Glashütte (ab 1718 von Erlenkamp, Vielist) neu entstanden.
Die erste Erwähnung erfolgte 1289 in einer Urkunde des Bischofs Hermann von Schwerin. Zum Ausgang des Mittelalters soll es im Südwesten des Ortes eine Burg gegeben haben. Reste und Fundamente waren den älteren Einwohnern noch bekannt.
Auch eine Kirche gab es in Panschenhagen. Sie ist spätestens im 30jährigen Krieg samt dem Ort Panschenhagen wüst gefallen.
1481 verpfändeten die Brüder Hans und Andreas Pritzbuer den drei Brüdern Hahn (Basedow) einen Hof im Ort. 1527 dann verkaufte Martin Pritzbuer (Grabenitz) Panschenhagen ganz an die Hahns.
Über einen großen Zeitraum hatten sich Grenzstreitigkeiten um Panschenhagen hingezogen. Beteiligt waren neben der Familie Hahn (Basedow) die Familie Wangelin (Vielist). 1587 musste sich sogar die Reichskammer mit den Auseinandersetzungen beschäftigen. Grundherr von Panschenhagen war 1783 Leutnant Carl Ernst v. Meyenn (Grabow-Grabowhöfe, Sommerstorf, Vielist, Eldenburg). 1797 gehörte Panschenhagen dem Landmarschall Friedr. Graf Hahn. 1894 ließ Max Otto Friedr. W. A. Graf Hahn die Försterei „Kalkbergtannen" im Panschenhägener Wald aufbauen. Die Familie behielt das Gut bis zum 1. Weltkrieg. Noch im Krieg, 1917, fiel es an den regierenden Fürsten von Schaumburg-Lippe. 1921 und auch noch 1937 bewirtschaftete Paul Steffen das 357 ha große Allodialgut. Er musste es mit der Bodenreform aus seinen Händen geben.

Das Gutshaus wurde 1876 gebaut. Die Initialen am Giebel M. G. H. stehen für Max Graf Hahn. Es ist ein eingeschossiges Backsteingebäude über acht Achsen und wird von einem Walmdach abgeschlossen. Die beiden Längsseiten zieren kleine Mittelrisalite.
Die ehemaligen großen Stall- und Scheunengebäude, die das Gutshaus flankierten, waren viel älter und aus behauenen Feldsteinen. Ihre Fundamente sind heute noch nachweisbar. Eine große Scheunenwand steht ebenfalls noch. Aus ihren Giebeln und der zweiten Längswand sind bis 1950 zwei Bauernhäuser entstanden. Drei ihrer Wände sind aus Originalmauern der Scheune. Fünf weitere Bauerngehöfte wurden mit Hilfe des Stallmaterials neu aufgebaut.
1945 diente das Gutshaus Flüchtlingen als erste Unterkunft. Später war es zwischendurch auch Kindergarten, dann aber wieder Wohnraum.
Seit 1989 wird es privat erst von einer, später von zwei Töpferfamilien genutzt. Es wurde restauriert und der Dachraum ausgebaut.

Passentin

Im äußersten Nordosten des Müritzkreises liegt etwa 8 km von Penzlin entfernt Passentin. Früher auch „Patsutin" ist slawischen Ursprungs und könnte von pacetin=stark abgeleitet sein.

Fest steht, dass 1 km südlich vom Ort in der Niederung des Malliner Sees im Mittelalter einmal eine stark befestigte Burg stand, auf der die Bardenfleth saßen. In der 2. Hälfte des 14. Jhs. wurde die Burg zerstört. Alte Karten verzeichnen dort noch einen kleinen sowie einen großen Burgwall und östlich vom Ort den runden Möllerwall. Dem Geschlecht der Bardenfleth folgte die nach dem Dorf benannte Familie Passentin. Nach dem Aussterben dieser Familie gaben die Schweriner Herzöge Heinrich und Albrecht die Anwartschaft auf die Belehnung des Dorfes 1510 an die Penzliner Familie v. Maltzan. Aber auch die v. Holstein auf Ankershagen besaßen Pfandteile des Dorfes. Wahrscheinlich führten Streitigkeiten zwischen beiden Familien dazu, dass Friedrich v. Aschersleben 1600 das Gut kaufte. Bereits 1622 musste er es aber an Philipp Julius v. Platen als Pfandbesitzer abtreten. Später wirtschafteten in gleichen oder ähnlichen Rechtsverhältnissen die Familien folgender Gutsbesitzer in Passentin: 1715 die Gebrüder v. Hacke, 1797 Familie Nicolai, 1896 der Staatsminister Theodor Dietrich v. Levetzow. Spätestens 1899 bis 1945 war die Familie Lembke Eigentümer des 505 ha großen Lehngutes samt Wilhelmshöh, das sie noch in ein Allod umwandeln konnten. Das Gut wurde während des 2. Weltkrieges von den Frauen der Familie Lembke verwaltet. Sie mussten nach dem Krieg den Hof verlassen und fanden erst im Dorf Passentin und dann in Alt Rehse Zuflucht.

Das langgestreckte, verputzte einstöckige Gutshaus hatte auf dem Grundstück des heutigen Slawendorfes in der Nähe des Teiches gestanden. Es besaß einen dominierenden Mittelrisalit. Später kam im Osten ein Anbau hinzu. Im Gutshaus wohnten nach 1945 zunächst Flüchtlinge, dann nutzte es die Gemeinde bis 1960. Es war Gaststätte und auch die Schule bis zur achten Jahrgangsstufe war hier untergebracht. 1972/73 fiel es in sich zusammen und wurde abgetragen. Die Stallanlagen vom ehemaligen Gutshof stehen heute leer.

Von der einstigen Dorfkirche weiß man, dass sie eine Tochterkirche von Gevezin war. B. F. von Krackewitz auf Gevezin berichtete 1705, dass die Kirche in Passentin vor vielen Jahren verwüstet sei und kaum noch Spuren davon vorhanden seien. Ein Visitationsprotokoll aus dem Jahre 1661 belegt, dass die Kirche noch benutzt wurde, der Turm aber umgefallen war. Wahrscheinlich hatte sie unter dem 30jährigem Krieg und seinen Folgen gelitten. Betreut wurde die Kirche jedoch auch von Pastoren aus Lapitz, Wulkenzin oder Alt Rehse.
Die jetzige Kapelle ist ein rechteckiger, fast quadratischer Fachwerkbau mit Walmdach aus dem Jahre 1794. Mitten auf dem First war einst ein kleiner Dachreiter mit offener Laterne aufgesetzt, der nicht mehr erhalten ist.
Der ursprünglich himmelblau gestrichene Innenraum hat eine einfache Ausstattung und der weiß gestrichene Kanzelaltar ist mit Schranken versehen. Der Pastorenstuhl und die ehemalige Patronatsloge stammen aus der Erbauungszeit. Das Harmonium stammt aus Amerika.
Auf dem Kirchhof steht ein Glockenstuhl mit einer Glocke aus dem Jahre 1780.

Seit 1992 wird mit viel Engagement das Slawendorf „Passentin" aufgebaut. Die Idee dazu wurde von der Künstlerin Dorothee Rätsch geboren. Mit Hilfe von Arbeitsbeschaffungsmaßnahmen (ABM) entstanden in 10 Jahren 9 Hütten unterschiedlicher Bauweise aus Holz, Lehm und Schilf. Hier können Schulklassen in Ferienfreizeiten das damalige Leben hautnah nachempfinden.
Die alte Kopfsteinpflasterstraße ist 2003 gegen ein Betonpflaster ausgetauscht worden.

ehemaliges Gutshaus in Passentin

Kirche in Passentin

Penkow und Kisserow

Pächterhaus in Penkow

Penkow, früher auch Penkowe geschrieben, liegt direkt an der B 192, 4 km südöstlich von Malchow. Der Name bedeutet soviel wie Fischerort.
1309 wurden die Orte als Besitz von Nicolaus v. Werle erstmalig erwähnt. Seit 1513 besaßen dann die v. Flotow Anteile in Penkow. Zwischen 1668 und 1688 kam der Ort nach und nach in die Hände des Klosteramtes Malchow und war an Bauern verpachtet. 1770 wurden von ihnen die ersten gelegt. 1802 waren hier aber noch 6 kleine Gehöfte mit je drei Häusern. 1833 richtete das Kloster Malchow einen Pachthof ein. In der Folgezeit entstanden in vielen weiteren Orten des Klosteramtes Gutspachthöfe. Für 1864 und 1871 wurde in Penkow L. Schneider als Pächter genannt. Der 506 ha große Pachthof war dann 1899 und 1916 in der Hand von Ökonomierat F. W. Kühn. 1921 bis 1945 hatte Wilhelm Gau den Hof.

Das Pächterhaus, um 1835 errichtet, ist ein einfacher, eingeschossiger, 13-achsiger Backsteinbau auf einem Feldsteinfundament. Ein Walmdach schließt es ab. Im östlichen Teil ist es sehr verbaut und desolat.
Nach 1945 waren zunächst Flüchtlinge dort untergekommen. 1982 erfolgte ein Umbau. Das Haus wurde samt Feldsteinsockel überputzt. Die nächsten 10 Jahre war es dann als Diskothek und Verkaufsstelle genutzt worden. Im ausgebauten Dachgeschoss waren Wohnungen. Nach 1990 wurde es von der Gemeinde verkauft. Zwischen 1992 und 2001 wurde es als Gaststätte „Zum Goldenen Löwen" von einer Speditionsfirma betrieben. 2002 wurde es noch einmal als Diskothek genutzt. Seit dem steht das Gebäude leer und zum Verkauf.

Kisserow wurde früher Kitzerow geschrieben und gehörte wie Penkow zum Besitz der v. Werle.
Bis 1377 hatten dann die Familien Hahn und v. Flotow Anteile hier. In diesem Jahr verkaufte Thideke v. Flotow sein Eigentum an das Kloster Malchow. Das Kloster Malchow besaß später das ganze Dorf und verpachtete es an Bauern. 1802 bewirtschafteten insgesamt 10 und 1864 bis 1921 9 Erbpächter die 413 ha. Die Hofgrößen lagen zwischen 43 und 47 ha. Die Ländereien waren 1918 inzwischen Landeseigentum geworden. 1934 übernahm eine Siedlungsgesellschaft den Grund und Boden. Die Bewirtschaftungsfläche blieb und die Bauern wurden übernommen, ein Siedler kam hinzu.
Nach 1945 wurde die Feldflur zwischen Kisserow und Penkow zwischen 62 Neubauern aufgeteilt. Die Einzelbauernstruktur ist dem Dorf erhalten geblieben und die Häuser sind gut saniert.

Poppentin und Wendhof

Abseits vom großen Straßenlärm liegt Poppentin, heute ein Ortsteil von Göhren-Lebbin ca. 1 km nördlich der B 192. Einsam zwischen beiden Dörfern finden wir außerdem den ehemaligen Dorfstandort Poppentin. Heute ist dort neben der Kirche nur noch das alte Schulhaus und ein weiteres Haus zu finden.

Poppentin wurde 1284 das erste Mal erwähnt und war ein altes Familiengut der Pritzbuer, die auch noch Kelle und Kargow besaßen. Das Stammgut war Grabenitz, unweit von Poppentin gelegen. 1333 und 1347 wurde die Familie urkundlich als Zeugen zu Poppentin erwähnt. Einige Ländereien gaben sie später an das Kloster Malchow. 1561 gehörten den v. Below (Klink) 3 Höfe in Poppentin. 1592 verkauften die v. Flotow auf Stuer ihr Poppentiner Burglehn an das Malchower Kloster, das so zu bedeutendem Grundbesitz im Dorf kam. Anteile besaßen außerdem 1691 die Familie v. Gamm und v. Below (siehe Göhren-Lebbin), nach 1750 auch die v. Gundlach (Hinrichsberg) und Baron Le Fort (Wendhof), Major v. Grape und die v. Lücken.
Um diese verworrenen Besitzansprüche zu bereihnigen, wurden in einem „Auseinandersetzungsvertrag" die Besitzungen bei Poppentin 1809 neu geordnet. Ein Teil Poppentins wurde der Feldmark Göhren und ein anderer Wendhof zugeteilt. Der dritte Teil, der des Klosters Malchow, wurde nach Legung von vier Lehnbauern als Hof angelegt und verpachtet. 1899 hieß der Pächter der 284 ha Hans Strempel und 1921 Karl Freitag. 1831 erhielt der Hof den Namen „Schlösschen Poppentin". Später hieß der Ort Alt Poppentin und wurde noch bis in die 1920er Jahre geführt.
Besitzer der ca. 340 ha großen Feldmark war 1787 der Rittmeister Baron v. Klott-Trautvetter und 1864 gehörte Hans Wilh. H. Hermann v. Blücher der Grund und Boden. Danach, spä-

Gutshaus in Poppentin (kleines Foto oben: das Gutshaus um 1940)

testens 1899, kam das Gut von Poppentin zum umfangreichen Besitz der Freiherrn v. Tiele-Winckler im benachbarten Göhren-Lebbin. Poppentin war seitdem Vorwerk gewesen. 1931 wurde der Ort aufgesiedelt. 18 Bauernstellen wurden eingerichtet. Reste einer alten Kalk-und Ziegelbrennerei finden sich nahe dem Weg nach Grabenitz.
Um 1800 gab es nur den Gutshof Poppentin, südöstlich vom Dorfteich gelegen. Eine Jahreszahl verrät, dass das Gutshaus 1780 gebaut wurde. Es ist ein 11-achsiges, eingeschossiges Backsteingebäude auf einem Feldsteinfundament. Ursprünglich besaß es zu beiden Längsseiten 2 Fledermausgaupen auf dem mit Biberschwänzen eingedeckten Krüppelwalmdach. Später wurde der Dachraum über dem Eingang mit einer 3-achsigen Schleppgaupe versehen, die um 1985 nochmals erweitert wurde. Zur gleichen Zeit ist die linke Hälfte des Gutshauses verputzt und damit das alte Haus entstellt worden. Die rechte Seite ist mit dem Stallgebäude und dem dazugehörigen Verbindungsgang original erhalten und ein Kleinod alter Gutsgeschichte. Zum Gutshof gehörten 2 große Scheunen. Nach der Aufsiedlung ist eine als Wohnraum ausgebaut worden. Die andere brannte 1951 aus. Ihre Giebel wurden weiter verwendet.

Nahe dem Dorf im Osten auf einem Höhenzug sind noch die Reste von einer der vier Kalkbrennereien der Gegend (in der Umgebung treten umfangreiche Kreidelager zu Tage) zu finden.

Die Kirche, 2 km nordwestlich vom Ort gelegen, war ursprünglich von einem großen Bauernhof umgeben gewesen und hatte einen eigenen Pfarrhof. Heute ist die Kirche eine Filia zu Sietow. 1802 existierten hier neben dem Pfarrhof noch 3 weitere Höfe und eine Schule. Eine alte Kopfsteinpflasterstraße führt von Poppentin dort vorbei nach Wendhof.
Im 13. Jh. existierte bereits eine Kirche als rechteckiger Feldsteinbau. Von ihr sind nur noch die Ecken aus behauenem Granit vorhanden. Um 1820 wurden die Wände des Kirchenschiffes in Backstein erneuert. Der im Stil der Zopfgotik errichtete Westturm trägt an der Vorderseite die Jahreszahl 1822. Das Turmobergeschoss wurde ebenfalls mit Backsteinen saniert.
Bei der Restaurierung im Jahre 1883 ist das Kircheninnere vollständig saniert worden. Die vier hölzernen Bündelpfeiler teilen den einschiffigen Raum in 3 Teile. Dadurch konnte der Mittelteil mit einem hölzernen Tonnengewölbe überspannt werden, während die beiden schmalen Seitenschiffe mit einer Bretterdecke abgeschlossen sind. Die einfache Innenausstattung ist neugotisch.
Auffallend sind die Schnitzereien an Altar, Kanzel von 1883 und die Lütkemüllerorgel von 1870. Diese erhielt nachträglich 1895 einen neugotischen Giebelaufsatz. Das Altarbild ist eine Kopie des bekannten Pfannschmidtschen Bildes der Kreuzigung Jesu. An der Nordecke der Ostwand befindet sich eine Marmortafel mit drei Namen der Familie v. Lücken. Von den Kleinkunstwerken sind der 1714 von der Witwe v. Gamm gestiftete silbervergoldete Kelch mit dazugehöriger Patene (Andreas Rathke, Güstrow) erwähnenswert. Eine ebenfalls silberne Kanne entstand im Jahre 1861. Carl Illies aus Waren stellte 1824 die beiden großen Zinnleuchter her, die er den Leuchtern der Sietower Kirche nachbildete.
Eine kleine Bronzeglocke von Albrecht (Wismar) hängt im Turm. Die von C. Illies (Waren) ist nicht mehr vorhanden.
Die Kirche ist von Mai bis Oktober geöffnet.

Wendhof liegt ganz versteckt nahe des Kölpinsees, 3 km nördlich von Poppentin. Auch

Gutshaus in Wendhof

dieser Ort soll einmal direkt am Kölpinsee gelegen haben. Als Schreibweise finden wir auch „Wentorpe". Südöstlich des Ortes liegt versteckt im Wald ein Großsteingrab.

Genauso wie bei Poppentin wurde die Feldmark von Wendhof mehrmals neu aufgeteilt. Wendhof war lange Zeit wie Poppentin im Besitz des Barons le Fort. 1794 gehörte das Lehngut Herrn Comte d' Escars. Mitte des 19. Jhs. hatten beide Orte wieder den selben Besitzer: Hans W. H. H. v. Blücher und später die Familie v. Tiele-Winkler. Zu dieser Zeit gab es eine Kalkbrennerei im Ort und 1864 wurde am nahe gelegenen Ufer eine Ziegelei erwähnt. 1934 wurde Wendhof wieder von Poppentin getrennt. Das Gut kaufte die Familie Burmeister. Nach 1945 wurde es aufgesiedelt.

Das Gutshaus ist in der ersten Hälfte des 19. Jhs. entstanden. Es ist ein schlichter, zweigeschossiger Putzbau über 13 zu 3 Fensterachsen. Ein einfaches Walmdach schließt es ab. Die Vorderfront wird durch einen von vier Säulen getragenen Balkon betont. Eine kleine Freitreppe führt zum Eingang. Von Norden rahmt das Gutshaus ein kleiner Park ein.
Von 1945 bis 1953 wohnten 15 Familien im Gutshaus. Nach der Räumung wurde es zum Kinderheim, mit einer Kapazität bis zu 60 Kindern umgebaut und auch äußerlich verändert. Nach 1990 kam das Kinderheim in die Trägerschaft des Deutschen Roten Kreuzes und wurde saniert. Bis zu 33 Kinder lebten seit dem hier in familienähnlichen Strukturen. 2000 wurde das Gutshaus von der Agrar GmbH Lebbin übernommen. In den letzten Jahren waren hier ein Kindergarten und die Lehrlinge vom Hotelkomplex Göhren-Lebbin untergebracht. Im Augenblick steht das Gebäude leer.
Von dem einstigen Wirtschaftshof ist noch ein alter Stall mit Krüppelwalmdach erhalten. Der Resthof wird landwirtschaftlich genutzt. Erhalten geblieben ist auch die Kastanienallee, die von Göhren-Lebbin kommend direkt auf das Gutshaus zuführt.

Priborn

Auf der Westseite der Müritz, etwa 10 km westlich von Röbel entfernt, liegt der Ort Priborn. Der Name könnte von born(e) = Brunnen, Quelle abgeleitet sein.

Wie auch bei Vipperow erwähnt, erhielt das fern gelegene Zisterzienserkloster Amelungsborn (nahe Braunschweig) vom Fürsten Nikolaus I. v. Werle 1239 die Priborner Wasser-

Gutshaus in Priborn

mühle zur Pacht. So wird Priborn erstmalig urkundlich erwähnt. Nikolaus v. Werles Nachfolger schenkte 1273 dem Nonnenkloster Röbel zwei Hufen des Dorfes. Die Söhne dieses Fürsten verfügten 1285, dass Priborn zum Ort der Landdingtage im Land Röbel wurde. Die Mühle des Dorfes fiel 1291 an den Landesherrn zurück. Dafür erhielt das Kloster Amelungsborn einen Anteil an der Fischereigerechtigkeit in der Müritz und Eigentum an der höher gelegenen Schilder Mühle, weiter noch Hufen in Priborn, die die Fürsten vorher dem Knappen Heinrich v. Rorbeck abgekauft hatten.

1302 dann befand sich die Priborner Mühle in den Händen der Grafen Burchard und Ulrich v. Lindow, die Onkel der jungen werleschen Fürsten. Als in Ludorf 1346 die Kirche geweiht wurde, gehörten der dortigen Kirche drei Hufen in Priborn. Etwa um diese Zeit überschrieb Fürst Bernhard v. Werle seiner Frau Elisabeth sieben Hufen im Dorf als Leibgedinge. Nach ihrem Tod übernahm die Familie Hahn (Linie Damerow) das Gut. Schon vor 1370 erwarben auch die v. Knuth (Leizen) Eigentum und Rechte im Ort. Sie gaben diese 1474 an Achim Hahn (Solzow) ab. Auch die v. Flotow müssen Hufen in Priborn besessen haben, denn sie verpfändeten diese 1554 an Curt v. Rohr. Ende des 16. Jhs. hatten die Marin (Ludorf) größere Besitzungen in Priborn. Aber die v. Knuth blieben die Hauptherren im Dorf. Sie erhielten 1695 den Allodialbrief über ihren Priborner Besitz. Zwei im Dorf wohnende Dominialbauern wurden 1702 nach Grabow bzw. Below umgesiedelt. 1732 waren die v. Ferber (Melz) Herren in Priborn. 1815 gab es außer dem Gut noch 7 eigenstängig wirtschaftende Bauern. 1938 war Dr. Ing. Horst v. Ferber Besitzer des 1.200 ha großen Allodialgutes. Die Familie behielt das Gut bis 1945. Schon 1952 wurde hier eine LPG gebildet.

Kirche in Priborn

Südlich des Ortes am Eldeübergang wurde eine Burgstelle aus dem 13. bis 14. Jh. nachgewiesen. Ein wunderbarer Waldweg führt von Priborn in das benachbarte Buchholz.

Das Gutshaus wurde zwischen 1870 und 1880 erbaut. Es ist ein zweigeschossiger Ziegelbau mit Mittelrisalit und Bänderung zwischen den Etagen. Die an den Außenseiten hochgezogenen Türme verleihen dem Haus Schlosscharakter. Nach dem 2. Weltkrieg diente es als Quartier für Flüchtlinge aus dem Osten. Von 1959 bis 2003 wurde das Gutshaus als Schule genutzt. Seitdem steht es leer und zum Verkauf.

Über den mittelalterlichen Vorgängerbau der jetzigen Kirche ist wenig bekannt. Fest steht, dass aus dieser Kirche ein Glasfenster mit dem Wappen des Herzogs Carl aus dem Jahre 1591 in die heutige Kirche übernommen wurde.

Sie wurde in den 60er Jahren des 19. Jhs. mit einem polygonalen Chorschluss im Osten gebaut. Im Westen wurde ein Turm vorgesetzt, dessen achteckiges Obergeschoss mit einen spitzen Helm abgedeckt ist.

Die Innenausstattung stammt aus der Erbauungszeit. Das Altargemälde fertigte der Maler Fischer-Moisson 1869 an. Die Kirche besitzt vier zinnerne Leuchter aus dem 17. Jh. und drei zinnerne Kelche aus dem 18. Jh.

Von den 2 Glocken im Turm ist nur die kleinere mit einer Inschrift und einem Glockenzeichen versehen.

Puchow und Rahnenfelde

Gutshaus in Puchow

4 km nördlich von Penzlin liegt das Dorf Puchow.

Vom 14. Jh. bis Anfang des 16. Jhs. war es ein aus Einzelhöfen bestehendes Bauerndorf. 1501 wurde es noch so in einer Urkunde erwähnt, als Bernd v. Maltzan von den mecklenburgischen Herzögen mit Puchow belehnt wurde. Der Ort wurde Rittergut, aber noch im 16. Jh. mehrmals verkauft und verpfändet. Es gibt wohl kein zweites Gut im Müritzkreis, das nacheinander und in so kurzen Abständen so viele Besitzer hatte. Bis in das 19. Jh. hinein wechselten sie ständig. So war Puchow im Besitz von Hans Angermünde, Lukas Schröder, Lüdeke v. Holstein, 1623 Magnus v. Bülow, v. Vieregge, Dr. Jasmund, Jürgen Höppener, Joachim Engel, Joachim Quilitz, Gregorius Ziegler, 1702 – 1805 v. der Lanken, v. Hacke, v. Raven, Anton v. Berg, 1830 Hermann v. Voss sowie Wilhelm Mecklenburg – bis 1878 Ulrich v. Maltzan Puchow wieder in den Besitz seiner Familie brachte. Doch bereits 1905 kaufte Adolf v. Buengner aus Riga das knapp 400 ha kleine Rittergut.

Dieser fing im selben Jahr noch an, Gutshaus, Hof und Dorf neu zu erbauen. So entstand bis 1914 der noch heute gut erhaltene Gutskomplex, damals eine der modernsten Anlagen mit Torhäusern, Verwalterhaus und großen Stallungen.

Das Gutshaus ist ein zweigeschossiger, gelb getünchter Putzbau auf einem Feldsteinfundament im neobarocken Stil. Die Erdgeschossfenster sind mit Segmentbögen in Form von Köpfen überdacht. An der Vorderseite fällt der sehr aufwendige Mittelrisalit ins Auge. Ihn schmückt ein Säulenanbau mit Altan, den ein schmiedeeisernes Geländer umschließt. Zum Haupteingang führt eine Treppe hinauf. Ein Schweifgie-

Torhaus

belaufsatz mit der Jahreszahl 1910 schließt den Risalit ab. Auf der Parkseite prägt die Front ein weit aus dem Gebäude herausragender Mittelrisalit. Ein Balkon sowie ein Segmentbogengiebel schmücken ihn. Beiderseits befinden sich laubenartige Anbauten, die auf die Terrasse führen. Am Südgiebel ist ein Erker angefügt.
Im Innern geht eine Halle durch beide Etagen, versehen mit einer Holztäfelung und einer Trep-

pe, die im Obergeschoss in einer Galerie mündet. Vor dem Haus liegt eine von Wacholdern flankierte und von Stieleichen und Rosskastanien umsäumte Rasenfläche. Westlich gibt es einen kleinen Park mit vielen, zumeist einheimischen Gehölzen.

1945 wohnten zunächst Flüchtlinge im Gutshaus. Dann wurde es in den Nachkriegsjahren Schauspielort. Mit Unterstützung des Theaters Neustrelitz führten 1960/61 viele Puchower Fritz Reuters „Kein Hüsung“ auf. Das Gutshaus bildete die Bühne und im Park dahinter waren Tribünen für 1.000 Zuschauer aufgebaut. Für ihre Leistungen wurde die Laiengruppe mit dem Fritz-Reuter-Preis 1. Klasse und dem Preis für künstlerisches Volksschaffen ausgezeichnet.
Das Gutshaus blieb Zentrum der Kultur in Mecklenburg. Im November 1970 wurde hier die Kulturakademie des ehemaligen Bezirkes Neubrandenburg eingerichtet. Bis 1990 wurden Laienkünstler in verschiedenen Lehrgängen aus- oder weitergebildet.
1999 verkaufte das Finanzministerium M-V das Gutshaus getrennt vom Wirtschaftshof. Seit dem steht das Gebäude leer. Die Stallungen werden von einem Landwirtschaftsbetrieb genutzt.

Puchow hatte einst eine Kirche, die immer mit der Penzliner verbunden war. Nach dem 30jährigen Krieg war sie sehr heruntergekommen. Bekannt ist, dass sie zwischen 1650 und 1659 abbrannte. Zwei ihrer Glocken kamen damals

nach Broda. Eine, aus dem Jahre 1509, blieb auf dem Friedhof in Puchow in einem Glockenstuhl.

Ähnlich viele Besitzer hatte das ursprüngliche Vorwerk **Rahnenfelde**. Der von Puchow 2 km südlich gelegene Ort gehörte 1794 Freiherr v. der Lanken, von 1803 bis 1810 wohnte hier Georg Ferdinand Friedr. v. Maltzan, 1823 hieß der Besitzer L. v. Bülow, 1864 Albrecht Steinhoff, 1899 Ulrich und Adolf Georg Otto v. Maltzan (Penzlin). Nach 1905 übernahm das 164 ha große Lehngut Adolf v. Buengner. Sein Sohn Erich behielt es bis 1945.

Stallungen in Puchow

Rambow

16 km nördlich von Waren liegt am Ulrichshusener See Rambow.

Die einst slawische Siedlung wurde erstmals 1271 in einer Urkunde erwähnt. Darin ließ Bischof Hermann von Kammin das Dorf, das bis dahin nach Schwinkendorf eingepfarrt war, zum Kirchspiel Domherrenhagen (= Papenhagen) legen. Dort existierte bereits seit 1220 eine Kirche, die wahrscheinlich an einer alten slawischen Kultstätte (einem Heiligtum der Göttermutter Baba) zwischen Rambow und Ulrichshusen errichtet wurde. Der Ort diente damals schon zur Ausstattung des 1226 gegründeten Domherrenstiftes zu Güstrow und soll eine Wallfahrtskirche gewesen sein. Dieser Kirche schenkte Fürst Nikolaus von Werle 1240 vier Hufen des Dorfes.

Domherrenhagen ist längst verschwunden. Doch die wüste Kirche in der Kirchkoppel, einem Wiesenstück in der Nähe von Rambow, gibt es noch. Die Ruine des einst im romanischen Stil errichteten Gotteshauses ist sehenswert. Erhalten sind die beiden Giebelwände und Teile der Längsmauern. Diese bestehen teilweise aus behauenen und unbehauenen Feldsteinen. Für spätere Tür- und Fensterlaibungen und dem Triumpfbogen wurden auch Ziegelsteine verwendet. Das Dach war aus Stroh.

Bereits in der Mitte des 15. Jhs. lag die Feldmark wüst. Ein Reisender fand 1458 „niemanden mehr am Leben". Es wird angenommen, dass es die Pest war, die die Einwohner hinweggerafft hatte. Die Toten sind damals an Ort und Stelle begraben worden.

Die ortsansässige Pfadfindergruppe stabilisierte 2003 die Giebelwände der Kirchenruine und befreite das Umfeld von Wildwuchs.

Von ältester Zeit her war Rambow in Besitz der Familie v. Maltzan. 1463 schenkte Ulrich von Maltzan zu Rothenmoor dem Kloster Dobbertin ein Ackerstück bei der Rambower Mühlenbeke. 1491 war Wedige I. von Maltzan als Besitzer von Rambow aufgeführt. Aber außer ihm waren auch die von Kamptz dort begütert. Sie verkauften 1511 die von Ihren Vorfahren in Rambow ererbten Rechte an Wedige I. von Maltzan.

Als Berend v. Maltzan wegen Verrat des Landes verwiesen wurde, verpachteten es seine Söhne auf 30 Jahre zuerst an den schwedischen Oberst Carl D. Ruth und dann an Baron v. Erlenkamp.

1776 jedoch gelang es dem Landmarschall Lüdecke von Maltzan, Rambow und Ulrichshusen zurück zu erwerben. Im Jahre 1822, als die Maltzanschen Güter durch einen Vergleich neu aufgeteilt wurden, wurde Rambow von Ulrichshusen getrennt und Moltzow zugerechnet.

Es blieb Maltzanscher Besitz bis 1945. Noch im Staatshandbuch für Mecklenburg von 1938 ist ein Helmut v. Maltzan, Freiherr zu Wartenberg und Penzlin, als Eigentümer von Rambow eingetragen.

Rambow erhielt als Pertinenz zu Moltzow in der 2. Hälfte des 19. Jhs. ein Vorwerk. Der Hof wurde zwischen 1890 und 1910 aufgebaut

Kirche in Rambow

Pächterhaus in Rambow

und bestand aus einer Stellmacherei, einem Rinderstall und einer Scheune. Das Pächterhaus besaß ebenfalls zwei Stallungen.

Im 2. Weltkrieg waren französische Krieggefangene hier untergebracht. Nach 1945 wurde die Feldmark aufgesiedelt. Aus den Feldsteinen der Wirtschaftsgebäude wurden Neubauernhäuser gebaut. Die ehemalige Hofanlage blieb aber bestehen. Das ehemalige Pächterhaus, ein einfacher Bau um 1910 errichtet, wird heute privat genutzt.

Erwähnenswert ist die ehemalige Rambower Mühle, die noch bis 1927 arbeitete und deren Fundamente noch heute zu sehen sind.

Zwischen 1624 und 1639 ließ Berend Ludolf von Maltzan, nachdem er das Schloss Ulrichshusen geerbt hatte, die Kirche in Rambow bauen. Noch heute sind die Wappen seiner Familie und die seiner Frau, Anna von Staffhorst, am Ostgiebel zu sehen.

Es entstand ein rechteckiger Feldsteinbau mit eingezogenem, rechteckigen Westturm. Der Ostgiebel verrät die Zeit der Renaissance. Auffallend sind auch die horizontalen Gesimsbänder auf beiden Dachschrägen. Beachtenswert ist die gut erhaltene Originaltür am Südportal. Altar und Kanzel stammen ebenfalls aus der Erbauungszeit. Der Altaraufsatz ist mit Schranken versehen und zeigt Tafelbilder, die Leben und Passion Christi darstellen. Die Kanzel besitzt einen Schalldeckel und in ihren Füllungen geschnitzte und bemalte Wappenschilde. Die innere Südseite der Kirche ist geschmückt mit einer Rüstung des schwedischen Obersten Carl D. Ruth und einer Gedenktafel mit Wappen von 1657.

Im Turm befindet sich eine kleine Glocke, die 1703 durch Baron von Erlenkamp gestiftet wurde. Ursprünglich hatte die Kirche aber 2 Glocken. Der schwedische Oberst Carl D. Ruth ließ 1649 in Posen eine Glocke passend zu dem von ihm gestifteten Läutwerk samt Ziffernblatt herstellen. Die Glocke wurde von außen angeschlagen, war 55 cm breit und nur 30 cm hoch. Um 1825 kam sie auf die Burg nach Penzlin, wo sie auch noch heute hängt.

1999 konnte das Uhrwerk repariert werden. Nun wartet die Kirche auf die Rückkehr der Glocke.

Rambow hat außerdem ein schön restauriertes Pfarrhaus, das seit 2003 als Pension geführt wird. Hier nächtigte sogar schon Yehudi Menuhin als er auf einer Konzerttour in Ulrichshusen war.

Rechlin

Rechlin liegt etwa 12 km nordwestlich von Mirow direkt am Ufer der Müritz. Auch dieser Ortsname, früher Reddechlyn, ist slawischen Ursprungs und könnte von rad = flink, froh, abgeleitet sein. Das nördlich gelegene Müritzsteilufer kennzeichnet eine Randlage des Müritzhauptgletschers der letzten Eiszeit.

Das alte Dorf Rechlin lag direkt am Claassee und war ein Bauerndorf. Dieses findet seine erste urkundliche Erwähnung am 24. August 1374. Damals kaufte die Familie v. Kerkberge (Kerberg, Kerkberg) drei Hufen in Rechlin von dem Knappen Jakob Zartwitz. Die v. Kerkberge (Krümmel) hatten Besitz und Rechte bis zum Aussterben ihres Mannesstammes 1673 in Rechlin. Mit ihnen hatten aber auch noch die v. Retzow (Kirchenpatron), die Familien Leppin, Roggentin und Klopzow Dorfanteile.

Zu Beginn des 18. Jhs. ging das Eigentum der Familien v. Kerkberge und Retzow an die v. Barnewitz über, die ihren Besitz jedoch bereits 1710 an Oberst C. Christoph v. Langermann verpfänden mussten. Doch schon 13 Jahre später hatten die v. Barnewitz ihren Besitz zurück. Als schließlich 1741 die Familie v. Barnewitz in Mecklenburg erlosch, setzte die vormundschaftliche Verwaltung der Güter ein.

1754 traten die v. Lowtzow und dann 1787 die v. Hammerstein (Retzow) die Rechtsnachfolge an. Rechlin wurde nach 1815 Vorwerk und gehörte zu Retzow. Damals waren noch 6 Bauern ansässig. Vier von ihnen wurden zwangsumgesiedelt. Ein Verwalterhaus wurde gebaut. Es stand südlich vom Claassee. Als es 1936 abbrannte, wurde es nicht wieder aufgebaut. Ein Rest Kastanienallee erinnert heute noch daran.

1916 wurde die Familie v. Hammerstein von dem 1.155 ha großen Lehngut zum Teil (Rechlin) enteignet und vom Deutschen Reich entschädigt. Der Grund war der geplante Flugplatz der Luftwaffenerprobungsstelle. So kamen die besten Böden der sonst kargen Gegend aus der Hand der landwirtschaftlichen Nutzung. Bis 1934 war ein kleiner Teil, 245 ha, an einen Pächter Bade vergeben worden.

Rechlin wurde auf Grund seiner abgeschiedenen Lage und der geringen Bevölkerungsdichte als Luftwaffenerprobungsstelle des Deutschen Reiches immer weiter ausgebaut sowie eine Eisenbahnstrecke hierher gelegt. Erst 1933 wurden nördlich und südlich der Kirche Wohnungen für die Bediensteten gebaut und es entstand in der Folge das heutige Rechlin. Andere Dörfer der Umgebung wie Klopzow, Roggentin und Leppin mußten leergezogen werden und dem Übungsgelände weichen.

Die Luftwaffenerprobungsstelle mit ihren Anlagen und dem Flugplatz wurde nach dem 2. Weltkrieg von der sowjetischen Armee übernommen. Auf dem Flugplatz war ein Jagdbomber-Regiment stationiert.

Am Claassee, an dem heute ein alter Frachtkahn an die traditionelle Bewirtschaftung erin-

nert, entstand seit 1950/51 auf 6,8 ha Fläche der VEB Schiffswerft Rechlin mit zuletzt über 1.000 Beschäftigten. Heute befindet sich auf diesem Gelände u.a. ein Yachthafen und ein Feriendorf. Das Luftfahrttechnische Museum informiert über die bewegten Zeiten Rechlins.

1541 gab es einen Pastor in Rechlin, der die Kirchen in Roggentin und Klopzow mit versorgte. Erst 1662 wurde danach wieder ein Pastor in Rechlin erwähnt.

Die Kirche von Rechlin brannte 1676 ab und wurde 1689 wieder aufgebaut. Aber bereits 1787 waren die Kirchen Retzow, Roggentin und Rechlin baufällig. 1791 kam es zu einem Vertrag zwischen der Kirche und dem Regierungsrat v. Hammerstein, der festlegte, dass für die gesamte Parochie eine Kirche ausreiche. Die v. Hammerstein plädierten für die Roggentiner Kirche, der Kirchenrat aber für die Rechliner. Baron v. Hammerstein setzte sich zunächst durch. So wurden die baufälligen Kirchen in Rechlin und Retzow abgerissen. Roggentin wurde Kirchort. Das schien auf

Dauer nicht zu befriedigen, denn in einem weiteren Vertrag wurde 1802 festgelegt, dass Rechlin eine neue Kirche erhalten soll. Wegen Streitigkeiten verzögerte sich der Baubeginn bis 1816 und die Bauzeit beanspruchte nochmals sechzehn volle Jahre, so dass die jetzige Kirche und damit der dritte Kirchenbau in Rechlin erst 1832 geweiht werden konnte. Erst besaß sie drei, später vier Glocken. Eine von ihnen ist die aus der 1791 abgerissenen Kirche in Retzow. Sie sollte später die einzige sein, die 1945 gerettet werden konnte und nach Vietzen kam. Heute ist diese Glocke aus dem 13. Jh. wieder in Rechlin.

Gemäß der Bauzeit wurde die Kirche in einem nüchternen Stil errichtet. Das Langhaus hat ein Satteldach, das nach Osten hin abgewalmt ist. Im Westen befindet sich ein schmaler Turm mit niedrigem vierseitigen Pyramidenhelm.

Die gesamte Kirche ist weiß gestrichen. Innen ist eine flache Holzdecke zu finden.

Könnten ihre Mauern sprechen, würden sie uns Unglaubliches erzählen und in Erinnerung rufen. Nach 1945 wurde sie als Munitions- und Militärgerätelager genutzt, sie diente zwischenzeitlich als Schafstall, Strohlager und Sporthalle.

Natürlich ist von der gesamten Inneneinrichtung dabei nichts mehr übrig geblieben. Die Vasa Sacra wurde von der Roggentiner Kirche übernommen. Es gibt auch keine Orgelempore mehr. Die Glocken waren entwendet und der Kanzelaltar verheizt worden.

Mit der Wiedervereinigung im Oktober 1990 wurde die Bundeswehr Eigentümer der Kirche. Bereits 1991 wurden von einem aktiven Förderverein Vorkehrungen getroffen, die Kirche nach über 40 Jahren wieder ihrem ursprünglichen Zweck zuzuführen. Eine umfangreiche Innenrestaurierung setzte ein. Zu Weihnachten 1992 konnte die Kirche abermals geweiht werden. 1996 wurde der Sakralbau der Landeskirche übergeben.

1998 wurden der Kirche vier Glocken gegossen. Die eigentlich vierte Rechliner Glocke aus Retzow, die so lange in Vietzen im Glockenstuhl hing, wurde gegen eine dieser neuen ausgetauscht. Eine elektrische Orgel stiftete Prof. Dr. Dr. Werner Freise, der auch sonst die Kirche sehr unterstützt hat. Inzwischen besitzt die Kirchgemeinde eine neue Bestuhlung von 300 Plätzen. 2001 bekam die Kirche eine Fußbodenheizung. 2003 konnte die Außenfassade erneuert werden.

Heute gibt es neben Gottesdiensten Chor- und Blaskonzerte in der Kirche, die inzwischen bei Urlaubern und Heimischen gleichsam beliebt geworden sind.

Kirche in Rechlin

Rethwisch

Der Ort liegt ca. 24 km östlich von Waren, abseits der B 192 2 km südlich von Möllenhagen.

Rethwisch wurde mit Möllenhagen zusammen 1365 das erste Mal erwähnt. Die Feldmark war im 30jährigem Krieg wüst gefallen. 1722 legte die Familie Gundlach hier eine Glashütte an, die bis 1734 arbeitete. Danach kaufte die Familie Le Fort den Ort. 1794 besaß Herr v. Altrock Rethwisch mit Bocksee und Klockow. 1815 bestand der Ort einschließlich Gutshof aus insgesamt 8 Häusern und hatte 70 Einwohner. Das Gut gehörte 1829 Kammerherrn F. v. d. Lanken. 1839 brannte fast das ganze Dorf nieder. Der nächste Besitzer war L. F. C. Schröder-Richter, Schwiegersohn des Gutsbesitzers Richter von Klein Dratow. 1864 war das Gut in den Händen von Friedr. Baetcke. Nach ihm übernahm es H. Kortüm. Von ihm kaufte 1892 Otto Peters das 320 ha große Allodialgut. Zu Beginn des 20. Jhs. hatten geologische Untersuchungen ergeben, dass in Rethwisch größere Kiesablagerungen vorhanden sind. 1922 entstand zunächst das Schotterwerk Rethwisch. Besitzer war die Firma Stier (Schwerin). Johannes und Prof. Dr. Josef Rotter hatten das Gut nach 1900 erworben und ihre Einwilligung für das Werk gegeben. 1923/24 erfolgte der Bau einer Betonfabrik mit einem Anschlussgleis nach Möllenhagen. Für 1937 waren die Erben von Hans Rotter als Besitzer eingetragen. 1945 wurde Helene Rotter enteignet. In Rethwisch entstanden 30 Neubauernstellen.

Das Gutshaus war ein Fachwerkbau und wahrscheinlich Mitte des 18. Jhs. gebaut worden und

Gutshaus um 1960

hatte den Brand im Dorf 1839 überstanden. Das Fachwerk war mit Lehm ausgefacht. Die Vorderfront des Hauses zeigte nach Süden in den Hof hinein. Links davon stand das jüngere Inspektorhaus aus Ziegelsteinen, dem gegenüber zwei Ställe. Einer davon wurde nach 1945 als Wohnhaus umgebaut. Nach Süden hin steht die Ruine des zweiten Stalls.

Gutshaus und Inspektorhaus dienten nach 1945 vielen Menschen als Unterkunft. Letzteres verfiel immer mehr und wurde in den 1960er Jahren abgerissen. Von dem Gutshaus wurde wenig später sogar noch einmal das Biberschwanzdach umgedeckt. Aber die Unterhaltung wurde der Gemeinde zu teuer. In Möllenhagen waren inzwischen Neubauten entstanden. Das Gutshaus in Rethwisch wurde nach einer Plünderungswelle abgerissen.

Für ca. 50 Jahre bis 1852 gehörte Bocksee zu Rethwisch. In dieser Zeit wurde die Lindenallee nach Bocksee angelegt. Heute stehen davon nur noch ein paar Bäume.

Retzow

Gutshaus in Retzow

Retzow liegt nur wenige Kilometer nordwestlich von Mirow. Der Ortsname, früher Rytzowe, ist slawischen Ursprungs. Der ursprüngliche Ort umschloss die ehemals südlich gelegene Kirche.

Wie auch bei Lärz und Schwarz ist die urkundliche Ersterwähnung des Dorfes mit dem 23. November 1237 verknüpft. In diesem Dokument bestätigt Fürst Nikolaus v. Rostock die Grenzen des Klosterbezirkes Dobbertin. Etwa 50 Jahre später wurden die Festlegungen über den Grenzverlauf von Nikolaus v. Werle erneut bestätigt.
Schon sehr früh saßen in Retzow und Krümmel die märkischen Vasallen der Familie v. Kerkberg. Es gab bereits 1497 zwei Linien dieser alten Adelsfamilie, eine mit den Hauptgütern Kerkberg im Brandenburgischen und die Krümmelsche mit den Gütern Retzow, Klopzow und einigen Hufen in Rechlin. Diese teilte sich im 16. Jh. in den schwarzen Zweig (Krümmel/Rechlin) und den weißen Zweig (Retzow/Klopzow) auf.
Die Familie v. Hammerstein kam im Jahr 1787 in den Besitz von Retzow (s.a. Rechlin). 1790 wurde der Regierungsrat W. Friedrich Ludwig v. Hammerstein in die mecklenburgische Ritterschaft aufgenommen und 1797 gehörte ihm der Besitz eines arrondierten Güterkomplexes, inklusive Rechlin, Klopzow, Roggentin, Leppin und Retzow. Nachdem die v. Hammerstein bereits 1916 Rechlin an das Reich abgeben mussten und der Konkurs nicht mehr abzuwenden war, verkauften sie das Gut Retzow 1926 an den Holzfachmann Joseph Törk. Schon 1928 meldete das Deutsche Reich erneut Ansprüche an die Ländereien an, um die Luftwaffenerprobungsstelle Rechlin auszubauen. Joseph Törk fällte bis zum Verkauf 1934 viel Wald. 1937 übernahm dann das Reich das Gut Retzow. Das Gutshaus wurde Lehr- und Prüfanstalt der deutschen Luftfahrtindustrie.
Ab 1943 wurde am Dorfeingang in Retzow ein Außenlager des KZ Ravensbrück eingerichtet. Die Frauen wurden beim Ausbau der Luftwaffenerprobungsstelle und im Munitionswerk (bei Malchow) eingesetzt. Heute ist von dem Lager nicht mehr viel zu sehen. Eine Gedenkstätte und ein Bunker erinnern auf dem ehemaligen Platz an diese schlechte Zeit.

Das Gutshaus, das die Familie v. Hammerstein um 1810 erbauen ließ, ist ein zweigeschossiger Putzbau mit 17 Achsen über dem Souterrain. Es ist in seiner klassizistischen Art bis heute unverbaut. Der Mittelrisalit mit toskanischer Säulenstellung und dorischem Gebälk trägt einen Dreiecksgiebel. Flache Gaupen beleben das abgewalmte Dach. An der Hofseite befindet sich ein viersäuliges Portal und davor eine doppelläufige Auffahrt. Der Blick ging von hier aus weit ins Land, bis in den 1970iger Jahren der schönen Aussicht ein Neubau vorgesetzt wurde. Auf der Südseite kann man von einer Terrasse über eine zweiarmige Treppe in den weitläufigen, heute waldähnlichen Park hinabsteigen.

Zwei große Gebäude, Marstall und Wirtschaftshaus mit Mansardendächern flankieren das Gutshaus. Das Wirtschaftshaus war nach 1945 Dorfladen (Konsum) und wird heute als Wohnraum genutzt.

Während des 2. Weltkrieges fand eine Kindereinrichtung ihr Domizil im Gutshaus. Nach 1945 diente das Haus zunächst Flüchtlingen, 1951 wurde es Altenheim, das bis 1994 dem Landkreis unterstand. Seit dem steht es leer.

Bemerkenswert ist ein großer Speicher im Dorf. Dieser ist der Rest einer Kartoffelflockenfabrik , die von 1880–1919 arbeitete. Verwalter war Hugo Winkel und das Haus in dem er

Verwalterhaus

wohnte existiert heute noch. Außerdem gab es eine Sägerei, die bis 1952 in Betrieb war. Eine Ziegelei stand schon 1819 und produzierte bis 1918.

Retzow besaß einmal eine Kirche. Sie war im 18. Jh. sehr marode und wurde von der Familie v. Hammerstein 1791 abgerissen. Die Glocke aus dem 13. Jh. kam mit dem Neubau einer Kirche 1816 nach Rechlin, später 1947 nach Vietzen und 1998 wieder nach Rechlin. Der Friedhof ist noch in Betrieb, eine kleine Friedhofskapelle ist vorhanden. Auch von der Familie v. Hammerstein liegen hier drei Grabsteine.

Südöstlich des Ortes ist ein Großsteingrab erwähnenswert.

Kirchhof in Retzow

Rockow

Gutshaus in Rockow

Der Ort liegt an der B 192 zwischen Klein Plasten und Möllenhagen, ca. 15 km östlich von Waren an einem kleinen See.

Obwohl Rockow sichtlich älter ist, wurde der Ort erst 1573 erwähnt. Die Feldmark war schon früh wüst gefallen. Damals gehörte Rockow zu Klein Plasten. Nach dem 30jährigen Krieg war hier eine Meierei eingerichtet worden, die von Groß Dratow aus mitverwaltet wurde. Zwischen 1722 – 1752 wurde hier eine Glashütte betrieben. 1786 wurde Rockow an Schmidt verfändet und später verkauft. 1794 war es ein eigenständiges Gut und wurde von K. F. Sponholz bewirtschaftet. 1829 hieß der Besitzer J. Meincke und 1857/1864 gehörte das Gut Friedr. L. C. Aug. Greffrath (Alt Schwerin). Das 388 ha große Lehngut war 1899 in Besitz von Robert Otto. 1921 gehörte das inzwischen allodifizierte Gut mit dem 1 km entfernten Eickhof zum umfangreichen Besitz von Albert Koppel (Wendorf). 1937 wurde es von P. Sturbeck bewirtschaftet.
Das Gutshaus ist ein eingeschossiger, verputzter Bau über 11 Achsen auf einem schmalen Feldsteinsockel. In der Mitte betont ein Vorbau mit einem darüber liegenden Balkon das Gebäude. Ein kleiner Mittelgiebel tritt dahinter aus dem Dach hervor. Auf der Gartenseite fügt sich an das Haus eine Veranda an. Von dort aus tritt man in den parkartigen Garten mit einem Teich.

2002 wurde das Haus innen sowie außen gründlich saniert und hat dabei an Charme verloren. Es wird vermietet.

Schön ist die zum Teil noch erhaltene von einer Lindenallee umsäumte, alte Kopfsteinpflasterstraße.

Roez

Pächterhaus in Roez

Der Ort liegt 11 km südöstlich von Malchow, direkt an der B 192. Im 13. Jh. wurde es Rositz oder auch Rosiz geschrieben.

Schon 1278 wurde der kleine Ort genannt als Bischof Hermann von Schwerin dem Schulzen Heinrich von Roez den halben Zehnten, 5 Hufe im Dorf gegen eine Kornrente verlieh. 1296 wurde Roez noch einmal genannt. Hermann von Sparow kaufte damals Güter, darunter Roez, vom Bischof G. zu Schwerin. Der Ort kam schon früh durch Tausch mit Penkun in den Besitz des Klosters Dobbertin und wurde seit dem 14. Jh. von einem sogenannten „Sandprobst" verwaltet. Später wurde er als Pachthof betrieben. Es lohnte sich an der neu gebauten Chaussee (1830–1850) im Dreieck Röbel-Malchow-Waren, eine Schmiede zu führen. Der Bauentwurf soll auf Schinkel zurückgehen. 1899 hatte der Schmied neben der Schmiede 445 ha zum Bewirtschaften. In den 1920er Jahren wurde das Pachtgut Domäne und nach 1945 im Zuge der Bodenreform aufgesiedelt. 30 Neubauern erhielten Land.

Die Schmiede wird heute als Restaurant und Landgasthof geführt.

Das Pächterhaus wurde um 1870 aus Backsteinen auf einem Feldsteinfundament erbaut. Das eingeschossige Haus über 9 Achsen besitzt einen Mittelrisalit und ist mit einem Walmdach abgeschlossen. Zwei Gaupen zieren den ausgebauten Dachraum. 2002 wurde mit Restaurierungsarbeiten begonnen, die 2004 im äußeren Bereich abgeschlossen werden konnten. Das Haus wird als Wohnhaus genutzt, zu dem eine schöne Lindenallee führt.

Rogeez

Der Ort liegt ca. 16 km südlich von Malchow und nordöstlich von Stuer. Zwischen Stuer und Rogeez liegt das große Wiedervernässungsgebiet, an dem sich die Burgruine Stuer befindet.

Rogeez ist alter Flotowscher Besitz. Der Ort gehörte mit zu einem großen zusammenhängenden Güterkomplex von insgesamt 5.600 ha. 1628 besaß Rogeez Andreas v. Flotow. Auch im 18. Jh. war der Besitz in den Händen der Familie v. Flotow. 1790 besaß Adam Philipp v. Flotow 14 Güter. Sein Wohnsitz war in Kogel. Er trat 1794 einige Besitzungen an seinen Sohn Georg ab. Auf alle Fälle war 1799 Philipp Matthias v. Flotow, wohnhaft auf Stuer, Besitzer von Rogeez. Er ließ auch Suckow, Satow, Zislow, Petersdorf, Adamshoffnung und Anteile in Hohen Wangelin bewirtschaften. Rogeez war nicht an Pächter vergeben. So ist anzunehmen, dass Bauern das Land bestellten. Auch das Bauernlegen 1832 und ihr Umsiedeln nach Zislow deuten darauf hin. 1822 kaufte Emil Georg v. Bülow das 852 ha große Rittergut in Rogeez. Er hatte die Tochter des Majors v. Flotow (Walow) geheiratet.
1935 musste ein Teil des Gutes an eine Siedlungsgesellschaft abgegeben werden. Das Restgut von 118 ha blieb bis 1945 in den Händen der Familie v. Bülow. 1945 flüchtete zunächst Frau v. Bülow mit ihren Kindern. Sie kam zurück und konnte durch das Vorzeigen einer Rettungsmedaille, die ihr Schwiegervater Otto v. Bülow im 1. Weltkrieg durch die Rettung eines Offiziers in Russland erhalten hatte, wie alle anderen Bauern und Flüchtlinge 5 ha Land bekommen. Sie durfte ebenfalls in einem Teil des Gutshauses wohnen bleiben, das sie und ihre Familie sich mit 60 Flüchtlingen teilen musste. 1948 kam ihr Mann aus der Kriegsgefangenschaft zurück und sie verließen bald darauf Rogeez.

Das Gutshaus ließ Familie v. Flotow zwischen 1814 und 1816 bauen. Vielleicht war es als Mitgift für eine Tochter der v. Flotows gedacht. 1817 heiratete W. A. Elisabeth v. Flotow Emil v. Bülow. Sie bewohnten das Haus seit 1822.
Es ist ein klassizistischer Bau und hat starke Ähnlichkeit mit dem ebenfalls in dieser Zeit errichteten Gutshaus der v. Flotow in Grüssow. Der eingeschossige Bau auf einem Feldsteinfundament verfügt über 13 Achsen. Die Vorderfront wird durch einen 3-achsigen Mittelrisalit hervorgehoben. Ein Krüppelwalmdach mit je 2 Schleppgaupen schließt das Gebäude ab. Früher waren auf jeder Seite 3 Fledermausgaupen in das Dach integriert.

Gutshaus Rogeez neu saniert

Nach 1945 wohnten zunächst Flüchtlinge im Gutshaus. Danach war es bis 1981 eine 10-klassige Schule und danach Lehrlingswohnheim der LPG (P) Satow-Kogel. Seit 1990 stand das Gebäude leer. Im September 2004 wurde das gut erhaltene Gutshaus versteigert und in den Jahren 2006/2007 saniert.

Von den einst prächtigen Stallungen ist heute fast nichts mehr vorhanden. Der um 1800 erbaute Pferdestall aus Feldsteinen fiel einer Planung 2004 zum Opfer. Von den ursprünglich 6 Ställen sind nun nur noch 2 Ställe vorhanden. Sie sind teilweise verputzt.
Die Allee zum Gutshaus mit anschließendem Rondell gibt es nicht mehr. Eine neue Straße wurde an dem Gutshaus vorbei geleitet. Auch von dem einst 5 ha großen Park ist nur ein Rest geblieben. Einige alte Obstbäume erinnern an den angrenzenden Obstgarten.

Rügeband

Pächterhaus in Rügeband

Rügeband liegt 4 km nördlich von Waren auf einem natürlichen Damm, der zur Hauptwasserscheide zwischen Nord- und Ostsee gehört. D. h., alles Wasser westlich der Straße nach Groß Gievitz fließt in die Nordsee und alles Wasser östlich in die Ostsee. Früher hieß der Ort auch „auf dem Rügeband".

Die Warener Stadtkämmerei ließ hier 1834 einen Pachthof anlegen.1844 hieß der Pachthof Rügeband und wurde von Familie Fuchs bewirtschaftet. 1866 war Pächter Schreiber, 1875 Beckmann, 1889 Schott, 1892 wieder Beckmann und seit 1915 Friedrich Graf. Sein Sohn übernahm das Gut und bewirtschaftete es bis 1945. Dann wurde es als Bodenreformland aufgeteilt. Auch Familie Graf junior bekam Land.

Das Pächterhaus ist ein einfacher Ziegelsteinbau auf einem Feldsteinfundament mit ursprünglich 9 Fensterachsen. Diese sind auf der linken Seite durch den Einbau breiter Verbundfenster nicht mehr erkennbar. Das teilweise ausgebaute Walmdach ist mit Biberschwänzen eingedeckt. Später ist der Bau verputzt worden. Da mehrere Familien im Haus wohnten, erhielt es zwei weitere Vorbauten als Eingänge. Noch heute führt eine einseitige Lindenreihe auf das Haus zu. Die andere Seite wurde mit jungen Linden nachgepflanzt.
Eigentlich sollte das Gutshaus 2003 abgerissen werden, aber es stand noch im Herbst 2004. Auf der rechten Seite wird es von einem Nachkommen der letzten Pächterfamilie bewohnt.

Erwähnenswert sind eine Reihe von Großsteingräbern, die im Waldteil nördlich von Rügeband Richtung Torgelow liegen. In ihrer Nähe kam es in den letzten Tagen des 2. Weltkrieges zu Kämpfen zwischen einer deutschen Abwehr und der vorrückenden Sowjetarmee. Die umgekommenen Soldaten lagen hier verscharrt, bis sie 2003 gefunden und umgebettet wurden.

Rumpshagen

Südwestlich von Möllenhagen, abseits der B192, liegt das Dorf Rumpshagen in einer sanft hügeligen Landschaft. Die Endung des Ortsnamen deutet darauf hin, dass hier einst deutsche Siedler Rodungen vornahmen.

Neben anderen Begüterungen verlieh Fürst Nikolaus I. v. Werle 1273 dem Kloster Broda auch zehn Hufen in Rumpshagen. Die Bewirtschaftung dieser Flächen übernahmen die Ritter Bernhard und Heinrich v. Peckatel (Prillwitz).

Auf dem „Schlossberg" stand einmal eine Turmhügelburg. Sie hatte einst eine große Bedeutung und wurde Anfang des 14. Jh. zerstört.

Um 1300 belehnte der Fürst v. Werle den Vasallen Hinne (Hermen) Voss mit Rumpshagen. Dieser nahm dort seinen Wohnsitz. Es kam aber zum Streit zwischen ihm und dem Fürsten. Dabei wurde der befestigte Sitz „der Rumpshagen" zerstört. Das Verhältnis verbesserte sich wieder mit der nächsten Generation. Als Entschädigung wurden sie mit Bredenfelde belehnt.

Nach dem 30jährigen Krieg, Rumpshagen war wüst gefallen, legten sie 1692 eine Glashütte an. Die Feldmark wurde für 20 Jahre an Glashüttenmeister Seitz verpachtet. Die v. Voss blieben bis in das 18. Jh. hinein in Besitz Rumpshagens, verpachteten es aber an die Familie Gundlach, die in der Gegend schon einige Glashütten betrieben hatte, so auch in Rumpshagen bis 1724. 1751 kauften sie das an sie verpfändete Gut. 1938, vor Ausbruch des 2. Weltkrieges, war Günther v. Gundlach Besitzer des 679 ha großen Lehngutes.

Es ist nicht sicher, ob das barocke Gutshaus um 1730 von der Familie v. Voß (Gievitz) oder erst um 1765 von der Familie Gundlach errichtet wurde. Es ist ein pilastergegliederter, zweigeschossiger, verputzter Backsteinbau mit elf Fensterachsen. Ein gewalmtes Mansardendach

von vorn restauriertes Gutshaus in Rumpshagen

Kirche in Rumpshagen

schließt das Gebäude ab. Die dreiachsigen Mittelrisalite sind mit einem Dreieckgiebel bekrönt. An der Hoffront ist oben das Wappenrelief der v. Gundlach eingearbeitet. Etwas ganz Besonderes ist der Glasputz als Schmuckelement außen am Gebäude. Dazu wurde Abfallglas gebrochen und mit Wiesenkalk und Wasser vermengt auf einen Unterputz aufgebracht.

Das Gutshaus diente in der Nachkriegszeit Wohnzwecken und der Gemeinde für diverse kommunale Einrichtungen. Es stand einige Zeit leer. Heute ist es in privatem Besitz.

2001 begannen Restaurationsarbeiten am Gutshaus. Auf der gesamten Vorderfront wurde der Glasputz wieder hergestellt. Erwähnenswert ist ein großer Obstgarten neben dem Gutshaus. Von der B 192 führt noch eine Kopfsteinpflasterstraße, zum Teil mit alten Eichen bestanden, in das Dorf hinein.

Die Kirche wurde 1779 in den Formen des Spätbarock aus Feldsteinen erbaut, ist mit einem Walmdach versehen und teilweise verputzt. Der Bau hat einen achteckigen Chor mit dreiseitigem Abschluss. Die Kirche ist zur Zeit des Ernst Friedr. v. Gundlach errichtet worden, deshalb befindet sich oberhalb des Westeingangs das Wappen der v. Gundlach. Über dem Seiteneingang befindet sich eine Christusfigur. Der von Schlie beschriebene Turm fehlt seit den 1970er Jahren. Die Glocke von 1765 hängt unter dem Dach und wird von der Empore aus geläutet.

Der Innenraum der Kirche ist mit einer flachen Bretterdecke geschlossen. Diese ist blau gestrichen und mit gelben Sternen verziert. Die Einrichtung stammt aus der Erbauungszeit. Altar und Kanzel sind zu einem Kanzelaltar vereint. Er ist mit Ornamenten und zwei von Voluten umrahmten Putten verziert. Aus dem 18. Jh. stammen auch ein Lesepult und vier Stühle mit originalem Lederbezug. Kelche und Patenen aus Zinn sind aus dem 19. Jh.

Satow und Kogel

Kogel und Satow liegen dicht beieinander etwa 11 km südlich von Malchow und sind slawische Siedlungen. Kogel hieß früher Cuwal.

Die erste urkundliche Erwähnung von Satow fällt in das Jahr 1284. In Kogel lebte 1346 die Familie v. Lepzow. Mit Satow und Kogel wurde Andreas Flotow (Stuer) im Jahre 1344 durch Fürst Johann III. v. Werle belehnt. Davon ausgenommen waren allerdings 8 Hufen in Satow, die einem Vicke Schwerin zustanden, und 3 Hufen, die dem Pfarrer des Dorfes gehörten. 1654 wurden dann dem Namensvetter Andreas v. Flotow die gesamte Stadt und das Land Malchow verpfändet. Noch vor 1626 war in Kogel das Hauptgut der Familie v. Flotow gegründet worden. Seit dem ist Satow eine Pertinenz von Kogel. Die Familie v. Flotow war sehr einflussreich und wohlhabend und konnte deshalb ihre Besitzungen gut halten. Seit 1587 waren ganz Satow und Kogel in der Hand der Familie v. Flotow und blieben es bis auf eine Unterbrechung bis 1945. 1627 war das Gut Kogel an Joachim v. Linstow verpfändet und erst 1672 wieder eingelöst worden.
Die v. Flotow hatten mit den insgesamt ca. 5.600 ha den größten zusammenhängenden Güterkomplex der Müritzregion. In der Nähe von Satow ließen sie eine Glashütte errichten. In Kogel selbst ließen sie sich ein prächtiges Gutshaus bauen und verwalteten Satow und Kogel selbst. Satow besaß deshalb auch kein Guts- oder Herrenhaus. Dort gab es noch 1921 vier Bauern. Zu den Besitzungen gehörten neben der Satower Hütte, späterer Meierei auch noch die Bruchmühle bei Malchow, die von 3 Erbpachtbauern bewirtschaftet wurde. Der letzte Flotow des 2.659 ha großen Lehngutes von 1921 bis 1945 war Joachim v. Flotow. Von 1939 bis 1945 war auf dem Gutshof ein Kriegsgefangenenlager eingerichtet. 1945 floh die Familie v. Flotow. Mit der Bodenreform erhielten aus diesem Besitz 72 Neubauern Land.

Das Gutshaus in **Kogel** hatte Friedrich v. Flotow vor 1795 direkt am Hang des Kogeler Sees mit Blick in die weite Landschaft bauen lassen. Es war ein Hauptgut der v. Flotow.
Das zum Kulturhaus umgebaute Gutshaus wurde 2000 abgerissen. Der Platz ist heute eine Wiese. Zwischen Wiese und Gutspark wurde neu gebaut. Auch von der ehemaligen Gutsstraße ist kaum etwas zu finden. Nur ein alter Stall erinnert an das einst sehr prächtige

Kirche in Satow

ehemaliges Gutshaus in Kogel um 1930

Ensemble. Der Park mit seinem alten Baumbestand ist aber sehenswert. Das Gutshaus diente nach dem 2. Weltkrieg als Wohnunterkunft und der Dorfladen war ab 1955 hier untergebracht. 1972/74 wurde es zum Kulturhaus umgebaut und war Lehrlingsinternat. Die Gemeinschaftsküche befand sich im Keller. Ab 1990 stand es dann leer.

Eine Kirche hat es mindestens seit 1363 in Satow gegeben. Das Patronat der Kirche hatten immer die v. Flotow und als die Kirche seit 1627 wüst lag, verbanden die v. Flotow die Satower Kirche mit der in Stuer und Priborn.

Erst ab 1700 schien es wieder eine funktionstüchtige Kirche in Satow zu geben, denn die Pfarre war seit diesem Zeitpunkt wieder besetzt. Die Kirche ist aus einem einfachen Feldsteingefüge, das von Backsteinsäulen und -ecken umschlossen wird. Auf alten Grundmauern aufgebaut bildet sie ein Rechteck mit dem Chor, dessen Ostwand in einem platten Giebel abschließt. Der Chor ist der ältere und zugleich am besten erhaltene Teil der Kirche. Es wird angenommen, dass der Ostgiebel des Chores im 15. Jh. erneuert worden ist. Der westliche Giebel wurde 1850 saniert. Beachtung findet das frühgotische Portal des Haupteingangs in einem vorgeschobenen Mauerkern. Die Fenster der Kirche haben ihre Ursprünglichkeit eingebüßt und besitzen jetzt einen eisernen Rahmen. Das Dach ist mit Biberschwänzen eingedeckt. Der schmale Dachreiter im Westen stammt aus dem Jahre 1888.

Im Inneren sind Chor und Langhaus, die keine Deckenwölbung besitzen, durch einen massiven Triumphbogen getrennt. Die Südsakristei dagegen ist tonnenüberwölbt. Zur Erinnerung an verstorbene Angehörige der Familie v. Flotow gibt es in der Kirche hölzerne Schilde mit deren Namen und Wappen. Vor dem Altar fällt eine doppelte Grabsteinplatte mit Relieffiguren auf. Sie zeigt H. Andreas v. Flotow in Ritterrüstung und dessen Frau Anna Hanen in einem langen Gewand (17. Jh.).

Es gibt eine Familiengruft der v. Flotow, die Adam Ernst v. Flotow bauen ließ und die mit seinem Tod 1757 eingeweiht wurde.

Die Lütkemüllerorgel stammt aus dem Jahre 1855. 1999 wurde mit der Restaurierung der Kirche begonnen. Die Dorfbewohner haben in Eigeninitiative die Biberschwänze gereinigt, damit sie der Kirche erhalten bleiben konnten. 2003 konnte die Dachsanierung abgeschlossen werden.

Die Glocken, die C. Illies in Waren 1855 umgießen ließ, gibt es nicht mehr. Im Glockenstuhl finden wir eine Glocke von „Franz Schilling und Söhne – Apolda 1919". Auf ihr steht: „Friede auf Erden". Das Pfarrhaus wurde 1829 gebaut.

Schloen mit Neu Schloen

8 km nordöstlich von Waren liegt Neu Schloen. 2 km weiter in gleicher Richtung Schloen (Alt Schloen). Dieser Ort besaß in frühester Zeit eine weitaus größere Bedeutung, denn nach ihm war damals ein ganzer Landstrich benannt: die „terra Zlone". Die dazugehörige Burg konnte noch nicht lokalisiert werden. Schloen war bis 1937 ein Vorwerk von Torgelow.

Bereits 1218 wurde Schloen, das zur Diöcese Schwerin gehörte, urkundlich erwähnt. 1265 wurden die Brüder Gemeke und Berend von Plasten genannt, als die Vikarei der Kirche vorgestellt wurde. Wie schon in Federow und Kargow, tauschte Fürst Johann v. Werle das Patronat mit dem Kloster Broda. 1333 erhielt der Notar des Fürsten v. Werle vom Kloster Broda das Kirchlehn zu Schloen. Dieses gehörte dann bis zum 16. Jh. wahrscheinlich dem Landesherrn. Die Familie v. Rostke hatten bereits im 14. Jh. in Schloen Anteile. 1626 mussten sie aber ihren Besitz an Kurt v. Restorff verpfänden, dessen Familie dann 1702 den Lehnbrief über das gesamte Gut erhielt. Anteile hatten weiterhin die Familien v. Grävenitz (1626–1655), die Gebrüder v. Kosboth (1680–1687, auch auf Torgelow) und Baron v. Erlenkamp (1687–1702) besessen. 1704 erwarb Landrat v. Plessen Schloen, dem das Gut Torgelow seit 1703 gehörte. Er hatte auch das Patronat und die „Hohe Jagd" inne. Zu dieser Zeit wurde im „Schloener Holz" eine Glashütte von Johann Wollbrandt angelegt und zwei Bauern von Torgelow nach Schloen gelegt. Insgesamt waren dort nun acht eigenständig wirtschaftende Bauern. 1726 kaufte Levin Ludwig III. Hahn beide Güter. Bei einer öffentlichen Versteigerung 1784 erwarb die umfangreichen Besitzungen des 2.734 ha großen Lehngutes der Kammerherr Carl August v. Behr-Negendanck. Gewohnt wurde im benachbarten Torgelow, daher gibt es in Schloen kein Gutshaus. 1815 wirtschafteten im Ort noch 6 freie Bauern. Georg v. Behr-Negendanck besaß nur noch Torgelow bis 1945. Schloen hatte er 1937 an die Siedlungsgesellschaft „Hof und Hufe" verkauft. Diese siedelten auf Überende und am Devener Weg je vier Bauern an.

Wie die meisten Kirchen, wurde auch die in Schloen aus den Feldsteinen der umliegenden Feldmark auf einem Hügel errichtet. Schon 1218 wurde der rechteckige Bau erwähnt, der Merkmale des Übergangs vom romanischen zum gotischen Baustil des 13. Jhs. besitzt. Der älteste Teil ist das quadratische Schiff. Auf seiner Südseite ist eine wunderbar anzusehende romanische Fenstergruppe erhalten geblieben, alle übrigen Lichtöffnungen sind nicht so alt. Auf der Südseite, Ecke Ostgiebel befindet sich ein slawischer Mahlstein. Nicht weit davon entfernt auf der Ostseite ist auch noch ein Schälchenstein zu finden, der bei den Slawen kultische Bedeutung hatte.

Während das Schiff mit einem Kreuzrippengewölbe geschlossen ist, weist der Chor ein scharfgratiges Kreuzgewölbe als Abschluss auf. Dieser Kirchteil mit seinem schlichten Blendengiebel wurde im 14. Jh. angefügt und wahrscheinlich gleichzeitig der achteckige Mittelpfeiler errichtet sowie der quadratische Westturm angebaut.

1628 brannte die Kirche nieder. Erst 1662 wurde sie wieder aufgebaut und mit einem Schilfdach versehen. Aber schon 1759/60 vernichtete ein Feuer das Pfarrhaus und beschädigte auch die Kirche. Erst 1765 setzte man die Turmhaube als eleganten vielgliedrigen Helm im Barockstil auf. Turm und Schiff sind durch einen gedrückten Spitzbogen verbunden. Der Innenraum des Turms wurde in das Schiff integriert, womit die Orgelempore mehr Platz bekam.

Gutshaus in Neu Schloen

Von der Innenausstattung sind die Kanzel mit Aufgang und Schalldeckel sowie der Altaraufsatz mit Schranken erwähnenswert. Alles ist sorgfältig in Barockformen gearbeitet. In dieser Zeit wurde ein Südfenster zugemauert, um den Herrenstuhl der v. Behr-Negendanck errichten zu können. Das Altarbild zeigt eine Kopie des bekannten Gemäldes von Corregio „Die heilige Nacht". Das Original hängt in der Dresdner Gemäldegalerie. Erwähnenswert ist weiterhin ein Taufbecken aus Messing von 1652.

Im Turm hängen zwei Glocken. Die kleine Glocke goss 1829 Hakenschmidt in Berlin. Die Zweite war von Hartwig v. Behr gestiftet und 1892 von Collier in Zehlendorf gegossen worden. Sie musste im 2. Weltkrieg abgeliefert werden. Dafür erhielt die Kirche 1983 eine große, in Apolda gegossene Glocke. Sie trägt die Inschrift: „O Land, Land, Land, höre des Herrn Wort".

1973 und in den Jahren 1985/86 wurde die Kirche renoviert. Sie steht dem interessierten Besucher offen. Schön anzusehen ist die restaurierte Feldsteinmauer um den Friedhof.

Das Pfarrhaus wurde nach dem oben erwähnten Brand in der 2. Hälfte des 18. Jhs. neu aufgebaut. 1912 brannte das Haus erneut. Die Innenräume und der Dachstuhl wurden völlig erneuert. Im Garten spendet eine alte Linde im Sommer Schatten.

Bei einem Rundgang durch Alt Schloen fällt die alte Wassermühle auf, die noch sehr lange in Betrieb war. Das Gebäude wurde 1997/98 liebevoll restauriert. Eine Haushälfte dient als Wohnung. Auf der anderen Seite lud bis 2003 eine Gaststätte zum Verweilen ein.

Neu Schloen war ein ehemaliger Glashüttenort (die Glashütte, 1786–1806, selbst war weiter westlich). Der Gutshof entstand auf der gerodeten Feldmark nach 1798 als Vorwerk zu Torgelow. Später siedelten sich Bauern an. 1877 gab es dort vier Erbpächter.

Das kleine Gutshaus ist ein 10achsiges, eingeschossiges, verputztes Backsteinhaus auf einem Feldsteinsockel. Das Mansardendach ist ausgebaut. Nach 1945 war es zunächst Wohnraum. Später wurde es Dorfgaststätte, die auch die LPG mit versorgte. Außerdem waren hier eine Schwesternstation und die Gemeindebibliothek untergebracht.

Als Gaststätte wurde das Haus auch noch 2000 betrieben. Heute steht das am Ortsrand gelegene Gebäude zum Verkauf und wird von der Gemeinde Schloen verwaltet. Nebenan steht ein schöner alter Feldsteinstall.

Schmachthagen und Godow

Godow liegt nur 5 km östlich von Waren, etwas abseits der B192. Auf der anderen Seite der Bundesstraße liegt hinter einem Waldstück Schmachthagen. Godow, früher auch Godowe oder Godau geschrieben, geht auf eine slawische Siedlungsgründung zurück. Schmachthagen ist eine Rodung der deutschen Neusiedler. Beide Orte wurden nach dem 30jährigen Krieg Vorwerke von Torgelow.

Die Ersterwähnung von **Godow** fällt in das Jahr 1289. In dieser Urkunde verlieh der Bischof Hermann von Schwerin dem Schweriner Domkapitel den Zehnten im Lande Waren. Unter anderen sind die Dörfer Vehderow (Federow) und Godowe (Godow) erwähnt. Besitzer beider Orte waren mindestens seit dem Ende des 30jährigen Krieges immer die gleichen wie auf dem Gut Torgelow. Nach dem 30jährigen Krieg gab es in Godow keine eigenständigen Bauern mehr. 1726 kaufte Levin Ludwig III. Hahn Torgelow mit seinen Vorwerken. Sein Sohn Alexander, Domherr zu Havelberg, erbte 1746 das Gut. Er baute Torgelow, Godow und Schmachthagen weiter aus. Bis 1751 konnten sich in letzteren beiden wieder 3 Bauern etablieren. 1890 brannte Godow vollständig nieder. Die drei Bauernhöfe wurden wieder aufgebaut. Sie hielten sich bis zum 2. Weltkrieg. Godow gehört seit der Zeit der LPG-Gründungen zu Kargow. Heute betreiben hier zwei Landwirte Viehzucht. Zwei der drei Bauernhöfe sind in ihrer ursprünglichen Form noch vorhanden. Ihre Wohnhäuser sind unverbaut und zum Teil behutsam restauriert worden.

Godow war früher wesentlich größer und hatte bis zum 30jährigen Krieg eine Kapelle. Da der Ort in diesem Krieg völlig verwüstet wurde, fiel auch die Kapelle den Plünderungen zum Opfer. Godow gehörte genauso wie Schmachthagen kirchlich zu Kargow. Die Mutterkirche war Federow.

Schmachthagen hatte im Gegensatz zu Godow einen Pachtgutshof. Das Pächterhaus sah dem in Neu Falkenhagen sehr ähnlich. Es war eingeschossig über 7 Fensterachsen errichtet, besaß aber keinen Mittelrisalit. Betont wurde der Eingang durch einen Fachwerkvorbau mit Holzverzierungen. Ein einfaches Satteldach schloss es ab. Es hatte ähnlich den Gutshäusern in Alt und Neu Falkenhagen eine obere kleine Fensterreihe auf dem Dachboden. Aber ausgebaut war der Dachraum nur mit zwei Zimmern an den Giebelseiten. Das Vorwerk wurde bis 1921 von Torgelow aus verwaltet. 1921 wurde es verpachtet. Pächter war bis 1945 die Familie Pentzlin. Danach wurde Schmachthagen im Zuge der Bodenreform aufgesiedelt. Das Pächterhaus war ausschließlich Wohnhaus. Nach 1990 vergab die Treuhand die Flächen. Der Hof mit dem alten Haus musste einer Eigenheimsiedlung weichen. 1995 wurde es abgerissen. Erhalten und zum Wohnhaus umgebaut wurden ein Stall und die Schmiede mit der Stellmacherei.

Pächterhaus in Schmachthagen um 1940 (kleines Foto oben: Bauernhaus in Godow)

Schwarz

Gut 4 km südlich von Mirow liegt Schwarz. Auch dieses Dorf ist slawischen Ursprungs. Abgeleitet sein könnte der Ortsname vom slawischen Wortstamm svrici = Grille. Es gab verschiedene Schreibweisen: Zwertitz, Swertz, Suirtitz, Swertze, Schwärtz. Die deutschen Bauern siedelten sich oberhalb des slawischen Unterdorfes an. Sie kamen wohl aus dem fränkischen Raum.
Die Schwarzer Geschichte ist mit der von Lärz eng verbunden. Beide gehörten zum Klosterbesitz Dobbertin. Später kam noch Lexow, Roez und Sietow dazu. Letztere hatten neben kleinen Bauernstellen auch eine Gutswirtschaft. Schwarz und Lärz hingegen waren reine Bauerndörfer.

Die urkundliche Ersterwähnung fällt in das Jahr 1237, als Markgraf Albrecht v. Brandenburg zum Zeichen der angenommenen Oberlehnsherrlichkeit über die Werleschen Lande dem Kloster Dobbertin das Patronat der Kirche zu Schwarz mit 30 Hufen schenkte. Auch die Mirower Komturei musste Besitz in Schwarz gehabt haben, denn 24 Hufen gingen 1358 aus deren Besitz als Pfand an die Familie v. Morin über. 1361 kaufte Hennike Morin, der Rath des Fürsten Bernhard v. Werle war, 24 Hufen in Schwarz.

Nach dem 30jährigen Krieg lebten von 32 Bauern noch 12 und der Ort war nicht so arg verwüstet wie andere. Seine unzugängliche Lage kam den Bauern wohl zu Gute.
In Schwarz gab es seit dem 18. Jh. ein Schulzenlehn. Für den Ort ist 1769 ein Hanns Seeling als Lehnschulze benannt, und 1897 war ein Seelig Dorfschulze. Diese Familie – im 13. Jh. Sehlige geschrieben – ist schon seit dem Jahr 1260 im Dorf nachgewiesen und übte mindestens seit dem 30jährigen Krieg das Schulzenamt aus. Im 18. Jh. gab es eine Glashütte in Schwarz und mehrere Teerschweler. 1731 wurde eine Windmühle zwischen Schwarz und Krümmel gebaut. Sie brannte aber schon 1755 ab. Eine neue Mühle, diesmal im Ort, stand noch bis 1929.
1921 gab es in Schwarz 29 Hofbesitzer (Erbpachtbauern), 9 Erbbüdnereien, 12 Häusler und 10 Lehnhäusler, die sich insgesamt 2.127 ha teilten. Die Höfe waren zwischen 17 und 95 ha groß. Die größeren Höfe gehörten Friedr. Prehn, Friedr. Lembke und Heino Page. Das Dorf hatte eine Post, eine Schmiede, eine Schule, einen Krug, eine Fischerei und eine Försterei.

Schwarz gehörte, da es dem Kloster Dobbertin unterstellt war, bis 1918 zu der sogenannten Hintersandprobstei. Das Kloster ließ zwischen 1263 und 1288 hier eine Kirche errichten. Sie war bis 1867 eine Filia von Lärz.
Die erste Kirche, eine Kapelle, stand noch lange nachdem 1767 die neue heutige Kirche als rechteckiger Backsteinbau im damals aufkommenden Stil des Klassizismus errichtet worden war. Sie ist ein pilastergegliederte Putzbau und besitzt im Westen einen vorgesetzten Turm, der mit einer Haube und einem Spitzhelm abgedeckt ist. Auf der Wetterfahne an der Turmspitze steht das Jahr 1767. An den Außenwänden fällt die dorisch-toskanische Pfeiler- und Gesimsordnung ins Auge.
Innen ist die Kirche mit einer flachen Bretterdecke versehen. Große Lichtöffnungen mit

Bauernhaus mit Stallungen in Schwarz

Stichbogenschluss erhellen den Raum. Die Ausstattung stammt aus der Erbauungszeit. Der Kanzelaltar ist mit Rokokoelementen geschmückt und trägt die Jahreszahl 1769. Auf der Altarrückseite stehen die Namen des Dorfschulzen, des Küsters, des Schulmeisters sowie des Kirchenvorstehers. Beiderseits des Altars steht das Pastoren- und Klostergestühl. Während am Klosterstuhl die Namen der amtierenden Klosterprovisoren Berthold Friedr. v. Bernstorff und H. Friedr. Christian v. Krakewitz, des Klosterhauptmanns August Friedr. v. Strahlendorf und des Küchenmeisters eingearbeitet sind, steht im Predigerstuhl der Name des damals amtierenden Seelsorgers Johannes Heeder. Die Kirche besaß spätestens seit 1895 eine Orgel.

Im Turm verzeichnete Schlie zwei Glocken. Die Größere wurde 1827 von Hackenschmidt (Berlin) gegossen. Die Ältere ist ohne Inschrift.

Nach dem Brand 1868 wurde an der Stelle des Schulhauses links neben der Kirche ein neuer Kirchhof eingerichtet und mit einer Feldsteinmauer versehen. 1975 ist diese entfernt und der Kirchhof eingeebnet worden. Ein neuer Friedhof entstand außerhalb des Dorfes nach Mirow hin. Die dortige Kapelle wurde 1976 gebaut. Die Kirche ist in der Sommerzeit geöffnet.

Schwarz besaß schon früh eine Schule, wahrscheinlich die erste im heutigen Müritzkreis. Bereits um 1700 wurde in der Nähe der alten Kirche ein Schulgebäude errichtet, das aber 1868 abbrannte. Die von den Klöstern verwalteten Dörfern besaßen mit dem Aufbau der Schulen eine Vorreiterrolle. Ihnen war die Bildung ihrer Lehnbauern nicht egal. Im Gegensatz dazu waren die Gutsbesitzer nur in Ausnahmefällen an ein Fortkommen ihrer Untertanen interessiert. Die ersten Lehrer waren gebildete Handwerker, meistens aus dem fortschrittlicherem Preußen. Später, mit der Einführung der Schulpflicht 1823 schulten die Klöster ihre Lehrer über 5 bis 6 Jahre in Lehrerseminaren (Neukloster).

Die Kastanien und Linden im Ort wurden 1878 von dem Klosterhauptmann v. Bernstorff gestiftet.

Schwastorf

Dieser kleine Ort liegt ca. 2 km abseits der B192 zwischen Waren und Möllenhagen. Das Dorf ist dem Namen nach eine deutsche Siedlungsgründung.

1704 wurde dort der Verwalter Joachim Köhn erwähnt. Joh. Friedr. Christof v. Schuckmann, Domherr des Stiftes Havelberg, kaufte 1741 vom Freiherrn Ernst Ferdinand v. Erlenkamp das Lehngut Kargow und 1744 von Christof Albrecht v. Kamptz das Lehngut Schwastorf. Er heiratete Friederike Cath. Maria v. Linstow und wurde Begründer der Linie Kargow. Seine Kinder waren alle in Ulrichshusen geboren worden. Sein Sohn Christof Heinrich heiratete nicht. Er verkaufte 1775 Schwastorf an seinen Bruder Gustav Dietrich der seine Cousine Catharina Elisabeth v. Kamptz (Plasten) geheiratet hatte. Ihr Sohn Christof Heinrich kaufte das Lehngut 1792 wiederum von seinem älteren Bruder Carl Friedrich, der es 1784 geerbt hatte. 1809 verkaufte er es ihm wieder zurück. Von den vier Geschwistern, die in Schwastorf geboren wurden, starben drei im Kindesalter. Auch die Tochter von Christof Heinrich starb in Schwastorf. Seine Ehe mit Friederike Luise v. Gundlach wurde getrennt. Er ging schließlich nach Lindenberg (Pommern).

Schwastorf war dann im 19. Jh. verpachtet. 1829 wurde als Besitzer ein H. Schuhmann genannt. Als im Jahre 1853 in der Kirche zu Groß Dratow die von C. Illies aus Waren gegossene Glocke geweiht wurde, wurden drei Stifter erwähnt. Einer von ihnen ist Georg Sauerkohl, Gutsbesitzer von Schwastorf. 1889 verkaufte Jenisch (Varchentin) das Gut an O. H. Dähnert. 1899 hieß der Besitzer des ca. 400 ha großen Allodialgutes Friedr. August Hermann und Gustav v. Walther-Süersen. 1921 war es Joh. Boet van Bormizeele. Später bewirtschaftete die Familie v. Knesebeck-Milendonck das Gut. Sie behielt es bis 1945.

Auf dem Friedhof steht eine kleine Grabkapelle der Gutsherrschaft. In der Nähe der Friedhofsmauer, die restauriert worden ist, lehnen die Grabplatten der Familien Knesebeck, Milendonck und Finkenstein.

Die Gutsanlage fällt durch den riesigen Speicher auf und steht optisch im Gegensatz zum recht kleinen Gutshaus. Das Gutshaus ist ein einfaches, zweistöckiges verputztes Haus über 11 Achsen mit teilweise ausgebautem Walmdach. Ein Mittelrisalit gliedert die Hoffront. Im Westen ist der Giebel mit Holz verschalt. Der Anbau nach Norden wurde wahrscheinlich aus Platzgründen nötig. Er stört die Harmonie des sonst so streng gegliederten Gebäudes. Im Sommer 2004 brannte der Dachstuhl des Hauses ab.

Durch den Ort führt eine Kopfsteinpflasterstraße.

Gutshaus in Schwastorf im Zustand 2008

Speicher der Gutsanlage Schwastorf

Schwenzin

3 km nordwestlich von Waren liegt das Dorf Schwenzin. Der Name könnte entweder auf das slawische svigini = Lichtort oder auf das altpolnische svetyj = heilig zurückgehen.

Erstmals wird der Ort 1230 als „Swansyn" erwähnt und 1273 noch einmal, als Fürst Nicolaus v. Werle dem Kloster Broda die Kirche in Waren und die „villan suenzin" mit seiner Feldmark abtritt. Nach der Reformation gelangte das Land in den Besitz der St. Georgenkirche in Waren. 1750 entschloss sich die Kirche, einen Pachthof anzulegen. Erster Pächter war Christian Severin. Er legte gegen den Willen der Damerower Bauern, die bis dahin das Land bewirtschaftetet hatten, einen Gutshof an. 1876 folgte Schmidt, 1891 Nielsen, 1899 v. Stein, 1901 Schade und nach nur weiteren 3 Jahren 1904 Jakobsohn. 1907 übernahm Carl Pescatore den Erbpachthof. Er ließ 1909 nördlich des Gutshauses ein Familienbegräbnis errichten, das 1945 zerstört wurde. Nur eine Gruppe von Eichen markieren noch die Stelle. 1912 kaufte Dominik Pescatore den 405 ha großen Hof und noch zwei weitere Güter (Groß und Klein Vielist). Bis 1927 wurde Schwenzin durch ihn bewirtschaftet. Neuer Eigentümer war der Leiter der Hypothekenbank Wilhelm Regendanz (Berlin). 1934 emigrierte dieser vor den Nationalsozialisten. Das Gutshaus samt Park kamen in den Besitz der Mecklenburgischen Metallwarenfabrik (MEMEFA), einem Rüstungsbetrieb, der sich bereits 1934 in Eldenholz an der Schwenziner Chaussee etabliert hatte.
Das Dorf Schwenzin wurde 1939 an den Zahnarzt Lutowski verkauft. 1942 übernahm es der Landwirt Richard Jestrow. Das Gut wurde im Zuge der Bodenreform aufgesiedelt und später zum Volkseigenen Gut (VEG) umgewandelt. Von dem einstigen Gutshof auf der Westseite des Dorfes ist heute nichts mehr zu erkennen. Das Verwalterhaus stand bis 2001. Seine Stallungen wurden 2002/03 eingeebnet. Nur noch die schöne alte Lindenallee vom Dorf zum Gutshaus Schwenzin hin, läßt den früheren Gutsbetrieb erahnen.

Das Pächterhaus wurde 1876 2 km abseits des Gutsdorfes direkt am Ufer des Kölpinsees errichtet. 1926 wurde es umgebaut. Das Torhaus entstand 1909. Nachdem 1945 erst Flüchtlinge im Gutshaus wohnten, nutzte es seit 1950 der Demokratische Frauenbund (DFD). Nur wenig später wurde es als Tuberkulose-Klinik und Isolierkrankenhaus genutzt. Von 1964 bis 1996 war es Kinderkrankenhaus. Es wurde verkauft und nach umfangreichen Umbauarbeiten sowie Erweiterungen wird es heute als Hotel betrieben.

Pächterhaus in Schwenzin

Schwinkendorf und Langwitz

Die Orte sind slawischen Ursprungs und liegen weit im Norden des Müritzkreises, ca. 16 km von Waren entfernt.
Verschiedene Schreibweisen sind von Schwinkendorf bekannt, so Swinekendorp, Swynekendorp und Tzwinekendorpe. Es klingt profan, aber die Namen deuten darauf hin, dass hier einmal Schweine gehalten wurden. Heute ist Schwinkendorf durch seinen Pferdesport bekannt. Langwitz ist Vorwerk gewesen.

Erstmalig wurde Schwinkendorf 1271 erwähnt, als der Bischof von Camin, Heinrich, Rambow kirchlich von Schwinkendorf trennte. Zum Ort gehörten ursprünglich 10 Hufen, die auf verschiedene Besitzer (Bauern) aufgeteilt waren. Die Familie Hahn kam erst nach und nach in den vollen Besitz von Schwinkendorf mit Langwitz. So hatten im 15. Jh. die Gebrüder Joachim und Andreas v. Kosboth (Torgelow) und Heinrich Konstin (Rittermannshagen) Anteile dort, die Lüdeke II. Hahn 1440 erwarb. 1443/45 konnte Lüdeke II. weitere 3 Hufen von Barthold v. Schönau erwerben. Auch die Herzöge hatten Eigentum dort. Sie verpfändeten es 1454 dem Lüdeke III. Hahn. Zwei Jahre später konnte er es ganz erwerben. 1461 gaben die Herzöge ihm deshalb das Patronat der Kirche und 1470 die Lehnsrechte. Als dieser dann 1475 die Schwinkendorfer Anteile der v. Rostke (Faulenrost) erwarb, war er alleiniger Besitzer im Ort. 1660 war Kuno Paris Hahn und danach bis 1705 sein Sohn Wedige Ch. Besitzer beider Orte. Später folgte Friedrich II. v. Hahn (Basedow). 1826 besaß Friedr. Wilh. Adolph v. Hahn, der mit seiner Pferde- und Schafzucht berühmt geworden ist, beide Orte. Erst mit dem Ende des 2. Weltkriegs verloren die v. Hahn ihren insgesamt 1.619 ha großen und 500 Jahre alten Besitz.
Bis zum 30jährigen Krieg war der Besitz an 9 freie Bauern verpachtet, 1775 waren es 10. Sie wurden erst zwischen 1835 und 1837 mit einer Sondergenehmigung des Herzogs gelegt. Nachweislich wurde ein Bauer nach Levenstorf und 7 Bauern nach Gessin (Basedow) umgesiedelt. Pächter in Schwinkendorf waren Bade, Hofschläger und zuletzt die Gebrüder Schack (1921), die 1945 nach Lübeck flohen.

Gutshaus um 1940

Die Gutsanlage ist zwischen 1841 und 1902 entstanden.
1845 wurde ein Pächterhaus aus Fachwerk mit Backsteinen errichtet. Es besaß ein abgewalmtes Dach mit Gaupen und ein großes Kellergewölbe. Bis zum Eingang an der Giebelseite führten auch die Schienen der Pferdebahn. 1902 wurde im rechten Winkel ein weiteres Gebäude in gleicher Bauweise angebaut.
1945 wohnten in dem Haus Umsiedler, später war hier der Kindergarten und der Rat der Gemeinde untergebracht. Nach 1970 wurden Wohnungen eingebaut. Das Wirtschaftsgebäude wurde 1967 abgerissen, nachdem es als Schule gedient hatte.
Heute steht nur noch das Pächterhaus, auch „Weißes Gutshaus“ genannt, weil es Anfang der 1970er Jahre mit Asbestplatten verkleidet wurde. Es ist zum Teil leergezogen und steht zum Verkauf.
Der Marstall und eine Scheune, die die Anfahrt zum Gutshaus flankierten, sind in ihrer Ursprünglichkeit erhalten geblieben. Sie werden noch genutzt. Zwei weitere Scheunen wurden abgerissen. An deren Stelle stehen heute sechs Eigenheime. Schwinkendorf ist heute durch sein Pferdesport bekannt.

Kirche in Schwinkendorf

Schwinkendorf hatte eine Pfarre, die mit einem landwirtschaftlichen Betrieb mit 2 Hufen verbunden war. 1945 bis 1966 waren die Flächen bis zur Übernahme durch die LPG verpachtet.
Das schöne Pfarrhaus ist aus Backsteinen erbaut und erstreckt sich über 9 Achsen. Ein Mittelrisalit gibt ihm das Aussehen eines Herrenhauses. Seit 1990 stand es leer. 2004 wurde begonnen, es zu restaurieren.

Die große Kirche stammt aus frühgotischer Zeit und lässt westfälischen Einfluss erkennen. Das Portal im Westen und die Priesterpforte auf der Südseite des Chores sind aus dieser Zeit. Der Turm wurde Anfang des 16. Jhs. vorgebaut. Er ist im Gegensatz zum Kirchenschiff aus Feldstein und hatte einst eine sehr lange Spitze aus Holz. Sie brannte 1713 ab und wurde wieder aufgebaut. 1893 brannte der Turm erneut durch einen Blitzschlag ab. Beim Wiederaufbau bekam er aber nur ein flaches Walmdach. Wahrscheinlich haben die Schwinkendorfer aus Sorge um die Brandgefahr den Turm nicht mehr so hoch gebaut. Die Fenster, früher romanische Schlitzfenster, sind zwischen 1863 und 1867 verändern worden.
Eine Gewölbedecke überspannt das zweigeteilte Kirchenschiff im Innern. Zwei stämmige achtseitige Pfeiler tragen die Decke und teilen das Kirchenschiff. Jedes von ihnen ist mit drei spätgotischen Sterngewölben geschlossen. Ein massiger Triumphbogen trennt den Chor von den Mittelschiffen. Die Sakristei hat ein mit Fresken üppig bemaltes Gewölbe. Es ist in Mecklenburg einzigartig und wurde 1988 restauriert. Altar und Kanzel sind aus der Spätrenaissance. Das Gestühl und die Emporen sind 1865 erneuert worden. Erwähnenswert sind zwei Grabsteine von 1589 (Dietrich van dem Werder) und 1596 (Otto Hahn und Gemahlin Brigitta v. Trothen). Die Schwinkendorfer Kirche verfügt über eine ganze Reihe gestifteter Kelche, Leuchter und Zinndosen. Eine große Messingschüssel mit einem doppelköpfigen Adler aus dem Jahre 1679, gestiftet von den Familien Zepelin und Moltzahn, wird als Taufbecken benutzt.
Die Orgel der berühmten Firma Sauer (Frankfurt/Oder) ist die älteste ihrer Art (1867), die noch gespielt wird. 1996 wurde sie restauriert. Im Turm hingen vor dem 30jährigen Krieg 4 Glocken, 2 kleine und 2 große. Eine Glocke wurde 1713 durch den Turmbrand vernichtet. Das verbliebene Trio wurde beim Brand 1893 restlos zerstört. 1894 ließ F. F. v. Hahn (Basedow) drei Bronzeglocken von C. Oberg (Wismar) gießen. Zwei mussten im 1. Weltkrieg abgeliefert werden. Eine davon ist erhalten

und trägt die Aufschrift: „Kommet, denn es ist alles bereit". 1930 wurde erneut eine Glocke bei Ohlsson (Lübeck) gegossen, die aber schon 1942 wieder für Kriegszwecke abgeholt wurde. Eine weitere Glocke gab es auf dem Kirchhof. Es war die sogenannte Schulglocke, die in einem freistehenden Stuhl neben dem Kirchturm hing. Sie ist gestohlen worden. Erwähnenswert ist das älteste Bauernhaus in Schwinkendorf.

1443 wurde Lüdeke III. Hahn in **Langwitz** mit einem Hof und 3 Hufen belehnt und außerdem konnte er zur gleichen Zeit von Eckard und Hans Kamptz (Dratow) 9 Hufen und 5 Katen dort als Pfand nehmen, die er 1468 kaufte.
Bis zum 30jährigen Krieg waren dort 4 freie Bauern ansässig.
1751 war Langwitz noch eine Meierei und gehörte zu Basedow. Die Familie Hahn besaß das 614 ha große Lehngut bis 1945. In Langwitz wirtschaftete 1921 der Pächter Hans Sellschopp, bis 1945 Herr Stammer.

Das jetzige Herrenhaus (eigentlich ein Pächterhaus) wurde um 1850 errichtet. Es ist ein einstöckiges Backsteingebäude über einem Feldsteinkellergeschoss. 11achsig ist es relativ lang und mit einem zweistöckigen, dreiteiligen Mittelrisalit versehen.

Nach 1945 war es zunächst Unterkunft für Flüchtlinge. Gewohnt wird auch heute noch dort. In einem Teil gibt es eine Lebensmittelverkaufsstelle. Eine Arztpraxis ist auch noch vorhanden. Das Haus gehört der Gemeinde Schwinkendorf und steht zum Verkauf.

Bauernkate

In Langwitz hat es eine Kapelle gegeben, die 1648 zwar beraubt wurde, aber noch ein intaktes Dach hatte. 1704 wurde sie nicht mehr benutzt und 1870 das letzte Mal erwähnt. Ihr Standort war links neben der Zufahrt zum Herrenhaus, nahe dem Stall. Die Gutspächter zahlten noch im 20. Jh. eine „Kapellenackermiete".
Heute ist dort immer noch eine Erhöhung erkennbar und bei Schachtarbeiten wurden Fundamente gefunden.

Pächterhaus in Langwitz

Sembzin

Der Ort liegt nahe der B 192 am nordwestlichen Ufer der Müritz, 4 km südlich von Klink. Die frühere Schreibweise war Cemcyn.

Als Dank für die Verhandlungen zum Burgfrieden von 1362 in Wredenhagen bekam Vogt Yo v. Grambow von der Fürstin Elisabeth Sembzin geschenkt. 1391 nahmen die v. Grambow das Land Röbel von den Herzögen als Pfand. 1417 wiederum verpfändeten sie 4 Hufe von Sembzin an das Kloster Malchow, das diese 1481 ganz erwarb. Im 16. Jh. gehörte Sembzin der Familie v. Below (Klink). 1704 hatten auch die v. Holstein Anteile in Sembzin. Die Below verkauften ihren gesamten Besitz 1710 an das Kloster Malchow, das hier einen Pachthof einrichtete. 1815 hieß der Pächter Friedrich Engel und 1864 J. Berndes. 1894 hatten C. J. Böbs und 1899 K. J. Böbs den 780 ha großen Hof gepachtet. Im Ort war eine Holzwärterei. 1921 waren es nur noch 509 ha Pachtfläche, die von Fritz Never bewirtschaftet wurden. Mitte der 1930er Jahre gelangte eine Siedlungsgesellschaft an den fruchtbaren Grund und Boden. Bis 1937 richtete sie mehrere Bauernstellen ein. Die Bauern kamen aus Ostfriesland.

Der Gutshof liegt mit seinen Wohn- und Wirtschaftsgebäuden ganz am Ende der Dorfstraße. Das Pächterhaus, wahrscheinlich um 1800 gebaut, war ein eingeschossiger, unverputzter Steinbau aus roten Ziegeln auf einem

Feldsteinsockel mit einem Mansardendach. 1802 wurde im Nordwesten ein kleiner unterkellerter Flügel angebaut. In dessen Nähe stand ein Backhaus. Auf dem Hof gab es drei Stallungen und eine Scheune. 1874 sind einige Stallgebäude aus fast weißen, sehr festen Ziegeln neu gebaut worden. Von ihnen existiert heute nur noch eine Stallruine und ein Tagelöhnerkaten.
Das Gutshaus diente nach 1945 weiter Wohnzwecken. Im unteren Bereich war eine Verkaufsstelle. Nach der Aufsiedelung wurde hier eine Schule eingerichtet.
Heute erscheint das ehemalige Gutshaus mit völlig neuem Gesicht. Nur das Feldsteinfundament ist als alte Substanz sichtbar. Den Mauern wurden Riemchen vorgesetzt und die Räumlichkeiten in Eigentumswohnungen aufgeteilt. Sehr schön ist die mit Kopfsteinpflaster restaurierte Rondellumfahrt. Reste des ehemaligen Gutsparks sind erhalten. Sembzin besitzt seit der Aufsiedlung einen eigenen Friedhof.

neu aufgebautes ehemaliges Gutshaus in Sembzin (kleines Foto oben: ehemaliges Gutshaus um 1992)

Sietow

8 km nördlich von Röbel, direkt an einer Bucht der Müritz liegt das alte Dorf Sietow. Der Name ist slawischen Ursprungs und könnte von zytow = Leben oder auch von zytkow = Getreide abgeleitet sein. Alte Schreibweisen sind: Sytecowe, Sithecov, Zitkow, Sitau und Sitow. Erst nach 1763, mit dem Straßenausbau, ist das neue Sietow an der Chaussee nach Röbel entstanden.

Sietow gehörte im 13. Jh. den Fürsten von Werle. 1273 schenkte Nicolaus v. Werle dem Nonnenkloster in Röbel zwei Hufen. Ende jenes Jahrhunderts wohnte hier die Mutter des Fürsten Nikolaus v. Werle, die Fürstin Sophie. Sie veräußerte das Dorf an den Ritter Dietrich v. Gherden, der 1300 mit dem Gut belehnt wurde. 1342 erwarb das Kloster Dobbertin das Dorf Sietow von Johann v. Gherden als Afterlehn. Die Fürsten Nikolaus und Bernhard v. Werle brachten den Klöstern eine große Sympathie entgegen. So kam es, dass sie 1344 auch den Hof Sietow dem Kloster Dobbertin einschließlich dem Patronat über die Kirche gaben. Seitdem war Sietow Klostergut, genau wie Roez, Lexow, Lärz und Schwarz und gehörte zu deren Vorderprobstei. Verwaltet wurden die Güter von dem sogenannten „Sandprobst“. Zu diesem Zweck besaß das Kloster (neben dem Dominikanerkloster) einen eigenen Hof in Röbel.
1763 wurden in Sietow 7 Bauernstellen zu einem Pachthof zusammengelegt. Außerdem gab es 8 weitere Bauernhufen. 1832 wurden 4 von diesen zu dem neu gegründeten Hof Poppentin gelegt. Die verbliebenen 4 Hufen wurden 1838 in Erbpachtverträge gefasst. Damit entstand Neu Sietow. Pächter in Sietow war erst Familie Müller, dann Familie Hamann. 1899 hatte Franz Hamann den 1.200 ha großen Hof gepachtet. 1924 war der Hof noch 875 ha groß, Gustav Haman war Pächter. Außerdem gab es immer noch die 4 Erbpachtbauernstellen. Ende der 1920er Jahre ist das Gut dann zum Staatspachthof umgewandelt worden. Wenig später wurde der Ort aufgesiedelt.

Das Pächterhaus war, wie im 18. Jh. üblich, um 1765 in Fachwerkbauweise errichtet worden. Es war ein eingeschossiges, 11-achsiges Gebäude. Ein Krüppelwalmdach mit Biberschwanzeindeckung schloß es ab. Vor dem Haus standen 6 Linden.
Um 1920 erhielt das Haus einen massiven, zweigeschossigen Ostflügel. In der Nazizeit wurde es als Schulungslager genutzt.
Nach 1945 wohnte Familie Rosenthal in dem Gebäude. Sie hatten für den alten Fachwerkteil keine Verwendung und rissen in den 1960er Jahren das Pächterhaus ab. Nur der Anbau blieb stehen. In seiner Nähe stehen noch einige zum ehemaligen Gutshof gehörigen Bäume. Von dem großen Gutshof selbst existiert nur noch ein ganzer Stall aus Feldstein.

Gutshaus um 1940

Die Sietower Kirche wurde vor 1344 in unmittelbarer Nähe zur Müritz errichtet.

Zwischen 1542 und 1725 wurde immer wieder neben dem Patronat über die Kirche Sietow gleichzeitig auch das über Poppentin von ein und demselben Pastor ausgeübt. Dieser hatte so zwei verschiedene Klosterpatronate über sich.

Auffallend ist die Bauweise der Kirche. Nur im unteren Bereich von Langhaus, Turm und am großen Chor wurden Feldsteine verwendet. Darüber wurde mit Backsteinen aufgemauert. Die blendengegliederten Ostgiebel am Chor und am Langhaus sind ebenfalls aus Backstein. Das Mittelschiff der Kirche wurde während des 30jährigen Krieges stark beschädigt.

Der quadratische Westturm ist im oberen Bereich aus Fachwerk. Der Turm war ursprünglich ein Stockwerk höher. Um 1760 riss ein starker Nordweststurm den Turm bis auf das Feldsteinfundament herunter. Wahrscheinlich setzte man 5 Jahre später beim Wiederaufbau an Stelle des zweiten Stockwerkes den Helm auf.

Die Fenster sind ähnlich wie bei der Grüssower Kirche als romanische Schlitze ausgeführt. Alle anderen Fenster wurden bei späterer Erneuerung als zweiteilige gotische Fenster neu geschaffen.

Das Mittelschiff wird von einem kalkverputzten Gewölbe überspannt. Der Triumphbogen wurde als gedrückter Spitzbogen gestaltet. Der ursprüngliche Holzaltar sowie auch alle anderen älteren Einrichtungsgegenstände sind verschwunden. Der jetzige Altaraufsatz ist eine Schnitzarbeit vom Bildhauer Siegfried (Güstrow). Das Altarbild schuf Prof. Andreae (Dresden) und zeigt den auf dem Meer wandelnden Christus, der den sinkenden Petrus ergreift.

Von 1824 bis 1826 wurde die alte Feldsteinmauer wieder errichtet. Aus Dankbarkeit pflanzte der Klosterhauptmann von Dobbertin nach Fertigstellung persönlich zwölf Linden, die heute fast die ganze Kirche verdecken. 1849 wurde der Bau renoviert. 1859 weihte man die Kanzel und 1866 die Orgel von Hermann Lütkemüller.

Die Glocken wurden während der Weltkriege eingeschmolzen. Nur eine kleine Glocke aus dem Jahre 1588 mit der Aufschrift „Gelobt sei Jesus in Ewigkeit", die 1865 in Waren umgegossen wurde, ist noch vorhanden.

Mitte der 1970er Jahre wurde das Innere der Kirche renoviert. Dabei erhielt die Kanzel ihren jetzigen Standort. Das Äußere der Kirche wurde restauriert und das Dach samt Turm neu eingedeckt.

Mit Hilfe des CJD wurde die Feldsteinmauer 1999 erneut restauriert. Die Kirche ist in der Sommerzeit geöffnet.

Auf dem Pfarrgrundstück ermöglicht ein Rüstzeitheim des Kirchenkreises für Kinder-, Jugend- oder Erwachsenengruppen Erholung.

In der Nähe Sietows sind einige bedeutende Großsteingräber.

Bauernhaus in Sietow

Solzow und Gneve

Solzow und Gneve liegen südlich von Röbel, nicht weit von der Müritz entfernt. Beide Orte sind slawischen Ursprungs. Früher wurde der Ort Soltzowe geschrieben. Gneve, früher Gnewe, Gnev bedeutet soviel wie Zorn. Der Ort lag weiter nördlich direkt an der Binnenmüritz. Der Flurname Morin erinnert an die Wüstung.
Gneve hatte ein Kapelle, die im 30jährigen Krieg schon verschwunden sein muss.

Gneve wurde schon 1261 erwähnt. Die urkundliche Ersterwähnung von Solzow fällt in das Jahr 1291. Am 17. März diesen Jahres nahm der Fürst v. Werle die an die Außenstelle Mönchshof des Klosters Amelungsborn vergebene Erbpacht-Wassermühle in Priborn wieder in seinen Besitz. Als Ausgleich erhielten die Klosterbrüder einen Hof mit 4 Hufen in Solzow, eine Hufe in Vipperow sowie 5 Hufen in Priborn. Außerdem verkauften die Fürsten weitere 4 Hufen an das Kloster, die vorher Heinr. v. Rohrbeck besessen hatte sowie die Fischerei auf der Müritz.
Röbel war im 12. und 13. Jh. Fürstenresidenz. Der Hof Solzow und auch Gneve waren die Lieblingssitze der Fürstin Elisabeth (geb. v. Holstein). Sie hatte ihn mit 5 weiteren Höfen als Leibgedinge vom ihrem Mann Fürst Bernhard erhalten und hielt sich nachweislich gerne in Solzow und Gneve auf. Nach ihrem Tod fielen die Höfe an die Herzöge v. Mecklenburg. Diese lösten den Lehnbrief des Fürsten Bernhards ein, denn die Leibgedingegüter waren Nicolaus II. Hahn (Damerow) versprochen. Dieser gründete 1410 mit den neu erworbenen Höfen Solzow, Gneve, Sembzin, Melz, Buchholz und Anteilen in Priborn und Vipperow die Solzower Hahn-Linie.
Aber auch die v. Knuth mussten noch Besitz in Solzow gehabt haben, denn 1470 verkaufte Hans Knuth 1/2 Hufe an Ritter Nicolaus Hahn. 1507 verpfändeten die Hahns ihren Besitz an ihren Verwandten Joachim Grabow, später auch an die Mundt, v. Arenstorff und v. Below. Erst 1574 war Solzow wieder Hahnscher Besitz.
Der 30jährige Krieg brachte über alle Menschen großes Leid, so auch der Familie Hahn. Im Pestjahr 1638 starben 12 Familienmitglieder und dabei auch alle männlichen Erben der Solzower Linie. Durch das Einfordern der vielen Ehe- und Erbgelder zersplitterten die Hahnschen Ländereien. Solzow ging mit Gneve an die Linie Damerow über. Diese starb mit Clemens Hahn 1659 aus und Solzow wurde von Gneve getrennt.
Gneve war 1658 an die Basedower Hahns gegangen. Diese tauschten das Gut 1670 gegen das verschuldete Hinrichshagen sowie Levenstorf mit dem Gläubiger Joachim v. Zepelin. 1688 verkauften es dessen Söhne an Adam Levin v. Knuth (Ludorf). Gneve blieb dann bei dem Ludorfer Besitz, der zusammen 3.853 ha ausmachte.
Die Knuths erwarben in der Gegend noch weitere Besitzungen und besaßen 1695 mit 13 Gütern auch alle ehemaligen Hahnschen in dieser Gegend.
Solzow wurde bis 1689 verpfändet, u.a. an Joachim v. Zepelin, der es 1670 gegen Hinrichshagen getauscht hatte. Dann kaufte es Eggert Ch. v. Knuth. 1714 wurde Solzow an Friedr. v. Barnewitz und 1732 an die Familie v. Ferber weiter verkauft. Erst 1805 erwarben die v. Knuth Solzow zurück und verwandelten es 1851 in ein Allodialgut. Eine Ziegelei war in der Nähe eingerichtet worden. Das Wohnhaus existiert noch heute.
Anfang des 20. Jhs. starb die Familie mit Berta v. Knuth in Deutschland aus. Sie hatte den Kammerherrn v. Schulse geheiratet und ihr Enkel Wilh. v. Schulse-Bülow erbte das 515 ha große Gut. Er baute u. a. eine Lorenbahn bis zum Müritzhafen.
1932 brannte das Gutshaus ab. Das durch hohe Belastungen verschuldete Gut musste 282 ha an eine Siedlungsgesellschaft verkauft werden. Diese richtete in Solzow 11 Höfe für zwangsumgesiedelte Bauern ein. Ein Bauer kam aus Lärz (aufgrund des Flugplatzbaus) und die anderen aus der Eidermarsch. Das Restgut wurde von Franz Erhard gepachtet.
Nach der Enteignung 1945 wurden 31 Neubauernstellen geschaffen, die nach und nach in die LPG Ludorf oder Vipperow eintraten. Durch ständigen Nutzerwechsel verkamen einige Höfe. Einer wurde in den 1970iger Jahren abgerissen.
Nach 1990 konnten sich hier zwei Bauern privat etablieren. Die anderen Flächen sind von der Agrargenossenschaft Vipperow gepachtet.

Gutshaus in Solzow

Der alte Hof Soltzow existierte bereits im 14. Jh. und war damals nicht unbedeutend. Er gehörte zu den Leibgedingegütern der Fürstin Elisabeth von Werle. Residierte hier doch 1361 Fürst Nicolaus v. Werle und er wurde als Haupthof der Leibgedingegüter der Fürstin Elisabeth angesehen. 1410 kam er an die Familie Hahn, die ebenfalls hier ihren Hauptsitz nahmen. Der Hof, der direkt an der Müritz lag, konnte durch den ständig steigenden Wasserstand (Mühlenbau) nicht gehalten werden und wurde nach dem heutigen Solzow verlegt. Noch auf der Direktorialkarte von 1700 ist der Hof zu erkennen. Seit einer Sturmflut 1714 ist er gänzlich verschwunden. 1863 waren noch Fundamentreste vorhanden. Heute sind nur noch Reste eines Walles und Grabenabschnitte erhalten.

Das 1932 in Solzow abgebrannte Gutshaus wurde 1933 wieder aufgebaut. Es ist ein eingeschossiger Putzbau über 10 Achsen mit einem vierachsigem Mittelrisalit, dem eine Eingangshalle vorgebaut wurde. Auf der Hofseite ist die Symmetrie verloren gegangen und der Mittelrisalit dort deutlich aus dem Gebäude herausgezogen. Das abgewalmte Dach ist ausgebaut.
Es war seit 1945 als Wohnraum genutzt worden, nur leider wenig gepflegt und so immer mehr verfallen. 1997 konnte es verkauft werden. Nach der Sanierung wird es heute als Pension genutzt.
Eine von schönen Linden gesäumte Kopfsteinpflasterstraße führt direkt auf das Gutshaus zu. Davor begrüßt ein Rondell den Besucher. Hinter dem Haus schließt sich ein kleiner Park an.

Gneve war ein eigenständiges Gut bis es zu Ludorf kam und eine Pertinenz von diesem wurde. Im 15. und 16. Jh. bestanden neben dem Gutshof auch noch acht Vollbauernstellen. Der Ort war wie viele anderen auch nach dem 30jährigen Krieg fast ausgestorben. 1662 gab es dann wieder drei Bauern. Diese wurden Ende des 18. Jhs. mit dem Ausbau des Gutshofes gelegt. Der Hof existierte noch bis in das 20. Jh. hinein. Heute ist von dem Gutshof nur noch ein Stall aus Mauerstein vorhanden.

Sophienhof und Sapshagen

Beide Orte liegen dicht beieinander, ca. 15 km nordwestlich von Waren entfernt. Für den Ort Sapshagen sind die Schreibweisen Sepshagen und Sarpshagen bekannt. Der alte Ort Sapshagen (Alt Sapshagen) lag direkt am Südostufer des Flachsees (früher Düster See). Wichtig für die wirtschaftliche Entwicklung des Gebietes sind die Vorkommen von Kreide (Kalk), Sand (Quarz), Erz (Rasenerz) und Torf. Sophienhof besaß an der 1886 erbauten Eisenbahnlinie nach Rostock eine Haltestelle.

Mit Sicherheit ist Sophienhof durch die Familie v. Linstow gegründet worden, die schon seit dem 12. Jh. im Besitz der umliegenden Ländereien war. Letzte Eigentümerin der v. Linstow war die Witwe Elisabeth Sophie, die den Kriegsrat Joachim R. v. der Lühe 1750 heiratete. Dieser wurde auch noch 1752 und 1783 als Eigentümer beider Orte genannt. In dieser Zeit entstand auch die Meierei Neu **Sapshagen**. Alt Sapshagen dagegen verschwand durch das Bauernlegen Anfang des 19. Jhs.

1792 kaufte Ch. Albrecht v. Kamptz das Gut Sophienhof mit Alt- und Neu Sapshagen. Dieser verkaufte Neu Sapshagen 1793 an Dietrich Frisch, der es zu einem eigenständigen Gut ausbaute. Die Frischs hatten das Gut bis Anfang der 1930er Jahre. Seit 1910 hatten sie es verpachtet, erst an Heinrich Paetow und dann 1926 an Hermann Schmidt, letzter konnte die Besitzungen erwerben. Sein Sohn Johannes Schmidt wurde 1945 enteignet.

1801 wurde Alt Sapshagen und **Sophienhof** von Ch. Albrecht v. Kamptz an August Ludewig v. Thomstorff verkauft. 1811 erwarb das Lehngut Sophienhof der Kaufmann J. Carl Bahlmann. Die Familie besaß es noch 1830. Zwischenzeitlich, bis 1813, hatten sie das Land wegen der französischen Besatzung verlassen. Obwohl die Leibeigenschaft 1821 aufgehoben wurde, ist offensichtlich, dass sich weder der nächste Besitzer, Baron v. Hammerstein, noch sein Nachfolger, der Kammerherr Gustav Carl v. Oertzen, dem das Gut von 1848 bis 1865 gehörte, daran hielten. Auch andere Gutsbesitzer der Schwerinschen Ritterschaft, besonders nordwestlich der Müritz, versuchten die Leibeigenschaft aufrecht zu erhalten. Es kam deshalb besonders in diesen Landesteilen zur Abwanderung der Bevölkerung.

Die Besitzer von Sophienhof wechselten nach 1850 häufig. 1880 gehörte das 491 ha große Lehngut Helmut v. Blücher und noch vor 1894

ehemaliges Gutshaus in Sophienhof um 1940

Ernst Winkelmann. Aber schon 1903 ist Karl Ernst v. Meyenn Besitzer des inzwischen allodifizierten Gutes im Amte Lübz und ab 1910 folgte ihm Hauptmann d. L. Richard Matthies. Spätestens ab 1923 bewirtschafteten die Geschwister v. Schnitzler (Klink) das Gut. 1928 war B. Haase Eigentümer und danach gehörte es von 1938 an Dr. Maximilian v. Rogister (Berlin). Weil Dr. Rogister die Judenpolitik der Nationalsozialisten nicht mittrug, sollte er verhaftet werden. Rechtzeitig konnte er fliehen. Sein Vermögen wurde eingezogen. Kurze Zeit später bewirtschaftet Herr v. der Wense Sophienhof. Als dieser 1942 nach Österreich übersiedelte, erwarb das Gut das Kalisyndikat. Nach dem Krieg folgte die Bodenreform und das Land wurde an 47 Neubauern aufgeteilt. 1952 bildete sich die LPG Typ I, 1959 erfolgte der Zusammenschluss mit den LPGen Lütgendorf und Blücherhof zur LPG „7. Oktober". 1974 wurde diese dann dem Volkseigenen Gut Hohen Wangelin angeschlossen. Seit 1993 wird das Gut Sapshagen wieder privat bewirtschaftet.

Die Gutsanlage in Sophienhof, so wie sie bis 1945 bewirtschaftet wurde, ist wahrscheinlich in der Zeit der v. der Lühe oder der v. Kamptz vor 1800 entstanden. Das Gutshaus wurde in den 1930er Jahren neu errichtet. Mitten im Rohbau fand ein Eigentümerwechsel statt. Der neue Besitzer, Dr. Maximilian v. Rogister ließ das Gebäude noch einmal durchbauen und um zwei Flügelbauten erweitern. Diese waren in sich abgeschlossen und durch einen durchgehenden überbauten Flur mit dem Gutshaus verbunden. Im linken Flügel waren Büroräume, Gästezimmer und Angestelltenwohnungen. Der rechte Flügel wurde als Wirtschaftsgebäude genutzt.
Das Gutshaus selbst war ein einstöckiger, elfachsiger Putzbau über einem Souterrain mit einem ausgebauten Mansarddach. An den Frontseiten besaß es jeweils einen dreiachsigen Mittelrisalit. In dem Frontispitz war das Wappen der Familie v. Rogister zu sehen. Eine Kastanienallee führte auf das Gutshaus zu, die in ein Lindenrondell überging. Über Seitenauffahrten gelangte man zur großzügigen aber kurzen Freitreppe. Damit war die Anlage sehr repräsentativ.
Zum Ende des 2. Weltkrieges wurde aus dem Pergamonmuseum, der Humbold-Stiftung Berlin und dem Warener Museum wertvolles Museumsgut hierher ausgelagert. Es kam nur z. T. in die Hände der sowjetischen Besatzungsmacht, denn noch 1945 brannte das Herrenhaus ab. Mit ihm gingen ein wertvoller Münzfund aus Waren, mehrere große Bernsteinfunde, Ölgemälde, fossile Walfischreste und Mammutknochen, ein Richtschwert, Abendmahlskelche, Kirchenbücher und der hier eingelagerte alte Altar aus Alt Schönau verloren.
Heute stehen nur noch die Torhäuser. Ihr Dachgeschoss war nach 1945 völlig verändert, dass heißt aus den Mansardendächern waren Spitzdächer geworden. Sie sind teilweise restauriert, stehen aber leer. Schön ist die erhalten gebliebene Kopfsteinpflasterstraße, die auch außen entlang des Rondells erhalten geblieben, aber überwachsen ist. Ein Nachfahre der Familie v. Rogister bewirtschaftet jetzt einen Teil des ehemaligen Gutes.

Torhäuser

Dietrich Frisch baute in **Sapshagen** ein Gut auf. Das Gutshaus, das er errichten ließ, brannte1940 ab. Noch im gleichen Jahr ließ die Familie Schmidt, die das Gut wenige Jahre vorher erworben hatte, das jetzige Haus bauen. Es ist ein einstöckiges Backsteingebäude über acht Achsen auf einem Feldsteinfundament.

Gutshaus in Sapshagen

Ein Walmdach schließt es nach oben hin ab. Ein Wirtschaftsanbau steht im rechten Winkel zum Haupthaus. Heute ist dieser zum Wohnraum ausgebaut. Auch dieser Hof wird seit 1993 privat bewirtschaftet.

Sorgenlos

Gutshaus in Sorgenlos

Sorgenlos liegt ca. 4 km abseits der B 194 Richtung Stavenhagen hinter dem Dorf Deven. Es ist ein recht junger Ort und wurde einst als Meierei Deven gegründet.

Im Staatskalender Mecklenburg-Schwerin von 1860 ist als Besitzer C. Ludwig Friedrich v. Voss (Groß Gievitz) genannt. Sorgenlos war zu dieser Zeit Vorwerk. 1870 kam dieses mit 400 ha Acker, Weiden und Wald in den Besitz des Hamburger Schiffausrüsters Alpfons Ramon Canel und Söhne (seit 1813). Dieser konnte noch 200 ha (dabei 120 ha Wald) dazu kaufen und so wurde Sorgenlos ein eigenes Gut. Die Meierei erbte sein Neffe Richard Ramon Canel. Einem Wunsch seines Onkels entsprechend fing er 1904 an, alle Häuser im Dorf nach und nach neu zu bauen. 1911 vererbte er das Gut seinem damals erst 19jährigen Sohn Adolf Ramon, weil er die Bewirtschaftung des Gutes von Hamburg aus nicht dauerhaft aufrecht erhalten konnte. In einem Brief an ihn zählt er auf, welche Bauarbeiten in Sorgenlos beendet werden müssen: die Wohnungen der Angestellten, die Pflasterung des Hofes fortführen und die Arbeiten am Gutshaus. Er wünscht ihm weiter, dass er mit diesem Startkapital auch in schlechten Jahren sorgenlos auf Sorgenlos leben möchte.

Der Ort hatte im 20. Jh. bis zum 2. Weltkrieg eine anerkannte Merino-Fleischschaf-Stammherde. 1945 floh Canel vor der Front und ließ sich in Hamburg nieder.

Das Gutshaus war ursprünglich ein eingeschossiges Verwalterhaus über sechs Achsen mit einem einfachen Satteldach. 1910/11 wurde es als Herrenhaus sehr solide ausgebaut. So wurde es um ein Wohngeschoss erhöht. Neben dem Anbau des Hofflügels bekam es auch ein als Wohnraum ausgebautes Mansardendach. Ein Mittelrisalit betont die Vorderfront. Dem Eingang wurde eine kleine Halle vorgebaut, auf der ein Balkon ist.

1990 kaufte der Sohn des Besitzers von 1945, ebenfalls ein Ramon Canel, das Land seiner Vorfahren zurück und ließ das Herrenhaus und den kleinen angrenzenden Park sanieren. Das Gutshaus diente immer Wohnzwecken, auch heute noch. Es wurde 2008 verkauft.

Sparow

Hotel „Gutshof Sparow"

Sparow liegt am Südrand des Naturparks Nossentiner-Schwinzer Heide, östlich des Dorfes Alt Schwerin und des Drewitzer Sees. Der Name ist zurückzuführen auf den Namen „Ort de Zbor" und bedeutet soviel wie Kampfplatz. Es wird angenommen, dass hier 955 Otto I. den Wendenhäuptling Stoinef schlug. Das „Grab des Wendenkönigs", ein Großsteingrab in der Nähe des Drewitzer Sees, könnte damit in Zusammenhang stehen.
Das ursprüngliche Sparow lag etwa 1 km westlich direkt am Drewitzer See auf einem Berg. Dieser war von einem Graben umgeben. Es wurde von mindestens sieben Bauern bewohnt. Auch eine Mühle wurde dort erwähnt.
Das heutige Sparow war ursprünglich eine Meierei.

Die erste urkundliche Erwähnung stammt vom 17. April 1500. An diesem Tag verpfändeten Diederich und Jaspar v. Flotow (Stuer) Herrn Hinrich Berends die Pacht aus Sparow. 1568 wurde Johann Berner (Zaschendorf, Bülow) die Nutzung von 4 Hufen vom Herzog Johann Albrecht bestätigt. Besitzer war die Kirche zu Sternberg. Aber auch die Familie v. Gamm (Göhren) hatte Besitz in Sparow. 1590 verkaufte die Kirche in Sternberg dann ihren Besitz von 4 Hufen an die Brüder Joachim und Christoff v. Berner. 1615 konnten die Brüder Lütke und Claus v. Below (Nossentin) den Gammschen Besitz von 6 Hufen erwerben. Doch schon 1619 mußten sie diesen Anteil an Berend v. Wangelin (Alt Schwerin) abgeben. Während des 30jährigen Krieges gelangten die Länderein von Sparow an acht verschiedene Gläubiger. Der Ort selbst lag wüst. Sie erreichten vom Herzog die Aufteilung des Besitzes. 1682 versuchte Bernd Ch. v. Wangelin einen Teil zurück zu kaufen, was ihm mißlang. Das alte Sparow verfiel mit dem Aussterben der ansässigen Bauern immer mehr.
1692 erwarb Eggert Christoph v. Knuth neben Nossentin auch Sparow. Er konnte den gesamten Besitz in ein Allodium umwandeln. Sparow wurde als eine Pertinenz von Nossentin 1747 zusammen mit dem Gut an Ernst Ch. Holle (Württembergischer Geheimrat) verkauft. Aber schon 1754 war Ernst Werner v. Raben Eigentümer von Sparow. Damals gab es bereits einen Teerofen.

Nach dem Legen der letzten Bauern in Alt Sparow wurde 1766 Neu Sparow als typisches Gutsdorf an der heutigen Stelle aufgebaut. Da es immer noch Streit um den Besitz in Sparow mit den benachbarten v. Wangelin gab, kaufte 1788 Herzog Friedrich Franz I. den Ort auf und ließ ein Gutshaus bauen. 1803 ging Sparow an die herzogliche Kammer über und wurde vorübergehend ein Domanialhof. Für 1811 ist ein Pächter Francke erwähnt. Bereits 1812 wurde Sparow wieder an die Ritterschaft versteigert. Den Zuschlag für das dem Amt Plau zugehörige 820 ha große Allodialgut erhielt Ludwig G. H. v. Blücher (Fincken). Da er selbst Fincken bewirtschaftete verpachtete er Sparow. 1850 verkaufte die Familie v. Blücher Sparow an den Pächter Wilhelm Neckel. 1884 übernahm sein Sohn Hermann und 1916 dessen Söhne Hermann und Gottfried das Gut samt der Meierei Sanz. Zu ihrer Zeit gab es eine Windmühle im Ort. Ab 1934 war Hermann Neckel alleiniger Eigentümer. Er ließ 1935 100 ha aus seinem Besitz herauslösen und verkaufte es an die Siedlungsgesellschaft „Deutsche Erde". Sie verkaufte das Land an 22 Büdner in Silz und Nossentiner Hütte. Das Gut mit mehr als 700 ha wurde 1945 enteignet.

Das alte Gutshaus wurde 1795 errichtet. Es war ein zweigeschossiges verputztes Backsteingebäude auf einem Feldsteinsockel. Der Dachraum war teilweise ausgebaut. Ein Walmdach schloss das Gebäude ab und ein schöner Obstgarten schloss sich im Süden an. Das Gutshaus wurde nach 1945 als Wohnraum

Stallruine

Teerofen Sparow

und kommunal (Schule, später Kindergarten und Konsum) genutzt.
1994 kaufte ein Unternehmer das Gutshofgelände und ließ das inzwischen leer gezogene desolate Gutshaus abreißen. Es wurde 1999 annähernd in seiner früheren Form an gleicher Stelle als Hotel wieder aufgebaut. Die wunderbare Lindenallee führt deshalb noch heute direkt auf das Hotel „Gutshof Sparow" zu. Nach und nach entstand ein mehrteiliger Hotelkomplex mit Apartmenthäusern. Eine hohe Feldsteinmauer umschließt das gesamte Areal.
Vom alten Gutshof ist nur noch eine Feldsteinruine vorhanden. In der alten Sägerei nebenan wurde eine Gaststätte eingerichtet.

Die Kirche ist in Hinblick auf ihre Entstehung die seltsamste und zugleich bisher jüngste Kapelle in Mecklenburg. Sie ist Bestandteil der Anlagen des neuen Gutshofes Sparow. Am 14. Juli 1999 weihten evangelische und katholische Geistliche die kleine Kirche als ökumenisches Gotteshaus dem heiligen Hubertus.
Der rechteckige, nach Osten dreiseitig geschlossene Bau wurde aus Gasbeton errichtet und mit einem Fachwerk verblendet. In die breit angelegte westliche Fachwerkwand wurden zwei Fensterpaare eingesetzt. Der Eingang ist vorgezogen und besitzt ein schmiedeeisernes Gitter. Auf dem gewalmten Satteldach sitzt ein kleines, verbrettertes Türmchen. Die Glocke wurde von Bachert (Heilbronn) 2000 gegossen. Innen ist die Kirche mit einer flachen Bretterdecke ausgestattet. Kanzel und Gestühl bilden das Inventar. Einzige Zierde sind der große Leuchter, eine Marienplastik und eine Plastik des Patrons der Kapelle, des Heiligen Hubertus (beide Ende des 20. Jhs.). Der Jäger symbolisiert St. Hubert v. Lüttich, der Bischof in Maastricht und Lüttich war. Die Kapelle steht für Taufen, Trauungen, Konzerte, Ausstellungen und gelegentliche Gottesdienste offen. Sie kann besichtigt werden.

Erwähnenswert ist ein unmittelbar an der alten Landstraße von Alt Schwerin nach Sparow wohl im 19. Jh. gesetztes hohes Granitkreuz mit der Inschrift: „Kirchweg Sparow". Da der Ort vorher keine eigene Kirche besaß, waren die Dorfbewohner gezwungen, bis nach Alt Schwerin zur Kirche zu gehen. Die Wegemarke wird auch den fahrenden Handwerkern, Händlern und Reisenden zur Orientierung durch das Sumpfgelände am Drewitzer See gedient haben.
In der Nähe des Gutshofes Sparow befindet sich der größte aktive Teerofen Europas. Er wurde 1996 als Schauobjekt wieder aufgebaut und veranschaulicht das Handwerk der Teer- und Holzkohleherstellung. Leider riss im Oktober 2004 die Verfugung ein, so das die Kuppe abgenommen werden musste.

Speck

Der Ort mit dem eigenartigen Namen Speck liegt 16 km südöstlich von Waren im Müritz-Nationalpark. Der Name Speck (früher Specken) ist flämischen Ursprungs und bedeutet Holzdamm durch Moor. Nach dem alten Wegenetz führte an dieser Stelle die Handelsstraße vom Süden des Landes Stargard über Mirow nach Waren.

Urkundlich wird Speck 1274 erstmals erwähnt. Das Dokument beinhaltet, dass Fürst Nikolaus v. Werle der Stadt Röbel den zwischen dem Specker See und der Müritz gelegenen „Düstern Wohld" verkaufte. In einem Landesteilungsvertrag zwischen den Fürsten Johann und Henning v. Werle wird „Specken" 1319 dem Parchim-Malchower Teil zugeordnet. Die Familie von Specken, später in Malchow, waren die ersten Lehnsnehmer.
Spätestens Mitte des 15. Jhs. war die Familie v. Holstein (Ankershagen) mit Speck belehnt. 1739 verpfändete Jacob Ernst v. Holstein (Klink) Ludwig Reimar v. Rohr das Gut. 1752 wurde dieser mit dem Rittergut belehnt. Im Besitz der Familie blieb Speck und sein Pertinenz Rehhof bis 1812. Dann übernahm es der Forstrat Carl Wilhelm v. Haugwitz, Schwiegersohn von Otto Friedr. v. Rohr. Unter der Familie v. Haugwitz wurden zur Zeit der Industrialisierung (Glashütte, Kalk- und Teerofen, Dampfsägerei) auch neue Häuser im Ort gebaut, die noch heute dem Dorf sein Aussehen geben. Die extrem armen Sandböden dürften aber dem Gut zu keinem Reichtum verholfen haben. 1921 brannte das Herrenhaus ab und wurde nicht wieder aufgebaut. Karl Odo v. Haugwitz übereignete 1926 das Gut wieder dem Land Mecklenburg Schwerin.
1929 wurde es an den Leipziger Großunternehmer und Staatsrat Dr. Kurt Herrmann verkauft. Dieser erwarb weitere Güter in der Umgebung und richtete von Federow bis Faulen Ort ein Jagdgebiet ein. Viele seiner Jagdgäste kamen aus der Führung des Dritten Reiches, u. a. der Generalfeldmarschall und Reichsjägermeister Herrmann Göring.

Das heutige „Gutshaus" wurde 1936/37 als „Jagdschloss" auf den Fundamenten des alten Herrenhauses errichtet. Eine Jagdszene vor der Treppe unterstreicht den Zweck des Hauses. Es ist ganz im Heimatstil als zweistöckiges Gebäude mit vielen Winkeln gebaut und besitzt keinerlei Symmetrie. Von dem Vorgängerbau sind nur noch der Turm und ein Seitenflügel in Teilen vorhanden.

Das „Jagdschloss" in Speck

Schmiede in Speck

1945 wurde zunächst die sowjetische Kommandantur im Schloss untergebracht. Danach diente es als Durchgangslager und Wohnung für Flüchtlinge. Ab 1954 nutzte es das Ministerium des Inneren als Erholungsheim der Grenzpolizei. 1968 wurde es Erholungsheim für die Nationale Volksarmee (NVA). Ab 1991 war das Specker Schloss Sitz des Nationalparkamtes Mecklenburg-Vorpommern. Seit 1998 steht das Gebäude leer und zum Verkauf.
Ein schöner kleiner Park, der zwischen 1996 und 1998 saniert wurde, schließt sich im Süden an. Nicht zu übersehen ist die sehr alte Sommerlinde im Ort. Sie war wahrscheinlich einmal Mittelpunkt des alten Dorfes.

Nach einem Visitationsprotokoll der Kirche zu Ankershagen von 1574 gab es Bestrebungen, die Kirchen von Boek und Speck zusammenzulegen und in Speck eine Pfarre zu errichten. Gehörten vor dieser Zeit die Kirchen Boek und Speck zur Diözese Havelberg, so waren beide seit dem 17. Jh. der Filiale von Federow unterstellt. Das Patronat besaßen die Gutsherren.
Die erste Kirche, welche 1589 erwähnt wurde, stand auf dem Friedhof noch 1818, als die nächste Kirche bereits im Bau war. Dieser Neubau lag im Südwesten vom Friedhof, dicht bei dem Gutshof. Wahrscheinlich wegen Konstruktionsfehlern wurde diese bereits 1876 wieder abgetragen. Es entstand zugleich die heutige Kirche, nun zwischen den beiden alten Kirchstellen gelegen.
Man findet an der rechteckigen Backsteinkirche, die ein Schüler Buttels, F. Hustaedt konzipierte, sowohl romanische als auch gotische Stilformen. Das Langhaus besitzt dreiteilige Rundbogenfenster.
Im Innern sind Chor und Langhaus durch eine Kassettendecke geschlossen. Die klassizistische Innenausstattung stammt aus dem Vorgängerbau. Auf der Orgelempore gibt es keine wirkliche Orgel, sondern nur eine Orgelblende. Über dem Westgiebel befindet sich ein schmaler Dachreiter mit einer kleinen Glocke, die 1886 von Alfred Herrmann Otto v. Haugwitz gestiftet und von C. Illies in Waren gegossen wurde. Die gesamte Vasa sacra wurde 1991 gestohlen. Die beiden Zinnleuchter stammen aus der Totenkapelle von Kargow-Unterdorf.
Die Kirche wurde zwischen 1996 und 1998 restauriert. Dabei ist der Dachstuhl und das Dach völlig erneuert worden. Innen ist die Kassettendecke restauriert und die Wände in der ersten Fassung gestrichen worden. Der Altar und das Lesepult sind neu (2000). 2003 wurde eine neue Taufschale gestiftet.
Das Mausoleum der Familie v. Rohr im Park wurde 1968 gesprengt. Heute steht dort nur noch das Denkmal des Tohmas Friedrich Ernst v. Rohr.
Die Kirche ist in den Sommermonaten geöffnet. Erwähnenswert ist im Ort die alte Schmiede. Sie verlor leider 1976 mit der neuen Dacheindeckung auch ihre ursprüngliche Dachform – das Pyramidendach. Heute können Besucher des Müritz-Nationalparks dort Informationen durch den Nationalpark-Service bekommen.

Stuer mit Bad Stuer, Neu Stuer und Altenhof

Folgt man der B 198 aus Richtung Röbel nach Plau, so liegt am Westrand des Müritzkreises das geschichtsträchtige Dorf Stuer. Der Ort hatte einmal eine so große Bedeutung, dass einst nach ihm der drittgrößte See Mecklenburgs (heute Plauer See) benannt war – erst 1235 mit der Vergabe des Stadtrechtes an Plau änderte sich das.
Etwas abseits der Straße liegt vor Stuer inmitten einer feuchte Wiesenfläche ein mit riesigen Eschen bewachsener Hügel. Dahinter verbergen sich Ruinen der einst prächtigen und bedeutenden Burg Stuer. Zwei von ursprünglich drei Erdwällen sind noch vorhanden. Der heutige Weg zur Burgruine dürfte auch damals der einzige Zugang zum wendischen Burgwall gewesen sein, den später die Ritter v. Flotow als Burg ausbauten. Denn 1985 wurden in der Nähe Brückenkonstruktionen aus der Zeit um 1350 gefunden.
Auffallend ist auch das weithin sichtbare und landschaftsprägende Großsteingrab nahe dem rechten Straßenrand vor Stuer.

Stuer wurde 1178 erstmals urkundlich erwähnt. In den Urkunden ist auch schon von der Burg Stuer die Rede. 1240 wurde ein Ritter Conradus de Sture als Burgbesitzer genannt. In diesem Jahr belehnten die Fürsten v. Werle, Nikolaus III. und Bernhard, ihren Vasallen Andreas v. Flotow mit Stuer. Den Flotows wurden 1344 noch mehrere Güter im Lande zugesprochen. Auf der Burg in Stuer entstand der Familienstammsitz. Die v. Flotow bekamen in der Folgezeit sehr viel Macht im Land. 1354 wurde ihnen sogar das ganze Land Malchow und 1366 auch noch das Land Röbel samt Schloss und Stadt vom Herzog Albrecht von Mecklenburg verpfändet. Um 1360 überfiel Tidecke v. Flotow die Stadt Plau und ließ fürstliche Beamte und Bürger töten. Als in der Raubritterzeit die Brandenburger nach Mecklenburg einfielen, statteten die v. Flotow ihnen einen „Gegenbesuch" ab.
Bis auf die kurze Zeitspanne von 1830 bis 1853 (Verkauf an Gustav Diedr. v. Oertzen) und bis auf Neu Stuer, blieben die v. Flotow Eigentümer der Stuerer Länderein bis 1945. Diese wurden (bis auf die Stuersche Hintermühle, weil diese nur 76 ha Besitz hatte) mit der Bodenreform enteignet. 45 Jahre lang nutzte die Gemeinde das Land der Hintermühle. Nach1990 hat ein Zweig der v. Flotow den Besitz zurück erworben.

Der Grundriss der heutigen Burganlage zeigt westlich neben der Vorburg eine Hauptburg mit Turm. Die Seitenlänge des quadratischen Burgfrieds beträgt gut 11 m, die Mauerdicke 2,3 m. Auch der Turm wurde zu Wohnzwecken genutzt und bildete die letzte Rückzugsmöglichkeit bei Gefahr. Es gibt keinen historischen Anhaltspunkt, dass die Burg jemals einem Feind in die Hände gefallen war. Auch die Soldateska des 30jährigen Krieges konnte die Wehranlage nicht bezwingen. Sie wurde erst Opfer eines großen Feuers am 1. Mai 1660.

Der Wohnturm wurde bis 1930 bewohnt und dann bis 1945 zu Anschauungszwecken genutzt. Heute ist alles eine Ruine.
Nach 1660 wurde die Burg für die Familie v. Flotow unbewohnbar und Fritz v. Flotow baute Ende des 17. Jhs. in Neu Stuer einen Gutshof auf.
Sein Bruder Andreas wohnte in Alt Stuer, heute Stuerer Vorwerk. In Stuerer Vorwerk

Gutshaus in Stuerer Vorwerk

wurde auf den Grundmauern eines Vorgängerbaus im 19. Jh. ein neues Gutshaus gebaut. Es ist ein zweistöckiges Backsteingebäude mit 20 zu 8 Fensterachsen. Zwei Risalite dominieren die Hofseite. Das ausgebaute Dach ist heruntergezogen und gibt dem Gebäude ein einstöckiges Aussehen. Der östliche Teil scheint älter und ein Teil des Vorgängerbaus zu sein. Darin befindet sich neben dem Gewölbekeller auch ein alter Brunnen in der Küche. Die Zimmerhöhe beträgt hier 3,80 m, im übrigen Haus lediglich 3 m. Anfang des 20. Jhs. hatte es im hinteren Teil des Hauses gebrannt, dieser Teil ist mit Zementsteinen wieder aufgebaut worden.

Das Gutshaus befand sich nach dem 2. Weltkrieg in Rechtsträgerschaft der Gemeinde. Nachdem es erst kommunalen Belangen diente, wurde es für Wohnzwecke genutzt. 2003 verkaufte es die Gemeinde an 5 Familien, die das Gutshaus als Eigentümergemeinschaft seit 2004 sanieren.

Sehr schön ist eine kräftige Eiche vor dem Haus.

Eine Kirche hat es schon im 14. Jh. in Stuer gegeben. Das Patronat hatte die Familie v. Flotow.

Nach der großen Feuersbrunst 1660 entstand Ende des 17. Jhs. ein neuer Bau, die heutige Petruskirche aus Fachwerk. Die rechteckige, einschiffige Kirche besitzt einen halbeingezogenen Westturm. Sein unteres Stockwerk ist

gemauert, während das obere aus verbrettertem Fachwerk besteht. Ein achtseitiger Pyramidenhelm krönt den heute ganz und gar mit Efeu überwachsenen Turm. Der Eingang mit Vorhalle befindet sich an der Nordseite. An der Südseite der Kirche wurde 1750 ebenfalls eine Vorhalle aus Fachwerk angebaut.
Auch im reizvollen Kircheninnern ist das Fachwerk sichtbar. Der Raum ist mit einer flachen Decke geschlossen. Der Schnitzaltar stammt aus der Zeit um 1460 und hat auffällige Ähnlichkeit mit dem Altar im Dom zu Güstrow. Der Aufsatz ist ein gotisches Triptychon, in dessen Mitte figürlich die Kreuzigung dargestellt ist. Im Mittelteil der Predella ist ein Grablegungsrelief eingearbeitet. Die Tafelbilder der Flügel zeigen Passionsszenen. 1688 wurde der gesamte Altar restauriert. Aus jener Zeit stammen auch die Kanzel und der Taufständer mit Deckel. Erwähnenswert sind auch die Patronatslogen zu beiden Seiten des Altars. Die (an der Südseite) besitzt eine geschnitzte Bekrönung und die Wappen der Familien v. Flotow, v. Blücher und v. Lüderitz. Die nördliche Loge ist sogar zweigeschossig. Zahlreiche Wappenschilde aus Zinn zieren die Kirche.
Die Kirchenglocke goss 1823 Valentin Schultz (Rostock).
Bereits 1988 erfolgten Arbeiten an der Kirche. Doch erst ab 1993/94 konnten umfangreiche Sanierungsarbeiten innen und außen durchgeführt werden. 1995 wurde die Kirche wieder eingeweiht. 1996 bekam sie eine neue Orgel und kann in den Sommermonaten besichtigt werden.
Auf dem Friedhof steht über Gräbern der Familie Flotow eine wunderbar ausladende Eiche.

Berühmt wurde Stuer auch durch seine in wunderschöner Landschaft gelegene Wasserheilanstalt **Bad Stuer**.
1845 wurde diese von Herrn Franke gegründet und 1847 von C. Kahl weiter geführt. 1862 pachtete Gustav Barday die Heilanstalt, die dann 1877 in seinen Besitz überging. Er investierte auch in die Landschaftsgestaltung der Umgebung und schaffte ein Dampfboot an. Sein Sohn übernahm 1885 das Sanatorium. Inzwischen waren 120 Plätze für Kurgäste geschaffen. Nach dem 1. Weltkrieg wurde hier der Reichsarbeitsdienst untergebracht und nach dem 2. Weltkrieg

Stuersche Hintermühle

nutzte die Staatsbank der DDR die Anlage als Ferienobjekt.
Die Stuersche Hintermühle übernahm 1970 der VEB Kohlehandel Berlin zunächst als Kinderferienlager und nutzte es später als „Schulungs- und Ferienobjekt".
Ein wenig von seinem alten Flair bekam Bad Stuer 1990 durch den Umbau dieses Ferienheims in ein Seehotel durch die Familie Falk zurück. Auch die Villen am Hochufer des Plauer Sees wurden inzwischen von Privatleuten saniert. Von hier reicht ein schöner Blick weit hinaus auf den See.
Die Stuersche Vordermühle war schon 1904 eingegangen und in einen Forsthof umgenutzt worden. Heute sind dort nur noch die Reste im „Tal der Eisvögel" zu finden.

Wie schon erwähnt, ließ sich 1660 nach dem Brand auf der Burg Fritz v. Flotow in **Neu Stuer** nieder. 1819 war Dietrich Philipp v. Flotow Besitzer von Neu Stuer. 1854 ging das Gut an Friedrich, später an Ferdinand Hagemeister. Von ihm erhielt 1879 Gustav v. Storch das 771 ha große Gut. Von seinen Söhnen kaufte Helmut Cuno Capsius 1908 das Allodialgut. Im Ort waren eine Brennerei und eine Schmiede. Während des 1. Weltkrieges arbeiteten Kriegsgefangene auf dem Gut. Weil weiterhin Personalmangel bestand, zogen Schnitter nach Neu Stuer. 1945 nahm sich die Familie Capsius das Leben.
Das schlossartige Gutshaus ließ die Familie v. Flotow um 1800 bauen.

ehemaliges Gutshaus in Neu Stuer um 1980 (kleines Foto unten: Speicher)

Auf der Ostseite hatte es einen Turm, in dem der Verwalter wohnte.
Nach 1945 diente das Gutshaus Wohnzwecken. Um 1980 wurde es leergezogen und später abgerissen.
Übriggeblieben ist von dem einst großen Wirtschaftshof mit Pferde- und Schweineställen aus Feldsteinen nur die Lindenallee. Sie führt zum Rest des einst prächtigen Parks.

Altenhof baute die Familie v. Flotow nach 1660 auf, nachdem die Stuersche Burg unbewohnbar geworden war. Es liegt 1 km südlich der B 198, 4 km von Stuer entfernt. Dorthin, direkt an der Straße, befindet sich eine der bekanntesten Landwehren. Sie ist im Mittelalter entstanden und sicher von der Familie v. Flotow angelegt worden. Es ist ein mit Steinen bedeckter Wall, der zum Teil mit alten Bäumen bestanden ist. Den ehemals vorgelagerten Graben kann man nur noch erahnen. Die Landwehr war nicht nur dazu da, um Terretorien voneinander abzugrenzen, sondern auch um Verkehrswege zu kontrollieren.

Besitzer des eigenständigen 871 ha großen Lehngutes war immer die Familie v. Flotow. Sie wurden 1945 enteignet und das Land in die Bodenreform gegeben.
Den Gutshof gibt es nicht mehr. Er bestand aus mehreren Ställen und Scheunen und einem Gutspark mit Teich. Außerdem gab es im Ort eine Ziegelei und eine Brennerei.
Das zweigeschossige, verputzte Gutshaus mit Spitzdach in Nord-Südausrichtung hatte zwei Seitenflügel und einen Vorbau aus Holz.
Nach 1945 diente es zunächst der Unterbringung von Flüchtlingen. Als unten im Hauptgebäude die Schule einzog, wurde oben weiter gewohnt. Der linke Flügel diente ebenfalls Wohnzwecken. Im rechten Flügel war die Betriebsküche der LPG. Die Schule bestand hier bis 1970. Danach stand das Haus leer. Der rechte und linke Flügel wurden noch bis 1976 genutzt. Im schneereichen Winter 1978/79 baute die LPG das Gutshaus ab. Reste vom rechten Flügel sind heute noch an der Nordseite des sanierten Gutsparks zu finden. Der Teich wurde 2002 entschlammt und Bäume im Park nachgepflanzt. Zwei Gutsgebäude sind erhalten.

Suckow

Suckow liegt an einer Bucht im Südosten des Plauer Sees 15 km von Malchow entfernt. Mit Sicherheit wurde diese Siedlungsstelle auch schon von den Slawen genutzt. Suckow als Ortsname kommt öfter vor und läßt sich von sucha = trockenes Land ableiten.

Suckow gehörte schon 1344 zu den umfangreichen Gütern der Familie v. Flotow und war eine Pertinenz von Kogel. 1628 wurde es mit den Gütern des Andreas v. Flotow (Stuer) genannt und war bis 1833 im Besitz der Familie. In diesem Jahr übernahm Hartwig Gustav Düssler Suckow. Er bewirtschaftete es mindestens 20 Jahre. Um 1860 kaufte das 623 ha große Lehngut Ludwig Koch. Sein Sohn Heinrich erbte es und war noch 1899 der Besitzer. Für 1915 ist im Staatskalender Fürst v. Hohenlohe- Öhringen als Eigentümer Suckows angegeben. Aber bereits 1920 war Major a. D. Hans Melchor v. Lüttwitz (Berlin) Besitzer und ein Johannsen Pächter des Gutes. Dann besaß es kurzzeitig der Verleger Karl Schmalfeld (Berlin) bevor es der Reichsernährungsminister a. D. Martin Schiele kaufte. 1939 übernahm es bis 1945 sein gleichnamiger Sohn.

Das Gutshaus steht am Ende einer schönen alten Ahornallee. Es ist ein eingeschossiger Putzbau über 9 Achsen. Wahrscheinlich verbirgt sich hinter dem Außenputz ein Fachwerk. Ein Walmdach schließt es noch oben hin ab. Es soll schon um 1750 errichtet worden sein. Auf der Südseite befindet sich ein Anbau. Dieser und die linke Hälfte des Hauses sind in privaten Händen, der andere Teil gehört der Gemeinde, die die Wohnungen vermietet. Die Gemeinde hat ihren Teil des Hauses außen saniert. 1945 wohnten dort Neubauern. Später richtete die LPG einen Kulturraum auf der rechten Seite ein. Die Stallanlagen im Ort stehen noch und werden als Pferdehof genutzt.
Erwähnenswert ist das sogenannte „Schloss" im Ort. Mit dem Gutshof steht es in keinerlei Verbindung. Um 1900 ließ das am Rande der „Märchenwiese" malerisch gelegene Haus (damals mit freien Blick auf den Plauer See) Freiherr Ernst Magnus v. Nolcken als Jagdschloss und Sommersitz erbauen. Es ist ein zweigeschossiger Putzbau mit einem Spitzdach. Oberhalb des Hauses auf einer Anhöhe im Wald befindet sich v. Nolckens Grab, in dem er 1915 beigesetzt wurde. Noch heute erinnert dort eine mit einem Zaun eingefasste rote Marmorplatte an ihn.
Ein weiteres interessantes Gebäude ist die ehemalige Kartoffelbrennerei. Sie existierte bereits um 1890 und arbeitete bis 1949.

1657 wurde in Suckow noch eine Kapelle erwähnt. Patron war Andreas Ch. v. Flotow (Stuer). Es ist nicht bekannt wo sie gestanden hat. Lange gab es auch keinen Friedhof in Suckow. Der Heutige wurde von dem letzten Gutsbesitzer Schiele eingerichtet und befindet sich hinter dem Gutshaus im Wald.

ehemaliges „Jagdschloss"

Torgelow

Das Inspektorenhaus

Nur 8 km nordöstlich von Waren liegt am gleichnamigen See der Ort Torgelow. Neben Schloen waren auch die Orte Schmachthagen und Godow Vorwerke vom Gut Torgelow.

Am Ende des 15. Jhs. hatten die Brüder Gemeke und Dreves Kosboth das Lehngut Torgelow mit „Zubehörungen" inne. 1507 gaben die Herzöge Heinrich und Albrecht „um seiner getreuen Dienste willen" Joachim Hahn dieses Gut zum Lehn. In den nächsten 250 Jahren wurde Torgelow vielfach verpfändet. So gehörte im 30jährigen Krieg Jürgen Ernst v. Kossebade das Gut, danach wirtschaftete der Landrat v. Plessen hier und 1704 Familie v. Kamptz. Um 1700 wurden in Torgelow mehrere Bauern gelegt und nahe Schloen, z. B. auf Überende, umgesiedelt. 1726 erwarb Levin Ludwig III. Graf Hahn das Gut mit den Orten Godow, Schmachthagen und Schloen auf 40 Jahre zum Pfand. Die Familie Hahn hatte das Gut noch bis 1779, dann erbte es die verwandte Familie v. Geusau. Es fiel ein Jahr später an die Rempliner Hahns. Aber schon 1784 wurde das Gut in einer öffentlichen Versteigerung von dem Kammerherrn Carl August v. Behr-Negendanck erworben. 1899 besaß Georg v. Behr-Negendanck das 2.734 ha große Lehngut. In Neu Schloen gab es 4 Erbpächter. Schloen hatte zwei Wassermühlen und einem Erbpächter. In Godow wirtschafteten 3 Hauswirte. Die Familie v. Behr-Negendanck besaß die Güter bis 1945.

Das ursprüngliche Gutshaus war ein burgartiges Gebäude. Es wurde von Ulrich Philipp v. Behr-Negendanck in der zweiten Hälfte des 18. Jhs. zu einem dreigeschossigen „Schloss" umgebaut. Es war im Revolutionsjahr 1848 von mehreren Tagelöhnern aus den umliegenden Gütern in Brand gesteckt worden. Fast 60 Jahre lag das Herrenhaus als Ruine da. Die Familie wohnte in dieser Zeit im Kavaliershaus.
1905 entwarf Otto March für die Familie v. Behr-Negendanck einen prächtigen Neubau – abseits des Gutes im alten Gutspark gelegen – der zu den wenigen Herrenhäusern gehört, die erst zu Beginn des 20. Jhs. entstanden sind. Über einem unregelmäßigen Grundriss fallen die verschiedenartigen Elemente neobarocker Formen ins Auge. Dazu zählen die eingelassenen Türme ebenso wie die Schweifgiebel, die säulengeschmückte Unterfahrt vor dem Haupt-

portal und die verschiedenen Erker sowie die seeseitig angebaute Veranda mit Balkon.
Diele, Saal und Speisezimmer waren für den häufigen Empfang von Gästen sehr großzügig ausgerichtet worden. Die modernsten Errungenschaften des noch jungen 20. Jhs. waren hier eingebaut. So wurde über einen Aufzug die Küche direkt mit dem Speisezimmer verbunden. Im Keller war die damalige Gasbeleuchtung installiert und selbstverständlich auch die Wasserversorgung. In das kleine Haus wurde sogar schon ein Personenaufzug integriert.
Bei der Gestaltung der Umgebung wurde die Landschaft einbezogen. Von dem mit Steinen aufgemauerten hohen Seeufer schweift der Blick hinüber zur Insel, wo Kormorane eine Brutkolonie haben. Wiesen und gut begehbare Wege lockern den Park auf, der teils im barocken Stil, teils als Landschaftspark angelegt ist und einen interessanten Baumbestand hat.
In unmittelbarer Nähe gibt es noch den Rest einer mittelalterlichen Burganlage in Form einer überhöhten, mit Linden bewachsenen Fläche, die an zwei Seiten von einem Wassergraben umgeben ist. Einst war die Burg allseitig von Gräben umzogen, die mit dem Torgelower See in Verbindung standen.
Gegen Ende des 2. Weltkrieges war das Gutshaus zunächst Zwischenstation für Flüchtlinge. Dann zog der Rat der Gemeinde in das Gebäude. Zeitweilig waren auch Klassenräume für die Schule und der Kindergarten hier untergebracht. Ab 1970 übernahm die Staatliche Versicherung der DDR das Gebäude als Bildungszentrum. Das ehemalige Inspektorenhaus, früher Kavalierhaus, stand über viele Jahre leer.

Seit 1993 wurde das Herrenhaus restauriert und zum Mittelpunkt eines privaten Internatsgymnasiums. Das ca. 300 Jahre alte Inspektorenhaus wurde Küche und Speiseraum. Ringsherum entstanden die entsprechenden Zweckbauten. An den einstigem Gutshof erinnert nur noch die Zufahrt. Die Wirtschaftsgebäude waren nach 1945 abgebrochen und mit ihrer Hilfe Neubauernhäuser gebaut worden.

Torgelow hatte früher einmal eine Kapelle. Sie war wie fast alle Kirchen des Landes im 30jährigen Krieg geplündert worden und nach dem Krieg in einem sehr desolaten Zustand. 1694 stand sie nur noch als Ruine und 1724 war sie ganz verschwunden.
Es war eine Kapelle „... von acht Gebinden in Holz gemauert, ist unter steinernem Dache, daraus die Fenster bis auf vier Tafeln hinweg sind". Sie stand auf dem Grundstück des heutigen jüdischen Friedhofs.

Gutshaus Torgelow

Tressow

Tressow liegt ca. 18 km nördlich von Waren zwischen den Orten Ulrichshusen und Schwinkendorf. Vom Namen her ist es eine ehemals slawische Siedlung. Heute zählt Tressow zu den wenigen unverbauten Dörfern im Müritzkreis. Die Häuser aus rotem Backstein sind fast alle restauriert. Die Dorfstraße ist noch aus dem alten Kopfsteinpflaster.

1491 wird Tressow als Pertinenz von Hinrichshagen genannt und gehörte somit zum Hahnschen Besitz. 1693 kaufte es der Schreiber der Familie Hahn, Christoph Wendland. Seit dem war es ein selbständiges Gut. 1788 kaufte es Friedrich II. Graf Hahn von Gottfried Wendland zurück und ließ es 1803 für seinen Sohn Carl Friedrich ausbauen. Es hat starke Ähnlichkeit mit dem Ensemble in Grabowhöfe, das Friedrich Graf Hahn für seinen älteren Sohn Ferdinand neu aufbauen ließ. Carl Friedrich hatte aber kein Interesse an der Landwirtschaft. Er war musisch begabt und sein Interesse galt dem Theater.
Durch seine schlechte Betriebsführung gingen einige Hahnsche Güter in Konkurs, so auch 1813 Tressow. Zwischen 1816 und 1829 soll das Gut mit Lupendorf zusammen Israel Jacobson gehört haben. 1829 fiel Tressow an den inzwischen mündigen Friedr. Wilh. Adolph Graf Hahn (Basedow). 1899 gehörte das mit Lupendorf 1.160 ha große Lehngut Friedr. Franz Graf Hahn und 1921 Walter Graf Hahn (Faulenrost). Pächter zu dieser Zeit war Herr v. Zepelin. Seine Tochter heiratete in die Familie v. Blücher ein. So kamen diese später an das gepachtete Gut. Die Hahns waren letztlich so überschuldet, dass der Staat 1928/29 das Gut einzog. Bis Ende des 2. Weltkriegs war es dann Domäne, deren Pächter weiterhin die Familie v. Blücher war.

Eine alte Lindenallee führt auf das Gutsensemble zu. Von dem stehen noch das 1800 erbaute Gutshaus und gegenüber das Verwalterhaus. Von den ehemals zwei Ställen existiert noch der Pferdestall. In den Plänen sollte das Gutshaus mit dem Verwalterhaus durch ein Querhaus verbunden werden. Dazu kam es jedoch nicht. Zwischen beiden Häusern war ehemals ein Rondell.

Gutshaus in Tressow

Das sehr breite (11m) Gutshaus ist ein massiver Backsteinbau mit einem ausgebauten Mansardendach. Am Giebel des Verwalterhauses hat es einmal eine Uhr gegeben. Das Haus wurde zu DDR- Zeiten als Konsum genutzt. Wohnungen waren in beiden Häusern.
Noch erkennbar ist auf einer Anhöhe hinter dem Hof ein kleiner Park mit einem Teich davor. Dieser ist angestaut worden.
Um 1900 wurden die Häuser im Dorf saniert und zum Teil neu aufgebaut. Nach 1945 wurde der Kuhstall abgerissen und aus den Steinen weitere neue Häuser gebaut.

Wassermühle mit Speicher

Direkt an der Straße vor dem Gutshaus führt der Lupenbach zu der alten achteckigen Wassermühle mit Speicher. Ein wenig versteckt steht auch noch das dazugehörige Wohnhaus. Die Mühle wurde während des 2. Weltkrieges noch betrieben. 2004 begannen Aufräumungsarbeiten. Inzwischen sind in dem ehemaligen Pferdestall Ferienunterkünfte entstanden, das Wirtschaftshaus saniert.

Nach den 30jährigen Krieg hat es in Tressow eine Kapelle gegeben. 1662 wurde sie noch erwähnt.

Ulrichshusen

„Schloß" Ulrichshusen

Abseits der B 108 ist Ulrichshusen (früher Ulrichshausen) idyllisch am gleichnamigen See im Norden des Müritzkreises gelegen. Inmitten einer wunderschönen Landschaft steht das restaurierte „Schloss Ulrichshusen", eines der ältesten erhaltenen Herrenhäuser Mecklenburgs. Den Namen bekam der Ort durch Freiherrn Ulrich v. Maltzan aus dem Hause Grubenhagen.

Dieser ließ im Jahre 1562 die als Wasserburg konzipierte Anlage auf den Resten einer mittelalterlichen Burg errichten. Ihm gehörten außerdem die von seinem Vater 1458 vom Dom-Kapitel zu Güstrow erworbenen Güter Marxhagen und Lupendorf.

Das dreigeschossige Gebäude steht auf einem Festungswall und war einst von drei Seiten mit einem Graben umgeben. Es ist bis über das Erdgeschoss hinaus aus behauenen Quadern und weiter oben mit Ziegeln gebaut. Während des 30jährigen Krieges wurde die Burg 1624 belagert und brannte teilweise ab. Vermutlich wurde auch der Bergfried, ein viereckiger, frei stehender Turm im Inneren des Burgraums, zerstört. Die Schweifgiebel wurden beim Aufbau 1626 teilweise erneuert. Damals kam man über eine Zugbrücke in die Vorburg und weiter durch ein Torhaus in den Burgraum und noch weiter durch den Turmeingang an der Südseite ins Hauptgebäude. Der runde, viergeschossige Treppenturm hatte im Laufe der Zeit verschiedene Abschlüsse. Als Schmuck befanden sich an ihm drei Allianzwappen der von Maltzan.
Heute ist das Herrenhaus wieder von einem Stück Wallgraben umgeben, Halterungen an den Wänden erinnern an die Zugbrücke. Bisher ungeklärt blieb, ob es den unterirdischen Gang, der die Wasserburg mit der „wüsten Kirche" im 1 km entfernten Domherrenhagen (Papenhagen) verbunden haben soll, auch wirklich gab.

Bernd Ludolph Moltzan erbte Ulrichshusen und baute es nach dem Brand 1626 wieder auf. Da er mit Wallenstein sympathisierte, wurde ihm Landesverrat vorgeworfen und er bekam einen Landesverweis. Seine Söhne verpfändeten die Besitzungen einschließlich Marxhagen, Moltzow und Dahmen auf 30 Jahre an den schwedischen Oberst Carl D. Ruth. Dieser war im Regiment v. Baner, hatte eine deutsche Frau und war durch seine Verdienste zu Geld gekommen. Er blieb in Mecklenburg und bewirtschaftete das Gut. Nach Ruths Tod heiratete seine Tochter den Rittmeister Joachim Ehrenreich v. Arnim. Beide starben früh und es wurde G. Dietrich v. Schuckmann als Vormund der Kinder eingesetzt. Er verpachtete und verkaufte die Güter 1688 an Joh. Heinrich v. Erlenkamp. Dieser erhielt schon 1688 den Konsens zum Anlegen einer Glashütte, denn die Äcker um Ulrichshusen waren jahrelang nicht bewirtschaftet worden und standen voller Wald. Nach 1720 konnte Levin Joachim v. Moltzan Ulrichshusen zurück erwerben. Von 1730–1754 pachtete Joh. Friedr. Christof v. Schuckmann, Domherr des Stiftes Havelberg, Ulrichshusen mit den Vorwerken Moltzow und Marxhagen sowie dem Dorf Rambow. Verwalter von Ulrichshusen und Moltzow war Gustav Engel.

Die Familienlinie Ulrich v. Maltza(h)n starb 1722 aus. Zunächst erbten die Grubenhagener Moltzahn, später nach einem Vergleich 1822 die Maltzan auf Militsch (siehe Vollratsruhe) den Besitz. Rambow wurde von Ulrichshusen getrennt und Moltzow angeschlossen.

1840 erwarb Ulrichshusen Friedr. Wilh. Adolph Graf Hahn und in den 1930er Jahren dann Friedrich Graf Bassewitz-Schlitz. Dieser behielt es bis 1945.

Nach dem 2. Weltkrieg war das Herrenhaus erst Auffanglager für Flüchtlinge dann LPG-Küche und Verkaufsstelle. 1983 wurden erste Sicherungsarbeiten in Angriff genommen. In der Silvesternacht 1986/87 brannte das Haupthaus aus ungeklärter Ursache aus. Es war zu dieser Zeit bewohnt gewesen.

Ende 1992 wurde die Ruine von Helmuth und Ala v. Maltzahn gekauft. Sofort begannen sie mit der Erhaltung und Sanierung des Übriggebliebenen und machten sich an die Mammutaufgabe, das Haus wieder aufzubauen. Von der historischen Substanz des Haupthauses war nur noch wenig da, anders bei der Tordurchfahrt, dem Torhaus, Zwischengebäude und dem Turm. Ihm wurde an Stelle der letzten Etage eine Glasveranda aufgesetzt.

Bereits seit 1996 sind das Zwischengebäude und das Torhaus wieder bewohnbar. 1999 wurde das Dach des Haupthauses erneuert und 2000 war der Saal fertig. Seit 1999 wird das Haupthaus als Hotel genutzt. Inzwischen ist auch der Marstall restauriert. In ihm befindet sich eine Gaststätte.

Der Park, der noch einige alte Eichen besitzt, wurde wieder rekonstruiert. Die Zufahrtsstraße zum ehemaligen Verwaltungsgebäude konnte mit alten Pflastersteinen wieder aufgewertet werden. Auch der Ort besitzt noch eine alte Kopfsteinpflasterstraße, die von Bauernhäusern aus Backstein gesäumt wird.

Der Ort ist inzwischen als Spielstätte der Festspiele Mecklenburg-Vorpommern weltbekannt geworden. Die Konzerte, die seit 1997 in der großen Feldsteinscheune gegeben werden, erfreuen sich großer Beliebtheit.

Varchentin und Carolinenhof

Gutshaus in Varchentin

An der 1848 erbauten Straße von Plasten nach Stavenhagen liegt 16 km nordöstlich von Waren in sanften Hügeln der Endmoräne am gleichnamigen See Varchentin. Der Ort war eine slawische Siedlung. Im 14. Jh. hieß der Ort noch „Verghentyn".

Urkundlich wurde Varchentin erstmals 1333 erwähnt. Aus diesem Dokument geht hervor, dass die Siedlung eine Parochie war, zu der auch das Dorf Kraase gehörte. 1350 erwarb der Bürgermeister der Stadt Waren Nikolaus v. dem Berge Besitz und Rechte in Varchentin. Neben freien Bauern hatten auch die v. Brüsewitz und Scharf dort Eigentum. 1455 verpflichtete sich Heinrich Scharf vor dem Herzog, alle seine Güter an die Kruses (Stammverwandte der v. Holstein) abzutreten, wahrscheinlich weil er keine eigenen männlichen Erben hatte. Ab 1671 bekam die Familie v. Ferber Einfluss im Ort und 1693 wurde diese Familie alleiniger Besitzer von Varchentin. Herzog Friedrich Wilhelm bescheinigte der Familie im Lehnbrief, bei ausbleibenden männlichen Nachfahren den nächsten weiblichen einsetzen zu dürfen („Kunkellehn"). So kam das Gut 1752 an die Familie v. Klinggräff. 1806 erbten es wieder die v. Ferber und blieben bis 1836 Eigentümer des 1.800 ha großen Gutes. Dann verkauften sie es an den Hamburger Bankier Jenisch (Groß Varchow). Dieser ließ nicht nur das eindrucksvolle Ensemble aus Gutshaus und Park errichten, sondern auch eine Ziegelei. Seine Tochter erbte 1875 das Gut. Durch Heirat kam es in den Besitz der Grafen Grote. Während des 2. Weltkrieges war Otto Graf Grote Eigentümer des Gutes. Nach der Bodenreform wurde schon 1955 hier die LPG „Gute Hoffnung" gegründet.

1847 wurde das langgestreckte und durchgehend mit Zinnen bekrönte Herrenhaus vom Schweizer Baumeister Meuron im Stil der englischen Tudorgotik errichtet. Es ist ein asymmetrischer Bau. Dem dreigeschossigen Mitteltrakt sind zweigeschossige Seitenteile angegliedert. Durch die Hanglage ist der Mittelteil auf der Westseite sogar viergeschossig. Flankiert werden die Seitenteile von je einem quadratischen Turm. An der linken Seite der Vorderfront ist ein Seitenflügel angebaut, während an der Hinterfront ein mächtiger Turm die gesamte Anlage überragt. Am Mitteltrakt dieser Rückseite befinden sich eine offene Veranda und eine Terrasse. Eine Freitreppe führt in den Park hinab, der als Landschaftspark in der zweiten Hälfte des 19. Jhs. angelegt wurde. An seiner Gestaltung war der berühmte preußische Gartenarchitekt Joseph Peter Lenne beteiligt. Interessante Gruppierungen einheimischer Laubgehölze reichen bis an den Varchentiner See. 1895 wurde im Park ein Mausoleum aus Back-

steinen gebaut und mit Neorenaissancedekor aus Haustein verziert. Unterhalb des Dachreiters ist das Wappen der Familie Jenisch zu sehen.
Nach dem 2. Weltkrieg fanden 36 Familien im Gutshaus eine Unterkunft. Später wurden hier kulturelle und soziale Einrichtungen für das Dorf untergebracht. 1983 erwarb das Kombinat Forsttechnik das Ensemble und richtete ein Schulungszentrum ein. In den Kellerräumen war damals eine Gaststätte. Nach 1990 wurde das Haus zunächst als Landhotel genutzt, dann aber 1993 wieder verkauft. Der neue Besitzer tat nichts zur Erhaltung des Ensembles. Nach erneutem Verkauf 2002 ist wieder eine Stagnation eingetreten.

Die Grundsubstanz der Kirche stammt aus der 2. Hälfte des 13. Jhs. Es ist heute innen noch sichtbar, dass sie einmal als offene Ruine eine Zeit überdauert hatte. Das Langhaus besitzt eine flache Bretterdecke, soll aber früher gewölbt gewesen sein. Der schmale Chor hingegen ist mit einem Kreuzrippengewölbe geschlossen. Die Verbindung vom Chor zum breiteren Langhaus besteht aus zwei gotischen Bögen, die durch einen viereckigen Mittelpfeiler als Träger getrennt sind. Es wird angenommen, dass in der Mitte des Langhauses einmal ein zweiter Pfeiler stand, der dieses in zwei Schiffe (Frauen- und Männerseite) teilte.
Die Lichtöffnungen in der Chorostwand zeigen die bekannten Schlitzformen der Zeit des Übergangs vom romanischen zum gotischen Stil. Im 18. Jh. wurde der Chorgiebel in Fachwerk erneuert. Am Anfang des 19. Jhs. ist der vorgesetzte hölzerne Westturm neu aufgebaut worden und wenig später wurde auch die Einrichtung der Kirche erneuert. Zu dieser Zeit ist die Wolfsteller-Orgel (die größte von ihm in Mecklenburg) eingebaut und der Taufständer angefertigt worden. Der gusseiserne Taufständer lässt sich übrigens zum Anwärmen des Taufwassers heizen. Der Predigerstuhl der Kanzel ist wie in Kraase aufgemauert. Der hölzerne Schalldeckel stammt noch aus dem 17. Jh. und trägt das Ferbersche Wappen. Die Relieffiguren des Altars wurden um 1500 geschnitzt.
2002 wurde der Dachstuhl der Kirche und die Orgel restauriert.

Zum Gut gehörte die 3 km südlich gelegene Ziegelei und Meierei **Carolinenhof**. Das dortige Pächterhaus wurde neuzeitlich sehr verändert. Von den alten Strukturen zeugt nur noch eine Stallruine.
Auffallend schön ist an der Straße zwischen Waren und Stavenhagen die Kulisse der alten Mühle Beckenkrug mit dem Mühlenhaus.

Vielist und Klein Vielist

7 km nördlich von Waren liegt Vielist, früher auch Viltz geschrieben. Der Name könnte mit dem altslawischen Adjektiv velu = groß zusammenhängen. Einiges deutet darauf hin, dass der Ort als slawische Siedlung wirklich einmal eine größere Bedeutung hatte.

Die urkundliche Ersterwähnung geht auf den 8. November 1264 zurück. An jenem Tag verlieh Bischof Hermann von Schwerin Margaretha, der Gemahlin des Ritters Vredebern (v. Ketelhot), den Zehnten des Dorfes. Nicht eindeutig erwiesen ist, ob hier das ritterbürtige Geschlecht der Vielitz sesshaft war. Nachweislich zählte das Dorf zu Beginn des 16. Jhs. zu den vielen Besitzungen, die die Wangelin in der Gegend hatten, denn sie waren bevorzugte Vasallen der Fürsten. Joachim Wangelin erwarb 1593/94 die Fischereirechte auf der Reke bei Eldenburg und Vielist.

Im 30jährigen Krieg verfiel Vielist. 1629 befanden sich Anteile bereits im Konkurs. Es folgten Verpfändungen, so 1637 an Sabina Quitzow, der Witwe von Jürgen Wangelin. 1645 ging das Gut als Pfand an die Gebrüder Bülow (Harkensee und Plüschow). Aber immernoch blieben Nachfahren der Wangelin, nämlich die angeheirateten Familien Bonow und Warnstädt im Ort sesshaft. Doch allmählich begann die Familie v. Erlenkamp Besitz im Dorf zu erwerben und 1682 wurde Baron Hans v. Erlenkamp Eigentümer des ganzen Ortes. Vielist wurde Hauptgut der Familie und blieb bis 1761 in deren Händen. Die v. Erlenkamp ließen 1718 eine von Friedr. Gundlach betriebene Glashütte (Panschenhagen) errichten. Das Gut ging wahrscheinlich 1761 an einen Herrn v. Röpert, dessen Sohn Juliane Fried. v. Hahn heiratete und Vielist mit Klein Vielist nach 1776 an den Kriegsrat v. Meyenn verkaufte. Zu seiner Zeit wurden einige Bauern gelegt und nach Sommerstorf/Grabowhöfe umgesiedelt. 1896 ging das mit beiden Orten 1.720 ha große Allodialgut an Eduard Waldemar Weber über. 1912 kaufte es der Rittmeister Dominik v. Pescatore und wenig später Prof. Dr. Hasenkamp. 1921 war Karl Kalbaz Pächter. 1938 gehörte das Gut Vielist der Mecklenburgischen Landgesellschaft m.b.H. Auf Klein Vielist wohnten Nachkommen der Familie Hasenkamp.

In den 1970er und 80er Jahren verging der ehemalige Glashüttenstandort, später Meierei und Ziegelei **Klein Vielist**. Die Menschen zogen weg. Das Gutshaus aus Fachwerk wurde zur Ruine und schließlich abgerissen.

Zeichnung von H.-J. Hagemann

Das alte Herrenhaus von Vielist wurde schon Ende des 17. Jhs. auf einer mittelalterlichen Burgstelle gebaut. Dass der heutige Bau schon Vorgänger gehabt haben muss, verraten die Kellergewölbe. Noch bis Ende des 18. Jhs. war es von einem Wallgraben umgeben. Es ist ein einfacher Fachwerkbau auf einem Feldsteinfundament über 14 Achsen mit jeweils einem Mittelrisalit auf der Ost- und Westseite.

In diesem später als „Wirtschaftshaus" genutzten Gutshaus war die Gutsverwaltung untergebracht. Dort hatten der Inspektor und der Buchhalter ihre Wohnungen. Außerdem diente das Gebäude als Unterkunft für ledige Arbeitskräfte. Nach 1945 teilte das Gebäude das Schicksal aller Herrenhäuser. Es wurde zunächst von Flüchtlingen bewohnt, später kommunal genutzt. Bis 1998 wurde es bewohnt, z. Z. steht es noch leer. 2003 wurde das Haus verkauft. Der Besitzer wollte das alte Gebäude sensibel restaurieren. Bisher tat sich aber nichts.

In den 1920er Jahren wurde ein zweites Herrenhaus nahe der Straße gebaut. Es wird im Dorf „Villa" genannt.

Gutshaus in Vielist

Die Kirche zählt zu den ältesten Dorfkirchen Mecklenburgs und ist in ihrer herben Ursprünglichkeit weithin sichtbar. Sie wurde im 13. Jh. auf einem Feldsteinsockel aus Backsteinen erbaut. Die Kirche besitzt einen eingezogenen rechteckigen Chor und einen dazu quer gestellten rechteckigen Turm an der Westseite, der die ganze Breite einnimmt. Die Portale an der Südwand sowohl des Schiffes als auch des Chores wurden aus Granitquadern geschaffen. Im Osten der Chorwand fällt eine Blende mit gestaffelter Dreifenstergruppe und Reste eines Rundbogenfrieses ins Auge. Um 1566 fand eine Sanierung und damit auch eine Erneuerung nach dem Geschmack der Renaissance statt. Man versah den Bau mit einem Gratgewölbe, das im Schiff von einem zentralen Rundpfeiler getragen wird. Die Fenster wurden rundbogig erweitert. Es wird angenommen, dass im Zusammenhang mit den Restaurierungsarbeiten der Chorgiebel abgetragen und die Dachfirste niedriger gesetzt wurden. Um 1700 wurde der Turmaufsatz mit doppeltem Rautenfachwerk erneuert. Die auf der Nordseite der Kirche angesetzte Sakristei ist zur Zeit der v. Erlenkamp zu einer Grabkapelle umfunktioniert worden.

Aus dem Ende des 18. Jhs. stammt die Inneneinrichtung wie der Kanzelaltar, Logen und die Westempore.

Noch Anfang des 20. Jhs. verzeichnete Schlie drei Glocken im Turm, davon goss zwei Christian Meyer (Neustrelitz) 1789, die dritte schuf 1844 C. Illies in Waren. Heute ist nur noch eine Glocke von 1789 vorhanden. Wertvoll ist die eisenbeschlagene Tür zur Sakristei, die wahrscheinlich schon im 13./14. Jh. angefertigt worden ist. Die Kornquetschen könnten einmal als Weihwasserbecken gedient haben.

1992/93 wurde das Kirchenschiff restauriert. Sehenswert ist auch das 2001 bis 2003 sanierte Pfarrhaus gegenüber der Kirche, das Ende des 17. Jhs. erbaut wurde.

Vietzen

Vietzen liegt unmittelbar am Südende der Müritz. Auch diese Siedlung lag einst umschlossen von Wasser und Moor und ist slawischen Ursprungs. Es tauchten von 1298 bis 1470 die Namen Visene, Visne und Viezen auf. Übersetzt ins Deutsche würde der Ort vielleicht „Kirschenort" heißen.

1298 verlieh Fürst Nicolaus v. Werle den Johannitern von Mirow 10 Hufen in Vietzen. Im 14. Jh. wurden die Brusehaueren als Pfandbesitzer von 7 Hufen erwähnt und später Coneke Vriberg(he). Dieser Besitz wurde 1351 von den Johannitern gekauft, aber sofort an die Familie Rathmann zu Neu-Röbel abgegeben. 1352 bestätigte Fürst Bernhard v. Werle den Johannitern zu dem Besitz von 9 Hufen auch noch weitere 5 Hufen (ehemals Fam. Wesseke) und den Teich zu Vietzen (ehemals Konrad Vriberg). 1470 gehörte der ganze Ort dem Johanniterorden. Spätestens 1593 hatten diese in Vietzen einen Meierhof. Weiterhin bewirtschafteten 6 Bauern und ein Kossate die Länderein. Nach dem 30jährigen Krieg wurde dieser durch eine Schäferei erweitert. 1788 wurden 3 Bauern und ein Kossate zugunsten des Meierhofes gelegt.
1856 war Amtmann A. J. Siemsen Pächter des Domanialgutes. Von 1870 bis 1920 hieß die

Pächterfamilie über zwei Generationen Petersen. Danach bewirtschaftete das 555 ha große Gut Hans Wendlandt. Es existierten außerdem die ganze Zeit 6 Büdnereien und eine Häuslerei.

Vietzen bekam erst zwischen 1662 und 1686 eine Kirche. Sie gehörte zusammen mit Kotzow zu Gaarz. Die damalige Kirche war aus Fachwerk und hatte die Grundmaße 7,8 x 12,5 m. Im Süden war eine kleine Vorhalle. An der östlichen Giebelspitze war in der Wetterfahne die Jahreszahl 1723 zu lesen. Im Westen stand frei an der Kirche ein 8 m hoher Fachwerkturm mit dem Grundmaß von 4 x 4 m. Später wurde die-

ehemaliges Herrenhaus in Vietzen um 1920 (kleines Foto oben: Kirche um 1920)

ser außen mit Brettern verkleidet. Die Wetterfahne des Turms trug die Jahreszahl 1701. Die Fenster wurden 1895 gänzlich verändert.
Innen wurde die Balkendecke durch eine später eingezogene Mittelsäule gestützt. Die Deckenbalken waren mit Kopfbändern versehen. Altar und Kanzel zeigten Formen der Renaissance. Im Mittelfeld des Altars war eine Kreuzigungsgruppe zu sehen und auf einem Querbalken stand die Inschrift: RENOVATUM ANNO 1686.
Ferner flankierten 3 Gemälde aus dem 17. Jh. den Altar. Die Empore stammte ebenfalls aus dem Jahre 1686 und war mit Rankenmalerei versehen.
Deutsche Soldaten zerschossen beim Rückzug vor der sowjetischen Armee 1945 nicht nur die Brücke bei Vietzen, sondern auch die Kirche und den dahinterliegenden Gutshof samt Herrenhaus. Alles brannte ab. Auf den Grundmauern der Kirche wurde erst 1968 die heutige „Kirch-Baracke" als Gemeindezentrum gebaut. Bis dahin fanden die Gottesdienste in der Gaststätte „Kittelmann" statt.

Vietzen hatte eine Glocke, die 1887 aus der gesprungenen und durch den Brand in Alt Gaarz zerstörten Glocke umgegossen wurde.
Der heutige Glockenstuhl wurde schon 1947 errichtet. Die Glocke, die dann 50 Jahre lang hier läutete, war die übrig gebliebene von vier Glocken aus Rechlin. Sie war von Herrn Meyer aus Vipperow für 100 RM einem sowjetischen Soldaten abgekauft und in der Vipperower Kirche aufbewahrt worden. Sie ist aus dem 13. Jh. 1998 wurde sie mit drei neuen Glocken wieder nach Rechlin gebracht. Vietzen bekam dabei ebenfalls eine neue Glocke.

„Kirch-Baracke" in Vietzen

Vipperow

Vipperow ist wahrscheinlich aus dem altslawischen Wort „vepr" = Eber abgeleitet. Später erschien auch der Name „Vepro" und „Veprowe" in den Urkunden.

Vipperow wurde bereits 1178 urkundlich erwähnt. Das Land gehörte zum Bistum Havelberg. Damals war die Siedlung ein bedeutender Ort, nach dem ein ganzer Landstrich benannt wurde. Er war eine von drei wichtigen politischen Zentren des slawischen Stammes der Müritzer. Die Chronik verzeichnet, dass Vipperow ein großer Ort mit 49 Bauernhufen und Sitz einer Burg war. Verwaltungszentrum (Hauptburg) war der Burgwall, östlich von Vipperow in der kleinen Müritz gelegen. Doch bereits im 13. Jh. wurde die Bezeichnung „Land Vipperow" nicht mehr verwendet, denn die Burg Wenden in Wredenhagen hatte Vipperow an Bedeutung überflügelt. Im trockenen Jahr 2003 wurden an den Ufern des Burgwalls alte Palisaden sichtbar.
Im 14. Jh. gehörten Anteile im Dorf Fürst Bernhard und später zum Leibgedinge seiner Frau Elisabeth. Zu Beginn des 15. Jhs. übernahm die Familie v. Quitzow einen Teil und später einen weiteren Teil die Familie v. Knuth (Leizen). 1413 wurde dieser an B. v. Grambow verpfändet. Außerdem besaß das Kloster Amelungsborn (bei Braunschweig) seit 1291 eine Hufe. 1454 bekam die Probstei Röbel die sogenannten „Vipperowschen Pfarrhufen". Auch die Familie Hahn (Solzow) wurde 1474 Pächter von 7 Hufen und 4 Höfen. 1515 kaufte Henning v. Kerkberg (Krümmel) den Quitzowschen Anteil. Der Knuthsche Anteil ging erst 1732 an die Familie v. Ferber (Melz) über. Schon seit dem 16. Jh. war Vipperow überwiegend ein Dominaldorf und geprägt durch seine Bauernhäuser. Ab 1804 war dann das gesamte Dorf ein Domanium und gehörte zum Amt Wredenhagen.
Während des 30jährigen Krieges gaben von 26 Bauern 18 auf. 1908 hatte Vipperow 17 Erbpächter, 31 Büdner und 13 Häusler. Vorhanden waren eine Ziegelei, eine Schmiede und eine Windmühle. Nach 1945 fand hier keine Bodenreform statt. Vipperow wurde ein Staatsgut. 1953 kam es zur Bildung eines örtlichen landwirtschaftlichen Betriebs, der Vipperow fortan sehr prägte.

Das Pfarrhaus wurde 1639 niedergebrannt und erst um 1780 als eingeschossiger Fachwerkbau wieder errichtet. Zwischen 2000 und 2001 wurde es restauriert.

Pfarrhaus in Vipperow

Vipperow war schon immer die Mutterkirche von Priborn und Zielow und unter landesherrlichem Patronat.
Die Kirche stammt aus dem 13. Jh. und ist ein Feldsteinbau auf einem rechteckigen Grundriss. Die Einfassungen der Fenster und Portale sowie die oberen Teile beider Giebel bestehen aus Backstein. Der Ostgiebel ist blendengegliedert. Interessant ist im Osten ein spätromanisches „Dreieinigkeitsfenster". Alle Lichtöffnungen sind als Schlitzfenster mit gespitztem Bogenschluss gebaut. Einen Spitzbogenschluss besitzt auch die Portaleinfassung auf der Südseite. Die Nordsakristei besteht aus Feld- und Backsteinen und ist kreuzrippengewölbt. Ein Dachreiter auf der Westseite stammt aus dem 18. Jh., ist als Fachwerk ausgeführt und besitzt ein achtseitiges Pyramidendach.
Interessant ist der „Thorshammer", eine nur wenige Zentimeter große eingemeißelte Axt in der äußeren Nordostecke der Kirchenwand. Man nimmt an, dass mit diesem Symbol die Heiden für die Kirche gewonnen werden sollten. Fromm beschrieb 1864 in „Die Müritz" noch kleine schwarzblaue kuglige Töpfe, die im Mittelalter im Chor vermauert worden waren. Ihre Öffnungen zeigten „in das Innere der Kirche. Ihre Bedeutung ist unbekannt aber für Mecklenburg einmalig". 1959 wurde der Chor abgerissen. Damals war der Seiteneingang auf der Südseite noch begehbar. Heute ist er zugemauert und eine Gedenktafel für die Gefallenen des 1. Weltkrieges hängt dort. Bis zu dieser Zeit befand sich der Friedhof direkt an der Kirche, 1917 wurde ein neuer außerhalb angelegt.
Im Innern ist die Kirche mit einer flachen Decke versehen. Der Altaraufsatz mit Schnitzereien wie die Mondsichelmadonna, Engeln und Heiligen ist in der Zeit um 1500 entstanden, die Flügel waren verloren gegangen und wurden in den 1950er Jahren ersetzt. Die Vipperower Kirche besitzt eine umfangreiche Vasa sacra aus dem 15./ 16. Jh. und drei Taufschalen. 1984 wurden Weihekreuze einer Wandbemalung aus dem 14./15. Jh. freigelegt.
Schlie erwähnte zwei Glocken. Die größere wurde 1747 von C. D. Heintze gegossen und hat einen Durchmesser von 88 cm. Die zweite Glocke (76 cm) wurde 1838 von Hackenschmidt (Berlin) gebaut. Seit 1865 besitzt die Kirche ihre erste Orgel – gefertigt von Hermann Lütkemüller. Sie ist im guten Zustand und erfreut viele Besucher bei regelmäßigen Sommerkonzerten.

Die Kirche ist während der Sommermonate geöffnet. Durch das Dorf führt noch eine Kopfsteinpflasterstraße.

Vollrathsruhe

Im äußersten Nordwesten des Müritzkreises liegt an der 1863 erbauten Landstraße von Malchow nach Malchin das Dorf Vollratsruhe gleich neben Kirch Grubenhagen. Für den Ortsfremden scheinen beide Orte ohne sichtbare Trennung ein Dorf zu sein. Die Trennlinie bildet die 1886 errichtete Eisenbahntrasse Berlin-Rostock. Vollrathsruhe erhielt seinen Namen von Vollrath Levin II. v. Moltzan, der 1759 das Gut neu anlegen ließ.

Nach der deutschen Ostexpansion wurde die Geschichte des Landstrichs durch die Vasallen der Fürsten v. Werle bestimmt. Das waren im 13. und 14. Jh. zunächst die v. Grube. Nach dem Aussterben dieser Familie wurde 1364 das Geschlecht der v. Moltzan mit dem Gebiet belehnt. Die v. Moltzan mussten Teile ihres Besitzes zeitweilig veräußern, z. B. Vollrathsruhe mit Kirch Grubenhagen, Steinhagen und Hallalit zwischen 1828 und 1851 an Familie Heise. 1852 erwarb es der Landschaftsdirektor Karl v. Maltzahn. Dieser, 1797 in Ivenack geboren, hatte außerdem die Begüterung Sommersdorf am Kummerower See geerbt. Er war ein ausgezeichneter Wirtschaftler und baute dort ein bekanntes Gestüt auf. Er erwarb sich große Verdienste um die mecklenburgische Pferdezucht und wurde zum Landesgestütsdirektor von Redefin berufen. Er verkaufte die Begüterung Remplin an den Herzog von Mecklenburg-Strelitz und erwarb dafür den alten Familienbesitz in Vollrathsruhe zurück. Mit seinem Wirtschaftsverständnis und Aufbauwillen ließ er nicht nur die Wirtschaftsgebäude des Vollrathsruher Hofes massiv aus Granitsteinen erneuern, sondern auch die Wege zwischen den Dörfern mit Kopfsteinen pflastern. In Hallalit entstand eine Spiritusbrennerei. Auf seine Veranlassung wurden die gesprungenen Glocken in Kirch Grubenhagen umgegossen, der Friedhof erweitert und mit einer hohen Steinmauer umgeben. Er beauftragte Baurat Krüger (Schwerin), die

Gutshaus in Vollrathsruhe (Foto oben: Gutshaus um 1930)

Die Kapelle wurde 2008 restauriert

halbverfallene Kirche in Grubenhagen zu restaurieren. Bis auf 800 Taler, die die Gemeinde aufbrachte, übernahmen er und sein Verwandter in Groß Luckow die Kosten.

Sein jüngster, 1834 geborener Sohn Rudolf erbte nach dem Tod des Vaters 1868 den Besitz. Da er und sein Vetter Vollrath auf Dahmen/Rothenmoor knapp bei Kasse waren, reifte in ihnen die Idee, in Dahmen eine Zuckerfabrik zu bauen. Doch zunächst nahmen beide am Feldzug 1870/71 teil und lernten dort Oberst Hubert G. v. Tiele-Winckler kennen. Auch er war vom Projekt „Zuckerfabrik" begeistert und machte mit. Die drei gründeten eine Gesellschaft und begannen sofort mit dem Bau. So entstand auch eine Feldbahn für den Rübentransport von Vollrathsruhe nach Dahmen. Die Baukosten fielen aber höher als geplant aus. Es fehlte schließlich die nötige Finanzdeckung, und v. Tiele-Winckler musste für seine beiden Partner einspringen. Als Sicherheit verlangte er die käufliche Überlassung ihrer Güter. So erwarb 1877 v. Tiele-Winckler alten Maltzanschen Besitz. Die Zuckerfabrik blieb bis um die Jahrhundertwende in Betrieb.

Das 1920 erbaute „Schloss", hatte zwei Vorgängerbauten. Das erste, wahrscheinlich ein einfaches Gutshaus, wurde schon um 1800 durch einen 13-achsigen klassizistischen Bau ersetzt. Dieser brannte 1918 teilweise ab und wurde in heutiger Form wieder aufgebaut. Es ist ein zweigeschossiger Putzbau mit 13 Fensterachsen in neobarocken Formen und einem Mansarddach. Der Mittelrisalit ist dreiachsig und besitzt neben aufwendigen Fenstern einen Schweifgiebel mit Putzschmuck. An der östlichen Giebelseite ist eine niedrige Verbindung zu einem pavillonartigen Seitentrakt angebaut. Die Zufahrt zum Gutshaus wird durch einen Altan hervorgehoben. Auf der Parkseite trägt der sogar fünfachsige Altan im Mittelrisalit eine Terrasse mit Brüstung und Treppe. Weit hinten im Gutspark entstand zur gleichen Zeit eine kleine runde Kapelle.

Hans Werner Graf v. Tiele-Winckler war zu Beginn des 2. Weltkrieges Eigentümer des Lehngutes. Nach dem Krieg folgten Enteignung und Bodenreform. Auch für dieses Gutshaus hat es alle Nutzungsformen der Nachkriegszeit gegeben. Später wurde es als Kino und Kinderheim genutzt.

Nach 1990 wurde das Gutshaus mehrfach verkauft. Nun steht es zu zwei Dritteln leer. Im linken Flügel wird es noch bewohnt. Der Gutspark wurde nach 1995 saniert und ist schon wieder sehr zugewachsen. Eine alte Lindenallee führt um den heute ausgetrockneten Teich auf ein hinteres Tor zu. Hier stand einst das schmiedeeiserne Tor aus dem späten Rokoko, das heute die Eingangssituation zum Gutshaus in Alt Schwerin ziert.

Erwähnenswert ist ein Teil alter Mauer mit einem Stallrest der heute noch von der Freiwilligen Feuerwehr genutzt wird.

Besonders schön ist die mit alten Kastanien gesäumte Kopfsteinpflasterstraße nach Hallalit. Dort, nahe dem Quellgebiet der Westpeene, steht der von Karl v. Maltzahn erbaute längste Feldsteinkaten Deutschlands mit einer Länge von 104 m.

Walow und Strietfeld

7 km südlich von Malchow liegt Walow. Wie alle Ortsnamen die auf -ow enden, ist auch dieses Dorf vor der Germanisierung des Landes eine wendische Siedlung gewesen.

In einer Urkunde aus dem Jahre 1255 wird Walow erstmals erwähnt. Diesem Schriftstück zufolge legte Bischof Rudolf von Schwerin mit der Weihung der Kirche in Grüssow fest, dass u. a. auch Walow dieser Kirche zugeordnet wurde. Nach einer weiteren Urkunde von 1266 verlieh der genannte Bischof dem Magister Erpo aus Schwerin zwei Hufen in Walow als Austausch für eine Hufe in Rittermannshagen. Die anderen Besitzverhältnisse im Dorf wechselten neben- oder nacheinander sehr häufig. So auch die Namen Gerslav (Jaroslaus) v. Walow, Pritzbuer v. Kargow oder Dubislav v. Kelle. Zeitweilig war Walow auch Malchower Klosterbesitz. Danach tauchten die Namen Gerhard v. Berne, Marchorius und Hildebrand v. Lepzow, Thidericus Budde, Gebrüder v. Grambow sowie Konrad v. Havelberg auf. Sie alle verfügten im Dorf über Höfe, Hufen oder Mühlenrechte. Aber bereits 1384 erschien der Name Flotow als Hufenbesitzer und Inhaber des höchsten Gerichtes in Walow. Damit begann eine der längsten ununterbrochenen Gutsherrschaften im Lande. Noch 1938 be-

ehemaliges Gutshaus um 1870

stätigt das Staatshandbuch für Mecklenburg, dass die Erben Dietrich v. Flotow ihren Wohnsitz in Walow haben und Eigentümer des Lehngutes sind. Mit dem Einzug der Sowjetarmee 1945 wurde Frau Rittmeister v. Flotow zunächst auf das Teilgut nach Woldzegarten verbannt, schließlich durch die Bodenreform enteignet und ausgewiesen. Nach 1945 wurde das 1.143 ha große Gut an 92 Neubauern aufgeteilt.

Der alte Herrensitz stand am Dorfrand zur heutigen Straße nach Woldzegarten. Es war ein eingeschossiger Fachwerkbau über 13 Achsen mit einem herausgehobenen Mittelteil über

Gutshaus in Walow

zwei Etagen. Die Seitenflügel waren ebenfalls zweigeschossig. Das Dach war mit mehreren Gaupen ausgebaut. Das Haus wurde durch einen Brand vernichtet.
1870/71 wurde das neue Gutshaus in neogotischen Formen errichtet. Es ist ein imposanter zweigeschossiger Putzbau, bereichert durch Erker und aufwendigen Backsteindekor. Auch der Mittelrisalit ist als Erker ausgebildet und mit einem Dreiecksgiebel abgeschlossen, der ebenfalls mit Türmchen besonders geschmückt ist. Zu dieser Zeit wurde auch der Schloßgarten angelegt, von dem nur noch Reste vorhanden sind.
Leider hat das Gutshaus bis heute keine adäquate Nutzung gefunden und steht leer.

Das ehemalige Herrenhaus in Strietfeld

Wie oben erwähnt, war die Kirche in Walow schon im 13. Jh. Filialkirche von Grüssow. Bestätigt wird dies auch in einem Visitationsprotokoll von 1541. Wann sie eingegangen ist, ist nicht bekannt.

Die jetzige kleine Kirche in Fachwerkbauweise auf viereckigem Grund ist aus dem Jahr 1845. Sie wurde in den 1980er Jahren umfangreich saniert. Der Innenraum wurde mit einer flachen Holz- und Bretterdecke überspannt. Ein kleiner Dachreiter mit glockenförmig zugespitzter Haube ist an der Westseite des Firstes aufgesetzt. Dieser Turm besaß um die Jahrhundertwende zwei Glocken. Beide wurden 1894 von C. Oberg in Wismar gegossen.

Südöstlich, 3 km entfernt von Walow liegt **Strietfeld** malerisch am Kressinsee. 1834 wurde hier von Georg Dietrich v. Flotow das Vorwerk Strietfeld errichtet. Er ließ auf alten Grundmauern das Herrenhaus aus Backsteinen bauen. Fortan wohnte er auch hier. Nicht nur weil er sich am Kressinsee sehr gerne aufhielt, sondern auch weil er von seiner Frau getrennt lebte. Ihm blieben aber nur 4 Jahre, denn er starb schon 1838 in Strietfeld.
1945 wurde das Land an 15 Neubauern verteilt. 1969 hielt hier das Kinderferienlager des Wittstocker Obertrikotagenwerks „Ernst Lück" Einzug. Es wurde bis 1992 betrieben. Danach kaufte das Herrenhaus Familie Donst. Sie betreiben den gleichnamigen Bio-Hof mit 300 ha. Das verbaute Herrenhaus wurde saniert. Ferienwohnungen laden zum Urlaub auf dem Bauernhof ein. Die Walower Herren ließen mehrere Glashütten anlegen, darunter die Walower Hütte in der 2. Hälfte des 18. Jh. Der Flurname „Hüttenort" erinnert daran. Auch die Satower Hütten von 1812–1823 und 1832–1849.

Warenshof

Pächterhaus in Warenshof

Der Ort liegt 1 km nördlich von Waren. Es ist ein ehemaliger Nebenzollhof, der damals noch direkt an der Grenze der Panschenhägener Ländereien lag.

Erstmalig erwähnt wurde er 1786. 1836 wurde auf dem Boden des heutigen Warenshofs eine Meierei angelegt, die erst einmal „Neues Pachtgut vor dem Alten Tor" hieß. 1837 erhielt der Ort offiziell den Namen Warenshof. Der Hof wurde von der Stadt Waren verpachtet, zuerst 1836 an Rohloff, dann 1865 an Hermann Huth, 1870 an Hermann Mercker, 1874 an Heinrich Haekmann und 1882 an Hermann Regelin. 1899 wurde die Aufsiedlung erwogen. Doch erst 1904 kam es wirklich dazu.
1940, mitten im 2. Weltkrieg wurde hier eine Marineausbildungsstätte aufgebaut, die später als Marinelager weiter geführt wurde. Nach 1990 übernahm die Bundeswehr den Standort. Noch 1985 ließ die Sowjetarmee in Warenshof einen Atomraketenstandort errichten, der aber schon wieder 1987 mit viel Propaganda abgebaut wurde. Die Gebäude wurden für ein Ferienheim umgenutzt. Nach 1990 wurde hier zunächst noch gewohnt und ein Kindergarten überdauerte einige Jahre. Seit 2003 werden die Betonblöcke nach und nach abgerissen.

Das Pächterhaus wurde 1871 gebaut. Es ist ein eingeschossiger Backsteinbau über 11 Achsen auf einem Feldsteinfundament. Ein Walmdach schließt es ab.
Es wurde immer als Wohnraum genutzt. Auch heute wohnen dort zwei Familien. Es steht zum Verkauf.

Wendorf und Freidorf

Wendorf liegt ca. 3 km und das benachbarte Freidorf 5 km südlich der B192 auf Höhe des Ortes Möllenhagen. Beide sind dem Namen nach deutsche Siedlungen.

Freidorf wurde 1230 erstmalig urkundlich bei einer Aufzählung der Besitzungen des Klosters Broda erwähnt. Damals befand sich das Dorf noch 1 km nördlich dem heutigen. Es war bis 1500 sogar Kirchdorf.
Wendorf (früher Wentorpe) wurde 1312 das erste Mal in Dobbertin genannt. Dort bestätigte Fürst Nicolaus v. Werle die Zugehörigkeit des Ortes zum Kloster Broda.
Im Wendorfer Park finden sich Spuren einer Wehranlage in Form eines frühdeutschen Turmhügels aus dem 13. Jh. Deshalb kann angenommen werden, dass sich hier einst ein Ritter niedergelassen hatte.
Aus der Zeit der Reformation und des 30jährigen Krieges ist von Wendorf und Freidorf nichts überliefert. Die Geschichte beginnt erst wieder 1743, als Henning Leopold v. Oertzen das Gut Ankershagen mit Wendorf erwarb und hier einen Hof anlegte. Sein Sohn Sigismund v. Oertzen vergrößerte seine Güter, indem er Bauern in Ankershagen und Wendorf legen ließ. So wurde um 1790 Wendorf mit Freidorf zum Hauptgut und dabei von Ankershagen getrennt. 1797 wurden die Wendorfer Ländereien innerhalb der Familie v. Oertzen verkauft. 1821 war dann Friedr. v. Jasmund für ein Jahr Besitzer des Gutes. 1822 erwarb es Alfred Schuermann, der es 1835 an Ludwig W. v. Bülow verkaufte. Sein Sohn Karl. Friedr. Th. v. Bülow konnte das Gut in ein Allodium umwandeln. Zu seiner Zeit brannte es im Ort zweimal, 1870 und 1881. Immer brannte das ganze Dorf ab, so auch das Gutshaus mit allen Scheunen.

Das heutige Gutshaus in Wendorf wurde nach dem zweiten Brand 1881 in Anlehnung an den englischen Tudorstil errichtet. Es ist ein zweigeschossiger Putzbau mit einem asymmetrischen Risalit über einem Souterrain. Damals wurde auch der Park angelegt und eine Kastanienallee gepflanzt.
Die Familie von Bülow verkaufte das Gut 1910 an Ludwig Stein. Danach ging es 1930 an Heiner Predel, 1914 an Rudolf Pohl und 1917 an Albert Koppel (Rostock). 1932 war der Rechtsanwalt Dr. Heinke Besitzer von Wendorf, der mit dem Pächter K. Henning v. Barsewisch auf Grund der schlechten Wirtschaftslage die Siedlungsggesellschaft „Hof und Hufe" gründete. Wendorf wurde aufgesiedelt. Das Gutshaus mit Park und 75 ha Ackerland mit Wald bildete das Restgut und blieb in Besitz von Dr. Heincke bis 1935. In diesem Jahr erwarb der Berliner Kunstmaler Wendt Haus und Park. Er wurde von den Nazis enteignet und 1940 war der Kreis Waren in Besitz des Gutshauses. Von 1940 bis 1943 waren hier Mädchen des Reichsarbeitsdienstes untergebracht.
Danach wurde es als Lazarett genutzt. Zu dieser Zeit ist auch der Friedhof angelegt worden. Nach dem Krieg wohnten 180 Flüchtlinge im Gutshaus und im Ort. Eine Bodenreform war in Wendorf/Freidorf nicht nötig, da das Land bereits aufgesiedet war. Das „Schloss" wurde bis 1978 von 12 Familien bewohnt. Außerdem waren zwei Kulturräume, ein Jugendraum, die Poststelle und das Gemeindebüro dort untergebracht. 1985 wurde mit der Restaurierung des Gebäudes begonnen, die aber nicht abgeschlossen werden konnte. Seit dem stand der Bau leer. 1991 erwarb die Gefährdetenhilfe Waren e.V. das heruntergekommene Gutshaus zum symbolischen Preis von 1 DM. In zäher Arbeit ist es in den heutigen Zustand versetzt und 1994 eingeweiht worden. Heute wohnen hier zwei Familien, die sich um die Eingliederung straffällig gewordener Jugendliche in der Gesellschaft kümmern.
1996 bis 1998 wurde der nach englischem Vorbild angelegte Park und die historische Grabanlage der v. Bülow rekonstruiert.

Das „Gutshaus" in **Freidorf** war sicher ein Verwalterhaus des Vorwerks, denn es gehörte mit zu Wendorf und war nie eigenständig. Es ist ursprünglich ein Fachwerkbau auf einem Feldsteinfundament. Das Besondere ist der aus Findlingen gebaute Keller. Ihn überspannt ein Tonnengewölbe aus Backstein. Früher ging direkt am Haus die Schmalspurbahn von Klockow nach Möllenhagen vorbei. 1848 wurde als Inspektor ein Herr Weltzin erwähnt. Nach der Aufsiedlung in den 1930er Jahren wohnten hier Bauern. Später, nach Gründung der LPG, waren im Verwalterhaus Mitgliedswohnungen. 1991 konnte Herr Paradies das Grundstück erwerben. Seit dem wird es als Schulbauernhof betrieben.

Gutshaus in Wendorf

Verwalterhaus in Freidorf

Wildkuhl

Das Gutshaus in Wildkuhl um 1910

Wildkuhl liegt etwa 10 km südwestlich von Röbel abseits der Bundesstraße und wie der Name sagt, in einer Kuhle tiefer gelegen als seine Umgebung. Früher gab es nur den Flurnamen Wiltkule, der soviel bedeutet wie wilt=Wild und kule=Grube, Vertiefung.

Der kleine Ort war alter Flotower Besitz. Schon 1477 wurde die Familie hier erwähnt. 1516 muss auch bereits die Familie Grambow hier ansässig gewesen sein. 1576 war Wildkuhl in Besitz der Gebrüder Hans, Christoph und Eckard Grambow. 1609 kam dieser an Jürgen v. Kosboth. Das Dorf fiel während des 30jährigen Krieges wüst und wurde erst allmählich wieder besiedelt. 1692 gehörte es den v. Erlenkamps (Bollewick, Dambeck, Spitzkuhn) und 1695 der Familie v. Knuth (Ludorf). Später war es wieder im Besitz der Familie v. Flotow. So gehörte es 1789 und 1794 Adolph Albrecht Wilh. v. Flotow. 1864 besaß es Gustav v. Storch. 1883 erwarb es die Familie Neckel (Sparow). 1899 waren die Gebrüder Werner, Otto, Friedr. und Hans Neckel Eigentümer des 408 ha großen Lehngutes. In diesem Jahr soll es bereits wieder verkauft worden sein. 1921 war es ein Allodialgut und in den Händen von Hauptmann a. D. Friedrich Meyer. Anfang der 1930er Jahre ist das Land um Wildkuhl aufgesiedelt worden. Seit 1945 wohnte und arbeitete ein Fräulein Domröse, Flüchtling aus Danzig, im Gutshaus. Sie rettete durch ihr Engagement das Gebäude, das abgerissen werden sollte. Dann stand das Haus einige Jahre leer, bis sich 1993 zwei Familien mit einer Lebens- und Arbeitsgemeinschaft mit landwirtschaftlichem Hintergrund niederließen. Die ersten Heimbewohner für betreutes Wohnen zogen 1995 nach Wildkuhl. 1997 wurden Wohncontainer aufgebaut und das Gutshaus leergezogen, damit mit der gründlichen Sanierung begonnen werden konnte. 2001 wurde dann mit dem Bau des Wohngruppenhauses für 15 Personen begonnen, das 2002 fertig gestellt wurde. Heute leben und arbeiten 15 zu Betreuende und 12 Mitarbeiter in Wildkuhl.

Das Gutshaus wurde 1726/27 gebaut und steht, wie auch der angrenzende kleine Park heute, unter Denkmalschutz. Der eingeschossige Fachwerkbau aus Eiche und roten Backsteinen über neun Achsen ist damit eines der ältesten Gutshäuser in der Müritzregion. Im Innern ist das Gebäude durch ein Kieferfach-

Das restaurierte Gutshaus in Wildkuhl

werk unterteilt. 1790 wurde an der westlichen Seite ein Anbau an das Haupthaus angesetzt. Auch an der östlichen Seite befand sich ein Anbau, der im Zuge der Sanierung des Haupthauses 2001 abgerissen werden musste. Das Außenfachwerk und das Dach sind inzwischen erneuert worden. 2003 konnte mit dem Innenausbau begonnen werden.
Eine ca. 350 Jahre alte Eiche dominiert den Innenhof des Gutshauses. Der angrenzende Park wurde ebenfalls saniert. Er wird nach einer historischen Studie wieder bepflanzt. Auch ein Bach wird wieder aktiviert, der früher einmal durch den Park floss.
Vom alten Gutshof ist noch ein alter Stall vorhanden. Er wird landwirtschaftlich genutzt.

In Wildkuhl stehen entlang der alten Kopfsteinpflasterstraße mehrere gut erhaltene Bauerngehöfte aus den 1930er Jahren (Aufsiedelung) mit ihrer typischen Form aus Wohn-, Stall und Scheunenteil.

Woldzegarten

Woldzegarten liegt ca. 16 km nordwestlich von Röbel, malerisch eingebettet zwischen eiszeitlichen Höhenrücken und sumpfigen Niederungen am Tangahn-See. Der Name kommt aus dem Slawischen und bedeutet soviel wie „die Burg am Waldsee". Woldzegarten liegt sogar zwischen zwei Seen und war damit immer schwer zugänglich und gut zu verteidigen. Reste eines alten slawischen Burgwalls sind vorhanden.

1477 übernahm Andreas v. Flotow die Ländereien um Woldzegarten. Seine Familie hatte im nahe gelegenen Sumpfgebiet von Stuer eine burgartige Befestigung als Stammsitz gebaut. Bis 1945 war die weit verzweigte Familie v. Flotow ununterbrochen Besitzer des Gutes Woldzegarten. Im 30jährigen Krieg mußte die Witwe Anna v. Flotow den Woldzegartschen Besitz verpfänden. 1736 kam das Gut an Adam Ernst v. Flotow (Kogel). 1794 erbte Georg Dietrich v. Flotow noch zu Lebzeiten seines Vaters Adam Philipp M. dieses Gut zusammen mit Walow und Grüssow. 1899 besaß Hans Dietr. E. Adam A. K. v. Flotow Woldzegarten. Das Gut gehörte zum ritterschaftlichen Amt Lübz. 1921 war Hans v. Flotow Besitzer und Herr Kasten Pächter des 780 ha großen Lehngutes. Zu dieser Zeit gab es eine Lorenbahn zur Bahnstrecke Ganzlin-Röbel. 1936 starb Hans v. Flotow. Da sein Sohn erst 4 Jahre alt war, übergab seine Mutter die Verwaltung an Herrn Wichmann, der schon länger auf dem Gut gearbeitet hatte. Sie selbst wohnte in Walow. 1945 wurde Frau v. Flotow vom sowjetischen Militär nach Woldzegarten verbannt und später ganz außer Landes verwiesen. Herr Wichmann wurde verschleppt und starb im Lager „Fünf Eichen" (bei Neubrandenburg).

Die Kellergewölbe des Herrenhauses sind viel älter als das heutige Gutshaus und wahrscheinlich auch älter als der Vorgängerbau. Es ist anzunehmen, dass sie zu einer Anlage aus dem 15. Jh. gehören. Bei den Restaurierungsarbeiten soll ein unterirdischer Fluchtweg aus dieser Zeit in Richtung Tangahn-See entdeckt worden sein.

1738 brannte das Gutshaus ab. Die Familie v. Flotow ließ auf dem Feldsteinfundament das

Gutshaus in Woldzegarten

Scheune und Kornspeicher in Woldzegarten

heutige Fachwerkgebäude über 11 Achsen aufbauen. Ein dreiachsiger Mittelrisalit schmückt die Vorderfront des Hauses. Auf der Rückseite ist es bei Reparaturarbeiten in der DDR-Zeit verputzt worden, sein vorgezogener Mittelrisalit ist aber mit Fachwerk ausgeführt und das Walmdach jetzt ausgebaut.
Nach 1945 wurden kommunale Einrichtungen, wie z. B. das Gemeindebüro, der Kindergarten und ein Konsum im Gutshaus untergebracht. Auch Wohnungen für Flüchtlinge wurden integriert.
Nach 1990 verfiel der Gutshof zunehmend. 1996 konnte das Ensemble durch den Arzt Wolfgang Droll (Berlin) erworben werden. Nach einer Entkernung wurde das Gutshaus mit authentischen Materialien denkmalsgerecht aufgebaut und hat damit seine ursprüngliche Ausstrahlung wieder erhalten.
Heute ist es durch die gelungene Restaurierung und seine ruhige Lage ein beliebtes Hotel und Ausflugsziel. Das Gutshaus beherbergt zusammen mit dem holzverkleideten Anbau (Ostseite) 20 Gästezimmer sowie ein Schwimmbad mit Fitnessbereich.

Zum Gutsensemble gehört eine große Scheune, deren Erdgeschoss auch noch zu DDR-Zeiten als Viehstall genutzt wurde. Darüber befindet sich ein riesiger Boden für Heu und Stroh sowie ein dreistöckiger Kornspeicher. Diese Scheune ist mit ihren 900 m^2 nicht nur eine der größten in Mecklenburg, ihr Heuboden auch ein Zeugnis für traditionelle „Zimmermannsgotik". Er wurde 1999/2000 unter sorgfältiger Erhaltung seiner ursprünglichen Struktur zu einem bis 600 Personen fassenden Konzert- und Veranstaltungsraum umgebaut. Jährlich finden hier neben sinfonischen Konzerten und Opernaufführungen auch Musikwettbewerbe statt. Die obere Etage des Kornspeichers ist für Seminare und Workshops ausgebaut.

Wredenhagen mit Neuhof und Mönchshof

15 km südlich von Röbel liegt Wredenhagen, vom Namen her ein Rodungsort. Hier an der Elde war die „Neue Burg Werle", ein wichtiges Verteidigungsbauwerk im Grenzland zu Brandenburg, von dem aus die Fürsten das Land regierten.

Urkundlich wird Wredenhagen 1284 als Unterzeichnungsort „Novum Castrum Wenden" (Neuburg-Wenden) erstmalig erwähnt. In der Urkunde verpfändete Fürst Nicolaus II. v. Werle eine Mühle zu Plau. Als Vasallen wurden die v. Pritzbuer sowie ein Ritter Bruno als Burgmänner erwähnt. Aber 1316 war die Burg und das Land ringsherum bei einem Eroberungsfeldzug der brandenburgischen Markgrafen Waldemar und Johann eingenommen worden und diese hatten ihre Vasallen v. Reder und v. Kröcher als Burgmänner eingesetzt. Daraufhin schlossen sich die norddeutschen Fürsten mit dem dänischen König zusammen und im Sommer des selben Jahres kam es in der Nähe von Gransee zu einem Gefecht, das die Mecklenburger für sich entscheiden konnten.

Aber dennoch gingen die Fürsten v. Werle leer aus, denn Wredenhagen war an den Fürsten Heinrich v. Schwerin gegangen. Doch nicht lange, denn 1329 waren die Fürsten v. Werle wieder auf der Burg sesshaft. 1362 verpfändete Bernhard v. Werle das Land Röbel an den Herzog Albrecht v. Mecklenburg und schloss damit Frieden. Ein Teil von Röbel und die Burg Wredenhagen waren da schon an die v. Flotow (Stuer) verpfändet. Der Besitz in Wredenhagen ging dann durch viele Hände. 1384 hatte Eckhard v. Dewitz und 1391 die v. Grambow Pfandrechte hier. 1438 gelangten auch die Herzöge von Mecklenburg-Stargard zu Eigentumsrechten. Als die Linie ausstarb, bekam 1463 ihr Vasalle Heinr. v. Ketelhodt einen vor der Burg gelegenen Hof. 1505 konnte Dietrich v. Bevernest für kurze Zeit die

Kirche in Wredenhagen

Burgschule in Wredenhagen

Rechte übernehmen. Ihm folgten 1514 Nikolaus v. Prentz, 1530 Hans Falke, 1539 Johann Andresen und Asmus Schröder, 1571 Herzog Karl selbst und nach ihm 1586 Herzog Ulrich. Danach hörte Wredenhagen auf, ein Fürstensitz zu sein. Bis zum 30jährigen Krieg gab es 12 freie Bauern. Nach dem Krieg wurden die übrig Gebliebenen gelegt.
Auf der Burg folgten dann eine ganze Reihe von Verpfändungen und Folgeverpachtungen, so 1673 an Herrn Sprechel, darauf an Graf Bielke, 1712 an Kammerrat Joachim Heinrich v. Brandt. Seine Familie wirtschaftete bis 1770 in Wredenhagen. Sie bauten den Burgsitz zu einem Wirtschafthof mit Scheunen und Stallungen aus. Es blieb aber bis 1918 in herzoglichem Besitz und war dem zufolge eine Domäne. 1846 war E. A. v. Lücken Pächter. Er ließ eine Brennerei bauen. Sein Sohn, Prof. Gottfried v. Lücken, war ein bekannter Archäologe in Mecklenburg. 1899 war ein Julius v. Schmidt Amtmann auf Wredenhagen und Anfang des 20. Jhs. ein v. Thiesenhusen genannt.
In den 1930er Jahren wurde die Feldmark Wredenhagens aufgesiedelt. Es entstanden 16 Erbhöfe, 37 Büdnereien und 48 Häuslereien. Mönchshof und Hinrichshof blieben Landgüter.

Hinrichshof besteht heute immer noch aus dem Pächterhaus und drei Ställen. Das eingeschossige, 9-achsige Wohnhaus mit Walmdach ist sehr verbaut.

Mönchshof, direkt am See gelegen, gehörte erst zu Kieve, seit dem 19. Jh. zu Wredenhagen und besitzt kein Pächterhaus mehr. Dieses wurde in den 1970er Jahren abgerissen und die Steine zum Bau von Eigenheimen genutzt. Nur noch zwei große Scheunen sind Zeugen des ehemaligen Hofes.

Die Burg Wredenhagen ist nie zerstört worden und existierte schon in der zweiten Hälfte des 13. Jhs. Der Burgberg, die Umfassungsmauer und der Burgfried sind gut erhalten und sind ein einzigartiges Baudenkmal im Müritzgebiet. Der Berg ist künstlich erhöht worden und misst 100 m im Durchmesser. Das Torhaus, der ursprüngliche Zugang mit nicht mehr vorhandener Wippbrücke, ist das älteste erhaltene Gebäude der Anlage.
Bereits im 19. Jh. gab es in Wredenhagen eine Schule. Seit der Aufsiedlung in den 1930er Jahren beherbergt die Burg die Schule, die nach 1945 zur zehnklassigen polytechnischen Oberschule erweitert wurde. Auch heute werden hier immer noch Kinder unterrichtet.

Seit 1991 wird das Burgensemble nach denkmalpflegerischen Gesichtspunkten restauriert. Für den 1995 gegründeten Burgverein steht die kulturelle Wiederbelebung der Anlage im Mittelpunkt. Heimatstube, Museum, Schuhmacherwerkstatt und Falknervorstellungen lassen das Burgleben nachempfinden.
Die alte Brennerei in Wredenhagen, die in den 1960er Jahren saniert wurde, produziert noch heute.

Baulichkeiten im Torhaus der Burg weisen darauf hin, dass sich einst in seinem Obergeschoss eine Kapelle befunden hat.
1568/71 ließ Herzog Karl unterhalb der Burg auf einer kleinen Anhöhe eine Kirche bauen. Sie hatte einen Fachwerkturm mit sehr spitzer Haube. Leider wurde sie 1780 durch ein Feuer, das fast ganz Wredenhagen zerstörte, niedergebrannt. Erst 1802 konnte auf den alten Resten die heutige Kirche errichtet werden. Sie war verputzt und Ihr Turm hatte eine niedrige Holzschindeleindeckung, die bei einem nächsten Brand Feuer fing. Zum Glück blieb es bei diesem Turmbrand. 1892 wurde der Turm in seiner ursprünglichen Form im Stil des klassizistischen Zopfbaues erneuert und bekam eine Uhr, die auch heute noch funktioniert.
Im Innern hat die Kirche eine flache Decke. Die Vasa sacra stammt größtenteils aus dem 17. und 18. Jh. Seit 1860 verfügt die Kirche über eine Lütkemüllerorgel. Im Jahr 1999 konnte sie restauriert werden.
Die Kirche besaß zwei 1890 gegossene Glocken von Voss (Stettin). Eine ist noch vorhanden.
1984 feierte das Dorf die 700. Wiederkehr der urkundlichen Ersterwähnung. Aus diesem Anlass wurde die Kirche neu verputzt und die Fenster im Turm erneuert. Der Bauzustand verschlechterte sich aber wieder. 1999 wurde die Kirche baupolizeilich gesperrt. Unter der Leitung der Pastorin Seufert wurde eine Initiative gegründet, die den völligen Verfall der Kirche stoppte. Inzwischen ist diese mit vielen Spenden wieder hergerichtet worden. 2002 wurde hier das 200jährige Bestehen der Kirche gefeiert. 2004 wurde die Kirche erneut eingerüstet und verputzt.

Neuhof liegt 3 km westlich von Wredenhagen in einem tiefen Grund und wurde als Pachthof angelegt. 1899 wurden die 452 ha von Wilhelm Kühn bewirtschaftet.
Das Pächterhaus ist ein einfacher, eingeschossiger Fachwerkbau. Die ursprüngliche Schilfeindeckung musste zu DDR-Zeiten einem Wellasbestdach weichen. Ein alter Feldsteinstall ist noch vorhanden.
Nach 1990 wurde der ehemalige Hof privat gekauft und das Pächterhaus restauriert.

Pächterhaus in Neuhof

Wustrow

Gutshaus in Wustrow

Wustrow liegt 9 km südöstlich von Penzlin nahe des Südendes des Tollensesees. Hier gibt es sehr viele Zeugnisse menschlicher Besiedelung seit dem Ende der Eiszeit. Im 15. /16. Jh. war Wustrow verkehrsstrategisch ein wichtiger Punkt auf dem Handelsweg um die Lieps. Auch die Slawen haben die günstige Lage zwischen Tollensesee und Lieps bevorzugt. Hier soll die Hauptburg der Redarier gestanden haben, die 1125 zerstört wurde. Bei umfangreichen Grabungen östlich der Lieps 1904, 1969, 1972 und 1989 wurden viele slawische Siedlungsplätze, eine Brücke zur Fischerinsel, eine Toranlage und ein slawisches Gräberfeld mit vielen Beigaben sowie diverse Tierknochen aus jener Zeit gefunden. So kann heute mit einiger Sicherheit angenommen werden, dass die Gegend um die Lieps ein bedeutender Ort des slawischen Adels gewesen war.

Wustrow gehörte am Anfang des 15. Jhs. zu den Gütern Penzlins und wurde schon früh in diesem Zusammenhang genannt. 1414 wurden die Maltzans Pfandherren der ausgedehnten Güter. Wustrow ist sicher oft verpachtet gewesen. 1501 wurde Bernd v. Maltzan mit den Gütern belehnt. Wustrow wurde unter weiteren 12 Dörfern aufgezählt. Der Besitz wurde 1517 noch einmal um 11 Dörfer erweitert. 1604 erhielt Bernd Lüdeke v. Maltzan das verschuldete Gut Wustrow. 1619 verließ er es und zog nach Penzlin. 1629 ging Wustrow im Konkursverfahren an seine Gläubiger. 1734 wollte es Otto Julius v. Maltzan einlösen. Es war durch Erbschaft an die Gräfin Münnich (geb. v. Moltzahn) gekommen. Der Versuch scheiterte. Erst 1766 gelang es Joseph v. Maltzan, Wustrow erst zum Teil und dann ganz einzulösen. Er ließ hier eine Wachskerzenfabrik bauen und hatte damit auf Grund seiner Beziehungen zu den Herzoghäusern Schwerin und Mecklenburg-Strelitz großen Erfolg.1859 gehörte Wustrow zu Krukow. Adolf Ferdinand v. Maltzan (Krukow) hatte seine Miterben ausgezahlt. Wustrow kam durch Teilung 1914 an Ulrich v. Maltzan. Er verpachtete zunächst das Gut. Nach 1918 bewirtschaftete er es selbst. Dann ging er fast in Konkurs und verkaufte Wustrow 1930 an F. Kutschke. 1945 wurde es mit der Bodenreform aufgesiedelt.

In Wustrow hat es eine Ziegelei gegeben. Die Steine für die Alt Rehser Kirche stammen teilweise von dort.

Zu DDR-Zeiten entwickelte sich Wustrow zu einem Bungalow-Dorf.

Das Herrenhaus dort ist ein eingeschossiger Fachwerkbau mit Walmdach über 10 Achsen. Es muß um 1800 gebaut worden sein. Das Fachwerk ist aus Eiche. Die Keller im Haus sind auch hier älter. Ein Backofen ist innen erhalten. Zwei Anbauten sind neueren Datums. 1992 wurde es verkauft und ist inzwischen saniert.

Zahren

Gutshaus in Zahren (Foto: Ulrich Meßner)

Zahren liegt weitab vom Verkehrslärm ca. 7 km südwestlich von Penzlin. Der Ortsname dürfte slawischen Ursprungs und könnte von czarny = schwarz abgeleitet sein.

Beurkundet ist, dass Fürst Nikolaus I. v. Werle 1274 nicht nur die Ritter Bernhard und Heinrich v. Peccatel, sondern auch seinen Vasallen Ritter v. Raven mit Anteilen im Dorf belehnte. Auch die Familie der Bardenfleth (Clausdorf) hatten hier im 15. Jh. Besitzungen.
Zahren ist nie lange im Besitz einer Familie gewesen. Außerdem gab es bis 1826 eigenständige Bauern im Dorf. 1519 kamen die v. Holstein in den Besitz von Zahren. Henning II. v. Holstein hatte 1565 seinen Vetter v. Peccatel erstochen. Ihm sollte zur Strafe das Gut Zahren entzogen werden. Aber er kaufte sich mit 800 Talern vom Mord frei und behielt Zahren. Von 1621 bis 1649 mussten die v. Holstein das Dorf verpfänden, erst an Preene dann an Klaus Hahn. Die v. Holstein erwarben es aber zurück. Durch Heirat kam es 1668 an den Hauptmann Henning v. Heydebreck. (Heidebrecht). 1685 wurde das Gut an die Familie v. Erlenkamp (Ulrichshusen) verkauft. Diese ließ Zahren zum Allodialgut erheben. 1715 ging die Begüterung an die Gebrüder v. Hacke (Passentin), 1722 erstand Hauptmann Otto Sigismund v. Behr das Gut. 1734 heiratete die Witwe Anna Elisabeth v. Behr Jacob Friedr. v. Zieten, der 1745 starb. Erwähnenswert ist, dass unter dem Regime der Witwe 1753 ein Schulhaus gebaut wurde. Damit war Zahren das erste ritterliche Gut, dass vor 1780 eine Schule besaß. Der Sohn Conrad v. Zieten übernahm 1757 den Besitz. Er ging in Konkurs und musste das Gut 1782 an Adolf Friedr. v. Oertzen (Groß Vielen) abgeben. Von 1810 bis 1836 war Zahren verpachtet. Dann erwarb es Karl August v. Arenstorff. Seine Familie blieb bis 1945 Eigentümer des Allodialgutes, letzter Besitzer war H. Henning v. Arenstorff.

Das Gutshaus wurde schon um 1750 als ein über einem Sockelgeschoss eingeschossiger Putzbau errichtet. Der Mittelrisalit zur Hofseite ist zweigeschossig und mit einem wappengeschmückten Lünettengiebel versehen. An der Parkseite hingegen wurde dem Gebäude mit Mansardendach nur ein Dreiecksgiebel vorgesetzt.

Mit Bodenreform und Enteignung 1945 ging das Gutshaus in die Rechtsträgerschaft der Gemeinde und diente als Wohnunterkunft sowie kommunalen Zwecken.
1991 kaufte es der „Blaue Kreuz e.V." und restaurierte das Haus umfangreich. Der Verein widmet sich der Rehabilitation von suchtkranken Menschen.
Sehr schön ist die alte Kopfsteinpflasterstraße im Ort.

Die Zahrener Kirche ist ein kleiner turmloser Feldsteinbau aus dem 13. Jh. An der Südseite des Chores, dort wo in einem vorgeschobenen Mauerkern die Priesterpforte eingearbeitet wurde, sind frühgotische Stilelemente erkennbar. Etwas jünger sind die Blenden des Ostgiebels oberhalb des glatt abschließenden Chores. Beachtlich sind die großen Ziegel, die im Portal des Langhauses, an den Fenstern und an der Priesterpforte vermauert sind. Auf der Nordseite des Chores gab es eine kleine Sakristei. Reste von deren Fußboden sind noch unter der Erde zu finden.

Im Inneren ist eine flache Holzdecke. Ein schwerer Triumphbogen trennt das Langhaus vom Chor, der mit einem Kreuzgewölbe geschlossen ist und dessen Rippen auf Eckpilastern sitzen. Über der Priesterpforte östlich ist eine kleine Nische für ein Heiligenbild betrachtenswert. Darunter befindet sich eine Granitkornquetsche, die einmal als Weihwasserbecken gedient haben könnte. Der barocke Altar ist aus dem Jahre 1705. Seine Bilder sind etwas jünger (nach 1722) und bei der umfassenden Kirchenrenovierung 1857 überholt worden. Aus der Zeit um 1700 sind auch die beiden kleinen Zinnwappen. Bei Sanierungsarbeiten im Jahre 1902 wurde die westliche Giebelwand mit Portalvorhalle und der östliche Schiffsgiebel erneuert, die Fenster wurden verändert.
Die Glocke von 1706 ist nicht mehr vorhanden. In dem Glockenstuhl auf dem Friedhof hängt eine von v. Arenstorff 1862 gestiftete und von C. Illies (Waren) 1863 gegossene Glocke. Die Inschrift lautet: „Ehre sei Gott in der Höhe und Frieden auf Erden und den Menschen ein Wohlgefallen".

Kirche in Zahren

Zartwitz

Zartwitz und Zartwitzer Hütte liegen sehr einsam inmitten der Wälder des Müritz-Nationalparks östlich des Woterfitzsees. Im 14. Jh. wurde Zartwitz Czartevisse und im 16. Jh. Zarteviz geschrieben.

Zuerst tauchte der Name 1374 auf, als Jacob Zartwitz den v. Kerkberg (Krümmel) 3 Hufen in Rechlin verkaufte. 1578 wurde als Dorfschulze Claus Gartz genannt. Im 16. Jh. befanden sich in Zartwitz 10 Bauern und 3 Kossaten. 1654 gab es außer dem Schulzen nur noch 2 Bauern und einen Kossaten. Besitzer des Lehns war 1643 bereits in der dritten Generation Caspar Vierke. Sein Name tauchte aber 1654 nicht mehr auf. Im 18. Jh. war Zartwitz ein fürstlicher Meierhof, der Spanndienste aus Granzin, Kakeldütt und Blankenförde bezog. Zwischen 1785 und 1795 (1804) wurde hier eine Glashütte – die **Zartwitzer Hütte**, betrieben. Bereits 1894 war der Wald so stark nachgewachsen, das Zartwitzer Hütte ganz und gar von Wald umgeben war. 1856 und 1870 war Moritz Pieper Erbpächter in Zartwitz. Von 1870 bis 1899 war sogar eine Schule dort. 1875 und 1883 hieß der Pächter August Hinze (Neustrelitz) und danach wirtschaftete sein Sohn dort. 1892 wurde Marie Lebrenz als Pächterin genannt. Der nächste Gutspächter hieß 1899 Karl Zöllner. Er baute 1907 in Zartwitz eine Dampfziegelei, die noch 1926 existierte und heute Standort eines Ferienbetriebes ist. Zur Ziegeleizeit lebten 109, später 88 Einwohner in Zartwitz. 1912 und 1921 bewirtschaftete Johann G. Moldenhauer das 306 ha große Erbpachtgut. Daneben existierten noch eine Erbpachtbauernstelle und 4 Büdner. 1924 hatte E. Ahlers 75 ha gepachtet. Das Gut bewirtschaftete 1926 Theodor Schöne. Durch die Luftwaffenerprobungsstelle des Deutschen Reiches in Rechlin war eine Bewirtschaftung der Flächen ab 1932 nicht erwünscht und so verlor auch Zartwitz an Bedeutung. Heute besteht Zartwitz aus 3 Häusern.
Zartwitzer Hütte bestand immer aus 2 Büdnereien. Heute wohnen dort 3 Familien.

In Zartwitz hat es zumindest eine Kapelle gegeben. Sie war eine Filiale von Schillersdorf und wurde 1569 und 1578 erwähnt. Gestanden hat sie nordöstlich des Woterfitzsees. Für eine Kirche ist dieser Standort sehr untypisch, waren die meisten doch auf einer Anhöhe oder einem Berg gelegen. So kam es auch, dass die Kirche mit dem Ausbau der Mühlen und dem dadurch ständig steigenden Wasser regelrecht unterging. 1651 wurde berichtet, dass das Wasser von der nahe gelegenen Woterfitz „durch die ganze Kirche ging". Danach wurde die Kirche nicht mehr erwähnt.
Zartwitz besaß noch im 19. Jh. einen Friedhof. Mit dazu gehörte eine Gruft der Familie Moldenhauer unterhalb des Friedhofs aus behauenen Feldsteinen. Nachdem sie dem Vandalismus zum Opfer gefallen war, wurde sie zugemauert.

Das Gutshaus steht ebenfalls sehr feucht auf einer kleinen Anhöhe. Der einfache, eingeschossige Putzbau über 5 Achsen auf einem Feldsteinfundament ist wohl das kleinste Gutshaus im Müritzkreis. Es besitzt einen zweiachsigen Mittelgiebel. Ein nur noch zum Teil mit Biberschwänzen gedecktes Walmdach schließt es ab. Es steht seit den 1980er Jahren leer und verfällt. Heute hat bereits die Natur ganz Besitz von dem Gebäude ergriffen.

Zepkow

Kirche in Zepkow von Süden

Zepkow liegt nahe der Autobahn A19 2 km nördlich von Wredenhagen. Es hieß zur Slawenzeit Cepekowe. In alten Karten wird der Burgwall zwischen dem Massower See und Knüppeldamm als Fliehburg bezeichnet. Schon im 13. Jh. muss Zepkow als Bauerndorf große Bedeutung gehabt haben. Der gleich im Nachbarort Wredenhagen liegende Fürstensitz wird dabei von Einfluss gewesen sein. Die Bauern kamen vorwiegend aus der Mark Brandenburg. Sie legten Zepkow als Angerdorf an.

Die erste urkundliche Erwähnung fiel auf das Jahr 1285, als Fürst Nikolaus v. Werle die „Landding-Tage" von der Burg Wredenhagen in das angesehene Dorf Zepkow verlegte. Im 16. Jh. wurde der „Landding" wieder zurück nach Wredenhagen verlegt.

Mit dem größten Teil des Landes waren Bauern belehnt. Nur 5 Hufen waren ritterschaftliches Eigentum. 1352 verpfändeten drei Brüder v. Bune diese an Henneke v. Knuth (Leizen). Sie wurden verpachtet und von Bauern aus dem Dorf bewirtschaftet. 1752 waren die v. Gundlach (Leizen), 1789 Ketelholdt (Kamps) und 1790 v. Flotow (Wildkuhl) in Besitz dieser Hufen. 1790 kaufte die Kammer des Herzogs die Hufen und verpachtete sie an den Schulzen und 3 Bauern. 1525 waren in Zepkow 12, 1794 10 und 1632 13 Bauern ansässig. Sie mussten Burg- und Pflugdienste leisten.

Auch in Zepkow überlebte nur ein geringer Teil der Bevölkerung, nämlich drei Bauern den 30jährigen Krieg. Der Viehbestand war durch die durchziehenden Armeen völlig dezimiert. Es zogen Bauern zu und langsam erholte sich die Landwirtschaft. Ab 1750 siedelten sich in Zepkow immer mehr Büdner (Kleinwirtschaften) an.

1761 brannte fast das ganze Dorf ab.

Ab 1836 wurden die Zepkower Bauern Erbpächter. Damit mussten sie alle öffentliche Lasten, wie Steuern, Kirchen-, Pfarr-, und Schuldienste tragen. 1848 machte eine Dürre den Bauern zu schaffen. 1938 bewirtschafteten immer noch 10 Hofbesitzer 606 ha und 33 Büdner 285 ha Land.

Nach 1945 wurde keiner der Bauern enteignet, weil sie sich im Krieg nichts zu Schulden hatten kommen lassen und das Dorf geschlos-

Schmiede in Zepkow

sen hinter ihnen stand. Damit stand kein Land für die Bodenreform zur Verfügung. Die Zepkower hielten auch weiterhin zusammen und wehrten sich gegen die Zwangskollektivierung. Es kam dabei zu Verhaftungen und Vertreibungen. So verließen 8 Bauern mit der Durchsetzung der sozialistischer Produktionsweisen bis 1955 Zepkow.

Da Zepkow im 13. Jh. eine recht große Bedeutung hatte, hatte der Ort auch eine Kirche. Die Fundamente und Feldsteinmauern im unteren Drittel der Kirche sind alt. Sie war erst ab dem 16. Jh. eine Filia zu Kieve.
Auf den Feldsteinen wurde einfach mit Ziegeln weiter gebaut und so entstand in der zweiten Hälfte des 19. Jhs. die jetzige Kirche. Ein Portal im Süden wurde ebenfalls mit Ziegeln gemauert. Die Fenster sind einfach. Das Dach ist mit Bieberschwänzen eingedeckt. 1775 wurde im Westen der Kirche ein Glockenstuhl hochgezogen. Um ihn zu schützen erhielt er eine überdachte Verbretterung, den hölzernen Turm.
Der Innenraum der Kirche ist flach gedeckt und die Einrichtung im neugotischen Stil. Altar und Kanzel bilden eine Einheit. Die Vasa sacra stammt aus dem 17. und 18. Jh. Erwähnenswert ist eine Schnitzfigur aus dem 15. Jh.
Im Glockenstuhl hingen zwei Glocken. Eine Bronzeglocke von Ohlsson (Lübeck) 1905 gegossen, ist noch vorhanden.

Zielow

Zielow liegt 8 km östlich von Röbel, direkt am Südwestufer der Müritz. Der Name ist slawischen Ursprungs, bedeutet soviel wie lebend, lebendig und wurde auch Sylowe, Silowe geschrieben.

Urkundlich wurde der Ort erstmalig 1237 erwähnt, als dem Dobbertiner Kloster Einkünfte aus sechs Zielower Hufen bestätigt wurden. 1274 tauschten sie diese mit Hufen in ihrer Nähe im Land Malchin. 1273 erhielt das Nonnenkloster Röbel zwei Hufen in Zielow. Dazu bekam es 1303 nach der Übersiedlung nach Malchow zwei weitere Hufen vom Ritter Dietrich Pape geschenkt.
1346 erhielt die Ludorfer Kirche bei ihrer Weihung eine Hebung aus dem Ort und 1358 hatten die Morin (Marin) Anteile in Zielow, die sie auch noch im 17. Jh. besaßen. Nach dem Aussterben der Familie erbten diese Anteile zunächst die v. Kerkberg, dann die v. Rostke, v. Lepel und v. Knuth.
In Zielow hatten seit jeher Bauern die Ländereien gepachtet. Nach dem 30jährigen Krieg waren 1649 von 12 Gehöften nur noch vier besetzt. Ende des 17. Jhs. gehörte das Land der Familie v. Knuth (Ludorf, Gneve) und acht Bauern bewirtschafteten das von ihnen gepachtete Land. Es kam immer wieder zu Auseinandersetzungen mit den Zielower Bauern, wahrscheinlich wegen zu vieler Spann- und Hofdienste. Nach der Aufhebung der Leibeigenschaft 1821 entschloss sich deshalb der Oberhauptmann Andreas E. v. Knuth, den Bauern mit Genehmigung des Großherzogs seinen Zielower Besitz zu verkaufen. Die acht Bauern bildeten dann eine Lehnbauernschaft. Damit zählte nun Zielow neben Grabow und Buchholz zu den Dörfern der Region, die in eigener Regie von Bauern geführt wurden. 1908 hieß der Schulze Wilhelm Köppen. Die Höfe bestanden bis 1945.

Die kleine Fachwerkkirche auf einem Feldsteinfundament wurde 1834 gebaut.
Sicher hat es einen Vorgängerbau gegeben, denn 1728 spendete die Familie v. Knuth für den damals noch neuen Altaraufsatz ein Ölgemälde, das den gekreuzigten Jesus darstellt. Auch gibt es immer noch zwei Knuthsche Wappenschilder. Eine flache Holzdecke überspannt den Raum. Der Altar und die Kanzel sind aus dem 17. Jh. Die Kirche hat im Westen einen Dachreiter aus Fachwerk, hinter dem sich ursprünglich zwei Glocken befanden. Die noch vorhandene Glocke trägt die Jahreszahl 1546 und war schon einmal in einer anderen Kirche (nach Schlie in Steffenshagen).
Von 1982 bis 1985 erfolgte eine umfassende Restaurierung der Kirche.

Viele der alten Bauernhöfe gibt es heute noch. Zum Teil wurden sie gut restauriert und werden neben der Landwirtschaft auch touristisch genutzt. Außerdem entstand in Zielow eine völlig neue Ferienanlage.

neue Ferienanlage

Zierzow

Gutshaus in Zierzow

Zierzow liegt 6 km nördlich von Röbel, direkt an der nordwestlichen Bucht der Müritz. Wie überall am Wasser, so siedelten auch hier die Slawen. Frühere Schreibweisen waren 1300 Syrezowe und 1312 Cyrsowe. Heute ist Zierzow ein Ortsteil von Sietow.

Im 14. Jh. wurde der Ort das erste Mal urkundlich erwähnt. Er war zur damaligen Zeit ein Bauerndorf. Nach 1531 war er im Besitz der Familie Pritzbuer und gehörte danach der Familie v. Altrock. Später übernahm es die Familie v. Bülow (Groß Kelle) und 1840 kaufte Theodor Glantz den 397 ha großen Grundbesitz. Er ließ einen großen Teil des Dorfes neu aufbauen und warb junge Bauern aus dem Raum Schwerin für Zierzow. Der Gutshof bestand auf der einen Seite aus einem Pferde-, Kuh- und Schafstall, auf der anderen Seite flankierten ihn drei Scheunen. Die anderen Gebäude lagen hinter den Scheunen. Der Hof hatte auch – wie viele andere Gutshöfe – einen Eiskeller. Das war eine mit Stroh gedeckte und ausgefütterte Hütte, die einen Zugang mit einer strohgepolsterten Tür hatte. Durch ein schmiedeeisernes Tor verließ man damals über eine Kopfsteinpflasterstraße den Gutshof Zierzow. Die Kopfsteinpflasterstraße gibt es noch. Familie Glantz, inzwischen mit Otto Glantz die 3. Generation in Zierzow, floh 1945 Richtung Westen, wurde aber zurückgeschickt. Bis zur Enteignung bewirtschaftete die Familie das Gut weiter. Sie bewohnten nun nur noch zwei Zimmer im Erdgeschoss. Im Oktober 1945 wurden sie innerhalb von 24 Stunden ausgewiesen. Das Gut wurde im Zuge der Bodenreform aufgesiedelt.

Das Gutshaus, ein zweistöckiger, weiß verputzter Bau, fällt durch seinen hohen Mittelrisalit und den vier dekorativen Türmchen (Söllern) auf. Es wurde in der ersten Hälfte des 19. Jhs. gebaut. Das abgewalmte Dach ist tief heruntergezogen und erweckt den Eindruck eines einstöckigen Hauses. Den schmiedeeisernen Vorbau, eine Art Altan mit zwei Bänken, gibt es nicht mehr. Auch die beiden Linden, die das Eingangsbild prägten, verschwanden Ende der 1960er Jahre. Allein das Rondell ist geblieben. An der Westseite war eine Veranda angebaut. Davor und nach Norden erstreckte sich der 1 ha große, parkähnliche Garten. 1998 wurde dort der letzte alte große Baum, eine Blutbuche, gefällt.
Nach 1945 wurde das Haus zunächst Flüchtlingen eine Wohnstätte, dann Lebensmittelladen. Nach 1970 wurde es als Kindergarten genutzt. 2001 wurde das Gutshaus umfassend saniert und dient seitdem zwei Familien als Wohnraum.

Zislow

Etwa 10 km südwestlich von Malchow liegt direkt am Plauer See das Dörfchen Zislow, ursprünglich eine slawische Siedlung. Im Norden bilden der kleine und der große Pätschsee eine Landzunge. Durch Niederungen geschützt befindet sich hier ein germanischer Burgwall (13. Jh. v. u. Z.). Seine Ausmaße mit 200 X 100 m sind beträchtlich. Die 25 bis 30 m Höhe sind künstlich aufgeworfen. An der inneren Seite ist er mit Feldsteinen gepflastert, diese sind aber heute überwachsen. Es wird angenommen, dass hier einmal eine germanische Residenz mit Tempelstätte und einer starken Bevölkerung vorhanden war. Östlich von Zislow ist ein langgestrecktes Hügelgräberfeld auffallend.
Früher hatte die Uferregion am Plauer See strategische Bedeutung. Gingen doch hier wichtige Straßen von Brandenburg nach Mecklenburg. Auch Zislow muß demnach einmal größere Bedeutung gehabt haben.

Die urkundliche Ersterwähnung von Zislow erfolgte am 6. März 1255. An jenem Tag weihte Bischof Rudolf von Schwerin die Kirche in Grüssow und legte ihr neben anderen Dörfern auch „Zitzelow" zu.
Das benachbarte und 1529 wüst gefallene Dorf Klippate gehörte Mitte des 14. Jhs. den Havelbergs und Swartepape. Gegen 1400 starben diese beiden Familien aus und es ist anzunehmen, dass die v. Flotow, die ihren Stammsitz in Stuer hatten und denen einst das ganze Land Malchow verpfändet war, auch Zislow in ihren Besitz bekamen. Sie wurden 1628, 1794 und 1864 als Besitzer genannt. Noch 1921 sind sie, mit dem Kammerherrn August v. Flotow, im Besitz von Zislow. 1832 aber war das Land an in Grüssow und Rogeez gelegte Bauern in Erbpacht gegeben worden. Insgesamt neun Erbpächter bewirtschafteten die 955 ha des Lehngutes und eine Mühle. 1930 wurde ein Teil des Restgutes, nördlich von Lenz, an die Forst verkauft. Es wurde zum Sperrgebiet erklärt. Hier wurde, abgeschieden im Waldgebiet, eine riesige unterirdische Spengstoff- und Munitionsfabrik gebaut. Das Restgut wurde nach 1945 an 9 Neubauern aufgeteilt. Bereits 1950 begann die touristische Entwicklung Zislows. 1958 wurden weite Teile der Uferzone nördlich des Ortes zu einem Zeltplatz erklärt. Außerdem besitzt Zislow ein Schullandheim.

Schullandheim

Not und Elend brachte der 30jährige Krieg auch diesem Dorf und die Kapelle wurde ebenfalls ein Opfer des Krieges. Von 16 Bauern lebten nur noch drei.
Dort, wo die alte Kirche stand, wurde 1749 der heutige achteckige Fachwerkbau mit Backstein errichtet. Ein Turm fehlt.
Im Inneren wirkt die Kirche geräumiger, als es von außen zunächst scheinen mag.
Älter als die Kirche selbst sind die Altarschranken und das Gestühl. Im Holz ist die Jahreszahl 1694 erkennbar. 1889 wurde die Kirche erstmals gründlich restauriert und dann wieder 1990. Schon im Sommer 1991 wurde sie für Besucher der Region wieder geöffnet. Seit dem finden regelmäßig neben den Gottesdiensten Konzerte, Lesungen und auch Ausstellungen statt.

Der auf dem Friedhof freistehende Glockenstuhl wurde 1980/81 neu aufgebaut und mit Eichenschindeln eingedeckt. Die Glocke aus Gussstahl ist von 1874 und in Bochum gegossen worden.
Erwähnenswert ist eine schöne Ahornalle, die durch den Ort führt.

Literatur

Archiv für Landeskunde in dem Großherzogthümern Mecklenburg und Revüe der Landwirtschaft, 16. Jahrgang, Verlag der Postbuchdruckerei, Schwerin 1866

Aus Kultur und Wissenschaft 5/2007, Die Gutsdörfer, Gutsanlagen und Parks im Naturpark und seinem Umfeld, Schriftenreihe des Fördervereins Naturpark Nossentiner/Schwinzer Heide

Badstübner, E.; Böttcher U.: Feldsteinkirchen des Mittelalters in Brandenburg und Mecklenburg-Vorpommern, Hinstorff 2002

Baetcke, H.: Aus der Landwirtschaft im alten Mecklenburg, Bauern, Gutsbesitzer und Landarbeiter des Kreises Waren (Müritz), 1990

Behrendt, Th.: 725 Jahre Schwinkendorf, Chronik, 1996

Benkendorf, A.: Im Amtsschimmel, Historisches zu Warens Ortsteilen : Ausgabe 44 bis 50, Alt- und Neu Falkenhagen, Eldenholz, Eldenburg, Warenshof, Schwenzin, Jägerhof und Rügeband

Bollmann, W.: Gross Gievitz und die Familie v. Voss, Chronik, Schriftenreihe des Warener Museums- und Geschichtsvereins, Heft 9, 1996

Borth, H.: Schlösser, die am Wegesrand liegen, Unterwegs zu 101 Guts- und Herrenhäusern in Mecklenburg-Strelitz, Verlag Steffen 2004

Bouvier, A.: Die Morgenröte der Vernunft, Der mecklenburgische Aufklärer, Astronom und Großgrundbesitzer Friedrich v. Hahn (1742–1805), Stock und Stein, 2002

Buchholz, W.; Drews v. Steinsdorff, Ch.; Heinrich, G.; Krüger, K.; Kuhn, H.-CH.; Papay, G.; Schmidt, R.; Stelmach, M.; Stepinski, W.: Historischer und geographischer Atlas von Mecklenburg und Pommern, Band 2, Goldschmidt-Druck GmbH, Schwerin

Bülow, W.: Mecklenburg-Vorpommern – Ein Geschenk der Eiszeit, 1996

Daneil, E.: Chronik der Burg und Stadt Penzlin, von den ältesten Zeiten bis zum Jahr 1874, Selbstverlag 1873

Debler, W.; Böhme, Prof. Dr.; Krenz, G. Dr.; Puttkammer, J.; Lange, E.: Hohenzieritz, Prillwitz und Zippelow im Wandel der Zeiten, 2002

„Die Burg auf dem Lenz und der Lenz-Kanal", Vorbereitende Abhandlungen über die ferneren Umgebungen der Stadt Plau, verfaßt um 1860

Die Dorf-, Stadt- und Klosterkirchen im Naturpark und seinem Umfeld, Aus Kultur und Wissenschaft, Heft 3/2003, Naturpark Nossentiner/Schwinzer Heide

Drese, F; Sodemann, U.: Lütkemüller-Orgeln im Landkreis Müritz, Druckerei Beyer, Röbel 2000

Dieckmann, O.; Kaiser, K.: Pedologische und geomorphologische Befunde zur histor. Bodenerosion im Müritz-Nationalpark, Mecklenburg – Vorpommern

Ehrt, H.: 700 Jahre Marihn (1304–2004) – Geschichte, Geschichten und Bilder

Eschenburg, K. u. W.: Kirchen auf dem Lande, Die Dorfkirchen von Mecklenburg, Ev. Verlagsanstalt GmbH Berlin

Evers, E.-L.; Achtenhagen, M.: Dorfkirchen und Gutshäuser im Müritzkreis, Cadillac Buchverlag 1994

Fromm, L.: Der Plauer See, Archiv für Landeskunde in den Großherzogthümern Mecklenburgs und Revue der Landwirtschaft, 13. Jahrgang, 1863

Fromm, L.; Struck, C.: Die Müritz, Archiv für Landeskunde Mecklenburgs, 1864

Fromm, L.; Struck, C.: Die Wasserbecken des Cölpin-, des Fleesen-, des Malchower und des Petersdorfer Sees, Archiv der Landeskunde Mecklenburgs, 1864/65

Glantz, E.: Chronik d. Gutes Below i. Kreise Waren

Goerlitz, I.: Die Geschichte des Guts- und Filialkirchdorfes Bütow, Gemeindebrief Massow, Juni u. September 2003

Großherzoglich Mecklenburg-Schwerinscher Staats-Kalender 1864, 1894, 1899

GUNDLACH, W.: Zweihundertvierundachzig Jahre Schule und Lehrer in Schwarz, 1977

HAGEMANN, H.-J.: Dorfchronik Sommersdorf, Grabowhöfe, Panschenhagen, Baumgarten, 1989

HAGEMANN, H.-J.: Dorfgeschichte und Geschichten von der Müritz bis zur Havel, Manuskript, 1992

HAGEMANN, H.-J.: Ich schwöre zu Gott, dem Allmächtigen, Historisches aus den Dörfern um Ankershagen, Manuskript

HAGEMANN, H.-J.: Von der Nebel bis zur Peene

HAGEMANN, H.-J.: Sophienhof, Dorfgeschichte, 1994

Heimat im Wandel der Zeit, Der mecklenburgische Ort Wendorf und sein Schloß, Gefährdetenhilfe Waren gGmbH, BSDG Verlag 2001

HENNINGS, K.; BECHER, P.: 700 Jahre Göhren-Lebbin, 1296–1996

HENNINGS, K.: 700 Jahre Melz, 1298–1998

HENNINGS, K.: Chronik Zepkow seit 1285

HENNINGS, K.: Aus der Geschichte des Dorfes Solzow, Müritz-Anzeiger 5/2001

HENNINGS, K.: Die Mühlen derer v. Flotow, Röbeler Echo, 10/1992

HEUER, S.: Die Familie Maltzan und das Gut Werder von 1773–1810 (aus Daneil, E.)

HORST, K.: Die Chronik des Dorfes Alt Schönau vom Mittelalter bis zur Gegenwart in Zahlen, Fakten und Bildern, Teil I, 2002

JARGOW, Ch. F.: Algemeines Verzeichnis der Mecklenburg-Schwerin- und Strelitzschen Städte und Land-Güther in ihren Grund- und Steuerpflichtigen Verhältnissen, Neubrandenburg, 1797

KARGE, W.; MÜNCH, E.; SCHMIED, H.: Die Geschichte Mecklenburgs, 1993

KARGE, W.; RAKOW, P.-J.; WENDT, R.: Ein Jahrtausend Mecklenburg und Vorpommern, Biographie einer Norddeutschen Region in Einzeldarstellungen, Hinstorff 1995

Karte und Kartenausschnitt auf S. 52: Maiwald, D.: Studio für Landkartentechnik, 2008

Kartenausschnitt auf S. 52, Balsleben: Karte von 1726 von der Warener Stadtfeldmark, Foto nach Kopie im Stadtgeschichtliches Museum Waren

KEITEL, L-L.: 700 Jahre Wredenhagen 1284–1984, Chronik

KERBS, D.; SCHLEUSSNER, S.: Fotografie und Gedächtnis Mecklenburg-Vorpommern. Eine Bilddokumentation, be.bra verlag GmbH 1999

Klein, H.-J.; HÖHN, B.; EBEL, S.; BÖRST, G.; HENNINGS, K.; REINKE, D.; FRICK, Dr. I.: Priborner Blätter, Geschichte und Geschichten, 750 Jahre – 26. Mai 1239–1989

KNAPP, H. D.; VOIGTLÄNDER, U.; GRUNDMANN, L.: Das Müritzgebiet; Ergebnisse der Landeskundlichen Bestandsaufnahme im Raum Waren, Klink, Federow und Rechlin; Verlag H. Böhlaus Nachfolger Weimar, 1999

KNIESZ, J.: Neumanns Landschaftsführer, Müritz, 1994

KNIESZ, J.: Mühlen und Müller in Waren, Chronik aus der Schriftenreihe des Warener Museums- und Geschichtsvereins, Heft 8, 1995

KÖPP, Dr. W.: Alt-Rehse, Schau auf dieses Dorf, cw strelitzia 1999

KRAEMER, F. W.: Haus Sophienhof, ein Haus in Mecklenburg, Kunstband 43, Heft 7, April 1941

KRAUß, N.; Fischer, E.: Schlösser, Gutshäuser und Parks in Mecklenburg-Vorpommern, Hinstorff 2002

KUNTER, D.: So könnte es gewesen sein…, 700 Jahre Sietow, 2000

KURTH, D.: 500 Jahre Sparow, 1500–2000

KURTH, D.: 700 Jahre Lexow, 1298–1998

LANGERMANN u. ERLENCAMP, Dirk Frhr. v.: Dambeck, Ortsgeschichte 1998

LANGERMANN u. ERLENCAMP, Dirk Frhr. v.: Nätebow, Ortsgeschichte, 2001

LIEBIG, H.: 825 Jahre Gemeinde Stuer, Müritz-Anzeiger 11/2003

LISCH, Dr. G. C. F.: Jahrbücher des Vereins für mecklenburgische Geschichte und Altertumskunde, 1850

LISCH, Dr. G. C. F.: Geschichte und Urkunden des Geschlechts Hahn, 4 Bände, Schwerin 1844 bis 1856

LUDWIG, C.: Agrarhistorisches Museum Alt Schwerin, Broschüre, 2001

LÜTZOW, V. v.: Niekammer's Landwirtschaftliche Güter-Adressbücher, Band IV, Mecklenburg, 1921

Maltza(h)nscher Familienverein: Die Maltza(h)n, 1194–1945, Der Lebensweg einer ostdeutschen Adelsfamilie, Köln 1979

MALTZAHN, D., Baron v.: Ulrich Moltzan auf Grubenhagen, 1999

MASUROWSKI, G.; MOMBOUR, D.: Die Glashütten im Landkreis Müritz Teil 1, Archäologische Berichte aus Mecklenburg-Vorpommern, Beiheft 11/2008

MEßNER, G.: Geschichte von Speck, Manuskript 2003 und 2008

Möllenhagen in Mecklenburg 1365–1990, zwischen Industrie u. Landwirtschaft, Chronik

MOMBOUR, D.; MASUROWSKI, G. : Aufzeichnungen zu Cramon, Lenz, 2004

MÜLLER, A.: Die Müritz, Die Geschichte einer Landschaft und ihrer Bewohner rund um Deutschlands größten Binnensee

Müritz Almanach, Jahrbuch 2001

NEHRING, L.: Eine Kindheit auf dem Lande, Chronik Zierzow

NEUMANN, H.: Erinnerungen an Lapitz, zusammengestellt anlässlich des 100. Geburtstages von Wolfgang Neumann am 25. Mai 2003

POCHER, D.; KLAUE, H.; ELWERS, R.: Schlösser, Herrenhäuser u. Kirchen i. Mecklenburg, L&H-Verlag

PRYNC-POMMERENCKE, E. / PULKENAT, S.: Hohenzieritz, Schlösser und Gärten in Mecklenburg-Vorpommern, H. Heenemann, Berlin, 1997

PRYNC-POMMERENCKE, E.; PULKENAT, S.: Ulrichshusen, Schlösser und Gärten in Mecklenburg-Vorpommern, H. Heenemann, Berlin, 1997

RABE; Quade: Mecklenburgische Vaterlandskunde 1857, überarbeitete Auflage 1894

RECHLIN, Historisches und Gegenwart, Förderverein Luftfahrttechn. Museum e. V.

REUPRICHT, J. M.: Historisches über Buchholz/Müritz

ROß, H.: Das Barackenlager zu Retzow, 2002

ROß, H.: Rechlin, eine Region im Aufbruch, 2004

SCHLIE, Prof. Dr. F.: Kunst- u. Geschichts-Denkmäler des Großherzogthums Mecklenburg-Schwerin, Band 3, 4 u. 5 (1899–1902)

SEUFFERT, K.: 200 Jahre Kirche Wredenhagen, Luazul Verlag Güstrow, 2002

SKERL, J. ; GRUNDNER, Th.: Schlösser und Gärten in Mecklenburg-Vorpommern, Hinstorff, 2003

SOBOTKA, B. J.; STRASS, J.: Burgen, Schlösser, Gutshäuser in Mecklenburg-Vorpommern, Theiss-Verlag 1993

STEUER, F.; WEGENER, L.: Lehsten & Groß Varchow, im Wandel der Zeiten, 2002

VITENSE, O.: Geschichte von Mecklenburg, Gotha 1920

WESTPHAL, C.: Die historische Kulturlandschaft Mecklenburg-Vorpommerns. Untersucht anhand eines ausgewählten Beispiels: Das Dorf Neu Schönau, Hausarbeit zum Seminar von Prof. Kerbs, 1996

WUTTIG, R.: 725 Jahre Zislow am Plauer See 1255–1980

Glossar

Adjudikation	Zuordnung, Hinzufügung
Afterlehn	Nachfolgelehn, wurde so genannt, wenn der Lehnsinhaber bereits verstorben
Allodialgut	abgabenfreies Gut
allodifizieren	Umwandlung eines Lehngutes in ein Eigengut
Altan	aus den oberen Geschossen ins Freie führende Plattform ohne Dach, die bis zum Erdboden unterbaut ist
Angerdorf	planmäßige Dorfanlage, deren bestimmendes Merkmal eine zentrale Grünfläche, der Anger ist
Apostel	von Jesus zur Verkündigung des Evangeliums ausgesandt, seine Jünger
Apsis	halbrunder Abschluss des Chores in der Kirche, der meist mit einer Halbkuppel überwölbt ist, dort befindet sich in der Regel der Altar
Archidiakonat	stand zwischen dem Bischof und der Pfarre und hatte die Aufgabe, den Bischof in verschiedenen Bereichen zu entlasten, der Archidiakon weihte die Priester
Arkade	auf Pfeilern oder Säulen bzw. Wandvorlagen ruhende Bogenreihe
arrondieren	Zusammenlegen von Hufen, Flurstücken, auch im Zusammenhang mit dem Bauernlegen, um zersplitterte Güter besser bewirtschaftbar zu machen und abzurunden
Atrium	Vorhalle, Vorhof, überdacht
Auskragung	Hervorspringen eines Bauteils aus der stützenden Wand
Balustrade	Brüstung mit Freistützen
Barock	europäischer Baustil, in Deutschland ca. 1650 bis 1750
Basilika	ein drei- oder mehrschiffiger Hallenbau mit überhöhtem Mittelschiff, das sein Licht aus der Fensterzone erhält, welche die Seitenschiffe überragt; Mittelschiff und Seitenschiffe haben gesonderte Dächer
Bauerndorf	von Bauern selbst bewirtschaftetes Land, es gibt keinen Gutsbetrieb, das Land kann gepachtet (Erbpacht) oder im eigenen Besitz der Bauern sein
Bauernlegen	Einziehen von Bauernstellen mit der Herausbildung von Großgrundbesitz, besonders nach dem 30jährigen Krieg praktiziert
Benediktiner	ältester katholischer Mönchsorden im Abendland, im 6. Jh. gegründet
Bergfried	innerer Haupt- und Fluchtturm einer mittelalterlichen Burg
Birnstab	Element mit birnenförmigem Querschnitt
Bischof	leitender Geistlicher, der Vorsteher eines bestimmten Gebietes (Bistum, Diözese), hat gesetzgebende und richterliche Gewalt, wird vom Papst ernannt
Bistum	Amtsbereich eines Bischofs oder Superintendenten (ev. Kirche), auch Diözese oder Bischofssprengel genannt
Blende	Scheinarchitektur
Bodenreform	in der damaligen sowjetischen Besatzungszone durchgeführte entschädigungslose Enteignung aller landwirtschaftlichen Betriebe von mehr als 100 ha sowie deren Parzellierung und Vergabe an Neubauern
Brüstung	im Gegensatz zur offenen Balustrade ein geschlossenes Wandstück
Büdner	Landwirt im Nebenerwerb; der durch die herzogliche Verordnung in den Jahren 1753 und 1808 eingerichteter kleinbäuerlicher Betrieb hieß Büdnerei
Chor	östlich an das Kirchenschiff anschließender Anbau, früher sang von hier aus der Chor, in Kirchen ohne Apsis steht hier der Altar
Cura	Vertretung der Pastoren untereinander während der Vakanz, bei Krankheit oder Urlaub

Dachreiter	dem Dachfirst aufsitzendes Türmchen
Deutsches Band	auch als Zahnfries bezeichnet, in Backsteinbauten übereckgelegte Steine in normaler Sichthöhe
Diöcese	Bistum, kirchlicher Verwaltungsbezirk
Domäne	in Staatsbesitz befindliches Gut, das fast immer verpachtet wurde
Domanium	Grundbesitz des Landesherren (Herzog/Großherzog)
dorisch	Säulen haben keine Basis (Fuß), das Kapitell ist flach
Dreieinigkeitsfenster	Bezug auf Gott den Vater, den Sohn (Gottessohn) und den Heiligen Geist, nimmt Bezug zum trinitarischen Glauben
Empore	galerieartiges, meist hölzernes Zwischengeschoss, oft zur Gewinnung von Sitzplätzen
Epitaph	Wanddenkmal
Erbgang	allgemeine Regelung der Erbfolge in den Familien
Erbpachthof	erbliches und veräußerliches Nutzungsrecht an einem Grundstück, das im 19. Jh. für die Bauernhufen eingeführt wurde; der Pächter zahlte dem Grundeigentümer 1. ein Erbstandsgeld (Ausgleich für das überlassene Inventar) und 2. jährlich eine Rente an Naturalien oder Geld (Kanon)
Erker	vorspringender geschlossener Ausbau, ohne Einbeziehung des Erdgeschosses
Eucharistieschrank	Aufbewahrungsort der Abendmahlsgeräte
Euthanasie	der Ethik widersprechendes zweckgerichtetes Herbeiführen des Todes durch Medikamente bei unheilbaren Kranken
Fiale	türmchenartiges Zierglied, das einen gotischen Pfeiler bekrönt aber auch an Altären und Kanzeln zu finden
Fides	lateinisch = der Glaube
Filia	Tochterkirche
Fledermausgaupe	geschwungene, flache Gaupe
Flügel	Gebäudeteil, der einem Hauptbau durch seitliche, rechtwinklige oder schräge Angliederung baulich oder funktionell untergeordnet ist
Freischulze	Dorfvorsteher und Richter am Dorfgericht, übte die niedere Gerichtsbarkeit aus, eingesetzt durch Lehnherr, war abgabenfrei
Fries	dekorativer, durch Ornamentik, Malerei oder figürliche Darstellung geschmückter Flächenstreifen
Frontispiz	auch Frontgiebel, Giebeldreieck über einem Risalit
Gaupe	auch Gaube, Dachfenster mit eigener Bedachung
Gebinde	Einheit aus tragenden, sich gegenüberstehenden Ständern und der sie verbindenden Querbalken
Gesims	auch Sims, waagerecht aus der Mauer vorspringender Wandabschluß
Gewände	schräg eingeschnittene, meist profilierte Flanken eines Portals oder Fensters
Gotik	europäischer Baustil, in Deutschland 13. bis 16. Jh., Ursprungsland war Frankreich
Granitfünte, Fünte	norddeutsche Bezeichnung für Taufbecken, lateinisch Fons = Quelle
Gratgewölbe	siehe Kreuzgratgewölbe
Gurtbogen	Verstärkungsbogen eines Gewölbes, er trennt zwei Gewölbejoche
Hägerdorf	kommt von Hagen = Rodung, durch Rodung entstandenes Dorf
Hauptgesims	waagerecht aus der Mauerflucht vorkragendes Bauglied unterhalb des Dachansatzes
Häuslerei	Tagelöhner, Handwerker oder auch Händler bekamen unentgeltlich Grund und Boden für die familiäre Ernährung, Häuslereien bestanden nur aus einer Wohnung
Helm	Abschluss eines Turmes
Historismus	in der Baukunst des 19. Jh. praktizierender Rückgriff auf historische Gestaltungselemente vorhergehender Epochen

Hohe Jagd Jagdrechte waren häufig abgekoppelt von dem Besitz an Boden, ausgeführt wurde sie meistens vom Landesherrn oder von Gutsbesitzern, die die Rechte erworben hatten

Hostie Abendmahlsoblaten

Hufe Grundbesitz gemessen an der Flurbeschaffenheit

Interieur das Innere eines Raumes mit seiner Ausstattung

Joch gleichartiges Gewölbeelement, häufig vom Grundmaß bestimmt

Johanniterorden geistlicher Ritterorden aus einer 1050 in Jerusalem entstandenen Krankenpflegebruderschaft, 1351 wurde der preußische Johanniterorden gegründet

Jugendstil Kunstrichtung in Deutschland ca. 1890 bis 1910

Kämpferlinie Steinlage am Ansatz des Bogens oder des Gewölbes, auch über dem Kapitell zur Aufnahme der Last des aufgehenden Mauerwerks

Kanzel Predigerstuhl an einem erhöhten Platz in der Kirche

Kapelle kleiner sakraler Raum, auch Bezeichnung für Kirchen ohne eigenes Pfandrecht

Kapitell Kopf, Erweiterung einer architektonischen Stütze (Pfeiler, Säule, Pilaster)

Kassettendecke in einzelne in Felder aufgeteilte flache oder gewölbte Decke

Klassizismus europäischer Baustil, in Deutschland 1770 bis 1830

Klinker bei sehr hoher Temperatur gebrannter Backstein mit hoher Widerstandsfähigkeit, kann glasiert sein

Klosterprovisoren je zwei auf vier Jahre aus den jeweiligen beiden Landesteilen vom Landtag gewählte adlige Verwalter eines Landesklosters, die für das Kloster Kontrollrechte ausübten und dem Landtag gegenüber rechenschaftspflichtig waren

Koguaten lateinisch, blutsverwandt

Komturei Sitz oder Verwaltungsbezirk eines Ritterordens

Konsole Wandvorsprung, Balkenstütze

Konsum Verkaufsstelle der Konsumgenossenschaft zur Zeit der DDR

Kornquetsche fanden Verwendung zum Mahlen des Getreides, (Jungsteinzeit, 300 v. u. Z.), flacher als Trogmühlen

Kossaten Kleinbauern

Kreuzgratgewölbe Durchdringung zweier Tonnengewölbe, die Schnittstellen sind gratig

Kreuzrippengewölbe Durchdringung zweier Tonnengewölbe, Schnittstellen haben Rippen

Krüppelwalmdach Walmdach, bei dem nur der obere Giebelteil abgewalmt ist

Kunkellehn Besitz, der über die Witwe eines Vasallen weitergereicht oder vererbt wurde

Landdingtage Vorläufer des Landtages, Stätte der Rechtssprechung, höhere Gerichtsbarkeit, ausgeführt von Personen mit besondereren Befugnissen

Landmarschall gewählter Präsident des Landtages

Landrost Verwalter eines Bezirkes, Amtes oder einer Vogtei, vom Landesherrn eingesetzt

Laterne ein von Fenstern oder Öffnungen durchbrochenes Türmchen auf Kuppeln und Dächern

Lehn Besitz, den der Landesherr einem Vasallen für eine Gegenleistung (z. B. Militärdienst) übertrug

Leibgedinge wirtschaftliche Sicherheit der Frau eines Grundherren oder Vasallen nach Ableben des Mannes bis zu ihrem eigenen Tod, erst dann stand der Besitz der weiteren Erbfolge zur Verfügung

Leibung Fläche des Mauereinschnitts bei Fenster und Türen

Lokator meist Adliger, aber auch Bürger oder Großbauer, der vom Landesherrn eingesetzt wurde, um eine Siedlung oder eine Stadt zu gründen

Lünette/-giebel halbkreisförmiger oder kreisförmiger Aufsatz als Abschluss über Portalen und Fenstern

Mandorla	mandelförmiger Heiligenschein, der die ganze Figur von Christus oder Maria umgibt
Mansarde	zu Wohnzwecken ausgebaute Dachgeschoss
Mansardendach	geknicktes Sattel- oder Walmdach, dessen untere Flächen steiler verlaufen als die oberen und sich daher zum Ausbau zu Wohnzwecken eignen, benannt nach dem Französischen Architekten Hardouin-Mansart (1646–1708)
Marstall	Pferdestall eines Schlosses
Maßwerk	gotische geometrische Zierformen, vor allem bei der Ausgestaltung von Fensterbögen, Blendmaßwerk - direkt auf der Wand aufliegend
Mausoleum	aufwendig gestaltetes Grabmal, abgeleitet vom Grabmal des Königs Maussolus in Halikarnass /Kleinasien (um 325 v. u. Z.)
Mater	Materkirche, Mutterkirche, Hauptkirche
Meierei	landwirtschaftlicher Betrieb zur Erzeugung von Milchprodukten
Monstranz	kostbares liturgisches Gefäß für die geweihte Hostie (kath.)
Neugotik, Neogotik	Wiederaufnahme der Gotik in der Architektur in Deutschland in der zweiten Hälfte des 19. Jhs.
Nische	Mauervertiefung zur Wandgliederung
Ochsenauge	runde oder ovale Fensterform
Oktogon	regelmäßiges Achteck
Opferstock	ursprünglich ein zu einem Quader zurechtgeschnittener Baumstamm, der fest mit den Bodenkonstruktionen der Kirche verbunden; oben war er ausgehöhlt und mit einer Metallplatte / Metallverschluss mit Schlitz versehen; gedacht für die Kirchenspende
Orgelprospekt	Orgelverkleidung
Palas	Wohnbau der mittelalterlichen Burg
Paneel	hölzerne Wandverkleidung, auch vorkragendes Abschlussbrett
Parochie	Kirchspiel, Amtsbezirk eines Geistlichen
Patene	griechisch = Schüssel, Altargerät für das Abendmahl
Patronat	Schutzherrschaft, Oberhoheit des Kirchenstifters (Kirchenpatron), Recht der Pastorenberufung, Pflicht um die Erhaltung der Kirche, häufig ist es der Landesherr
Patronatsloge	abgeteilte Sitze für den Kirchenpatron und seine Familie auf einer Empore oder im Altarraum
Pertinenz	Zugehörigkeit, zugehörig zum…
Pilaster	Halbwandsäulen mit rechteckigem Schaft und Basis
Pleban	Geistlicher im Mittelalter
Polygonal	vieleckiger Gebäudekörper
Portikus	von Säulen oder Pfeilern gestützter Vorbau eines Gebäudes
Predella	Sockelzone eines Altaraufsatzes
Priesterforte	Extraeingang des Geistlichen in die Kirche, meist in die Sakristei
Rautenfachwerk	das Fachwerk ist mit Steinen ausgemauert, die ein Rautenmuster ergeben
Reformation	Erneuerung, hier die religiöse und soziale Reformbewegung im 16. Jh., die zur Bildung der lutherischen Kirche führte
Relief	Bildhauerarbeit, bei der die Figuren halbplastisch aus der Fläche heraustreten
Reliquie	teures Andenken, Überreste, Gebeine von Heiligen der kath. Kirche oder Gegenstand, der mit ihnen in Verbindung gebracht wird
Reluitionsprozess	Einlösen von Pfandgütern
Renaissance	europäischer Baustil, in Deutschland ca. 16. bis 17. Jh.
Risalit	vorspringender Teil eines symmetrisch angelegten Gebäudes, es gibt Mittel-, Seiten- und Eckrisalite
Rokoko	höfischer Dekorationsstil der Ausgangsphase des Barock, ca. 1720 bis 1770

Romantik europäischer Baustil, in Deutschland ca. 10. bis 12. Jh.
Sakramentsnische in die Wand eingelassene Vertiefung, die durch ein Gitter verschließbar ist und in der die Abendmahlsgeräte aufbewahrt wurden
Sakristei kleiner Nebenraum der Kirche, meist an der Nordseite des Chores, dient zur Aufbewahrung von kirchlichen Gerätschaften, Vorbereitungsraum des Pastors
Sandprobst sogenannter..., Probst, der für die Klostergüter auf den armen Sandböden südlich von Malchow und Röbel eingesetzt wurde
Sarkophag reich verzierter Sarg
Satteldach schräg gegeneinander aufsteigende Dachflächen
Schalldeckel Dach über der Kanzel
Schloss repräsentativer Wohnsitz eines Fürsten oder einer vergleichbaren Standesperson
Schnitterkaserne großes und einfach eingerichtetes Wohngebäude auf den ritterschaftlichen Gütern zur Unterbringung von Saisonkräften
Schulze Bewirtschafter des Hofes oder Dorfes im Auftrage des Fürsten
Schweifgiebel Giebel mit ausladender Architektur
Segmentbogen Einzelbogen im Gewölbe
Souterrain ein in das Erdreich eingelassenes Wohngeschoss eines Hauses
Spitzbogenschluß letzer Stein am Spitzbogen
Sprengel ursprünglich Bistum, heute Pfarrbezirk
Stabwerk senkrechte Stäbe gotischer Fensterleibungen
Stände die im Landtag vertretenen Angehörigen der Ritterschaft, die Bürgermeister der Städte, übten bis 1918 die politische Macht aus
Ständerkirche besondere Form der Fachwerkkirche bei der die Ständer bis zum Dach durchgehen, es gibt keine Querverbindungen
Stuck Masse aus Kalk, leicht formbar und in geglätteter und polierter Form als Marmorersatz verwendet
Stuckatur Stuckdekoration eines Innenraumes
Tafelgut dem Unterhalt eines Bischofs dienendes Kirchenvermögen
Terrakotta gebrannte, unglasierte Tonware
Terrasse ebene, erhöhte Fläche im Anschluss an ein Gebäude
Tonnengewölbe von halbkreisförmigem Querschnitt
Traufe waagerechte untere Kante und Regenwasserablaufseite des Daches an der Längsseite eines Gebäudes
Triptychon dreiteiliges Bild, hier aber dreiteiliger Flügelaltar mit Mittelbild und zwei Flügeln
Triumpfbogen der eingezogene Bogen zwischen Langhaus und Chor in einer querschifflosen Kirche
Trogmühle Bronzezeit, 1.800 / 2.000 v.u. Z. bis 800 u. Z., wurden später als Grababdeckung, als Taufstein u. a. genutzt
Tudorgotik in der Baukunst des 19. Jhs. praktizierender Rückgriff auf Gestaltungselemente des spätgotischen englischen Tudorstils
Vagieren Die Zuständigkeiten wechselten des Öfteren auch bei Kirchen. Von einer vagierende Kirche geht die Kirchenarbeit aus
Vakanz unbesetzte, freie Stelle
Vasa sacra Gegenstände für kirchliche Rituale wie Taufe und Abendmahl, inbegriffen auch Leuchter
Vasall Diener des Landesherrn
Veranda Vorraum eines Hauses mit Überdachung
Vikarei, Vikariat Stellvertretungsamt des Pastors
Volute Schneckenförmiges Schmuckelement
Vorwerk vom Hauptgut abgetrennte Wirtschaftseinheit
Walm giebelseitige Dachflächen

Wedem mittelalterliche Kirchenbezeichnung
Wüstung aufgelassene, zerstörte Siedlung
Zehnten Abgabe an die Kirche (Bischof) von den Erträgen des Ackers und aus der Viehzucht der Bauern, später Zehntpfennig genannt, Steuer
Zinne Zacke der Brüstungsmauer einer mittelalterlichen Wehranlage oder als Schmuckelement
Zisterzienser Mönchsorden, der bei der Germanisierung des Ostens in Deutschland eine wichtige Rolle bei der Missionierung und Landkultivierung spielte
Zopfstil Übergangsstil vom Rokoko zum Klassizismus
Zwerchgiebel giebelförmiger Aufbau an der Traufseite eines Daches

Abkürzungen

ABM Arbeitsbeschaffungsmaßnahme

BHG Bäuerliche Handelsgenossenschaft

CJD Christliches Jugenddorfwerk Deutschlands e. V.

DDR Deutsche Demokratische Republik (1949–1990)

FDGB Freier Deutscher Gewerkschaftsbund (der DDR)

FDJ Freie Deutsche Jugend

IGA Internationale Gartenausstellung

KAP Kooperative Abteilung Pflanzenproduktion

KZ Konzentrationslager

LPG Landwirtschaftliche Produktionsgenossenschaft

ÖLB Örtlicher Landwirtschaftsbetrieb

NSG Naturschutzgebiet

VEB Volkseigener Betrieb

VEG Volkseigenes Gut

VdgB Vereinigung gegenseitiger Bauernhilfe